新中国西部高等教育口述史研究

张正峰 著

国家社会科学基金教育学一般课题『新中国西部高等教育口述史研究』（项目编号：BIA180166）
陕西师范大学优秀学术著作出版资助

陕西师范大学出版总社　西安

图书代号　ZZ25N1210

图书在版编目（CIP）数据

新中国西部高等教育口述史研究／张正峰著．
西安：陕西师范大学出版总社有限公司，2025.6．
ISBN 978-7-5695-5802-9

Ⅰ．G649.29

中国国家版本馆 CIP 数据核字第 2025Y15787 号

新中国西部高等教育口述史研究
XINZHONGGUO XIBU GAODENG JIAOYU KOUSHUSHI YANJIU

张正峰　著

责任编辑	于盼盼
责任校对	邱水鱼
封面设计	金定华
出版发行	陕西师范大学出版总社
	（西安市长安南路199号　邮编 710062）
网　　址	http://www.snupg.com
印　　刷	西安市建明工贸有限责任公司
开　　本	720 mm×1020 mm　1/16
印　　张	18.875
字　　数	329 千
版　　次	2025 年 6 月第 1 版
印　　次	2025 年 6 月第 1 次印刷
书　　号	ISBN 978-7-5695-5802-9
定　　价	88.00 元

读者购书、书店添货或发现印装质量问题，请与本社高等教育出版中心联系。
电话：(029)85303622（传真）　85307864

序　言

研究者都有探寻社会发展客观规律的冲动,但对于社会现象的解释却分化出不同学派。作为接受过马克思主义教育的研究者更应认同马克思在《政治经济学批判》序言中所指出的:"人们在自己生活的社会生产中发生一定的、必然的、不以他们的意志为转移的关系,即同他们的物质生产力的一定发展阶段相适合的生产关系。这些生产关系的总和构成社会的经济结构,即有法律的和政治的上层建筑坚立其上并有一定的社会意识形式与之相适应的现实基础。物质生活的生产方式制约着整个社会生活、政治生活和精神生活的过程。不是人们的意识决定人们的存在,相反,是人们的社会存在决定人们的意识。"[①] 人类教育活动的产生就是建立在必要的物质基础之上的。因为物质生产力的发展产生的剩余产品为社会的分工提供了主要条件,而社会分工又进一步地促进了生产力的发展。这一系列变革为学校的产生奠定了必要的物质基础。布鲁贝克所提出的"认识论"的高等教育合法性存在哲学,虽然得到了很多学者的认同(在他们的文章中都有类似的表述),但是,只要我们认真梳理一下中西方高等教育发展的历史就可以发现,这并不是全部的事实真相。正如温铁军在其《八次危机:中国的真实经验1949—2009》自序中指出的,"在历史经验过程的起点上构建与之起点一致的逻辑解释"才能做到"去价值判断"的客观研究。[②] 目前很多高等教育研究是从历史发展结果倒推原因,而这样的研究往往会得出似是而非的结论。只有如实地梳理历史发展的历程和各种影响因素,发现真实的历史存在,而不是在意识形态的影响下进行有所选择的裁剪,才能真正了解高等

[①] 马克思,恩格斯.马克思恩格斯全集:第13卷[M].中共中央马克思恩格斯列宁斯大林著作编译局,译.北京:人民出版社1965:8.

[②] 温铁军.八次危机:中国的真实经验1949—2009[M].北京:东方出版社,2012:3.

教育发展的客观规律。本书就是基于此方法论开展研究的。

最早的中世纪大学无不是集中在商业和手工业发达的城市。这种客观地理条件和社会经济成为大学产生的物质基础。18世纪爆发的工业革命在促进生产力大发展的同时,也引起社会的巨大变革,中世纪大学已经不能适应社会发展的需要,新式大学在工业发达的城市和国家纷纷建立,这是对工业革命社会需求的回应,同时也是社会发展的必然结果。由于早期工业化国家之间的竞争使得世界范围内经济中心不断转移,科技中心和高等教育中心也随之发生转移。

我国现代高等院校与西方中世纪大学一样,最初都产生在经济相对发达的城市。发达的商业和工业为高等院校的发展提供了经济基础,同时也为高等院校培养的毕业生提供合适的工作岗位,洋务学堂就是为了服务于外交和军事需求而设立的,西方教会创办的教会大学也首先是为了满足传教的人才需要,民国时期的高等院校也是如此。这就导致清朝末年和民国时期的高等院校基本上都建立在东部沿海和长江沿岸工商业相对发达的城市。我国西部地区因为落后的经济无法为西部高等院校提供经费支持,也无法提供相应的工作岗位,导致高等教育方面也相对落后。虽然抗日战争爆发后,位于东部经济相对发达城市的高等院校被迫内迁,改变了清末以来西部高等教育相对落后的状况。但是,由于我国现代工业并没有因为战争的爆发而在根本上改变过于集中于东部沿海和沿江城市的不均衡状况,在抗日战争胜利后,内迁西南和西北的高等院校就纷纷迁回了原来办学的东部经济相对发达的城市。新中国成立后,为了满足内地工业建设的需要,中央政府对一部分高等院校进行了调整,在一定程度上改变了西部高等教育的落后面貌。不过,伴随着改革开放后市场经济的持续发展,教育产业化步伐的加快,市场经济的功利化价值观在教育领域也逐渐蔓延开来,特别是在1994年的分税制改革之后,财政资源的分配变得越来越和当地的收入水平挂钩,东西部经济发展的差距使个人收入差距进一步被放大,造成西部高层次人才"孔雀东南飞",对西部高等教育的发展产生了很大的消极影响。为了改变这种状况,在20世纪末,国家提出了西部大开发战略,在加大西部经济投资的基础上,又制定了有利于西部地区发展的人才和高等教育政策,才使西部高等教育取得了超过之前任何历史时期的成就,进入了新时代的新发展阶段。

正如毛泽东在《新民主主义论(一九四〇年一月)》中所指出的:"一定的

文化(当作观念形态的文化)是一定社会的政治和经济的反映,又给予伟大影响和作用于一定社会的政治和经济;而经济是基础,政治则是经济的集中的表现。……那末,一定形态的政治和经济是首先决定那一定形态的文化的;然后,那一定形态的文化又才给予影响和作用于一定形态的政治和经济。"①经济和政治首先决定了高等教育的发展,即高等教育必然"亲近"国家资本或私人资本,具有"向经济性"。然后,高等教育才又给予影响和作用于政治和经济。马克思也指出,"随着经济基础的变更,全部庞大的上层建筑也或慢或快地发生变革。""新的更高的生产关系,在它存在的物质条件在旧社会的胎胞里成熟以前,是决不会出现的。"②高等教育随经济基础的变更而变革,即相对于经济发展(变更)具有一定的"滞后性"。但是,就像毛泽东在《论持久战》中所指出的,"指导战争的人们不能超越客观条件许可的限度期求战争的胜利,然而可以而且必须在客观条件的限度之内,能动地争取战争的胜利。"③只要在一定的经济等客观条件的限度之内,发挥内因的主导性作用,是可以实现后发国家或地区高等教育可持续发展的,即"政府进入"是影响现代高等教育发展的主导性因素。这都是在梳理中外高等教育发展历史的基础上得出的对高等教育发展的规律性认识。虽然这三点看似是基本常识,但确实是影响或者说决定着一个国家或地区高等教育发展的底层逻辑。

本书所揭示的所谓"规律"尚属于基于历史经验的归纳,虽然,在理性上略显高度不足,对于高等教育发展规律的分析还缺乏足够完整的逻辑解释力,但是,只要能起到抛砖引玉的作用足矣!

---

① 毛泽东.毛泽东选集:第2卷[M].北京:人民出版社,1991:663-664.
② 马克思,恩格斯.马克思恩格斯全集:第13卷[M].中共中央马克思恩格斯列宁斯大林著作编译局,译.北京:人民出版社1965:9.
③ 毛泽东.毛泽东选集:第2卷[M].北京:人民出版社,1991:478.

目 录

绪论 …………………………………………………………………… 1

第一章　新中国成立之前的西部高等教育发展（1861—1949）………… 16
　　第一节　我国现代高等教育的初创及西部高等教育的相对落后 ……… 16
　　第二节　抗日战争爆发后西部高等教育的繁荣与再次相对落后 ……… 25
　　第三节　小结 ………………………………………………………… 31

第二章　政府主导下的西部高等教育发展（1950—1978）……………… 33
　　第一节　新中国成立初期西部高校的接管和改造 …………………… 33
　　第二节　20世纪50年代末至70年代西部高等教育的大发展 ……… 42
　　第三节　小结 ………………………………………………………… 65

第三章　市场主导下的西部高等教育发展（1979—1999）……………… 69
　　第一节　20世纪80年代西部高等教育的持续发展 ………………… 69
　　第二节　20世纪80年代后期至90年代末西部高等教育的塌陷 …… 82
　　第三节　小结 ………………………………………………………… 96

第四章　市场与政府主导下的西部高等教育发展（2000—　　）……… 99
　　第一节　21世纪初期中央政府调控下西部高等教育的缓慢发展 …… 99
　　第二节　新时代西部高等教育的新发展 …………………………… 111

· 1 ·

第三节　小结 ·· 120

第五章　西方高等教育发展的历史经验 ···································· 123
　　第一节　中世纪大学产生的社会基础及其分布 ·························· 123
　　第二节　世界经济中心的变迁与高等教育中心的转移 ················· 131
　　第三节　小结 ·· 142

第六章　结语：高等教育发展的规律与启示 ································ 144
　　第一节　"向经济性"：高等教育发展的底层逻辑 ······················· 144
　　第二节　"滞后性"：高等教育发展的适应性特征 ······················· 149
　　第三节　"政府进入"：后发国家或地区高等教育发展的主导性因素
　　　　　　··· 157
　　第四节　"扎根西部"：我国西部高等教育的可能选择 ················· 160

附录　新中国西部高等教育亲历者口述历史 ································ 164
　　附录一　一位大学校长的成长历程——李钟善口述历史 ············· 164
　　附录二　我的大学：求学与职业生涯——王淑兰口述历史 ········· 199
　　附录三　仰不愧于党，俯不怍于人——薛封和口述历史 ············· 242
　　附录四　忠于党的高等教育事业——王景堂口述历史 ··············· 273
　　附录五　像"孩子"一样——熊易群口述历史 ··························· 284
　　附录六　成人高校的历史贡献也值得书写——李利民口述历史 ····· 290

后记 ··· 292

绪　　论

一、研究缘起

唐朝中后期以来,经济、政治中心逐渐东移,西部逐渐落后于东部。尤其是近代以来,西部受地理环境的限制,经济极度不发达,教育也非常落后。第二次鸦片战争之后,清朝洋务派官员开始尝试建立现代高等教育,但是这些学校大都集中在资本主义工商业发展较早的华北、华东、华南的通商口岸城市。虽然在成都、重庆等地也建立了一些学校,但是整体上看,现代化进程相对滞后的中西部地区高等院校数量仍如凤毛麟角。抗日战争爆发之后,迫于战争的压力,大批高等院校开始内迁至以四川、贵州、云南、陕西为主的西部省份,这无疑在很大程度上改变了西部高等教育的落后面貌。1945年抗日战争胜利之后,尽管国民党政府要求教育部拟定调整办法使"全国专科以上学校及研究机关,应依据各地人口、经济、交通、文化等条件予以适当调整,使之合理分布,注意各地的平衡发展,……并鼓励迁至后方八省的专科以上学校的教师继续留在后方八省服务。"①但是,内迁各高等院校还是陆续复员返回原址。这又导致新中国建立前的高等院校在分布上又恢复到战前的状态,即大部分集中于东部大城市。

新中国成立后,于1955—1957年间,为了满足内地工业建设的需要,使高等工业学校逐步地与工业基地相结合,以及改变旧中国高等学校过分集中于沿海大城市的不合理分布,中央政府对一部分高校进行了调整,"内地高等学校由1951年的87所,增至115所,在校学生数由1951年占全国高等学校在校生总数的38.6%上升到44.1%。以西安为例,高等学校由1951年的8所,增至

---

① 熊明安.中国高等教育史[M].重庆:重庆出版社,1988:463-464.

1957年的22所。"[①]20世纪60年代至70年代,为了应对美国和苏联以及国民党武装潜在的战争威胁,中央政府再次对中国工业布局及相应的高校和科研机构进行调整,把一些院校整体或者部分转移至三线建设地区,在一定程度上进一步改变了西部高等教育的落后面貌。但是,自20世纪80年代末以来,在市场经济的冲击下,大量西部高校人才为了追求更高的经济收入,而选择"孔雀东南飞"。在20世纪末,国家提出了西部大开发战略,国务院制定了有利于西部地区吸引人才、留住人才、鼓励人才创业的实施西部大开发的若干政策,比如建立艰苦边远地区津贴,提高西部地区机关和事业单位人员的工资水平,逐步使其达到或高于全国平均水平;依托西部开发的重点任务、重大建设项目及重要研究课题,提供良好的工作和生活条件,吸引国内外专门人才投身于西部开发;中央有关部门、东部地区大专院校和科研机构,要加强对西部地区提供智力服务和人才支持;加强西部地区引进国外智力工作等等。[②] 2001年6月,为贯彻落实国家西部大开发战略,教育部也启动"对口支援西部地区高等学校计划"。2010年颁布的《国家中长期教育改革和发展规划纲要(2010—2020年)》中提出了"中西部高等教育振兴计划",明确指出要把中西部区域高水平大学建设提升为国家战略。这一系列国家政策和投资使西部高等教育获得了很大的发展。但是,由于西部经济发展还是落后于东部地区,因此,西部高等教育今天形势依然严峻,面临着极大的挑战。如何应对这种挑战,不仅仅是国家的责任,同时也是西部高校自身需要思考的问题。因此,我们利用口述史的研究方法,借助历史研究的手段,在分析西方高等教育发展经验和梳理我国西部高等教育的发展历程的基础上,尝试探讨和总结高等教育的发展规律,为西部高等教育的发展提供历史经验和理论支持。

二、研究意义

(一)丰富西部高等教育史研究的视角和方法

目前,关于西部高等教育史的研究文献大多数都是基于历史档案资料形成的。而教育本质上是一门关于人类教育生活实践的学科,人类的生活与经验息

[①] 郝维谦,龙正中.高等教育史[M].海口:海南出版社,2000:94.
[②] 何东昌.中华人民共和国重要教育文献(1998—2002)[M].海口:海南出版社,2003:723-724.

息相关,叙事就是人类生活经验的基本表达方式,因此,用个人口述史这一全新叙事的研究方法去记录西部高等教育发展建设的当事人的看法和理解,有助于我们从一个新的角度诠释西部高等教育发展建设的特点及价值。

（二）抢救整理能更全面反映西部高等教育发展建设的"活"的材料,印证已有文献资料的可靠性

西部高等教育的发展建设应该是全方位的,而我们现在所看到的历史文献大多是由宏观上的数字、政策、历史事件组成的,但很难看到其发展的微观层面。参与者的回忆能帮助我们更全面详细地了解西部高等教育发展建设的细节,也成为我们研究西部高等教育大量的第一手材料。并且,通过访谈西部高校工作者获得的高等教育发展建设资料,都是"活"的材料,如若不对这些材料进行及时的记录,就有可能永远地失去这些珍贵的资料。这些第一手的材料提供了与已有文献资料相互印证的可能,也是对西部高等教育史料的有益补充。

（三）传扬"西迁精神",助力西部高等教育的"双一流"建设

新中国成立初期,在"向科学进军,建设大西北!"的号召下,众多知识分子响应国家号召,从东部奔赴大西北,开启了一个建设西部的风云甲子,创造了中国高等教育史上的奇迹,留下了一笔难得的精神财富,赢得了整个西部地区高等教育和科学技术事业的蓬勃发展。当事人的回忆和总结为我们提供了历史借鉴,为西部高等教育的"双一流"建设发展、国家建设奉献智慧和力量。

（四）总结高等教育发展规律,为高等教育发展提供理论支持

西方高等教育中心伴随着世界经济中心的变迁而转移,我国西部高等教育在发展过程中也与其经济发展水平具有很强的相关性,因此,我们利用口述史的研究方法,借助历史研究的手段,可以在分析西方高等教育发展经验和我国西部高等教育发展历程的基础上,探讨和总结高等教育的发展规律,为西部高等教育的发展提供历史经验和理论支持。

三、文献综述

（一）口述史和教育口述史研究

现代口述史研究出现于美国,以1948年哥伦比亚大学口述史研究室的成立为标志。自哥伦比亚大学口述史研究室建立以来,到20世纪60年代已经有

近百个研究口述史的机构建立,并且研究专著开始面世,口述史研究也逐渐由美国传播到世界各地。20世纪70年代,口述史研究在继续重视著名人士访谈的基础上,开始出现一些以种族和社区为主题的口述历史专题研究,还出版了《口述历史评论》和《口述历史参考文献》等口述史研究专业期刊。同时,口述史学也被运用于教育教学,并成为大中小学的一门课程。20世纪80年代以来美国口述史学研究范围更为普及,几乎涉及社会生活的各个领域。并且,出版了美国学者迈克尔·弗里斯科的《共享主权:有关口述史学和公众历史学技艺和意义的论文》、唐纳德·里奇的《大家来做口述史》和英国学者保尔·汤普逊的《过去的声音——口述史》等经典的口述史学理论著作。

1955年,郭廷以创立的"中央研究院"近代史研究所是台湾最早从事口述史研究的机构。1974年近史所所长吕实强成立"口述历史组",不仅规范口述访问程序,还开拓了访问领域,展开了对科学界、妇女界、医学界、艺术界等众多人士的访问,并出版了《凌鸿勋先生访问纪录》《走过两个时代的职业妇女访问纪录》等研究专著。中国大陆的口述史研究从20世纪50年代也已开始,开展了口述历史调查、访谈等实践活动,并形成《星火燎原》《红旗飘飘》等军事将领和党政要人的回忆录,以及全国政协主办的《文史资料》和各级党史研究室的口述访谈记录。20世纪80年代,口述历史实践开始学习借鉴西方现代口述历史理论和方法,涌现出了许多报告文学、纪实文学、史传文学和大特写等类似口述历史的作品,如《南京大屠杀》《皖南事变》《中国知青梦》等。

国内涉及教育口述史的研究,最早大概可以追溯到20世纪80年代北京大学张寄谦对于西南联大师生的口述史采访。北京师范大学出版社2007年以后推出了一系列教育学名人的口述史丛书,如《顾明远教育口述史》《黄济口述史》《潘懋元教育口述史》《王炳照口述史》等。近年来,教育口述史也逐渐成为热点研究选题,发文量总体上呈逐年增长的趋势。国内有关教育口述史相关研究的期刊文献最早出现在1997年,1998至2001年及2003年没有查到相关文献,2010年有一个小高峰之后又逐渐下降,2014年之后才又有所增长,尤其是近五年教育口述史研究逐渐受到学者们的关注,达到了一个高峰期。华东师范大学贾宏燕的博士论文《陈鹤琴教育思想的中国文化渊源与创新——一项口述史研究》(2008)、成都体育学院邢照利的硕士论文《郑怀贤武术教育思想的口述史研究》(2013)和华东师范大学董洪的硕士论文《一代共和国新人的教育人生——孙培青先生口述史》(2016)等研究,是目前国内对健在老教育学家的学术人生进行的最为系统、细致的深度描摹,具有较高的学术价值。以郑新蓉和胡艳为中心的教师口述史研究集群,相继出版了新中国乡村教师口述史系列丛书和相关学术论文,开展了新中国中师教师、教研员、支教教师口述史的研究。以华中师范大学周洪宇为中心的教育活动史研究集群,主要针对教育活动史、教育记忆史、教育身体史和教育生活史进行了理论探讨。由此可见,目前研究者关注的重点主要集中在教育界人物口述史、教育口述史研究方法、农村教育及受教育者口述史、口述史料和口述史方法在教学中的运用等问题的探讨上①,而对于高等教育口述史的整体研究成果相对较少。

(二)近代西部区域教育史研究

从20世纪30年代开始,就有学者从区域角度看中国教育的历史发展,但受资料、人员等的限制,成果寥寥无几。1985年中国成立地方教育史志研究会,区域教育史研究进入有组织的研究阶段,也取得十分丰富的成果。"九五"期间,由周玉良教授主持的全国哲学社会科学国家级重点课题"中国地方教育史研究",是我国第一次统一规划、统一组织、政府支持、规模系统的地方教育史研究,该课题研究涵盖辽宁、湖北、广西、江西、山东、黑龙江、重庆、北京等二十多个省市区域,研究范围广,研究时限长,为区域教育史研究积淀了一批优秀著作,影响颇大。比如,熊明安等主编的《四川教育史稿》分时期详细叙述了自秦

---

① 尽管我国教育口述史研究已经取得了丰硕的成果,但是,还需要完善以下几点:一是建立统一的研究范式。由于口述本身的特点,与传统学术规范之间具有一定的差异性和张力,因此,造成目前口述史研究没有形成统一的学术规范,这导致教育口述史学术论文无法在具有影响力的杂志上发表。这就要求教育口述史研究界建立自己的学术阵地,定期举办不同类型的学术讨论会,出版学术期刊等形式引导和统一规范教育口述史研究范式,促进教育口述史学术研究范式的形成和发展。二是创新资料处理方法。很多教育口述史研究学者把"口述"资料直接整理出版和发表,这降低了教育口述史的学术性和严肃性。因此,这就需要教育口述史研究者,第一,按照历史研究范式把口述史料与档案史料相互印证,还原历史真相;第二,不再以追求历史真相为唯一目的,借助其他社会科学研究方法分析口述资料,扩大应用范围;第三,利用现代信息技术对访谈资料进行量化分析,解决个体口述史与宏大历史叙事之间的矛盾,既能丰富研究方法,提升研究的深度和广度,又可增强教育口述史研究的学术性和规范性。三是明确访谈者在口述史著作中的著作权。由于教育口述史研究成果是口述者与访谈者合作共同完成的,因此,相比于一般的研究成果,在口述史的著作权的界定中就更为复杂。按照我国《中华人民共和国著作权法》(2020年第三次修订)第十五条规定,"汇编作品,其著作权由汇编人享有。"那么,口述史著作应认定为访谈者的学术成果,才能促进教育口述研究成果的丰富和发展。

汉以来直到建国初期四川教育的发展概况。[①] 杨新益、梁精华与赵纯心编著的《广西教育史：从汉代到清末》对于广西两千年来的教育史进行全面系统的记述，总结历代广西教育的实践经验。[②] 余子侠和冉春著的《中国近代西部教育开发史：以抗日战争时期为重点》全面考察了抗日战争时期西部各级教育的发展情况。[③] 侯德础著的《抗日战争时期中国高校内迁史略》非常详细地梳理了抗日战争时期东部沿海高校向内地迁移的过程，分析了内迁高校对西部高等教育的积极影响。[④] 买雪燕聚焦于地区高等教育发展这一专题，从历史的角度出发，按照时间顺序挖掘和整理近代甘肃高等教育的历史节点，展开甘肃高等教育和大学发展的路径探讨，钩沉出甘肃高等教育的早期"现代化"，梳理出甘肃近代高等教育的实现路径。[⑤] 一些硕士、博士也对西部教育史开展相关研究。例如，赵春娥采用文献学、历史人类学与统计学结合的方法，在考察青海独特的政治、经济、文化状况的前提条件下，分析青海传统教育向近代新式教育过渡的过程、特点，并研究其在社会转型过程中的引领作用。[⑥] 这些著作从不同视角、不同内容、不同方法，全面细致地呈现了近代西部教育发展的脉络。

(三) 新中国西部高等教育史研究

目前已出版储常林主编的《西北高等农林教育史》和新疆维吾尔自治区教育厅《新疆高等教育60年》编委会编的《新疆高等教育60年》等西部高等教育研究著作，以及各高等学校组织编写的校史，这些研究主要利用了官方的历史档案，而基于民间的、大众的资料对西部高等教育进行的研究则少之又少，目前所能够查阅到的文献仅有石河子大学刘明明的硕士论文《二十世纪六十年代兵团高等教育的历史记忆——基于口述史的研究》(2015)和喀什大学努尔帕夏·艾尔肯的硕士论文《喀什维吾尔知识分子口述史调查研究》(2016)。努尔帕夏·艾尔肯的论文是以维语写成，主要对喀什维族知识分子进行分类，并梳理

---

① 熊明安.四川教育史稿[M].成都：四川教育出版社,1993.
② 杨新益,梁精华,赵纯心.广西教育史：从汉代到清末[M].桂林：广西师范大学出版社,1997.
③ 余子侠,冉春.中国近代西部教育开发史：以抗日战争时期为重点[M].北京：人民教育出版社,2007.
④ 侯德础.抗日战争时期中国高校内迁史略[M].成都：四川教育出版社,2001.
⑤ 买雪燕.甘肃近代高等教育发展研究[M].北京：经济科学出版社,2019.
⑥ 赵春娥.近代青海教育考析(1912—1945)[D].武汉：武汉大学,2013.

总结喀什维吾尔族知识分子为喀什和谐发展做出的重大贡献。刘明明以兵团六十年代的高等教育的发展状况为研究对象,主要运用口述史的研究方法,全面搜集并整理分析六十年代教师们的口述内容,探究这一时期兵团高等教育发展的清晰脉络。通过研究,总结了六十年代兵团高等教育的特点和一些教学经验,分析了兵团高等教育发展过程中存在的问题,为今后兵团和中国高等教育的发展提供历史借鉴。陈鹏和李威在分析了中国西部高等教育百年变迁的基础上指出,西部高等教育始终遵循"政治论"高等教育发展逻辑,国家干预在西部高等教育现代化进程中扮演重要角色[①]。苏刚刚在系统梳理了西部高等教育发展政策的演进历程、特征及政策成效的基础上,探寻政策变迁背后的基本逻辑,提出了破解政策推进不畅的制度性障碍的政策建议[②]。这些研究对本研究提供了较强的启发性和借鉴意义。

综上所述,已有研究主要聚焦于近代西部教育史的研究,而对新中国西部高等教育研究得较少,进行系统研究的著作更少。因此,本研究借助口述史的研究方法收集细节性的历史记忆资料,再加以历史档案资料,尽量全面系统深入地把新中国成立以来西部高等教育发展历史的真实状况揭示出来,获得对西部高等教育发展建设比较全面的理解,总结新中国西部高等教育发展的历史规律,为西部高等教育的发展提供参考和借鉴。

四、研究方法

(一)口述史法

口述史法主要是研究者通过口语叙述的方式,取得被研究者亲身经历的历史事件或人生经验的信息。本课题通过对参与到新中国西部高等教育发展建设过程中的相关工作人员进行口述访谈,从而记录当时他们所经历的教育事件。用一个个工作人员艰苦创业的职业生涯故事去串联历史,反观历史,反映西部高等教育发展建设脉络,留给人们历史的回味空间。

(二)文献研究法

文献研究是研究展开的前提和基础。本研究首先查阅新中国高等教育改

---

① 陈鹏,李威.中国西部高等教育百年变迁的逻辑进路与审思[J].高等教育研究,2019,40(4):41-48.
② 苏刚刚.我国西部高等教育发展政策变迁研究[D].武汉:华中科技大学,2021.

革和调整的档案、资料汇编等,然后梳理西部高等教育相关史志文献及相关高校的校史档案,把这些文献资料作为本课题访谈和分析问题的基础。

(三)历史研究法

历史研究法是运用历史资料,按照历史发展的顺序对过去事件进行研究的方法。本研究以新中国西部高等教育发展和建设所处的时代为背景,研究西部高等教育发展建设历程和规律特点及其启示借鉴。

五、研究构想及理论分析框架

(一)研究构想

首先运用历史研究和口述史的方法对我国西部高等教育进行历史梳理,真实呈现其发展历史。我们现有的高等教育史的研究更多是从历史发展结果倒推原因,而这样的研究往往会得出似是而非的结论。只有如实地梳理历史发展的历程和各种影响因素,发现真实的历史存在,而不是在意识形态的影响下进行有所选择的裁剪,才能真正了解高等教育发展的真相。因此,我们首先对西部高等教育发展的历史进行梳理,探讨其发展的历史规律,在此基础上应对和解决今天西部高等教育发展的战略问题。正如哈罗德·珀金所言:"从某种真实的意义上说,真正的历史学并不是一味按照年代顺序挖掘整理史实材料的一门学科,而是一门解决问题的学科,它向现实(或一度是现实的)世界提出种种问题,并努力探寻问题的答案。"[1]基于此目的,整个研究框架分为以下几个方面:

1. 分析新中国西部高等教育发展的背景

高等教育发展离不开一定的社会经济背景,在搜集文献资料和口述资料的基础上总结西部高等教育发展的时代背景,尤其是经济发展水平和社会背景等,探究新中国西部高等教育发展的清晰脉络。

2. 概括和总结新中国西部高等教育发展建设的规律

在历史分析基础上,进一步概括和总结新中国西部高等教育发展建设的规律,包括高等教育与经济之间的关系、高校与中央政府及地方政府之间的关系、高校与教师以及学生的经济理性选择规律影响等。

---

[1] 克拉克.高等教育新论:多学科的研究[M].王承绪,等译.杭州:浙江教育出版社,2001:23.

3.提出西部高等教育发展的对策建议

通过以上历史梳理和规律认识,基于当前西部高等教育发展面临的问题,尝试提出解决策略,为当下西部高等教育的发展和"双一流"建设提供参考。

(二)理论分析框架

1.中心与边缘理论

依附理论是20世纪60、70年代西方一些激进派社会学家和拉美国家的发展理论家用来批判西方现代化理论、分析第三世界国家发展道路的理论框架和研究方法。早期的依附理论流派以法兰克(Frank)的"低度发展论"和阿明(Amin)的"不平等交易论"为代表,后期的依附理论流派以沃勒斯坦(Wallerstein)的"世界体系论"和卡多索(Cardoso)的"依附发展"为代表。早期的依附理论以"中心"与"边缘"概念和"不平等交易"关系为分析框架,分析了西方发达国家经济增长的原因和第三世界国家经济落后的根源。此后,美国社会学教授伊曼纽尔·沃勒斯坦在其世界体系理论中又提出在世界"中心"与"边缘"之间还存在着"半边缘"地区。在这种中心、半边缘和边缘地区之间存在着一种不平等的国际关系,边缘和半边缘地区总是受制于中心地区从而产生了边缘和半边缘地区对中心地区的依附。这种依附的实质是一种不平等的国际政治、经济及文化关系。这种"中心"与"边缘"的关系不仅存在于发达国家与欠发达国家之间,同时在"外围"欠发达国家的内部也存在着"中心"区域与"外围"区域的依附关系。后来,这种经济学中的依附理论逐渐扩展到不同社会领域中。[1] 卡洛伊(Carnoy)于1974年出版了《作为文化帝国主义的教育》一书,标志着教育研究中依附论流行的开始。1984年7月,在巴黎召开的第五届世界比较教育大会即是以"教育的从属性和相互依赖性"为中心主题。美国教育依附理论流派的代表人物阿特巴赫运用依附理论的"中心—边缘"与新殖民主义的观点对国际高等教育进行了比较研究,认为西方发达国家与第三世界国家之间在教育上存在着控制与被控制的不平等关系,广大第三世界国家在世界学术系统中处于边缘地位。[2] 他指出,"中心大学几乎都无一例外地位于中心国家,即那些人均

---

[1] 李涛.依附发展下的自我调适:关于建国以来我国教育发展模式的反思[J].现代大学教育,2005(5):29-33.

[2] 刘希伟.中国高等教育"依附发展论"的再审视[J].教育与考试,2010(4):40-44.

收入高、技术发展水平高、学术传统深厚的国家,那些使用某种主要的世界性语言并且拥有知识生活的所有基础设施的国家。边缘大学遇到各种各样的不利条件。它们没有多少支持其办学的优良传统,一般都位于比较贫困的国家内,缺乏受过良好训练的师资,总而言之还没有达到追求一流学术水平的起点。"[1] 中心与边缘理论显然是从现象和结果方面进行了分析,当然也批判了这种不合理。但是,正如阿特巴赫所指出的,中心大学无一例外处于发达国家,而边缘大学位于欠发达国家,同样,在某国家内部也同样呈现出这样的分布,优质教育资源总是分布在发达地区,而经济落后地区的教育资源相对贫乏。由此,我们可以得出,发达的高等教育一定是建立在发达的经济基础之上的,反之不一定成立,即经济发达不一定建成发达的高等教育。世界高等教育之所以表现出中心与边缘的不平衡,正是经济发展的不平衡导致的。我国西部高等教育的落后就是西部经济落后导致的。

2. 内外因理论

毛泽东在《矛盾论》中指出,"唯物辩证法认为外因是变化的条件,内因是变化的根据,外因通过内因而起作用。鸡蛋因得适当的温度而变化为鸡子,但温度不能使石头变为鸡子,因为二者的根据是不同的。"[2] 也就是说,内因即内部矛盾是事物存在的基础,是一事物区别于他事物的内在本质,是事物变化的根据,它规定着事物发展的方向,所以它是事物发展的根本原因。外因是事物之间的相互联系、相互影响,是事物变化的条件,它能够加速或延缓甚至暂时改变事物发展的进程,它通过内因而起作用,是事物发展的第二位的原因。但是鸡蛋也必须要在一定的温度条件下才可以变为鸡子,如果在不同的温度条件下,有些鸡蛋能变成鸡子,而有些鸡蛋也无法变成鸡子。就如古人所言:"橘生淮南则为橘,生于淮北则为枳,叶徒相似,其实味不同。所以然者何?水土异也。"内因相同,由于外因不同,也会导致发展结果的不同。世界各国经济发展不同(外因),高等教育(内因)的发展也就有很大的差异。经济是根本性的条件,其他社会条件则建立在经济基础之上。

---

[1] 阿特巴赫.比较高等教育:知识、大学与发展[M].人民教育出版社教育室,译.北京:人民教育出版社,2001:27-28.

[2] 毛泽东.毛泽东选集:第1卷[M].北京:人民出版社,1966:277.

3.高等教育成本与收益关系理论

成本主要是指为了获得某种收益而必须为之付出的代价。从纯经济学角度看,收益大于成本的预期是人们行为的基本出发点,因而是人类社会的首要理性原则。政府或个体的行为选择一般都是基于成本与收益的考量。当收益低于成本时,政府或个体就会减少投入,以降低损失;当收益等于成本时,政府或个体就会维持当前的投入水平;当收益大于成本时,政府或个体就有提高投入的积极性。高等教育具有向经济性,也就是说维持高等教育需要成本。有多少收益就必有相对应的成本,但是收益主体与承担成本的主体不一定统一。按照经济理性人的理论假设,由于西部经济发展落后,西部高等教育产品在本地找不到相应的工作而无法收回教育成本,他们必然流向经济发达地区,获取更高的教育收益。90年代以来人才"孔雀东南飞"就是必然的了。因此,经济发达地区(发达国家尤其是美国或者我国东部)占有了经济落后地区的一部分收益,是收益大于成本,经济落后地区(发展中国家或者我国西部)是成本大于收益。当高等教育收益不在本地而外流的话,地方政府就会缺少投资教育的积极性,影响着高等教育的发展。因此,对于一个国家或者地区来说,过于超前的高等教育造成人才无法在本地就业,就会导致人才外流,同时,由于对高等教育投资过多而导致投入经济发展的资源减少而影响发展经济,这就造成成本大于收益。通过梳理世界各国经济发展与高等教育的关系可以发现,所有国家的高等教育发展都是建立在适应本国经济发展的基础之上,这样既有了高等教育发展的资源又有人才就业的条件,否则就会造成教育资源的浪费。因此,正如马克思主义所强调的,经济基础决定上层建筑。"当然,某种条件下,上层建筑可以反作用于经济基础,但这种反作用往往意味着巨大的代价。大多数发展中国家的上层建筑都超前于本国的经济基础,因为那是宗主国留下的。上层建筑根本不适应经济基础,并且由于成本过高而反作用于经济基础。越维持西化上层建筑,就越无法发展本国经济基础。"[①]后发国家只有在具有一定的经济基础(中央财政)后,才能通过教育投资实现经济更好的发展。

4.制度成本论

制度成本是指以制度设计为起点、以制度变迁为终点的整个制度周期中所

---

① 温铁军.告别百年激进[M].北京:东方出版社,2015:33-34.

产生的一切耗费,是实现不同主体之间利益博弈而产生的成本。其形式是多种多样的,既包括经济成本,又包括政治成本、社会成本、文化心理成本等方面。这一定义具有三个层面的含义:第一,任何制度的形成、执行、变迁等都要消耗一定的社会资源,即需要相应的人力、物力和财力的投入。各种社会制度产生的最终目的是取得相应的制度绩效,或者说制度收益应当大于制度成本。第二,从根本上说,制度是利益主体之间的较量和博弈。个人、各种组织,包括正式组织和非正式组织,都是具有不同利益的主体,相互之间的利益冲突是必然的,而制度正是利益主体之间的一种博弈均衡。第三,与新制度经济学中的交易成本有所不同,根源于社会的各种制度反过来又会对社会产生种种作用和影响。制度不仅仅需要经济资源的耗费,而且还要有政治资源、社会资源等方面的耗费,因而制度成本的表现形式包括经济成本、政治成本、社会成本和文化心理成本等。[①] 也就是说,任何制度均伴随着一定的成本,其中,高度组织化的高等教育制度尤其承载着高昂的制度成本。因此,这一成本需由政府或个人来承担。然而,一旦政府难以承受此成本,其往往会选择通过改革高等教育制度来实现成本的转移,例如推进两种教育制度的改革、实施改革开放后的高等教育收费制度,以及促进民办高等教育的再度蓬勃发展。

5. 高等教育存在的合法性理论

布鲁贝克在其《高等教育哲学》中指出,"在20世纪,大学确立它的地位的主要途径有两种,即存在着两种主要的高等教育哲学,一种哲学主要是以认识论为基础,另一种哲学则以政治论为基础。"[②] "强调认识论的人,在他们的高等教育哲学中趋向于把以'闲逸的好奇'精神追求知识作为目的。"[③] 在探讨人的需求层次时,有一个不可回避的问题是:依据马斯洛的需要层次理论,个体首先满足基本的生理需要,进而才可能追求更高层次的需要,正如古语所言,"仓廪实而知礼节"。同样地,在当代社会,科学研究工作的开展也需要仪器设备、经费等资源的支持。正如马克思所指出的,"人们首先必须满足吃、喝、住、穿等基

[①] 张广利,陈丰.制度成本的研究缘起、内涵及其影响因素[J].浙江大学学报(人文社会科学版),2010(2):110-116.
[②] 布鲁贝克.高等教育哲学[M].王承绪,等译.杭州:浙江教育出版社,2001:13.
[③] 布鲁贝克.高等教育哲学[M].王承绪,等译.杭州:浙江教育出版社,2001:13.

本生活需求,然后才能从事政治、科学、艺术、宗教等活动"。①涂尔干亦深刻指出,"从某种意义上来说,艺术、科学乃至整体上的精神生活,都属于奢侈的消遣,先得在共同体中有多余的能量,超出了维持生存的当务之急。为了能够献身于纯粹、客观的思想工作,就必须储存有丰富的能量可供调用,超出应对日常生存种种困难之所需。一旦确实有这样的储存,由于并没有什么强迫它用到外部去,它自然就会转向内在生活,转向思想,转向反思。"②因此,这种认识论的存在合法性哲学也要建立在一定的现实经济基础之上。"第二种高等教育哲学是政治论的。按照这种观点,人们探讨深奥的知识不仅出于闲逸的好奇,而且还因为它对国家有着深远影响。如果没有学院和大学,那么,想理解我们复杂社会的复杂问题就几乎是不可能了,更不用说解决问题了。过去根据经验就可以解决的政府、企业、农业、劳动、原料、国际关系、教育、卫生等等问题,现在则需要极深奥的知识才能解决。而获得解决这些问题所需要的知识和人才的最好场所是高等学府。"③"尽管对高等教育来说,以德国研究大学的哲学为榜样的价值自由的认识论的逻辑非常具有吸引力,然而历史看起来明显有利于高等教育的政治论哲学。"④这也就说明,高等教育的存在和发展必须建立在满足社会发展的需要基础之上。因为,"如果大学拥有大量的为社会服务的知识,但是缺乏把这些知识用于实践的决心和责任感,那么公众就会认为大学是无用的,失去了存在的根据,因此就不会再为大学提供经费了。"⑤正如恩格斯所指出的,"政治统治到处都是以执行某种社会职能为基础,而且政治统治只有在它执行了它的这种社会职能时才能持续下去。"⑥即任何一个社会组织都需要证明自己存在的合法性,这样它才能获得生存和发展的资源。正如自中世纪大学产生以来,现代大学的职能已从最初的人才培养,逐步扩展到科学研究、社会服务、文化传承与创新等多个方面。现代大学之所以演化出如此多样的职能,实则旨在

---

① 上海师范大学教育系.马克思恩格斯论教育[M].北京:人民教育出版社,1979:270.
② 涂尔干.教育思想的演进[M].李康,译.上海:上海人民出版社,2003:92.
③ 布鲁贝克.高等教育哲学[M].王承绪,等译.杭州:浙江教育出版社,2001:13-14.
④ 布鲁贝克.高等教育哲学[M].王承绪,等译.杭州:浙江教育出版社,2001:29.
⑤ 布鲁贝克.高等教育哲学[M].王承绪,等译.杭州:浙江教育出版社,2001:22.
⑥ 马克思,恩格斯.马克思恩格斯全集:第20卷[M].中共中央马克思恩格斯列宁斯大林著作编译局,译.北京:人民出版社,1971:195.

向社会证明其存在的价值与意义,否则就像生物学中的"用尽废退"原理所示的一样,大学可能因不适应社会需求而被淘汰。高校只有适应社会发展的需要——无论是人才培养、科学研究还是社会服务——才能赢得社会的广泛认可和合法地位。

综上,我们认为高等教育具有向经济性。在奴隶制社会中,铁制工具的使用,使社会生产效率得到提高,农业生产进入一个新的阶段,进而使生产力得到了很大的发展。剩余产品的出现为社会的分工提供了主要条件,而社会分工又进一步地促进了生产力的发展。这一系列变革为学校的产生奠定了必要的物质基础,使学校教育得以发展起来。时至今日,高等教育组织已经不像中世纪大学初期,那时可以没有固定的讲学场所,能够随时自由流动,仅仅满足人员报酬就能生存下去了。现今,高等教育组织已经成为了一个"重资产"的社会组织,尤其是洪堡把科学研究职能引入大学之后,不仅需要固定的校园、教学楼、图书馆以及大量的图书资料,还需要满足教职员工的工资待遇,并且要求配备现代化的实验室、实验器材等。现代高校的固定资产规模庞大,仅一所大学的年度预算经费动辄上亿、十亿、百亿元。缺乏经费,高等学校难以运行,教职员工的生存和发展更无从谈起。现在大学校长的一项非常重要的职责在于筹集学校发展所需的资金。在市场经济蓬勃发展的今天,经费已成为制约高等教育发展的关键因素,是实现高等教育各项职能的中介。因此,为确保高校组织自身的生存和发展,必须从社会各界获取自身发展所需要的物质资源,这体现了高等教育向经济性的特性。同时,为了获得发展所需的物质资源,高等学校往往会倾向于"亲近"国家资本或者私人资本,其做出的选择通常听从国家的安排或者选择靠近经济发达的地区。抗日战争时期的高等学校内迁和五十年代的高等学校西迁以及九十年代以来的高等学校到东南沿海异地办学,都是如此。抗战的爆发和国家的政策推动,尤其是经济政策导向下的企业转移,比如156项重点工程的国家布局和三线建设,这些举措带动了欠发达地区的经济发展,进而改变经济发展水平,在一定程度上维持了经济欠发达地区的高校发展水平。但是,按照经济学相关理论,人具有经济理性,在市场经济条件下,人才通常流向经济发达地区,欠发达地区的高校必然会走向衰弱。为了避免这种情况,西部高校向东南沿海转移也就在情理之中了。高校为了自己的发展也必然要证明其能够为资本获利(这既包括经济利益,也包括政治、军事等方面的利益)做出贡献,从而获得合法性。同样,政府或个体也会基于投资和收益对高等学校进行评估,从而决定如何对高等学校进行投资,前提条件是政府和个体有

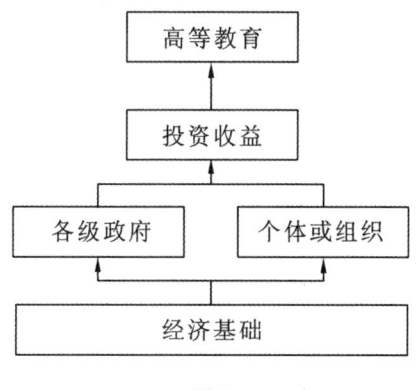

这样的经济条件。分析框架如图 1 所示：

```
        ┌──────────┐
        │ 高等教育 │
        └────▲─────┘
             │
        ┌────┴─────┐
        │ 投资收益 │
        └────▲─────┘
             │
    ┌────────┴────────┐
┌───┴────┐      ┌─────┴─────┐
│各级政府│      │个体或组织 │
└───┬────┘      └─────┬─────┘
    └────────┬────────┘
        ┌────┴─────┐
        │ 经济基础 │
        └──────────┘
```

图 1

正如毛泽东在《新民主主义论(一九四〇年一月)》中所指出的："一定的文化(当作观念形态的文化)是一定社会的政治和经济的反映，又给予伟大影响和作用于一定社会的政治和经济；而经济是基础，政治则是经济的集中的表现。……那末，一定形态的政治和经济是首先决定那一定形态的文化的；然后，那一定形态的文化又才给予影响和作用于一定形态的政治和经济。"① 经济和政治首先决定了高等教育的发展，然后，高等教育才又给予影响和作用于政治和经济。当然，正如温铁军所说，"并不认为仅从经济规律出发作分析就能对中国当代史产生足够完整的逻辑解释力。"② 同样，经济也不是影响高等教育发展的唯一因素，但这是最基本的影响因素，是高等教育发展的底层逻辑。

---

① 毛泽东.毛泽东选集：第 2 卷[M].北京：人民出版社，1991：663 - 664.
② 温铁军.八次危机：中国的真实经验 1949—2009[M].北京：东方出版社，2012：16.

第一章　新中国成立之前的西部高等教育发展(1861—1949)

第一节　我国现代高等教育的初创及西部高等教育的相对落后

1830—1833年,中国通过海上贸易从欧美各国进口的商品值每年平均为919万银两,其中英国占79.8%;出口的商品值为1344万银两,其中英国占74%。[①] 中国与英国的贸易顺差导致英国开始向中国倾销鸦片来弥补贸易中的损失,而中国对鸦片贸易的抵制引发了英国对中国发动的鸦片战争。中国延续了数千年的以农业为基础的自给自足的传统自然经济体系以及在此基础上建立的传统社会制度被1840年爆发的鸦片战争所打破,还先后被机器工业生产的商品以及以机器大工业为代表的资本主义生产方式所冲击。因此,从1840年鸦片战争起到1949年新中国成立,是中国由以农业为基础的自给自足的传统自然经济向以机器大工业为主导的近代经济转变的时期。[②] 伴随着经济形态的转变,我国的高等教育也逐步由传统模式向现代模式转变。

鸦片战争后,清政府被迫签订了一系列不平等条约。《南京条约》的签订使上海、宁波、福州、厦门、广州成了第一批对外开放的口岸;19世纪60年代,《天津条约》《北京条约》又迫使清政府增开了汕头、天津、牛庄、镇江、汉口、九江、登州、淡水等沿海沿江城市为通商口岸;从19世纪70年代至19世纪末,中国对外

---

① 宋则行,樊亢.世界经济史:上卷[M].修订版.北京:经济科学出版社,1998:149.
② 赵津.中国近代经济史[M].天津:南开大学出版社,2006:15.

第一章 新中国成立之前的西部高等教育发展(1861—1949)

开放口岸又增加了27个,至1917年前又增加47个,总数达92个。① 西方列强还获得了在中国沿海、沿江以及内地通商的特权。随着上海等口岸租界的扩张,西方列强资本还在中国开办了打包、铁工、炼钢、印刷、榨油、自来水厂等新式企业。据不完全统计,从1845年英商在广州创办修理船舶的柯拜船坞起,到1895年西方列强正式取得在华设厂权,列强资本在中国非法设立的工厂至少有100多家,其中英商开办的约63家,美商开办的约7家,俄、法、德商开办的约33家。西方列强在中国以通商口岸为基地,进行以农产品和手工业产品为主的初级商业贸易,而且还加强越区贸易和越项贸易,从而在较大的区域范围内形成了一定的经济规模,通商口岸城市因此成为国内甚至国际贸易的重要集散地。② 外资企业聘用中国商人为买办和职员,并雇用大量中国工人。如表1.1所示,上海、天津、广州、青岛、武汉、厦门、重庆等通商口岸城市均成为外国商品在中国的集散地、销售市场以及中国原料和商品的输出基地。通商贸易不仅成为这些城市的经济支柱,还推动了它们率先向早期现代化城市的转型。③ 随着长江航运的大规模开发和第二次鸦片战争后南京、九江、汉口、牛庄、登州、天津等新口岸的开放,上海逐渐取代广州成为中外贸易的中心,形成了以上海为枢纽的航运体系,加之香港的进一步崛起,广州的外贸和开放优势开始减弱。④ 上海、天津、南京、武汉、广州作为近代中国较早开放的通商口岸城市,在外力的推动下,近代化进程已经启动并有相当程度的发展,而铁路的修建则为这些城市增加了一个新的、更为有力的货物运输手段,使它们在原有基础上更加繁荣,城市规模迅速扩大,城市功能进一步转变,近代化步伐明显加快。⑤ 随着工业化进程的推进,城市各部门涌现出许多大、中、小型工厂,需要愈来愈多的劳动力,为社会提供了广泛的就业机会,进而吸引了大量的劳动力移民涌入城市,刺激了城市人口的剧增。⑥ 城市交通、公用事业以及科技文化教育事业也在工业大规模发展之后进入加速发展阶段。⑦ 现代城市作为区域经济发展的产物,是经济、政

---

① 张仲礼.东南沿海城市与中国近代化[M].上海:上海人民出版社,1996:9.
② 赵津.中国近代经济史[M].天津:南开大学出版社,2006:163.
③ 赵津.中国近代经济史[M].天津:南开大学出版社,2006:165.
④ 赵津.中国近代经济史[M].天津:南开大学出版社,2006:166.
⑤ 赵津.中国近代经济史[M].天津:南开大学出版社,2006:167.
⑥ 赵津.中国近代经济史[M].天津:南开大学出版社,2006:176.
⑦ 张仲礼.东南沿海城市与中国近代化[M].上海:上海人民出版社,1996:430.

治、文化三位一体的有机实体,是一个集人口、经济、科学文化于一体的空间地域系统。①

表1.1 外国资本在中国各地经营的近代工业数量(1840—1894年)②

上海	广州黄埔	宁波	厦门	汉口	福州	汕头	烟台	九江	台湾	天津	牛庄
63	7	1	7	6	3	3	2	2	2	5	2

中国新式民族工业是在鸦片战争后列强商品势力侵入中国之后产生的。1861年,曾国藩奏准在安庆创设军械所,这是中国军用工业的嚆矢,同时也是官僚兴办新式工业的起点。此后,李鸿章创建了上海和苏州洋炮局,并在上海创办了规模最大的洋务企业——江南制造局,以及金陵制造局。三口通商大臣崇厚在天津创办的军火机器总局,后被李鸿章接管,改名为天津机械制造局。左宗棠在杭州试造轮船,后在福州设船政局。张之洞在湖北设立了枪炮厂及汉阳铁厂。曾国藩、李鸿章和左宗棠等人在福州、南京、天津、西安、昆明、广州等地共建立了规模不同的近代军用企业达24个。③ 李鸿章等清末官员于1872年在上海成立了轮船招商局。此后,开平煤矿、天津电报总局、上海机器织布局以及汉阳铁厂等6个大型民用工业企业相继创立。同一时期,洋务派还创办和支持了40余个中小型民用企业。④ 除矿冶业外,中国近代民族工业也大多设在上海、天津、青岛、武汉等沿海、沿江的开埠城市。⑤ 这些城市凭借优越的地理位置,由商业和金融起步发展成为经济中心城市,是近代中国城市发展的一般规律。⑥ 正如中世纪大学产生在经济中心城市一样,我国近代高等教育也是首先在经济中心城市创立的。

虽然我国拥有悠久的高等教育史,但是具有现代属性的近代高等教育却是发轫于清末洋务派兴办的洋务学堂——京师同文馆。而当时设定此馆的目的是培养外国语人才,以便在与外国交涉事件时"不受人欺蒙"⑦。这是中国首次

---

① 张仲礼.东南沿海城市与中国近代化[M].上海:上海人民出版社,1996:28.
② 孙毓棠.中国近代工业史资料:第一辑(上)[M].北京:科学出版社,1957:234-241.
③ 赵津.中国近代经济史[M].天津:南开大学出版社,2006:104.
④ 赵津.中国近代经济史[M].天津:南开大学出版社,2006:105.
⑤ 赵津.中国近代经济史[M].天津:南开大学出版社,2006:170.
⑥ 赵津.中国近代经济史[M].天津:南开大学出版社,2006:162.
⑦ 舒新城.中国近代教育史资料:上册[M].北京:人民教育出版社,1981:115.

第一章 新中国成立之前的西部高等教育发展(1861—1949)

建立的以西方现代教育制度为蓝本的教育机构。为了专门培养更多从事洋务的人才,19 世纪后期,洋务派官员先后在全国主要港口城市及通商口岸城市开设了一批学习"西文""西艺"的新式学堂。

如表 1.2 所示,大部分洋务学堂集中在沿海一线城市。而内陆城市开设新式学堂者或为中外交通的陆上枢纽,如珲春和乌鲁木齐,或为工商业重镇及军事要冲,如武昌、南京等长江流域的开放口岸。这种地域分布,与近代以来西方资本主义列强入侵和西方文化教育冲击浸润的总态势是大致相合的。[1]

表1.2 清末洋务学堂地理分布[2]

类别	名称及地点
方言学堂	京师同文馆、上海广方言馆、广州同文馆、新疆俄文馆、台湾西学馆、珲春俄文书院、湖北自强学堂
武备学堂	福建船政学堂、上海江南制造局操炮学堂、广东实学堂、天津水师学堂、天津武备学堂、广东黄埔鱼雷学堂、广东水陆师学堂、北京昆明湖水师学堂、山东威海卫水师学堂、江南水师学堂(南京)、奉天旅顺口鱼雷学堂、山东烟台海军学堂、江南陆师学堂(南京)、湖北武备学堂
科技学堂	福州电器学塾、天津电报学堂、上海电报学堂、湖北算术学堂、天津医学堂、山海关铁路学堂、南京铁路学堂、湖南湘乡东山精舍、南京储才学堂、湖北农务学堂和工艺学堂、两广电报学堂

为了应对帝国主义对中国的侵略,清政府被迫进行了新政改革。其中非常重要的一项政策就是建立了官办的京师大学堂、北洋大学堂、山西大学堂三所大学堂,并设立省高等学堂 27 所。而西部地区仅陕西、甘肃、四川、云南、广西、贵州、新疆等七省设立了高等学堂。这些学堂办学层次不高,生源缺乏、师资不足、经费短缺以及设备简陋等问题,终使这些高等学府名不符实而不断降级乃至中途停办。这些新式教育初生时期的种种不足,根本原因在于该地区经济与文化的历史性落后。[3] 上海诞生了我国最早的两所私立大学中国公学和复旦公

---

[1] 田正平.中国教育史研究:近代分卷[M].上海:华东师范大学出版社,2009:65.
[2] 郑登云.中国高等教育史:上册[M].上海:华东师范大学出版社,1994:20-26.
[3] 余子侠,冉春.中国近代西部教育开发史:以抗日战争时期为重点[M].北京:人民教育出版社,2007:40.

学,这些新式学堂有些是在政府的推动下建立的,有些是由私人创办的,它们主要分布在经济相对发达的城市,因为只有这些城市的现代经济才对新式人才有需求。

西方列强借与清廷签订的不平等条约,在我国建立了上海圣约翰大学、苏州东吴大学、上海震旦学院、上海浸会大学、武昌文华大学、成都华西协合大学、南京金陵大学、杭州之江大学等8所教会大学。1900年,中国的教会大学规模甚小,学生总数仅164人。虽然大部分教会大学仍保留具有相当规模的中学,但没有一个大学的学生人数达到过60人。1910年教会大学共有学生898名,虽然20世纪的头十年增设了一些新大学,但这些学校多半是中等水平的小规模学校。到1919年入学人数差不多比1910年增加了一倍。[1] 在1915—1925年间所有的教会大学虽然都在扩大,但发展速度各不相同。有些发展较快,如金陵、燕京、沪江、东吴、圣约翰;有些发展较慢,如齐鲁、金陵女子大学、之江、福建协和雅礼、广州岭南和华西。另有五所学校则发展极为缓慢,如湖滨、华中、路德、华南女子学院和华北协和女子大学。如表1.3所示,发展速度较快的大学都在大城市,而且除燕京之外都在华东地区。这可能与该地区读得起大学的中国人较多有关。[2] 而位于成都的华西教区和教会中学都很不发达。[3]

表1.3 中国基督教大学一览表[4]

名称	办学地点及时间
齐鲁大学	1882年登州文会馆,1905年济南学堂,1931年济南
福建协和大学	1918年福州
金陵女子大学	1913年南京
之江大学	1845年宁波崇信义塾,1867年杭州育英义塾,1914年杭州
华中大学	1871年武昌文氏学堂,1924年武昌

---

[1] 卢茨.中国教会大学史(1850—1950)[M].曾钜生,译.杭州:浙江教育出版社,1987:152.
[2] 卢茨.中国教会大学史(1850—1950)[M].曾钜生,译.杭州:浙江教育出版社,1987:153.
[3] 卢茨.中国教会大学史(1850—1950)[M].曾钜生,译.杭州:浙江教育出版社,1987:155.
[4] 卢茨.中国教会大学史(1850—1950)[M].曾钜生,译.杭州:浙江教育出版社,1987:506-509.

续表

名称	办学地点及时间
华南女子文理学院	1908年福州女子学院预科,1917年福州
岭南大学	1888年广州格致书院,1926年广州
金陵大学	1888年南京汇文书院,1910年南京
圣约翰大学	1865年培雅书院,1905年上海
沪江大学	1906年上海浸会学院,1931年上海
东吴大学	1871年苏州博习书院,1901年苏州
华西协合大学	1910年成都
燕京大学	1867年通州潞河男塾,1928年北京
震旦大学	1903年上海
辅仁大学	1925年北京
津沽大学	1923年天津工商学院,1947年天津

辛亥革命后,由于没有形成全国统一的政权,地方军阀之间为了争夺地盘而发生混战,各派军阀经常将不及政军费百分之一的教育经费移作军费,导致教育经费无法得到保障,被拖欠是家常便饭,致使我国近代高等教育停滞不前。教职工工资也经常被拖欠,减薪、停薪、欠薪事件频频发生,最终在1921年爆发了北京国立八校索薪运动。西部的四川,自1917年起即开始军阀混战,进入"防区制时期",直到1935年川政统一。近二十年间,境内发生大小战争多达四百七十余次,全省社会无一宁日,教育事业遭受极大破坏,以致师生在啼饥号寒的处境下,先后于1922年和1927年爆发了声势浩大的"教育经费独立"运动。[1] 1913年全国仅有北京大学、北洋大学、山西大学三所公立大学,到1920年的七年间未增加一所。1915年私立大学在原来中国公学、复旦公学两所的基础上,增加了上海大同学院、北京中国大学、北京朝阳大学、武昌中华大学和北京协和医学院等五所,但1915年到1920年五年间却也再未增加。在这样的形势下,

---

[1] 余子侠,冉春.中国近代西部教育开发史:以抗日战争时期为重点[M].北京:人民教育出版社,2007:48.

高等教育有什么发展可言?"教会大学却既不受国内政治动乱的影响,又无经费上的困难,乃乘机大为发展。"①西部各省并非没有考虑到依照国民政府颁行的学制创设大学,但终因经费难筹、师资难聚,以及各省当政人物的频频更换等原因,而一拖再拖以致大多无着②,事实上,截至1926年7月教育部备案的全国92所公立、私立专门以上学校中,西部仅有西北大学、成都高等师范学校、四川公立外国语专门学校、甘肃公立法政专门学校、四川公立法政专门学校、广西公立法政专门学校、四川公立工业专门学校、四川公立商业专门学校和四川志成法政专门学校等9所③。这些学校规模也不大,如国立西北大学,据中华教育改进社1925年统计,其时有教职员38人,在全国二十余所国立大学中排名倒数第三(并列);学生174人,排名倒数第四位。④

1927年,蒋介石国民政府在南京成立,在形式上逐步实现了全国统一,并且着手实施所谓"训政",借以推进政治、经济、文化等方面的改革。经过抗日战争爆发前的十年发展,我国在工业分布上延续了鸦片战争以来的趋势,主要集中于沿江海地区。根据1937年国民党政府经济部"民国21—26年工厂登记统计"各省工业分布(见表1.4)分析得知,广东、浙江、江苏、福建、山东、河北6省及上海、天津、青岛、威海卫4市,其工厂数已占总数的79%(17747家),而上海、江苏、浙江这块三角地带尤为工厂密集之区,其工厂数可占到总数的59%(2334家),且仅上海一隅即接近总数的1/3。尚有南京市102家,北平市101家,湖北省206家,安徽省2家,山西省82家,河南省100家,这些地区当时大多沦陷于敌占区。所以当时真正存在于西南、西北后方的,四川省115家、云南省42家、贵州省和广西省各3家、陕西省10家、甘肃省9家,即使加上察哈尔省的3家,也仅仅占总数的4.72%,可见战前工业区位分布极不平衡!

---

① 郑登云.中国高等教育史:上册[M].上海:华东师范大学出版社,1994:183.
② 余子侠,冉春.中国近代西部教育开发史:以抗日战争时期为重点[M].北京:人民教育出版社,2007:56.
③ 中国第二历史档案馆.中华民国史档案资料汇编:第三辑(教育)[M].南京:江苏古籍出版社,1991:199-203.
④ 国民政府教育部.第一次中国教育年鉴[M].上海:开明书店,1934:16.

表1.4　1937年各省工业分布统计表①

省别	厂数	百分比	资本数(千元)	百分比	工人数	百分比
江苏	318	8.08	39562	10.58	105223	23.03
上海	1235	31.39	148464	39.73	145226	31.78
南京	102	2.59	10213	2.73	4462	0.97
北平	101	2.56	10629	2.75	4565	0.99
天津	52	1.32	17952	0.80	10976	2.38
青岛	148	3.74	6041	1.61	10458	2.16
威海卫	43	1.09	215	0.06	4149	0.91
浙江	781	19.85	27183	7.37	39795	8.71
山东	228	5.79	23127	6.20	18818	4.12
河北	19	0.48	22049	5.91	7662	1.68
广东	101	2.57	1427	0.38	10814	2.36
四川	115	2.93	2145	0.58	13019	2.85
云南	42	1.07	4216	1.17	6353	1.49
贵州	3	0.08	144	0.04	229	0.05
广西	3	0.08	913	0.14	174	0.04
福建	170	4.33	3843	1.03	2597	0.57
湖南	55	1.39	4764	1.29	7546	1.65
湖北	206	5.24	20023	5.47	30072	6.58
陕西	10	0.25	2757	0.74	4635	1.01
甘肃	9	0.23	295	0.08	1152	0.25
河南	100	2.54	8642	2.31	13330	2.92
山西	82	2.09	14056	3.76	12699	2.78
察哈尔	3	0.08	17	0.01	486	0.16

① 陈真.中国近代工业史资料:第四辑[M].北京:生活·读书·新知三联出版社,1961:97.

续表

省别	厂数	百分比	资本数（千元）	百分比	工人数	百分比
安徽	2	0.05	300	0.08	136	0.03
江西	7	0.18	4382	1.18	2397	0.53

资料来源：国民党政府经济部："民国21—26年工厂登记统计"

在这种历史背景下，教育经费的拨付和保障存在着相当大的差异，各省教育事业的进展程度大不相同。在抗战爆发前的十年间，除新设立的青海、宁夏两省外，其时西部各省均开办有或曾设置过高等教育机构，有的省份，如四川，甚至拥有多所高等学校。现将它们分作三种类型来说明[①]。一是在国民政府前期曾经一度设置过高等教育机构的省份，有贵州和陕西两省。其中贵州省在1927年时，由省长周西成批示将法政专门学校改为贵州大学。1929年周西成因军阀内战而死，黔省政局混乱，贵大几乎瓦解。虽说后来在毛光翔任省主席时贵大进行过改组，终因经费无着，该校到1930年被迫停办，其址后来改设省立贵州高级中学。1927年1月冯玉祥督率的国民联军进攻陕西和进入西安之时，西北大学因社会动荡、政局更迭而再度停办。但随之联军总司令部即着令以西北大学的校产经费改办中山学院。到当年7月中旬，中山学院新领导人走马上任，不久即改中山学院为西安中山大学。但到1931年初即告消亡，其校址被用来改办陕西省立西安高级中学。二是在国民政府前期一直开办有一所高等教育机构的省份，有甘肃、新疆两省。1928年2月29日以甘肃法政专门学校为基础的兰州中山大学正式成立。1929年初，该校奉教育部之命改名甘肃大学，学校体制、校长及相关人员均无变动。到1932年3月，甘肃大学改名为省立甘肃学院，开设有文、法两科，次年又添设医科及农业专修科。然后，由于经费、生源等问题，该校一直处于一种萎缩的状态：1928年有教员78人，在校生245人，到1936年教员减至22人，而在校学生仅为49人。1924年，新疆省主政人物杨增新在迪化创设了俄文法政专门学校，以造就"深通俄文"和"娴习法政国际诸学"的外交人才。1931年初，该校改校名为俄文法政学院。1935年又改名为新疆学院，使学科和专业走向综合化。三是在国民政府前期开办过一所以

[①] 余子侠、冉春.中国近代西部教育开发史：以抗日战争时期为重点[M].北京：人民教育出版社，2007：101-110.

上高等教育机构的省份,有广西、云南和四川等省。广西大学于1928年暑期在梧州正式成立。1929年春蒋桂战争爆发,6月粤军进入梧州,成立不及一年的广西大学遂告停办。1931年9月15日复校。此外,广西公立法政专门学校于1932年由教育部颁令停办。云南省公立法政专门学校是由清末创立的云南法政学堂(前身为云南课吏馆)改办而成。1932年该校一度寻求改组为独立性的法学院,但未获批准,被迫照教育部颁布的办法停办。云南省政府于1930年将私立东陆大学改为省立东陆大学。1934年9月16日,遵照教育部之令,省立东陆大学又改称为省立云南大学,1938年7月1日,该校由省立改为国立。在西部各省中,四川省所开办的高等教育机构数量最多。除国立成都大学和成都高等师范学校(1927年升格为国立成都师范大学)外,还有由四川公立法政专门学校、四川公立国学专门学校、四川公立农业专门学校、四川公立工业专门学校和四川公立外国语专门学校于1927年联合组成的公立四川大学。1931年,教育部令三校合组为国立四川大学,成为其时全国13所国立大学之一。除国立四川大学外,四川还设立了四川省立重庆大学、四川省立乡村建设学院(1936年改组为四川省立教育学院)、私立西南美术专科学校、中法大学(国民政府上台前夕被强令解散)、四川省立工学院(1935年并入国立四川大学)、四川省立农学院(1935年回归国立四川大学)、华西协合大学。

综上,抗日战争爆发前,1936年国民党统治区共有专科以上学校108所,而西部仅有9所。[①] 其他学校"大都集中在都市及沿海省份,例如上海就有25校,北平14校,河北省8校,广东省7校。"[②]虽然从质量层次上较之前有所发展,但也没有多少进步,且在西部各省也分布极不均衡,这也与西部各省区经济发展水平具有一致性。其中,四川经济相对较为发达,因此,四川高校数量和质量也优于其他省份。

第二节 抗日战争爆发后西部高等教育的繁荣与再次相对落后

经过北伐战争和中原大战,南京国民政府完成了中国形式上的统一,这为

---

① 中国第二历史档案馆.中华民国史档案资料汇编:第五辑第一编教育(一)[M].南京:江苏古籍出版社,1994:296-323.
② 顾毓琇.抗战以来我国教育文化之损失[J].时事月报,1938(5):34-39.

近代高等教育的发展创造了一个稳定的环境和经费来源。但是,对于西部高等教育的规划一直未提上日程,事实上,国民党从1931年11月召开第四次全国代表大会,到1937年2月召开五届三中全会,它的历次全国代表大会、中执委全会和中央监委全会,均未对加强战备调整院校布局或内迁东部沿海高校有过议论或决议。[①] 1937年8月13日,日本侵略者在上海发动"八·一三"事变。国民政府教育部乃于8月19日检发了《战区内学校处置办法》,此为高校内迁之发端。9月29日,教育部又下发了《战事发生前后教育部对各级学校之措置总说明》,对于高校内迁做出了具体安排。

日本侵华战争爆发后,在1937年,全国有39所高等院校被迫内迁。1938年后,又陆续有一些高等院校内迁。作为大后方中心地带的西南地区,抗战时期一共接待了内迁高等院校61所,其中有大学22所,独立学院17所,专科学校22所。而这些内迁高等院校中的48所集中在四川,又多在渝、蓉两地。盖因重庆为国民政府陪都,是战时国统区的政治经济、文化中心,所以不独与政府关系密切者如中央大学、中央政治学校、蒙藏学校等要移往渝市,一般高等院校亦多集中重庆,遂使该市内迁高等院校先后达32所之多。加上原有的重庆大学和新办的若干高校,该市高等院校一度多达39所,居全国之冠。从而奠定了重庆作为抗战时期中国高等教育中心的基本格局。成都及其附近迁入高等院校9所、大学研究院1所。相比之下,东临战区而后方广袤的西北地区迁入的高等院校却并不太多,先后有11所内迁高等院校落脚或安家,含大学5所,独立学院5所,专科学校1所。其中有些高等院校如东北大学、铭贤学院后来又迁往川境。由西安临时大学演进而来的西北联大及其再度改组的西北工学院、西北大学、西北医学院、西北师范学院(1941年迁往甘肃兰州)等校聚集在陕南的城固、汉中一带。青海、新疆竟无一所高等院校迁驻。昆明先后迁入的高等院校亦有10所,贵阳曾迁入高等院校5所,广西桂林也曾迁驻高等院校5所。[②]

由于战争的影响,很多高等院校面临办学困境,高等院校之间合并或联合办学情况相当普遍。据1942年1月国民政府教育部高等教育司编印的《最近高等教育概况》统计,1941年全国专科以上学校共有129所,其中四川38所,西

[①] 侯德础.抗日战争时期中国高校内迁史略[M].成都:四川教育出版社,2001:37.
[②] 侯德础.抗日战争时期中国高校内迁史略[M].成都:四川教育出版社,2001:71-74.

第一章 新中国成立之前的西部高等教育发展(1861—1949)

康1所,陕西9所,甘肃2所,广西3所,云南4所,贵州6所,新疆1所。① 经过这次大搬迁,全国高等院校在区域分布上发生了显著变化,近50%的高等院校集中到成都、重庆、昆明、贵阳、西安和兰州等西部地区,带动了西部高等教育的发展。

抗日战争期间国统区新创设的高等院校共48所(改组后更名者不重复计算)。其中,国立和省立的公办高等院校共33所,占新设院校的68%;私立高等院校共15所,占新设高等院校的近32%。可见战时新设的高等院校是以公办为主的。这从一个侧面表明当时国民政府对维系和扩展高教事业还是做了相当努力的。但是,这些高等院校主要还是在西南大后方和国民党军队尚能控制的东南、华南地区。其中,四川汇聚的新办高等院校最多,共13所。而这13所高等院校中,就有7所是在陪都重庆及其近郊,云南1所,西安2所,广西2所,贵州3所,西康1所,兰州1所。相当一部分新设高等院校是由内迁院校师生所创办,这在一定程度上改变了我国高等院校在分布上极不合理的畸形布局。②

截至1944年,不包括中国共产党在抗日根据地开办的院校,全国高等院校的总数已由1937年的108所增至145所。这些高等院校无论早已有之,还是几经搬迁或战时新设,主要分布在西部和中南、东南国民党统治区域。其中西部省份共有高校75所(四川48所,云南6所,贵州7所,陕西8所,甘肃3所,新疆2所,西康1所)占全国的52%。③ 这一变化打破了过去高等院校麇集于东部地区,西部地区高等院校寥寥无几的传统格局,使我国高等教育的分布较前趋于合理。

1945年9月20日,教育部召开全国教育善后复员会议,以统筹安排抗日战争胜利后的教育事业。这次会议共提出126件提案,最后作出五个方面的决议。其中,涉及高等教育均衡分布方面的复原原则有:"全国专科以上学校及研究机关,应依据各地人口、经济、交通、文化等条件,一面注重全国教育文化的重心之建立,一面顾及地理上之平衡发展,酌予调整,作合理之分布;抗战期内公私立专科学校,凡已停办或归并而其历史悠久成绩卓著有恢复设置之必要者,

---

① 教育部高等教育司.最近高等教育概况[M].出版地不详,1942:53.
② 侯德础.抗日战争时期中国高校内迁史略[M].成都:四川教育出版社,2001:187-192.
③ 中国第二历史档案馆.中华民国史档案资料汇编:第五辑第二编教育(一)[M].南京:江苏古籍出版社,1997:767-778.

得予恢复;公私立专科以上学校,各院系科,应在同一地区设置,并不得设分校;规定全国教育文化重心若干处,各就原有或迁设之大学,尽量予以充实,俾成为规模完备之学府,并酌量配设图书馆、博物馆及其他独立学院及专科学校。"①同时,后方陕、甘、新、川、康、滇、黔、桂八省高等教育,向来不甚发达。战时公私立专科以上学校之内迁,及陆续新设,数年之间,顿见勃兴。惟胜利后内迁学校均将复员,仅新设立者可留原址办理,然其所聘教员多来自战区,亦纷作还乡之计。因此,国民政府教育部又制定了后方八省"内迁"专科以上学校教员仍在后方继续服务的奖励办法:"凡服务后方各省国立专科以上学校教员有眷属在学校所在地者,由校按照人口建筑或租赁适当敷用之房屋,免费供给居住,并供必要之家具设备;凡服务后方各省国立专科以上学校之单身教员由校补助回家往返旅费,每年一次,其携带眷属者,由校补助其全部往返旅费,每三年一次;后方各省国立专科以上学校之图书仪器及各种教学设备应力求充实,并尽量供给教员研究学术之一切便利;服务后方各省国立专科以上学校教员,得按聘约所规定之待遇,加一成至两成支薪。"②但是,内迁各高等院校还是陆续复员,返回原址。内迁高等院校最多的四川,自抗日战争胜利至1947年春,48所迁川高等院校中有45所或迁返原址,或在沿海省份另觅地点复校。其中,中央工业专科学校系因南京原有校舍已遭敌人拆毁,修建需要时,奉教育部令暂留渝,继续办理。③ 铭贤学院原拟迁回山西太谷,只因未及启程,山西即成为国共交兵的战场,故滞留川西,最终于1950年10月迁返太谷。而两江女子体专早在1940年即被国民政府勒令停办。④ 抗日战争胜利后,迁入贵州的高等院校于1946年先后迁回原地,贵州境内仅剩下贵州大学、贵阳医学院、贵州师范学院三所院校。⑤这又导致新中国建立前的高等院校在区域上又恢复到战前的分布状态,即大部分集中于东部沿海大城市。据统计,1947年全国专科及以上学校共207所。其中江苏、南京与上海有57所,四川有14所,其余有10所以上高等院校的省份只有北平、湖北、广东,其他各省只有几所,内蒙、青海、宁夏、西藏等省区空白(见

---

① 国民政府教育部.第二次中国教育年鉴[M].上海:商务印书馆,1948:13.
② 国民政府教育部.第二次中国教育年鉴[M].上海:商务印书馆,1948:14.
③ 国民政府教育部.第二次中国教育年鉴[M].上海:商务印书馆,1948:266.
④ 侯德础.抗日战争时期中国高校内迁史略[M].成都:四川教育出版社,2001:352.
⑤ 李浩,黎弘毅.贵州教育改革开放40年研究[J].贵州民族大学学报(哲学社会科学版),2019(5):99-208.

表1.5)。

表1.5　1947学年度第一学期全国专科及以上学校数(全国共207校)①

序号	地域	合计	序号	地域	合计	序号	地域	合计	序号	地域	合计
1	上海市	36	9	江西	8	17	甘肃	4	25	安徽	2
2	四川	14	10	天津市	8	18	台湾	4	26	西康	2
3	广州市	14	11	重庆市	7	19	河北	3	27	河南	2
4	北平市	13	12	湖南	6	20	山东	3	28	陕西	2
5	南京市	11	13	广西	6	21	山西	3	29	广东	2
6	江苏	10	14	西安市	6	22	云南	3	30	新疆	1
7	湖北	10	15	浙江	5	23	贵州	3	31	青岛市	1
8	福建	9	16	辽宁	5	24	吉林	3	32	香港	1

事实上,抗日战争胜利后,各高等院校纷纷回迁,主要原因还是在于当时各省区经济发展的不平衡。根据国民党经济部1947年发表的20个主要城市调查材料,其中上海就集中了7788家工厂,占总数14078家的54%,工人数367433人,占总数682889的54%。天津工厂数占总数的9%,工人数占总数的8%。此外,青岛厂数和工人数占总数的3%,广州厂数和工人数也占总数的3%,即以这四个沿海城市而论,厂数就占全国的70%,工人数占全国的69%。这正是半殖民地中国工业的特点,我们广大的内地陷于穷困凋落之境。②

尽管在抗日战争时期,中国沿海一部分工厂内迁至国民党统治的西南、西北各省,使内地工业有所发展,但依然没有改变沿海内地工业的不均衡分布,从当时全国工业分布情况来看,"大部分的工业仍和战前一样,集中在沿海沿江少数大城市"③。因为内迁的工厂并不多,沿海大城市如上海、天津等日本人占领的城市,仍保留着大量工厂;虽然,西南、西北各省在战时除了内迁工厂外,还新建了一些小规模的工厂,但上海、天津等城市在太平洋战争爆发前也有许多小工厂建立,而且厂数的增加并不亚于西南、西北各省。至于,日本人在东北各省

---

① 教育部教育年鉴编纂委员会.第二次中国教育年鉴[M].北京:商务印书馆,1948:1401.
② 陈真.中国近代工业史资料:第四辑[M].北京:生活·读书·新知三联出版社,1961:13.
③ 陈真.中国近代工业史资料:第四辑[M].北京:生活·读书·新知三联出版社,1961:95.

新建的工厂也大部分集中在大连、沈阳等沿海近江城市。所以,这种变化没有改变工业大部分集中在沿海城市这一基本情况。这种局部的变化突出地表现在西南、西北和东北各省的工厂较战前大为增加(见表1.6)。

表1.6 1942年国民党统治区工厂统计①

省别	厂数	百分比	资本数（千元）	百分比	工人数	百分比	拥有马力数(匹)	百分比
总计	3758	100.00	1939026	100.00	241662	100.00	143916	100.00
四川	1654	44.01	1130012	52.28	108205	44.70	62208	43.22
西康	12	0.32	3298	0.17	393	0.16	426	0.30
贵州	112	2.98	46264	2.39	4578	1.89	1634	1.13
云南	106	2.82	209499	10.80	18094	7.49	14848	10.32
广西	292	7.77	153130	7.90	15987	6.63	11393	7.92
广东	69	1.85	9227	0.48	2594	1.08	1369	0.95
福建	88	2.34	11188	0.58	6204	2.56	12002	8.34
湖南	501	13.34	76004	3.92	31574	13.06	15131	10.51
江西	102	2.71	33336	1.72	9127	3.77	4646	3.23
浙江	70	1.83	91288	4.71	6639	2.75	3539	2.46
江苏	3	0.08	60	00	194	0.08	—	—
安徽	83	2.20	1136	0.06	773	0.33	61	0.04
陕西	385	10.24	105319	5.43	23510	9.74	13855	9.63
甘肃	139	3.69	61906	3.19	7888	3.26	1638	1.14
青海	1	0.03	1000	0.05	11	00	70	0.05
宁夏	14	0.40	950	0.05	1448	0.60	155	0.11
绥远	7	0.20	135	0.01	217	0.10	—	—
湖北	17	0.45	2016	0.11	1201	0.49	118	0.08
河南	88	2.34	2932	0.15	2479	1.02	825	0.57
山西	15	0.40	283	0.01	546	0.22	—	—

注:(1)仅限于国民党统治区,不包括日本占领区。(2)资本栏内四川有32厂,西康有4

① 陈真.中国近代工业史资料:第四辑[M].北京:生活·读书·新知三联出版社,1961:96.

厂,贵州有 13 厂,云南有 18 厂,广西有 10 厂,广东有 2 广,福建有 5 厂。

如表 1.7 所示,在抗日战争胜利后的 1947 年,上海、天津、汉口、南京、青岛、广州、汕头、福州、台湾等九个地区工厂数就占到全国的 86.4%,工人数占到全国的 83.7%,拥有的马力数也占到全国的 71.2%。由表 1.5 可知,高等院校回迁后,上海、天津、湖北、南京、青岛、广州、广东、福建、台湾等九个地区共有 95 所高校,占全国总数的 45.9%。如果加上聚集于经济发达地区的北平市 13 所、浙江省 5 所和江苏 10 所高校,则占到全国总数的 59.4%。由此可见,高等院校分布与经济分布之间存在着显著的一致性。

表 1.7 1947 年沿海各大城工业的分布①

地区	厂数	百分比	工人数	百分比	拥有马力数(匹)	百分比
全国	14078	100.0	682399	100.0	827272	100.0
上海	7738	54.9	367438	53.8	325268	39.2
天津	1211	8.8	57658	8.4	110476	13.3
汉口	459	3.2	21048	3.1	10167	1.2
南京	888	6.3	9118	1.3	18077	2.2
青岛	185	0.9	28778	4.2	34403	4.2
广州	473	3.3	25085	3.2	10622	1.1
汕头	121	0.8	5233	0.8	2660	0.1
福州	176	1.2	3067	0.4	3291	0.1
台湾	985	7.0	56047	8.5	80483	9.8
上述九个地区	12236	86.4	573467	83.7	594847	71.2

第三节 小结

我国现代高等教育最初都是产生在经济相对发达的城市。发达的商业和工业为高等院校的发展提供了经济基础,同时也为高等院校培养的毕业生提供

---

① 陈真.中国近代工业史资料:第四辑[M].北京:生活·读书·新知三联出版社,1961:98.

合适的工作岗位,洋务学堂就是为了服务于外交和军事需求而设立的。同样,西方教会创办的教会大学也首先是为了满足传教的人才需要,民国时期的高等院校也是如此。这就导致清朝末年和民国时期的高等院校基本上都建立在东部沿海和长江沿岸工商业相对发达的城市。正如阿特巴赫所指出的,"中心大学几乎都无一例外地位于中心国家,即那些人均收入高、技术发展水平高、学术传统深厚的国家,那些使用某种主要的世界性语言并且拥有知识生活的所有基础设施的国家。边缘大学遇到各种各样的不利条件。它们没有多少支持其办学的优良传统,一般都位于比较贫困的国家内,缺乏受过良好训练的师资,总而言之还没有达到追求一流学术水平的起点。"①也就是说,优质教育资源总是分布在发达地区,而经济落后地区的教育资源则相对贫乏。我国经济相对落后的西部地区在高等教育方面也相对落后,这是因为落后的经济无法为西部高等教育提供经费支持,也无法提供相应的工作岗位,即社会没有人才的需求。同时,清朝末年和民国初期的政局动荡,军阀割据,使得有限的财政更多用于战争而不是教育的发展。没有经济和政府等外部条件的支持,西部高等教育发展不起来也就是必然的。

抗日战争爆发后,由于日本侵略者的轰炸和破坏,我国东部经济相对发达城市的高校被迫内迁,历经千难万险,最终聚集在以重庆、成都、贵州、昆明和西安等西部经济相对较为发达的中心城市。这次内迁改变了清末以来西部高等教育相对落后的状况。但是,即便在抗日战争时期,我国现代工业也没有在根本上改变过于集中于东部沿海和沿江城市的不均衡状况,因此,在抗日战争胜利后,内迁西南和西北的高等院校就纷纷迁回了原来办学的东部经济相对发达的城市。尽管西部高等教育在抗战时期也有了一些发展,但是,相较于东部高等教育还是相对落后的。这就是高等教育向经济性的体现。

---

① 阿特巴赫.比较高等教育:知识、大学与发展[M].人民教育出版社教育室,译.北京:人民教育出版社,2001:27-28.

第二章　政府主导下的西部高等教育发展(1950—1978)

第一节　新中国成立初期西部高校的接管和改造

随着解放战争的胜利,人民取得了政权,摧毁了帝国主义在政治、经济和文化等方面的控制权。首先,废除了帝国主义过去强迫旧中国历届政府签订的不平等条约,不承认国民党时代的一切卖国条约。其中就包括国民党政府同美帝国主义签订的卖国条约,主要有1946年签订的《中美友好通商航海条约》和《中美空中运输协定》、1948年签订的《中美关于经济援助之协定》。[①]其次,收回海关控制权和建立国家银行外汇专营制度。最后,对帝国主义直接经营的经济事业和文化事业,分别予以妥善处理。日本帝国主义和德、意帝国主义在华的财产,抗日战争胜利后被国民党政府接收,解放战争过程中被作为官僚资本由人民政府陆续加以没收。到全国解放时,外资主要是美英等帝国主义在华企业,共有1000多家,职工12万多人。美帝国主义发动侵朝战争时,宣布管制中国在美辖区内的公私财产(当时中国被美国冻结的财产约有2000—3000万美元),并禁止一切在美注册的船只开往中国港口,我国政府针锋相对发布《关于管制美国在华财产、冻结美国在华存款的命令》,规定管制美国政府和企业在华一切财产(美国在中国的财产约有1.3—2亿美元),冻结一切美国在华公私存款。英国及其他外资企业,由于过去仰赖的帝国主义特权不复存在,经营难以为继,有的放弃经营,有的被我国作价收

---

① 刘日新.新中国经济建设简史[M].北京:中央文献出版社,2006:40.

购,用征用的办法变成全民所有。①

毛泽东早在1947年12月25日《目前形势和我们的任务》的报告中就提出了在经济方面的任务:"没收封建阶级的土地归农民所有,没收蒋介石、宋子文、孔祥熙、陈立夫为首的垄断资本归新民主主义的国家所有,保护民族工商业。这是新民主主义革命的三大经济纲领。"②没收官僚资本企业,使国营经济掌握了国家的经济命脉,为领导国民经济的恢复,促进我国的经济建设沿着社会主义方向发展,奠定了重要的物质基础。因此,"新中国的经济构成是:(1)国营经济,这是领导的成分;(2)由个体逐步地向着集体方向发展农业经济;(3)独立小工商者的经济和小的、中等的私人资本经济。这些,就是新民主主义的全部国民经济。而新民主主义国民经济的指导方针,必须紧紧地追随着发展生产、繁荣经济、公私兼顾、劳资两利这个总目标。"③

中央财政经济委员会在1950年的《中国经济情况报告》中指出,"在今年全国生产总额中,国营经济所占比重,计为:煤炭占70%、铁占60%、钢占90%、发电占78%、工作母机占67%、机械电器占36%、纱锭占43%、水泥占60%,铁路全为国营。综合起来,国营经济在近代化的工矿业中所占比重,约为60%上下。如把手工业作坊加入计算,则私营经济在数量上仍稍占优势,惟私营工业分散,国营工业则集中。在商业中私营经济仍明显占优势,国营商店除东北外,尚无力量控制市场物价,供销及消费合作社尚在开始建立。在金融事业中,私人行庄在数量及业务范围方面超过国营经济,但国家掌握着货币的发行权,这在领导金融事业方面是一个重要武器。在农业生产中,几乎完全是分散的、个体的私人经营。因此在整个国民经济中,国营经济在数量上所占比重仍然不大,但因掌握着最重要的经济命脉,且有国家政权为其后盾,所以已经开始取得并且逐渐巩固它在国民经济中的领导地位。"④

国民经济的恢复,使社会经济结构得到优化。1952年,国营工业在工业总产值(不包括手工业)中的比重,已由1949年的34.2%上升到52.8%。国营商业在全国社会商品批发总额中的比重,由1950年的23.2%上升到60.5%。在

---

① 刘日新.新中国经济建设简史[M].北京:中央文献出版社,2006:41.
② 毛泽东.毛泽东选集:第4卷[M].北京:人民出版社,1991:1253.
③ 毛泽东.毛泽东选集:第4卷[M].北京:人民出版社,1991:1255.
④ 中国社科院、中央档案馆.中华人民共和国经济档案资料选编:工业卷(1949—1952)[M].北京:中国物资出版社,1996:7.

社会商品零售总额中,国营商业与合作社商业的比重也由1950年的16.4%上升到42%,控制了很大部分社会商品的流通过程。同期,私人资本主义经济在绝对值上也有较大增长,但在国民经济中所占的比重逐年下降。① 因此,在整个国民经济中,国营经济逐渐掌握了国家的经济命脉,并且逐渐巩固它在国民经济中的领导地位。这成为国家政权进行社会改革的经济基础。

中共中央西南局和西南军政委员会依靠师生中的进步力量,对各类高等学校采取和平接管的方针,并实施了稳定、扶植的政策。其基本措施:一是派联络员、军代表,稳定学校局面,保护校产,筹组校务委员会,实行民主管理;二是积极扶植条件较好的私立院校,如正阳学院、相辉学院、成华大学、求精商学院等继续办学;三是对条件不具备、经费拮据的私立院校,如勉仁学院、南林学院、群治学院、白屋文学院等,同意自动停办,协助妥善安排师生去向;四是根据政务院《关于处理接受美国津贴的教会学校及其他教育机关的指示》,接收私立华西协合大学,改为公立学校,解散"中华平民教育促进会",接收所属的乡村建设学院,改为川东教育学院;五是对政治情况复杂的国立成都理学院、私立长江文理学院、私立大川学院和私立成都西南学院等,分别于1950年、1951年予以查封。至1951年底,基本上完成了接管改造工作。在此期间,新成立的院校有:由西北军大艺术学院迁重庆改建的西南人民艺术学院;国立女子师范学院与四川省立教育学院的部分系科合并成立的西南师范学院;以四川省立教育学院的农艺、园艺、农机三系为基础与私立相辉学院农艺系、私立华西协合大学农学系合并成立的西南农学院。1950年4月刘伯承、邓小平创办的西南人民革命大学(1952年,过渡为正规的西南人民大学,1953年9月结束)。②

1949年5月,西安和关中地区解放,西安军管会接管了各高等学校。接管后,对高等学校进行了整顿。如将陕西省医学专科学校、商业专科学校、师范专科学校等合并于西北大学,将私立西北药学专科学校、西安法政专科学校、户县知行农业专科学校等院校,因"条件差、师资缺乏"等原因相继撤销,全省只保留了西北大学、西北工学院、西北农学院3所院校。1949年6月,在陕甘宁边区延

---

① 中共中央党史研究室.中国共产党的九十年[M].北京:中共党史出版社,2016:415.
② 《中国教育年鉴》编辑部.中国教育年鉴地方教育(1949—1984)[M].长沙:湖南教育出版社,1986:1019-1020.

安大学的基础上建立了西北人民革命大学。①

1949年8月26日兰州解放,兰州市军事管制委员会接管兰州大学、西北师范学院、西北农业专科学校和国立兽医学院。1949年9月25日新疆和平解放,人民政府接管了新疆学院。1949年11月15日贵州解放,人民政府接管了贵州大学、贵阳医学院、贵阳师范学院三所高校。解放时,广西仅有广西大学、广西医学院、南宁师范学院、广西艺术专科学校、西江文理学院;云南只有云南大学和昆明师范学院两所高等院校;宁夏、青海、西藏、内蒙古在建国初期则没有一所现代高等学校。

新中国成立后,中国共产党没收了官僚资本,进行了土地改革,官僚资本和地主经济基础被摧毁或在瓦解中,民族工商业曾一度遇到困难,无法对私立学校大力资助。学生家长中多半是地主或工商业者,他们对政府政策了解不多,加以匪特造谣破坏,使其产生疑虑彷徨,不让子弟上学。旧的办学方针,不能适合当前建设发展需要,学生感到前途渺茫,等等。当时,学生锐减,学校经济困难,多数难以维持。如西南地区,解放以后,私立高等学校学生减少三分之二。多数私立学校师资缺乏,设备简陋,无法满足需要,更无法适应新时期的各种需要。这种状况在西南、华东一些历史较短、规模较小的专科学校更为严重。即使像上海一些私立大学,问题也很多。上海大夏大学商学院除会计课外,无可选读的课程。上海大同大学理工学院教授全部由交通大学和同济大学教授兼任。大夏大学兼任教师占全校教师总数的80%以上。上海中华工商专科学校虽设有机械工程、土木、工商管理、会计等科,招收800多学生。但仅有四层楼房一幢,没有仪器设备。私立高等院校的系科设置也很不适应新时期的需要。文、法、商科占多数,理、工科偏少。②

为了加强领导,积极扶植与改造私立高等学校以适应国家建设的需要,1950年8月14日,教育部公布经政务院批准的《私立高等学校管理暂行办法》(以下简称《办法》)。《办法》规定私立高等学校办学的方针、任务、课程、教学及行政管理,均须遵照《高等学校暂行规程》及《专科学校暂行规程》办理。办学成绩优良而经费困难的私立学校得报请中央教育部酌予补助。私立学校的

---

① 《中国教育年鉴》编辑部.中国教育年鉴地方教育(1949—1984)[M].北京:湖南教育出版社,1986:1174.

② 郝维谦,龙正中.高等教育史[M].海口:海南出版社,2000:39.

行政权、财产权均由中国人掌握。私立学校不得以宗教科目为必修课或强迫学生参加宗教仪式或活动(这是考虑到教会学校在旧中国是以私立学校登记的)。《办法》还规定,全国私立学校无论过去已立案与否均需重新申请立案,校长由董事会任免,报教育部备案。所有财产不得移作校以外之用。《办法》是管理、改造私立高等学校的依据。①

抗美援朝战争开始后,中国与美国实际已处于交战状态。美国政府宣布冻结中国在美国的财产,并利用其津贴资助的在华机构进行反革命宣传和破坏活动,中国政府理所当然要采取相应措施。1951年1月10日,教育部根据政务院《关于处理接受美国津贴的文化教育救济机关及宗教团体的方针的决定》,发布《关于处理接受美国津贴的教会学校及其他教育机关的指示》。总的精神是要"将这一接收国家教育主权的重大工作做好"。同时还要使原接受美国津贴的各级学校不仅能维持下去,而且能办得更好。要求根据学校经费来源的比例不同而作不同的处理,或接收为公立学校,或改组董事会与学校行政,或改为完全由中国人自办的私立学校。由于教会学校中接受美国津贴的比例甚大,占20所高等学校中的17所(已被接收的辅仁大学除外),而其中许多学校又兼有不同国家分别提供津贴,所以在处理过程中势必涉及接受其他国家津贴的学校。教育部于1951年1月中旬召开"处理接受外国津贴的高等学校会议",拟定了全部接受外国津贴的高等学校的处理方案。至1951年底,20所教会大学全部处理完毕,其中改为公立的11所,仍维持私立、由中国人自办、政府予以补助的9所。②

1950年6月,在第一次全国高等教育会议上,时任教育部长马叙伦在讲话中就提出:"我们的高等教育,必须密切地配合国家经济、政治、文化、国防建设的需要,而首先要为经济建设服务"。③ 1950年6月3日,政务院成立暑期高等学校毕业生工作分配委员会,直接办理全国高等学校1.8万名毕业生的工作分配事宜。1950年6月22日,政务院发出通令,要求教育部门和人事部门有计划地合理统筹分配高等学校的毕业生,并应说服他们听从分配,若愿自找职业者,可听其自行处理。通令规定毕业生参加工作,以半年至一年为见习期限。经全

---

① 郝维谦,龙正中.高等教育史[M].海口:海南出版社,2000:38-39.
② 高奇.中国教育史研究:现代分卷[M].上海:华东师范大学出版社,2009:299.
③ 何东昌.中华人民共和国重要教育文献(1949—1997)[M].海口:海南出版社,1998:26.

国统一调配,全国1950年高等学校毕业生的半数分配到国家重点建设的东北地区。① 1951年6月29日,政务院第九十一次政务会议通过《关于一九五一年暑期全国高等学校毕业生统筹分配工作的指示》。要求在统筹分配中进行地区调剂,以适应国家重点建设的需要,并照顾毕业生过少的地区。同时要求贯彻执行使毕业生的学和用尽可能最大限度一致的原则。防止分配中的混乱和偏枯现象。1951年暑期全国高等学校毕业生共1.7万人。从华北、华东、中南、西南各地抽调6000余人,分配到东北、西北地区及中央各业务部门。寒假又有高等学校毕业生2200人,多数是各业务部门学校的毕业生,统归各业务部门商得同级人事部门同意后自行分配。② 1952年1月3日,教育部指示各地:为适应大规模经济建设的需要,理学院、工学院若干系应将1953、1954两年暑假应届毕业的学生,提前一年毕业。并规定:三年毕业的学生即作为正式毕业生由人事部统一分配,其政治待遇、物质待遇与四年毕业生同。③ 1952年,国家决定实行全国高等学校统一招生和毕业生统一分配。

1951年11月30日,《人民日报》发表中央人民政府教育部部长马叙伦在113次政务会议上所作的《关于全国工学院调整方案的报告》。1951年11月,中央教育部在京召开的全国工学院院长会议上指出:目前全国共有工学院42所,大学设有工程系科的6所,工业专科学校17所。这些学校共有42种系和44种专科与专修科。学生总共4.2万多人。这些院校存在着很多严重的缺点:在地区分布上很不合理;师资设备分散,使用极不经济;系科庞杂,教学不切实际,培养人才不够专精;学生数量更远不能适应国家当前工业建设的迫切需要。因此,高等工业学校的院系设置与分工,必须作有计划的适当的调整。经研究,拟定了调整方案:确定了招生数字,以华北、华东、中南三个地区的工学院为重点作适当调整;东北三个工学院暂不予变动,但须实行重点分工;西南工业专科学校航空工程专科并入北京工业学院(即华北大学工学院);同一地区的工学院系,实行分工。④

1952年12月25日中央人民政府高等教育部成立后,鉴于大规模的、有计划的经济建设已经开始,为使高等学校院系分布进一步趋于合理,人力物

---

① 刘光.新中国高等教育大事记(1949—1987)[M].长春:东北师范大学出版社,1990:12.
② 刘光.新中国高等教育大事记(1949—1987)[M].长春:东北师范大学出版社,1990:25.
③ 刘光.新中国高等教育大事记(1949—1987)[M].长春:东北师范大学出版社,1990:32.
④ 中央人民政府教育部.关于全国工学院调整方案的报告[N].人民日报,1952-4-16(1).

力的使用更为集中,各类专门人才的培养目标更为明确,拟于1953年继续院系调整工作。调整的原则仍着重改组旧的庞杂的大学,加强和增设工业高等学校并适当地增设高等师范学校;对政法、财经各院系采取适当集中、大力整顿及加强培养与改造师资的办法,为今后发展准备条件。华北、东北、华东三区因1952年已基本上完成了院系调整工作,1953年主要是进行专业的调整。1953年院系调整工作以中南区为重点,对西南、西北两区主要进行局部的院系或专业的调整(见表2.1)。经过这次调整,全国高等学校的数量由建国时的205所减少为182所,其中西部高校有37所(不包括未成立的西北体育学院),占全国的20.3%(见表2.2)。虽然高等学校数量有所减少,但总体规模有所扩大。1952年各类高等学校共招收新生78865人,1953年招收新生81544人。①

表2.1 西南、西北两区1953年院系或专业调整简况②

区域	院系或专业调整情况
西南区	云南大学政治、法律两系并入西南政法学院;贵州大学校名取消,其工学院各系分别调入重庆大学、四川大学工学院及云南大学工学院,农学院在原址独立为贵州农学院,中文、历史及理科各系并入贵阳师范学院,政治经济系经济组及外文系并入四川大学,企业管理系并入四川财经学院,法律系及政治经济系政治组并入西南政法学院;重庆大学数学、物理、化学三系并入四川大学;四川大学地系并入南京大学;四川纺织专科学校改为中等技术学校,校名取消,其专科学生分别转入天津大学及华东纺织工学院;西昌技艺专科学校校名取消,学生分别转入重庆大学、四川大学及西南农学院;重庆师范学院并入四川师范学院,其校名取消;西南财经学院并入四川财经学院,其校名取消;西南人民艺术学院及成都艺术专科学校调整为西南美术专科学校及西南音乐专科学校,原校名取消;成都体育专科学校改为西南体育学院
西北区	西北大学师范学院独立为西安师范学院;甘肃工业专科学校并入西北工学院,其校名取消;西北大学英语系学生分别转入北京大学及西北俄文专科学校;在西安成立西北体育学院

---

① 郝维谦,龙正中.高等教育史[M].海口:海南出版社,2000:92.
② 建国初期全国高等学校院系调整文献选载(一九五一年——一九五三年)[J].党的文献,2002(6):59-71.

表 2.2　一九五三年院系调整后西南、西北高等学校名单（截至一九五三年底）[①]

全国	西南	西北
综合大学 14 所	四川大学(成都)、云南大学(昆明)	西北大学(西安)、兰州大学(兰州)
工业院校 39 所（实有 38 所）	重庆大学(重庆)、重庆土木建筑学院(重庆)、四川化学工业学院(泸县)	西北工学院(咸阳)
师范学校 31 所	西南师范学院(重庆)、四川师范学院(南充)、贵阳师范学院(贵阳)、昆明师范学院(昆明)、广西师范学院(桂林)	西安师范学院(西安)、西北师范学院(兰州)、内蒙古师范学院(乌兰浩特)
农林院校 29 所	西南农学院(北碚)、贵州农学院(贵阳)、广西农学院(临桂)	西北农学院(陕西武功)、西北畜牧兽医学院(兰州)、八一农学院(迪化)、内蒙古畜牧兽医学院(归绥)
医药院校 29 所	四川医学院(成都)、贵阳医学院(贵阳)、广西医学院(桂林)	西北医学院(西安)
财经院校 6 所	四川财经学院(成都)	
政法院校 4 所	西南政法学院(重庆)	
语文院校 8 所	西南俄文专科学校(北碚)	西北俄文专科学校(西安)、新疆俄文专科学校(迪化)
艺术院校 15 所	西南音乐专科学校(成都)、西南美术专科学校(重庆)	西北艺术专科学校(西安)
体育院校 5 所（实有 4 所）	西南体育学院(成都)	西北体育学院(因条件不足尚未成立)
少数民族院校 2 所(实有 3 所)		新疆民族学院(迪化)

注：另外，华北区还有 1 所北京气象专科学校。

---

① 建国初期全国高等学校院系调整文献选载(一九五一年——一九五三年)[J].党的文献,2002(6):59-71.

第二章 政府主导下的西部高等教育发展(1950—1978)

随着国家大规模建设的进行,工农业生产、交通运输、物资流通的扩大,以及文教卫生工作的开展,需要大量的干部,特别是工业技术干部。"一五"期间国民经济各部门和国家机关需要补充高等学校和中等技术学校毕业的专门人才共100万人左右,其中仅工业和交通两个部门就需要增加技术人员39.5万人,但高等学校和中等技术学校的毕业生仅为28.6万人,相差近11万人。"一五"期间,高等学校和中等技术学校实际毕业生达144.8万人,超过原定计划数;但其中高等学校理工科和中等技术学校工科毕业生共计只有27.7万人,少于原定计划数,差额比原来估计数还要大。[①] 其原因在于一方面高等学校的师资不足,另一个方面基础教育发展也不足。比如,教育部部长马叙伦就在1951年11月30日政务会议所作的《关于全国工学院调整方案的报告》中指出,"工学院师资将逐年不够,全国工学院现有助教1300名,1952年尽量提升为讲师教工程一类的基础课程,又因新生骤增,必须补充1500名助教(内970名为工学院助教,其余为理学院及政治课助教),此数希望商同中央人民政府人事部在1952年毕业生中留用补充。"并且提出,"各业务部门协助各校解决师资及实习的困难;各工业部门及地方人民政府,勿再零星委托各校办理短期班。"同时指出,"1952年全国高等学校拟招收新生5万名,其中工学院招29500名,其他院系招20500名。但1952年全国高级中学毕业生只有36000名,即使全部投考高等学校,也尚差14000名左右。拟请商同有关方面从在职干部或其他人员中抽调年龄较轻、具有相当文化水平的人补足此数。"[②]薛封和老师就提到他当年考大学的情况,原本他上的是中等师范学校,按国家政策,毕业以后就可以分配到小学当老师,但是"为什么突然考大学呢? 当时的理由是大学招生生源不足,学生来源不足,陕西省给当年中等师范毕业的学生分配了300个指标。"李钟善老师在访谈中也提到当时考大学的情况,"高中没有毕业就保送到大学,高中上两年,甚至上一年就保送大学,大学还没毕业就调出来当干部了,需要干部,需要大学生。"从1953年开始,经济建设工作在整个国家生活中居于首要地位。中央要求下最大决心从各方面抽调优秀干部充实工业战线,培养他们成为行家里手和领导骨干。据不完全统计,自1952年至1954年,全国抽调到工业部门的干部共有16万多名。中央和地方党的组织部门经过统一调整、重点配备、大胆提拔、加快培养等一系列努力,基本上满足了我国工业化建设初期对各方面干

---

① 刘日新.新中国经济建设简史[M].北京:中央文献出版社,2006:122.
② 中央人民政府教育部.关于全国工学院调整方案的报告[N].人民日报,1952-4-16(1).

部的迫切需要。①

第二节 20世纪50年代末至70年代西部高等教育的大发展

新中国成立后,为了改变旧中国落后面貌,在中国共产党的领导下,全国人民掀起了经济建设和文化建设的高潮。国家开始实行有计划的经济建设,需要把有限的资源、资金和技术力量集中使用到重点建设上来。而私人资本主义经济则要求扩大自由生产和自由贸易来发展自己。这就不可避免地引起矛盾和冲突。现实的发展,需要中国共产党采取新的方针来解决社会经济中的矛盾问题。这样,就把对国民经济实行系统的社会主义改造的任务提到日程上来。1952年提出了党在过渡时期的总路线。这条总路线被1954年召开的全国人大一届一次会议所接受,成为国家在过渡时期的总任务,并载入了宪法。中华人民共和国1954年《宪法》规定:"从中华人民共和国成立到社会主义建成,这是一个过渡时期。国家在过渡时期的总任务是逐步实现国家的社会主义工业化,逐步完成对农业、手工业和资本主义工商业的社会主义改造。"②

经过5年的努力,在中国的国民收入中各种经济成分的比重发生了巨大的变化。1952年,个体经济在国民收入中的比重高达71.8%,5年后降至2.8%;上升最为明显的是合作社经济,1952年仅占1.5%,1957年为56.4%;公私合营经济所占的比重由0.7%上升至7.6%;国营经济由19.1%上升至33.2%;资本主义经济在国民收入中的比重1952年为6.9%,而到了1957年,这种经济成分基本上已不存在。这说明农业、手工业、资本主义工商业社会主义改造于1957年顺利完成,取得了决定性的胜利,全民所有制和集体所有制经济在整个国民经济中占据了绝对优势的地位,我国已经建立了社会主义的基本经济制度。(见表2.3)

表2.3 各种经济成分在国民收入中的比重(以国民收入为100)③

经济成分	1952年	1957年
社会主义经济	21.3	97.2

---

① 中共中央党史研究室.中国共产党的九十年[M].北京:中共党史出版社,2016:423.
② 刘日新.新中国经济建设简史[M].北京:中央文献出版社,2006:98.
③ 刘日新.新中国经济建设简史[M].北京:中央文献出版社,2006:161.

第二章 政府主导下的西部高等教育发展(1950—1978)

续表

经济成分	1952 年	1957 年
国营经济	19.1	33.2
合作社经济	1.5	56.4
公私合营经济	0.7	7.6
个体经济	71.8	2.8
资本主义经济	6.9	—

为准备进行有计划的经济建设,我国从1951年就着手编制第一个五年计划。1953年起一面开始实施,一面继续讨论修改,到1954年9月形成草案。"一五"计划确定的经济建设指导方针,突出了集中主要力量发展重工业,建立国家工业化和国防现代化初步基础的核心要点,同时要求相应地发展交通运输业、轻工业、农业和商业;相应地培养建设人才;保证国民经济中社会主义成分的比重稳步增长;保证在发展生产的基础上逐步提高人民物质生活和文化生活水平等。"一五"计划草案1955年3月经中国共产党全国代表会议讨论同意,7月第一届全国人民代表大会第二次会议正式审议通过。"一五"计划在编制和实施过程中,在经济发展的布局上,基本建设投资及投资金额在限额以上的工业建设单位,有一半左右安排在内地,以改变历史形成的我国工业大多集中在沿海地区的不合理状况。[①] 而且,为了改变旧中国区域经济发展的不平衡和新中国国防要求,在"一五"期间,中央政府把苏联援建的实际实施的150个项目中相当一部分安排在了工业基础相对薄弱的内地诸省。"150项中的106个民用工业企业,布置在东北地区50个、中部地区32个;44个国防企业,布置在中部地区和西部地区35个,其中有21个安排在四川、陕西两省。"[②]这一决策的实施使过去几乎没有工业的我国西部地区建起了一批轻、重工业。其中钢铁、电力、煤炭、石油、有色金属、兵器、航空、建材、电子电气等企业初具规模,并且初步形成了相互衔接关系。[③] 就像1956年毛泽东在《论十大关系》中指出的那样:

[①] 中共中央党史研究室.中国共产党的九十年[M].北京:中共党史出版社,2016:422.
[②] 薄一波.若干重大决策与事件的回顾:上卷[M].北京:中共党史出版社,2008:298.
[③] 辽宁党史研究室.毛泽东在1964年的一个重大决策:建设大三线[J].决策探索(下半月),2009(2):50-53.

"新的工业大部分应当摆在内地,使工业布局逐步平衡,并且利于备战,这是毫无疑义的。""如果采取消极态度,就会妨碍内地工业的迅速发展。"①

20世纪60年代至70年代,为了应对美国和苏联以及国民党武装潜在的战争威胁,需要进一步从备战的角度对中国工业布局及相应的高校和科研机构进行调整。1964年8月19日,李富春等向毛泽东和中央提出,压缩一线地区项目、分散工业集中城市的企业外,还特别指出"在一线的全国重点高等学校和科学研究、设计机构,凡能迁移的,应有计划地迁移到三线、二线去,不能迁移的,应一分为二"。②"三线"建设体现了中共中央和毛泽东从新中国成立初期到《论十大关系》的"平衡全国工业布局"的指导思想,是加强内地工业发展、促进内地经济开发的重大措施,但更多的则是为了备战的需要。三线建设的方针是:三线建设要"大分散、小集中",要"依山傍水扎大营"。要根据当地的地形、地貌条件确定建设项目,要使三线建设的企业适应现代战争的需要,要远离大中城市,分散布点,做到即使在打核战争的情况下,这些工厂和科研单位也打不烂、炸不垮,能继续坚持生产和科研,支援前线。三线建设初期,主要项目有:四川云南两省交界处的攀枝花钢铁工业基地,成都至昆明的成昆铁路,以重庆为中心的常规兵器工业基地,以成都为中心的航空工业基地,以重庆至万县为中心的造船工业基地,陕西的航空工业、兵器工业基地,甘肃的航空工业基地,酒泉钢铁厂等。以后,项目逐渐增多,在西北、西南部署的三线新建、扩建续建的大中型项目达300余项。③ 如表2.4所示,国家从"二五"期间一直到1978年西部的投资占比都在20%以上,在"三五"期间竟然占到全国的1/3强。如果不算1964年中央作出三线建设决策之前中央对西部地区的投资,仅从1964年到1980年的17年间,中央向三线建设投入的资金为2052亿元。通过三线建设,建成了1100多个大中型工业交通企业、国防科技工业企业、科研院所和大专院校。④ 国家投资政策向中西部的大幅度倾斜,有力地推动着工业技术由东向西的扩散和经济重心由东部沿海地区向内地的推移,从而加快了改善旧中国工业

---

① 毛泽东.毛泽东选集:第5卷[M].北京:人民出版社,1977:270.
② 中共中央文献研究室.建国以来重要文献选编:第19册[M].北京:中央文献出版社,2011:1020.
③ 刘日新.新中国经济建设简史[M].北京:中央文献出版社,2006:265.
④ 辽宁党史研究室.毛泽东在1964年的一个重大决策:建设大三线[J].决策探索(下半月),2009(2):50-53.

畸形分布与经济资源配置失衡的进程,使工业的空间布局在全国范围内以很大的规模展开,使西部工业水平得到了极大提高,有力地改变了全国经济重心,初步改变了我国不合理的工业布局,内地工业基础薄弱,交通落后,资源开发水平低下的面貌为之一新。三线建设以铁路建设为先导,以国防工业建设为重点,以钢铁、煤炭、电力、有色金属工业建设为基础,以机械、电子、石油化工建设为骨干,不仅为三线地区建成了门类比较齐全的工业体系,而且大大促进了三线各省市的经济发展和社会进步,缩小了三线地区与华东、东北等老工业地区的差距。具体说来,到70年代末,共形成固定资产原值1400多亿元,约占当时全国的1/3,建立起了具有相当规模、门类齐全、科研和生产结合的现代工业交通体系和国防工业体系。[①] 由表2.5及图2.1可以看出,在新中国成立后的第一个五年计划中,中央政府把苏联援建的项目中相当一部分安排在了工业基础相对薄弱的内地诸省,因此,使西部经济得到了极大的发展,西部GDP在全国的比重一直处于上升中,虽然由于三年自然灾害的影响,在六十年代前期有所下降,但是后期在三线建设中,国家投资政策向中西部的大幅度倾斜(1979年,中共中央和国务院决定按照"军民结合,平战结合"原则,对三线地区国防工业进行调整),又使西部经济逐渐有所提高,占比也逐渐恢复到之前的水平。这也就成为1955—1957年以及三线建设时期高校成功西迁的经济基础。

表2.4 按三大经济带区分的基本建设投资结构及变化[②]

时期	投资额(亿元)			比重(以投资总额为100)		
	东部	中部	西部	东部	中部	西部
"一五"时期 (1953—1957年)	217.26	169.43	106.14	36.9	28.8	18.0
"二五"时期 (1958—1962年)	462.62	409.75	265.86	38.4	34.0	22.0
调整时期 (1963—1965年)	147.38	137.83	107.94	34.9	32.7	25.6

---

① 刘日新.新中国经济建设简史[M].北京:中央文献出版社,2006:266.
② 马泉山.新中国工业经济史:1966—1978[M].北京:经济管理出版社,1998:189.

续表

时期	投资额（亿元） 东部	投资额（亿元） 中部	投资额（亿元） 西部	比重（以投资总额为100） 东部	比重（以投资总额为100） 中部	比重（以投资总额为100） 西部
1953—1965 年	827.26	717.01	479.94	37.8	32.8	21.9
"三五"时期（1966—1970 年）	262.85	290.67	340.54	26.9	29.8	34.9
"四五"时期（1971—1975 年）	625.36	527.34	432.00	35.5	29.9	24.5
"五五"前三年（1976—1978 年）	518.43	386.28	243.9	41.1	30.7	19.4
1966—1978 年	1406.64	1204.29	1016.44	35.2	30.1	25.4
1964—1978 年	1516.7	1307.02	1105.94	35.1	30.2	25.6

注：1. 全国统一购置的机车车辆、船舶、飞机等投资和人防等专项特殊工程的投资不分东部、中部、西部，故本表东、中、西部投资之和略小于全国基本建设投资总额。

2. 东部地带是剔除安徽省以外的辽宁、北京、天津、河北、山东、上海、江苏、浙江、福建、广东和广西等11个沿海的省、直辖市、自治区（仍未包括台湾省，海南岛仍为广东省的一部分）；中部地带包括黑龙江、吉林、山西、内蒙古、安徽、江西、河南、湖北、湖南等9个省、自治区；西部地区包括四川、云南、贵州、西藏、陕西、甘肃、青海、宁夏、新疆等9个省、自治区。

表2.5 西部各省区GDP（亿元）及其在全国占比[①]

	1952 年	1953 年	1954 年	1955 年	1956 年	1957 年	1958 年	1959 年	1960 年	1961 年	1962 年	1963 年	1964 年
全国	679	824	859	910	1028	1068	1307	1439	1457	1220	1149.3	1233.3	1454
内蒙古	12.16	15.57	19.46	17.49	24.6	21.27	28.1	35.76	35.56	25.25	25.12	29.02	32.55
广西	12.81	14.24	16.21	17.43	19.51	21.57	24.52	26.75	26.15	23.79	23.82	24.49	27.18
四川	31.69	35.68	40	43.22	49.74	56.57	61.73	63.16	55.92	52.28	58.38	69.06	75.76
贵州	8.55	10.01	11.14	11.61	14.65	16.3	20.36	23.51	22.94	18.05	16.52	16.8	19.75

① 数据来自《新中国五十年统计资料汇编》（中国统计出版社1999年版）。

第二章 政府主导下的西部高等教育发展(1950—1978)

续表

	1952年	1953年	1954年	1955年	1956年	1957年	1958年	1959年	1960年	1961年	1962年	1963年	1964年
云南	11.78	14.86	17.03	18.34	21.33	22.53	23.21	25.35	25.43	22.9	24.5	25.63	29.25
陕西	12.85	17.44	20.04	20.58	27.14	25.58	31.02	35.58	38.3	31.64	26.85	27.36	29.34
甘肃	13.32	13.86	16.3	17.82	21.17	20.11	22.81	23.73	17.82	11.75	12.57	16.25	19.66
青海	1.63	1.74	2.35	2.93	3.81	3.95	4.87	6.94	7.68	5.4	4.59	4.86	5.57
宁夏	1.73	1.68	2.14	2.24	2.57	2.58	3.29	4.36	4.8	4.15	4.02	3.96	4.09
新疆	7.91	8.74	10.54	12.31	14.09	14.67	16.9	21.37	25.2	21.46	17.72	19.01	21.55
西部总和	114.43	133.82	155.21	163.97	198.61	205.13	236.81	266.51	259.8	216.67	214.09	236.44	264.7
西部/全国	0.1685	0.1624	0.1807	0.1802	0.1932	0.1921	0.1812	0.1852	0.1783	0.1776	0.1863	0.1917	0.1821

表2.5(续)

	1965年	1966年	1967年	1968年	1969年	1970年	1971年	1972年	1973年	1974年	1975年	1976年	1977年
全国	1716.1	1868	1773.9	1723.1	1937.9	2252.7	2426.4	2518.1	2720.9	2789.9	2997.3	2943.7	3201.9
内蒙古	35.41	38.32	31.8	32.96	32.9	39.17	41.61	39.36	44.07	43.26	48.55	48.09	51.65
广西	31.45	31.68	31.18	28.46	35.22	39.36	45.75	53.47	58.53	62.27	67.02	67.32	68.75
四川	86.49	96.25	89.28	76.96	87.21	102.32	106.94	108.17	122.94	130.75	136.94	140.89	162.85
贵州	24.41	24.78	23.99	21.38	21.12	28.36	32.29	29.62	28.39	24.48	31.1	29.3	37.72
云南	33.62	36.39	34.18	26.51	34.34	38.52	43.47	49.5	54.57	51.78	54.29	49.27	55.84
陕西	35.93	40.47	36.84	28.11	40.73	46.84	57.66	57.76	59.63	62.03	64.92	62.94	69.99
甘肃	24.98	24.23	23.08	23.37	27.28	34.5	37.87	41.17	43.85	49.59	57.37	56.45	58.72
青海	6.14	6.42	6.95	6.35	7.03	8.45	9.32	10.34	11.08	11.76	12.42	12.24	13.13
宁夏	4.66	5.41	5.47	5.06	5.86	6.52	8.12	8.83	8.96	11.4	12.06	11.1	12.13
新疆	24.2	26.78	22.45	19.79	19.84	23.08	26.14	24.39	24.67	25.05	28.12	31.78	35.67
西部总和	307.29	330.73	305.22	268.95	311.53	367.12	409.17	422.61	456.69	472.37	512.79	509.38	566.45
西部/全国	0.1791	0.1771	0.1721	0.1561	0.1608	0.1630	0.1686	0.1678	0.1678	0.1693	0.1711	0.1730	0.1769

注:数据统计中缺失西藏的GDP数据。

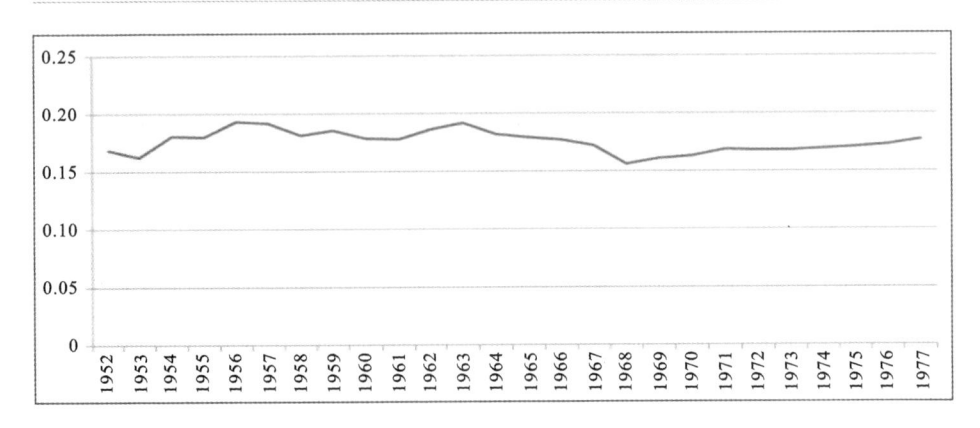

图 2.1　西部 GDP 全国占比

为了适应国家工业布局调整和三线建设的需要,使高等工业学校逐步地与工业基地相结合,以及改变旧中国高等学校过分集中于沿海大城市的不合理分布,中央政府对一部分高校进行了调整。1955 年,高等教育部下发的《关于 1955—1957 年高等学校院系调整有关事项的通知》指出:"根据中央指示:高等教育建设必须符合社会主义建设及国防建设的要求,必须和国民经济的发展计划相配合;学校的设置分布应避免过分集中,学校的发展规模,一般不宜过大;高等工业学校应逐步地和工业基地相结合。"[①]根据这一指示,高校布局结构调整的具体原则是限制沿海城市高校发展,缩小学校规模,重在提高质量,支持内地新建或扩建高校,适当扩大内地城市高校规模和建立新的学校。[②] 随后,高等教育部制订的《1955 至 1957 年调整方案》进一步明确,将沿海地区一些高校的同类专业、系迁至内地建立新校或加强内地原有学校,并将一些学校的全部或部分迁至内地,扩大内地现有学校规模,增设新专业。此后,江苏、浙江、山东、上海、天津、广东等地的一些高校将部分专业迁往内地,在武汉、兰州、西安、成都等城市建设了测绘、石油、建筑、电讯、化工、动力等工业学院,并决定将上海交通大学、上海第一医学院、山东大学、华东航空学院等校迁往内地。[③] "计划在

[①] 《中国教育年鉴》编辑部. 中国教育年鉴 1949—1981[M]. 北京:中国大百科全书出版社,1984:239.

[②] 熊明安. 我国高等学校几次重大调整的回顾与评价[J]. 高等教育研究,1995(4):48-55.

[③] 中央教育科学研究所. 中华人民共和国教育大事记:1949—1982[M]. 北京:教育科学出版社,1983:134.

西安、兰州、成都、重庆、内蒙古等地,由沿海迁入或充实加强原有学校及新建高等学校共 27 所。"虽然这一调整方案在实施中有不少变更,但经过这次调整后,"内地高等学校由 1951 年的 87 所,增至 115 所,在校学生数由 1951 年占全国高等学校在校生总数的 38.6% 上升到 44.1%。以西安为例,高等学校由 1951 年的 8 所,增至 1957 年的 22 所。"① 从表 2.6、表 2.7、表 2.8 及图 2.2、图 2.3、图 2.4 也可以看出,无论是从高等学校数、高校学生数、高校专任教师数在全国的比重都得到了一定程度的提高。也就是说,新中国初期高等教育所进行的两次院系调整很好地满足了国民经济发展的需要和工业建设的需要,尤其是满足了西安、重庆、成都、兰州等作为新兴工业基地的人才需求,也带动了西部高等教育的整体发展。

表 2.6　西部各省区高校数(所)及其在全国占比②

	1949年	1950年	1951年	1952年	1953年	1954年	1955年	1956年	1957年	1958年	1959年	1960年
全国	205	193	206	201	181	188	194	227	229	791	841	1289
内蒙古	0	0	0	3	2	2	2	3	4	18	18	32
广西	3	4	3	4	3	3	3	3	3	27	27	40
四川	36	24	25	19	14	17	16	21	21	51	55	65
贵州	3	3	3	3	3	3	3	3	3	16	16	27
云南	3	2	2	2	2	3	3	4	4	7	9	18
西藏	0	0	0	0	0	0	0	0	0	0	0	0
陕西	3	5	5	6	7	9	9	13	12	23	30	33
甘肃	4	3	4	4	3	4	4	4	4	20	20	41
青海	0	0	0	0	0	0	0	0	1	7	7	7
宁夏	0	0	0	0	0	0	0	0	0	3	3	3
新疆	1	1	1	1	2	2	2	5	5	9	9	11
西部总和	53	42	43	42	36	43	42	56	57	181	194	277
西部/全国	0.2585	0.2176	0.2087	0.2090	0.1989	0.2287	0.2165	0.2467	0.2489	0.2288	0.2307	0.2149

---

① 郝维谦,龙正中.高等教育史[M].海口:海南出版社,2000:94.
② 《中国教育年鉴》编辑部.中国教育年鉴 1949—1981[M].北京:中国大百科全书出版社,1984.

表2.7 西部各省区高校学生数(人)及其在全国占比①

	1949年	1950年	1951年	1952年	1953年	1954年	1955年	1956年	1957年	1958年	1959年	1960年
全国	116504	137470	153402	191147	212181	252978	287653	403176	441181	659627	811947	961623
内蒙古	0	0	0	616	772	820	1067	2348	2932	5079	8250	12342
广西	1956	2649	2235	2358	1385	1637	1664	3225	3910	11090	13451	18330
四川	14050	14962	15056	14884	15054	17166	19273	30930	35460	49023	62598	69850
贵州	1013	1138	1006	3268	1545	2032	2217	3153	3480	5695	9852	12302
云南	1653	2522	2352	1374	3199	3758	4141	6206	6993	10168	11798	13693
西藏	0	0	0	0	0	0	0	0	0	0	0	0
陕西	2350	3374	4212	6273	6705	8004	9353	23844	25006	32265	39889	41987
甘肃	1654	1585	1617	2852	3092	3808	4737	6447	7268	11276	13878	17208
青海	0	0	0	0	0	0	0	155	178	2915	4007	4523
宁夏	0	0	0	0	0	0	0	0	0	329	784	1165
新疆	363	323	476	872	1092	1353	1559	3443	4460	3670	4358	6232
西部总和	23039	26553	26954	32497	32844	38578	44011	79751	89687	131510	168865	197632
西部/全国	0.1977	0.1932	0.17572	0.17002	0.1548	0.1525	0.153	0.1978	0.2033	0.1994	0.2080	0.2055

表2.8 西部各省区高校专任教师数(人)及其在全国占比②

	1949年	1950年	1951年	1952年	1953年	1954年	1955年	1956年	1957年	1958年	1959年	1960年
全国	16059	17319	22960	27089	33630	38835	42066	58346	70018	84993	99657	139142
内蒙古	0	0	0	74	143	151	196	423	702	1225	1587	2646
广西	350	373	400	463	247	298	317	524	628	1285	1525	2360
四川	1778	1594	2099	2100	2442	2738	2750	4042	5190	6324	6958	9987
贵州	264	257	276	302	261	309	327	437	525	932	1433	1860

---

① 《中国教育年鉴》编辑部.中国教育年鉴 1949—1981[M].北京:中国大百科全书出版社,1984.

② 《中国教育年鉴》编辑部.中国教育年鉴 1949—1981[M].北京:中国大百科全书出版社,1984.

第二章 政府主导下的西部高等教育发展(1950—1978)

续表

	1949年	1950年	1951年	1952年	1953年	1954年	1955年	1956年	1957年	1958年	1959年	1960年
云南	353	328	462	563	536	604	613	882	1169	1138	1394	1683
西藏	0	0	0	0	0	0	0	0	0	0	0	0
陕西	398	520	769	885	1152	1318	1507	3665	4189	4446	5660	6226
甘肃	292	254	400	418	514	622	714	910	1164	1540	2114	3000
青海	0	0	0	0	0	0	0	18	55	409	544	709
宁夏	0	0	0	0	0	0	0	0	0	79	165	247
新疆	32	8	31	90	161	196	274	833	1010	862	1201	1552
西部总和	3467	3334	4437	4895	5456	6236	6698	11734	14632	18240	22581	30270
西部/全国	0.2159	0.1925	0.1932	0.1807	0.1622	0.1606	0.1592	0.2011	0.2090	0.2146	0.2266	0.2175

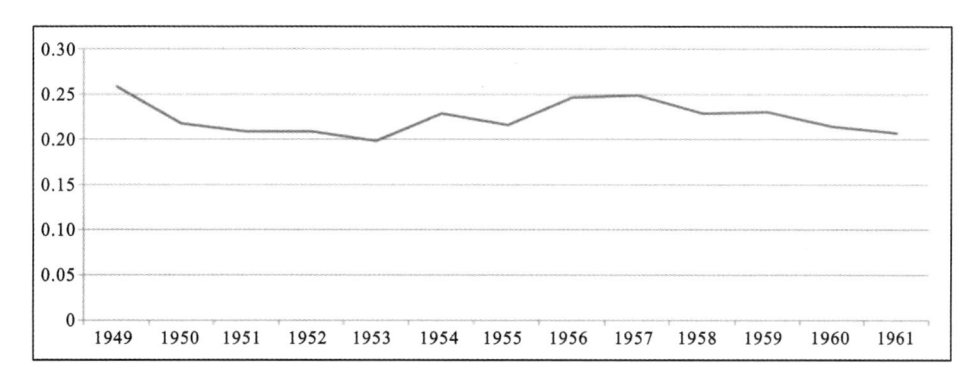

图2.2 西部高校数全国占比

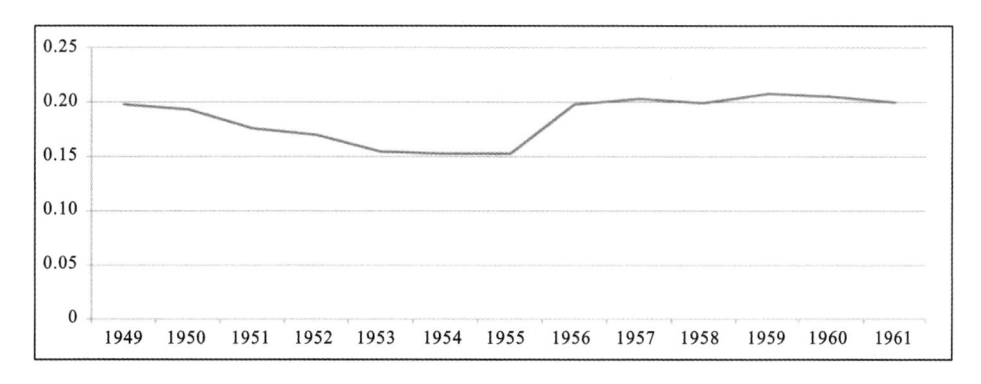

图2.3 西部高校学生数全国占比

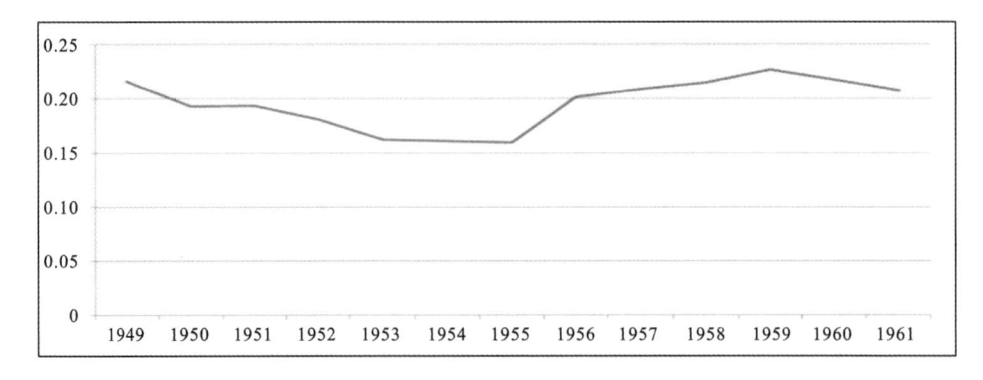

图 2.4　西部高校专任教师数全国占比

高等教育部根据以大小三线为中心、以国防建设为重点的建设方针,继续着手调整全国高等学校布局。1964 年 11 月间,高等教育部根据中央关于平战结合、加强战争观念和加强三线建设的指示,提出了《关于调整第一线和集中力量建设第三线的报告》,确定向三线地区迁建部分高等院校。1964 年,经中央批准搬迁的有上海机械学院、唐山铁道学院、成都铁道学院等三校。原校迁出部分专业至三线地区建校的有:北京大学分校、南京大学分校、清华大学分校、华东化工学院分院、北京航空学院分院、北京工业学院分院、甘肃工业大学七校。高等教育部并确定部属北京大学、清华大学、华东化工学院、南京大学四所院校的分校分别建于陕西褒城、四川绵阳、四川自贡、湖南常德,并争取三年完成。[①] 三线建设于 1965 年全面铺开,第一次建设高潮随之来临,一大批高校在第一次三线建设高潮中内迁。"文化大革命"爆发后,混乱状态逐步蔓延。1966 年 7 月,高等教育部和教育部合并,教育部正常的工作机制在政治运动中陷入瘫痪,其他部委的工作也受到严重干扰,高校搬迁随之停滞。1969 年,中苏爆发边境冲突,周边局势骤然紧张,战备导向下的三线建设迎来第二次建设高潮,高校搬迁工作再次大规模展开。[②] 这次全国高校布局调整一直持续到 1970 年代。

三线建设开展之后,高等院校向三线地区迁建分校,延续了"和工业基地相结合"的原则,迁移到分校的专业和院系都考虑到了当地的工业布局,同时着重

---

① 中央教育科学研究所.中华人民共和国教育大事记:1949－1982[M].北京:教育科学出版社,1983:382.
② 崔一楠,徐黎.三线建设时期高校迁建述论[J].宁夏社会科学,2020(4):147－157.

第二章 政府主导下的西部高等教育发展(1950—1978)

强调国防及机密专业要内迁。① 清华大学无线电系迁至绵阳,北京大学技术物理系等迁至汉中,哈尔滨工业大学和中国人民解放军军事工程学院部分军工专业迁至重庆、长沙,北京钢铁学院迁至江油,北京矿业学院迁至合川,北京建筑工业学院迁至常德,北京机械学院迁至西安等。迁建这些高校多是出于产教结合、产教并举的目的,与迁入地规划建设的电子工业基地、航空工业基地、兵器工业基地、钢铁工业基地、有色金属工业基地、建材工业基地、机械工业基地等产业集群形成呼应。②(具体情况见表2.9)

表2.9 三线建设时期主要迁建西部的高校③

时间	迁出高校	搬迁方式	迁出地	迁入地	后期发展
1965年	唐山铁道学院	整体搬迁	河北唐山	四川峨眉	1972年更名为西南交通大学,1989年总校迁往成都,峨眉原址成为西南交通大学的一个校区
	清华大学(651工程)	部分搬迁(无线电系、机械系、仪器系、数学力学系、自动控制系部分师生和基础课部分教师)	北京	四川绵阳	组建清华大学分校,1978年返回北京,分校此后发展成四川建材工业学院,1993年更名为西南工学院,2000年更名为西南科技大学
	华东化工学院(652工程)	部分搬迁(放射化工专业、稀有元素专业、放化工机械专业和菁染料研究室、塑料研究室)	上海	四川自贡	组建华东化工学院分院,1979年8月返回上海,分校此后发展成四川理工学院,2018年更名为四川轻化工大学
	北京大学(653工程)	部分搬迁(技术物理系、无线电系、力学系)	北京	陕西汉中	组建北京大学分校,1978年4月返回北京,分校此后发展成陕西工学院,2016年更名为陕西理工大学

---

① 刘洋,胡晓菁.三线建设时期高教部所属高等院校的布局调整研究[J].科学文化评论,2019(4):87-97.
② 崔一楠,徐黎.三线建设时期高校迁建述论[J].宁夏社会科学,2020(4):147-157.
③ 崔一楠,徐黎.三线建设时期高校迁建述论[J].宁夏社会科学,2020(4):147-157.

续表

时间	迁出高校	搬迁方式	迁出地	迁入地	后期发展
1965年	北京工业学院	部分搬迁（火箭工程专业）	北京	甘肃天水	组建北京航空学院分院，1978年返回北京，此后参与组建北京联合大学
	北京航空学院	部分搬迁（火箭工程专业）	北京		
	东北重型机械学院	部分搬迁（水力机械专业、化工机械专业、石油矿产机械专业）	黑龙江哈尔滨	甘肃兰州	与甘肃工业大学原有的机械制造工艺及设备专业、铸造专业、工业与民用建筑专业共同组建新的以机械类为主的甘肃工业大学，此后发展成兰州理工大学
	湖南大学	部分搬迁（基础课）	湖南长沙		
	合肥工业大学	部分搬迁（基础课）	安徽合肥		
	北京机械学院	部分搬迁（焊接工艺及设备专业）	北京		
	南开大学	部分搬迁（物理系、放射化学专业）	天津	甘肃兰州	并入兰州大学物理系
1966年	北京钢铁学院	部分搬迁（炼铁系、炼钢系、铸造系、轧钢系的部分师生）	北京	四川江油	组建北京钢铁学院分院，1966年6月返回北京
	大连医学院	整体搬迁	辽宁大连	贵州遵义	更名为遵义医学院，此后发展成遵义医科大学
1970年	哈尔滨工业大学	部分搬迁（工程物理系、计算机工程系）	黑龙江哈尔滨	四川重庆	组建重庆工业大学，1973年7月返回哈尔滨，与原校留驻部分合并，组成哈尔滨工业大学

第二章 政府主导下的西部高等教育发展(1950—1978)

续表

时间	迁出高校	搬迁方式	迁出地	迁入地	后期发展
1970年	中国人民解放军军事工程学院	部分搬迁（原子工程系）	黑龙江哈尔滨	四川重庆	组建重庆工业大学，1973年7月迁至湖南长沙，并入长沙工学院，此后发展成国防科学技术大学
		部分搬迁（空军工程系）		陕西西安	并入西北工业大学
	北京矿业学院	整体搬迁	北京	四川合川	更名为四川矿业学院，1982年2月迁至江苏徐州，此后发展成中国矿业大学
	上海铁道医学院	整体搬迁	上海	宁夏银川	并入宁夏大学，1980年5月返回上海，恢复上海铁道医学院，此后发展成同济大学医学院
	北京农业机械化学院	整体搬迁	北京	四川重庆	先后更名为四川农机学院、重庆农机学院，1975年5月返回北京
	北京轻工业学院	整体搬迁	北京	陕西咸阳	更名为西北轻工业学院，同年，咸阳轻工业学院筹建处并入，1972年陕西工业大学纺织系并入西北轻工业学院，1978年，纺织系又分出，此后发展为陕西科技大学
	北京农业大学	整体搬迁	北京	陕西延安	1973年4月，北京农业大学迁到河北省并改名为华北农业大学，1978年迁回北京原址，恢复原名
1972年	北京机械学院	整体搬迁	北京	陕西西安	与陕西工业大学合并，组建陕西机械学院，此后发展为西安理工大学

注：原表中缺少北京轻工业学院、北京农业大学，本书已作补充。

同时，为了配合国家战略的实施，1956年国务院实施工资改革，对国家重点发展地区和生活条件艰苦地区的职工工资进行了适当照顾,"凡在边疆的或艰苦的地区工作的,则不分行政、企业、事业、军队的工作人员,均应同样享受地区津贴的待遇。"[1]地区津贴的设置既体现了党和政府对于前往边疆或艰苦的地区工作的人员的一种关怀和鼓励,同时也减小了东西部工资收入上的差距(见表2.10),使大批西迁人员能够安心扎根西部,为西部高等教育发展贡献力量。当然,当时大批知识分子积极响应国家号召"到边疆去,到祖国最需要的地方去",自愿支援西部建设。在王淑兰老师和熊易群老师的口述中就有生动的描述。而自上个世纪90年代以来,由于东西部收入上的差距越来越大,导致西部高校人才流失非常严重。由此我们可以看出,工资分配制度为高校调整政策的成功实施提供了物质保障。

表2.10 部分地区职工平均工资(元)[2]

	1952年	1978年	1990年	1998年
全国	445	615	2140	7479
北京	544	673	2653	12451
上海	782*	672	2917	13580
广东	387	615	2929	11032
四川	325*	581	2011	6577
陕西	495*	654	2042	6029
甘肃	499	760	2407	6809
新疆	722*	717	2289	7121

注:*为国有经济单位。

西迁高校在满足了内地工业建设的人才和科研需要,逐步地与工业基地相结合的同时,也促进了西部高等教育的发展,提升了西部高等教育办学规模和水平。如表2.11、表2.12、表2.13及图2.5、图2.6、图2.7所示,西部高等教育在高校数、高校学生数及高校专任教师数在全国的占比虽然在70年代有所下

---

[1] 中国社会科学院,中央档案馆.1953-1957 中华人民共和国经济档案资料选编:劳动就业和收入分配卷[M].北京:中国物价出版社,1998:418.
[2] 数据来自《新中国五十年统计资料汇编》(中国统计出版社1999年版)。

降,但是相比于60年代都得到了一定程度的提升,1976年达到了25.5%、23.8%、22.1%。

表2.11 西部各省区高校数(所)及其在全国占比①

	1961年	1962年	1963年	1964年	1965年	1971年	1972年	1973年	1974年	1975年	1976年	1977年
全国	845	610	407	419	434	328	331	345	378	387	392	404
内蒙古	18	12	7	7	8	6	6	6	7	7	7	7
广西	32	10	9	9	10	9	9	9	9	9	9	9
四川	48	31	29	29	30	24	24	24	27	26	26	28
贵州	5	5	5	5	6	7	7	7	8	8	8	8
云南	10	6	6	6	7	7	7	8	9	9	9	9
西藏	0	0	0	0	0	1	1	1	2	2	3	3
陕西	32	26	20	20	21	15	15	15	16	16	16	16
甘肃	13	9	6	6	7	7	7	8	8	8	8	8
青海	4	4	1	2	2	4	4	4	4	4	4	4
宁夏	1	1	1	1	1	3	3	3	3	3	3	3
新疆	12	10	7	7	7	7	7	7	7	7	7	7
西部总和	175	114	91	92	98	90	90	92	100	99	100	102
西部/全国	0.2071	0.1869	0.2236	0.2196	0.2258	0.2744	0.2719	0.26667	0.2646	0.2558	0.2551	0.2525

注:1966—1971年部分省份数据缺失,下同。

表2.12 西部各省区高校学生数(人)及其在全国占比②

	1961年	1962年	1963年	1964年	1965年	1972年	1973年	1974年	1975年	1976年	1977年
全国	947166	829699	750118	685314	674436	193719	313635	429981	500993	564715	625319
内蒙古	12844	11255	10179	9052	8640	2470	4063	5294	5436	5958	6006
广西	16799	12799	10365	7619	7852	6005	7688	9775	12949	14658	18153

---

① 《中国教育年鉴》编辑部.中国教育年鉴1949—1981[M].北京:中国大百科全书出版社,1984.

② 《中国教育年鉴》编辑部.中国教育年鉴1949—1981[M].北京:中国大百科全书出版社,1984.

续表

	1961年	1962年	1963年	1964年	1965年	1972年	1973年	1974年	1975年	1976年	1977年
四川	65542	59802	54967	48936	45724	9263	19235	29471	32515	43422	43164
贵州	11026	9751	9110	6430	6763	2660	5385	6908	7570	8286	10934
云南	15216	13500	10808	9623	9410	3789	6384	8560	10669	10965	12518
西藏	0	0	0	0	363	910	1040	1292	1964	2494	2233
陕西	42755	36347	33104	32405	35661	8407	15090	22580	24925	25662	28710
甘肃	15073	13724	12601	11266	11525	4881	7474	9046	10237	11546	12362
青海	2637	1236	782	700	566	1656	2525	2655	2709	2534	3110
宁夏	1288	1174	1084	1056	1033	483	1025	1614	1759	2089	2285
新疆	6000	6398	6439	6640	7208	1617	3336	4527	5322	6631	7781
西部总和	189180	165986	149439	133727	134745	42141	73245	101722	116055	134245	147256
西部/全国	0.1997	0.2001	0.1992	0.1951	0.1998	0.2175	0.2335	0.2366	0.2317	0.2377	0.2355

表2.13 西部各省区高校专任教师数(人)及其在全国占比[①]

	1961年	1962年	1963年	1964年	1965年	1971年	1972年	1973年	1974年	1975年	1976年	1977年
全国	158736	144371	137925	135176	138116	138060	130175	138931	148401	155723	167409	186489
内蒙古	2384	2179	2041	1923	1806	1560	1598	1663	1895	1984	2185	2248
广西	2974	2142	1945	1885	1886	2290	2153	2239	2301	2312	2583	3030
四川	10357	9390	9511	9447	9474	12170	10790	10972	11983	11755	11789	13224
贵州	1961	1943	1835	1733	1595	1790	1748	2011	2046	2233	2321	2356
云南	1786	1700	1796	1736	1749	2320	2468	2517	2666	2856	2963	3270
西藏	0	0	0	0	140	140	128	163	255	452	411	
陕西	7743	6736	6159	6118	7146	8680	7452	7069	7434	7903	8930	9583
甘肃	2876	2324	2255	2324	2416	2350	2366	2391	2494	2559	2672	3055

[①]《中国教育年鉴》编辑部.中国教育年鉴1949—1981[M].北京:中国大百科全书出版社,1984.

第二章 政府主导下的西部高等教育发展(1950—1978)

续表

	1961年	1962年	1963年	1964年	1965年	1971年	1972年	1973年	1974年	1975年	1976年	1977年
青海	736	533	387	339	326	820	403	516	566	625	675	665
宁夏	336	320	293	273	272	510	391	467	496	518	534	580
新疆	1799	1530	1514	1579	1567	1280	1348	1495	1628	1670	1916	2226
西部总和	32952	28797	27736	27357	28237	33910	30857	31468	33672	34670	37020	40648
西部/全国	0.2076	0.1995	0.2011	0.2024	0.2044	0.2456	0.2370	0.2265	0.2269	0.2226	0.2211	0.2180

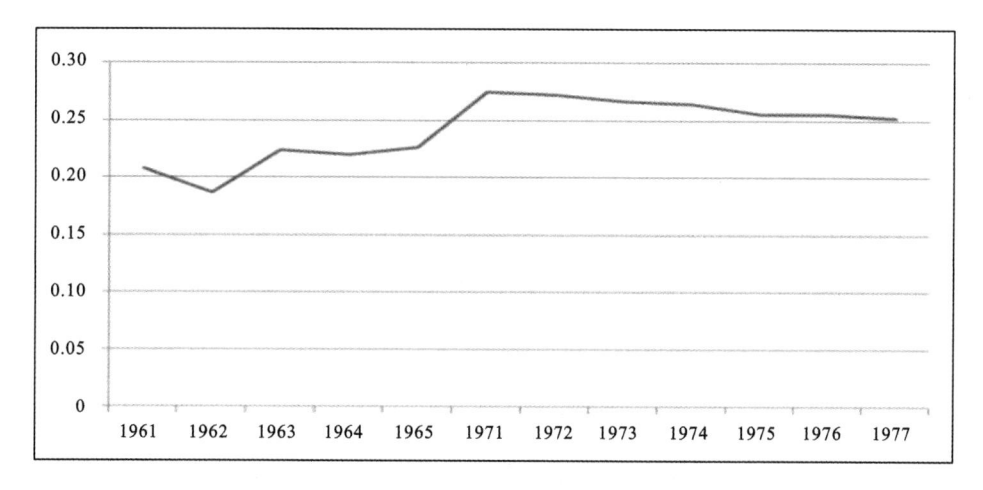

图2.5 西部高校数全国占比

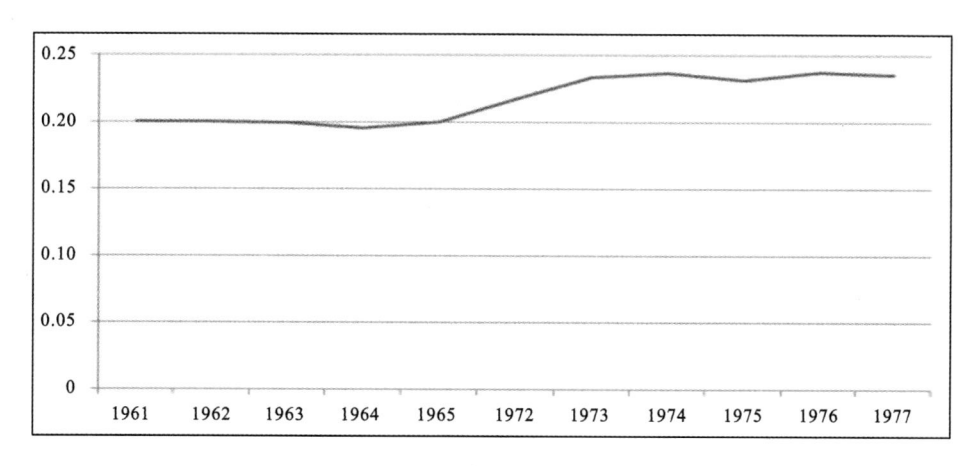

图2.6 西部高校学生数全国占比

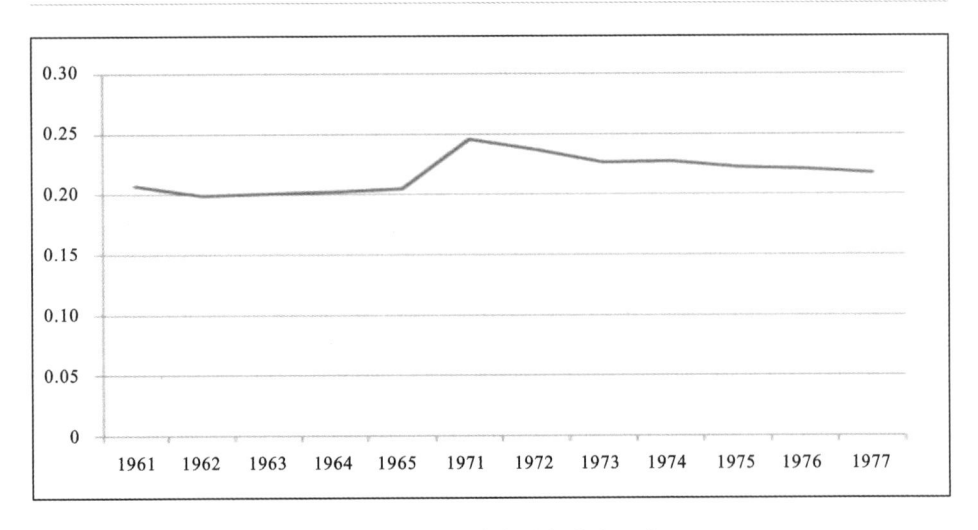

图 2.7　西部高校专任教师数全国占比

在这一时期西部各省区高等教育的具体发展情况如下：

内蒙古自治区 1956 年创建了内蒙古医学院，其师资主要是从北京医学院、沈阳医学院等全国重点医药院校选调一批优秀的中老年教师。1957 年，根据周恩来总理的指示，北京大学、南开大学、复旦大学等 12 所国内著名的高等院校选派 130 多名优秀教师并调配 20 多万册图书资料和仪器设备支援了内蒙古大学建设。[①] 1958 年，内蒙古出现了大办高等院校的热潮。这一年，农业机械部创办了内蒙古工学院，冶金部创办了包头钢铁学院，铁道部创办了包头铁道学院，三机部创办了包头机械工业专科学校。自治区创办了内蒙古建筑学院、内蒙古水电学院、内蒙古体育学院、内蒙古林学院等院校。在大办高等学校的热潮中，到 1960 年，地区办的高等学校还有：包头医学院、包头农学院、包头师范专科学校、呼和浩特师范专科学校、通辽师范专科学校、乌盟师范专科学校、昭盟师范专科学校、巴盟师范专科学校等。1958 年，高等学校迅速增加，招生人数扩大，超过了国家经济和学校的负担能力。一些新建学校师资奇缺，质量不高，设备简陋，盲目招生，给学校工作造成极大困难。这一时期，在教学方面大砍大并基础课程，大搞现场教学，师生过多地参加生产劳动、科学研究和社会活动，

---

① 《中国教育年鉴》编辑部.中国教育年鉴地方教育(1949—1984)[M].长沙:湖南教育出版社,1986:229.

第二章 政府主导下的西部高等教育发展（1950—1978）

学习和教学时间减少,教学秩序紊乱,严重地影响了教育质量。[①] 1962 年贯彻中央"调整、巩固、充实、提高"的方针,调整和压缩掉 13 所院校,保留了内蒙古大学、内蒙古医学院、内蒙古师范学院、内蒙古农牧学院、内蒙古林学院、包头医学院（1965 年改名为包头医学专科学校）、通辽师范专科学校等 7 所院校。1971 年内蒙古自治区决定恢复包头师范专科学校,1972 年初开始招生（1974 年 6 月 4 日,国务院正式批准）。[②]

广西壮族自治区于 1958 年在南宁重建广西大学,同时,办起了南宁大学、梧州大学等 34 所,比 1957 年的 3 所增加 10.3 倍。1958 年,全区高校招生人数剧增至 8806 名,比 1957 年 1067 名增加 7.25 倍;在校人数达到 11636 名,比 1957 年的学生数增加 1.9 倍。而专任教师只有 1272 名,仅比 1957 年的 628 名多一倍。1960 年,全区大专院校增至 38 所,比 1957 年增加 11.6 倍;在校学生人数 19109 人,比 1957 年的增加 3.8 倍。1961 年,高校发展到 40 所。这样盲目发展的结果,致使校舍奇缺设备匮乏,师资严重不足,很多课程无法开设,教学质量严重下降,不少学校徒有其名。1962 年贯彻"调整、巩固、充实、提高"的八字方针后,把 40 所院校调整为 10 所,走上了健康发展的道路。[③]

四川省在 1955 年成立全国第一所电子工业大学——成都电讯工程学院。这所学校是在刘少奇、朱德、周恩来、邓小平、陈云、彭真等中央领导亲自关怀下,高教部根据中央指示,将华南工学院、南京工学院、上海交通大学等校的电讯工程有关专业调到成都成立的。这使成都成为我国的无线电工业基地和电子工业建设人才中心之一。同年,根据毛泽东同志《论十大关系》的精神,调整沿海与内地学校的布局,经高教部批准,将上海第一医学院部分专业和教师迁往重庆,成立了重庆医学院。1956 年,为了满足国家对高等地质勘探人才的需要,以重庆大学地质系、西北大学和南京大学地质系部分师资为基础,抽调北京地质学院、长春地质学院少数教师,在成都建立了成都地质勘探学院。同年,四川大学农学院独立出去,在雅安建成了四川农学院,并决定四川师范学院本科

[①]《中国教育年鉴》编辑部.中国教育年鉴地方教育（1949—1984）[M].长沙:湖南教育出版社,1986:229.

[②]《中国教育年鉴》编辑部.中国教育年鉴地方教育（1949—1984）[M].长沙:湖南教育出版社,1986:230.

[③]《中国教育年鉴》编辑部.中国教育年鉴地方教育（1949—1984）[M].长沙:湖南教育出版社,1986:971.

迁成都,以余下的4个专修科为基础,新办了南充师范专科学校。经周恩来同志亲自批准,在成都新建了成都中医学院。至此,四川高等学校比1954年新增了6所。1958年经国务院批准,石油部决定在四川南充创办全国第二所石油学院——四川石油学院。这年四川新增高等学校44所,至1960年,又发展一大批高等学校,从而使四川的高等学校由1957年的22所发展到73所。1961年贯彻"八字方针",经过三年调整,至1963年,四川高等学校下降到28所。1965年,为适应大三线建设需要,教育部决定清华大学在四川绵阳建分校;唐山铁道学院迁四川峨眉,改名西南交通大学;上海化工学院在四川自贡设立分院。四川原有的一些高等学校,也着手在专区建立分校。1966年2月,南京大学、东北林学院有2个专业并入了四川林业学院。经过以上院系调整,到1965年,全省拥有相当规模的高等学校32所,为1954年16所的2倍;在校生45724人,为1950年14542人的3.1倍,专任教师9474人,为1950年1553人的6.1倍,设置专业179个,为1952年77个的2.3倍。但之后,多数内迁学校迁走,最后只留下西南交通大学。1971年出现撤并学校情况:西南农学院的农机专业并入北京农机学院;重庆交通学院与重庆建工学院合并;撤销四川农学院、西南民族学院、四川林学院、西南政法学院、四川财经学院;成都体育学院改为中专;重庆邮电学院改成工厂;四川音乐学院、四川美术学院待定。这些乱撤乱并的错误决定,使四川高等教育事业受到很大损失。[①]

贵州省3所高等学校从1950年到1957年间共招收学生6174人,共毕业学生2543人。1957年,全省高等学校在校生达到3642人。1958年9月到1960年,掀起了教育革命的群众运动,出现了地区、部门、厂矿、企业大办高等教育的热潮。省高等教育在1957年的基础上,学校数增长6倍,学生数增长了3.4倍,教职工数增长3.2倍。在这3年中,由于学校发展过快,规模过大,超过了国家经济负担能力,不少新办院校,由于校舍、师资、学生、图书资料等基本条件差,造成了学校工作的极大困难。1959年秋,贵州民族学院撤销,并入贵州大学。1961年全省教育工作会议召开,对全省各级各类教育事业进行了调整。1962年7月省委批转《省教育厅党组关于进一步调整教育事业和精简学校教职工的方案》,全省高等学校继续调整,并精简下放人员。在这两次大的调整中,全省

---

① 《中国教育年鉴》编辑部.中国教育年鉴地方教育(1949—1984)[M].长沙:湖南教育出版社,1986:1020.

第二章　政府主导下的西部高等教育发展(1950—1978)

高等学校由1960年的16所,压缩到1962年的5所,在校学生由12302人压缩到10347人,教职工由4095人压缩到3705人。到1966年,全省高等学校6所,在校学生6232人,从1958年到1966年,全省高等学校共招学生20287人(1966年未招生),共毕业学生12592人。[①]

云南省根据国家建设需要,于1954年增设了昆明工学院,1956年增设了昆明医学院。到1956年,高等学校在校学生达到6210人。1960年,全日制大学猛增到18所,在校学生13983人。经过1962年调整,到1965年,全省高等学校有7所:云南大学、昆明师范学院、昆明工学院、昆明农林学院、昆明医学院、云南中医学院、云南农业劳动大学。全日制在校学生9410人,半日制在校学生716人。1951年成立的云南民族学院,1971年正式被列入高等院校。[②]

陕西省在1952年至1956年间,一方面从综合大学分设和新建了一批专门学院;一方面根据中央的统一部署,从沿海迁来陕西一些高等学校。国务院1955年决定,交通大学由上海迁往西安,次年交大除运输起重系外,全部迁到西安,并开始招生。1955年,由东北工学院、青岛工学院、苏南工业专科学校、西北工学院等院校的土建类专业组建,成立了西安建筑工程学院。1956年,华东航空学院由南京迁到西安,更名为西安航空学院。同年由苏南工业专科学校、青岛工学院、西北工学院的部分专业,组建成了西安动力学院。由于学校内迁,特别是交通大学的内迁,增强了陕西高教的实力。内迁4所院校的在校学生11253人,是1955年全省高校学生总数的1.2倍。陕西高校1956年比1955年增加专任教师1554人,其中有教授44人、副教授42人、讲师390人,大部分是内迁来的。从科类和专业上形成了工科的优势,工科在校学生数比1949年增加了28倍。通过院校调整,到1956年,陕西高等学校由3所发展到13所,在校学生发展到22322人,比1949年增加了近9倍,由居全国第14位跃居到全国第7位。在"大跃进"期间,陕西高校由1957年的12所发展到1960年的33所。在调整时期,陕西共撤并了12所高校,减少到1963年的21所。在校本科生由1960年的38531人减少到1963年的32632人,专科生由3605人减少到367人。教职工总数由1961年的19528人精简到1963年的13919人,其中专任教师由

[①]《中国教育年鉴》编辑部.中国教育年鉴地方教育(1949—1984)[M].长沙:湖南教育出版社,1986:1067.

[②]《中国教育年鉴》编辑部.中国教育年鉴地方教育(1949—1984)[M].长沙:湖南教育出版社,1986:1096.

7743人减少为6152人。①

甘肃省1957年全日制高等学校有兰州大学、西北师范学院、西北畜牧兽医学院、兰州医学院和西北民族学院五所,设置的专业有6类50个,其中文科3个,理科5个,财经2个,农牧4个,医疗3个,师范33个。五所院校年招生总数达到1943人,比1949年增长2.8倍;在校学生7930人,是1949年的4.4倍。第一个五年计划期间,本省高校在校学生平均年增长速度为25.4%,发展速度高于全国平均水平。1949年到1957年,全省高校专任教师由238人发展为1187人,增加了4倍。1950年到1957年,全省高校共毕业本、专科学生4672人,研究生16人,为各条战线输送了一批新型的专业技术人才。② 1958年,除原有5所高校外,又新建16所,全省21所高校当年招生5479人,比上年增长1.8倍;在校学生达到11566人,比上年增长46%。到1960年,全省高等学校达到43所之多,其中中央部门办14所,省办19所,专区、自治州、市办10所,总计在校学生21476人,比1958年又增加85.7%。有些学校既无必要的校舍和设备,又无起码的师资队伍,实际上是"挂牌大学",有名无实。1961年后,中共甘肃省委根据中央"调整、巩固、充实、提高"的方针,从甘肃的实际出发,提出缩短教育战线,调整学校布局,稳定教学秩序,提高教育质量,数量上要后退,质量上要提高。据此原则,将全省高等学校由1960年的43所调整为1961年的13所,1962年又调整为6所,它们是:兰州大学、兰州铁道学院、甘肃农业大学、兰州医学院、甘肃师范大学、西北民族学院。1962年以后,先后恢复、建立了甘肃教育学院和甘肃工业大学,到1965年,全省全日制高等学校达到8所。全省高校年招生数恢复到2965人,比1957年增长52.6%,在校学生达到11765人比1957年增长48.3%。高校教职工达到5911人,其中专任教师2495人,具有讲师以上职称的教师753人,占专任教师总数的30.2%。③

青海省于1956年9月16日成立了青海省师范专科学校,1958年扩建为青海师范学院,青海民族学院增设大学部。同年成立青海工学院、青海农学院、青

---

① 《中国教育年鉴》编辑部.中国教育年鉴地方教育(1949—1984)[M].长沙:湖南教育出版社,1986:1175.

② 《中国教育年鉴》编辑部.中国教育年鉴地方教育(1949—1984)[M].长沙:湖南教育出版社,1986:1220.

③ 《中国教育年鉴》编辑部.中国教育年鉴地方教育(1949—1984)[M].长沙:湖南教育出版社,1986:1221.

海畜牧兽医学院、青海医学院、青海财经学院、西宁铁道学院。经过多次调整，1962年青海高等学校停止招生，1964年3月4日，再次成立青海大学，下设：师范学院、医学院、畜牧兽医学院。

宁夏回族自治区于1958年创建了宁夏师范学院、宁夏农学院、宁夏医学院等3所高等学校。其中教师79人，大多来自北京、上海、吉林、浙江、江苏、陕西等地的全国重点院校。1962年，3所学校合并成立宁夏大学。1972年，农学、畜牧两系和医疗系从宁夏大学分出，恢复了宁夏农学院和宁夏医学院。

新疆维吾尔自治区于1955年新建了新疆医学院。1956年撤销了1952年创建的俄文专科学校，将省干校的语文部与俄专合并成立了语文学院。1957年新建新疆师范学院。至此，新疆高等院校已发展到5所，在校学生已增加到3909人，平均每万人口中在校大学生数，从1949年的0.9人到1957年已提高到7人。1958年成立了新疆矿冶学院、石油学院、铁道学院、塔里木农垦大学。1959年成立了新疆生产建设兵团农学院、新疆财经学院、新疆生产建设兵团医学专科学校。1960年成立了新疆煤矿学院、艺术学院。1962年成立了喀什师范专科学校。1965年成立了乌鲁木齐农垦大学，自治区新湖农业专科学校。但经过1962年调整以后，石油、财经、铁道、煤矿、艺术五所院校停办。全自治区仅保留10所院校。在校学生7740人，教职工3412人。①

西藏自治区终于在1965年7月，经国务院批准，在原西藏公学的基础上改建成立了西藏民族学院，从此开始了西藏高等教育的新篇章。

第三节 小结

新中国成立后，中国共产党制定了"没收封建阶级的土地归农民所有，没收蒋介石、宋子文、孔祥熙、陈立夫为首的垄断资本归新民主主义的国家所有，保护民族工商业"的经济政策，实行新民主主义经济制度。这使官僚资本和地主经济基础被摧毁或在瓦解中，同时，民族工商业曾一度遇到困难，无法对私立学校大力资助。而私立学校中的学生家长中多半是地主或工商业者，他们对政府政策了解不多，加以匪特造谣破坏，使其产生疑虑彷徨，不让子弟上学。旧的办

---

① 《中国教育年鉴》编辑部. 中国教育年鉴地方教育（1949—1984）[M]. 长沙：湖南教育出版社，1986：1334.

学方针,也不能适合当前建设发展需要,学生感到前途渺茫,等等。造成了私立学校学生锐减,学校经济困难,多数难以维持。抗美援朝战争开始后,中国与美国实际已处于交战状态。美国政府宣布冻结中国在美国的财产,并利用其津贴资助的在华机构进行反革命宣传和破坏活动,中国政府理所当然要采取相应措施。1951年1月10日,教育部根据政务院《关于处理接受美国津贴的文化教育救济机关及宗教团体的方针的决定》,发布《关于处理接受美国津贴的教会学校及其他教育机关的指示》。但是由于在20所教会大学中接受美国津贴的就有17所,至1951年底,其中11所改为公立,9所虽然仍维持私立、由中国人自办,但是由于经济困难而需要政府予以补助,这为1952年的院系调整打下了基础。

1950年朝鲜战争爆发后,中国与苏联建立了战略同盟关系,苏联在1950—1959期间,对中国的工业设备和技术投资(含朝鲜战争期间军事开支)的援助合计达54亿美元。[①] 1950年2月中苏领导人会谈,苏联政府答应援建中国经济急需的煤炭、电力、钢铁、有色金属、化工、机械和军工部门的50个重点项目。1952年8—9月,周恩来总理率政府代表团与苏联政府商谈,双方最终确定在1953—1959年内由苏联援助中国新建和改建91个企业。这就是苏联援助中国的"156工程",它是伴随中国"一五"计划的执行而开展的。在两次确定援建重点项目之后,中国这种基本上依靠引进外来设备短期推进国家工业化的方式,势必遭遇到所谓"人力资本"困境。因此,1950年6月,时任教育部长马叙伦在第一次全国高等教育会议上的讲话中就提出:"我们的高等教育,必须密切地配合国家经济、政治、文化、国防建设的需要,而首先要为经济建设服务"[②]。1951年6月29日,政务院第九十一次政务会议通过《关于一九五一年暑期全国高等学校毕业生统筹分配工作的指示》。要求在统筹分配中进行地区调剂,以适应国家重点建设的需要。这是解决"人力资本"困境必要的统筹安排。并且,1951年11月,中央教育部又为解决"全国工学院地区分布很不合理;师资设备分散,使用效益低;学科庞杂,教学不切实际,培养人才不够专精;学生数量远远不能适应国家工业建设的需要"[③]的问题,从1952年开始,对全国高校院系进行调整,整合资源,扩大规模效益,以解决国家工业化建设必需的科学技术人员和政

---

① 温铁军.八次危机:中国的真实经验1949—2009[M].北京:东方出版社,2012:39.
② 何东昌.中华人民共和国重要教育文献(1949—1997)[M].海口:海南出版社,1998:26.
③ 何东昌.中华人民共和国重要教育文献(1949—1997)[M].海口:海南出版社,1998:131.

府部门管理人才极度短缺的问题。同时,决定实行全国高等学校统一招生和毕业生统一分配,以此来达到人尽其才,更充分地发挥人力资源效用的目的。但受当时基础教育和高等教育发展规模的限制,来不及通过发展高等教育来培养人才;而且,连工业化急需的技术工人也严重不足,需要大规模从苏联引进。由此,伴随中国全面引进苏式工业化,涌现了两次数以万计的苏联专家来华的高潮。[①] 与之伴生的客观结果:来华苏联专家除在工厂和企业成为实际上的主管之外,还在政府部门和高校、科研机构等领域协助中国完成整个上层建筑和意识形态的全面建设。惟其如此,政府各个部门才能适应以投资城市为主的苏式工业化经济在管理上的需求。[②] 这也就是我们所说的全面学习苏联教育制度的原因。

经过5年的努力,在中国的国民收入中各种经济成分的比重发生了巨大的变化。农业、手工业、资本主义工商业社会主义改造于1957年顺利完成,取得了决定性的胜利,全民所有制和集体所有制经济在整个国民经济中占据了绝对优势的地位,我国已经建立了社会主义的基本经济制度。并且,为了改变旧中国区域经济发展的不平衡和新中国国防要求,在"一五"期间,中央政府把苏联援建的实际实施的150个项目中相当一部分安排在了工业基础相对薄弱的内地诸省。毛泽东在1956年《论十大关系》中也要求"新的工业大部分应当摆在内地,使工业布局逐步平衡。"国家从"二五"期间一直到1978年西部的投资占比都在20%以上。20世纪60年代至70年代,为了应对美国和苏联以及国民党武装潜在的战争威胁,需要进一步从备战的角度对中国工业布局及相应的高校和科研机构进行调整。仅从1964年到1980年的17年间,中央向三线建设投入的资金就达到了2052亿元。通过三线建设,建成了1100多个大中型工业交通企业、国防科技工业企业、科研院所和大专院校。国家投资政策向中西部的大幅度倾斜,有力地推动着工业技术由东向西的扩散和经济重心由东部沿海地区向内地的推移,从而加快了改善旧中国工业畸形分布与经济资源配置失衡的进程,使工业的空间布局在全国范围内以很大的规模展开,使西部工业水平得到了极大提高,有力地改变了全国经济重心,初步改变了我国不合理的工业布局。这也为1955—1957年和三线建设时期高校西迁建立了经济基础。1955年,高

---

① 温铁军.八次危机:中国的真实经验1949—2009[M].北京:东方出版社,2012:43.
② 温铁军.八次危机:中国的真实经验1949—2009[M].北京:东方出版社,2012:44.

等教育部下发的《关于1955—1957年高等学校院系调整有关事项的通知》要求,高等教育建设必须符合社会主义建设及国防建设的要求,必须和国民经济的发展计划相配合;学校的设置分布应避免过分集中,学校的发展规模,一般不宜过大;高等工业学校应逐步地和工业基地相结合。三线建设开展之后,高等院校向三线地区迁建分校,延续了"和工业基地相结合"的原则,迁移到分校的专业和院系都考虑到了当地的工业布局,同时着重强调国防及机密专业要内迁。西迁高校在满足了内地工业建设的人才和科研需要,逐步地与工业基地相结合的同时,也促进了西部高等教育的发展,扩大了西部高等教育规模,提升了办学水平。

综上所述,随着新中国经济成份的改变和社会主义公有制经济制度的建立,高等教育制度必然会发生相应的改变,私立大学的消亡就是因为它所赖以生存的私营经济基础不存在了。社会主义工业化建设也改变了过去的人才需求类型,向高等教育提出了新要求,1952年的院系调整就是为了适应这种变化而进行的改革。而且,公有制经济制度的建立使中央政府拥有了对经济和高等教育的调控能力,1952年的院系调整,尤其是1955—1957年和三线建设时期高校西迁就是在政府主导下进行的。具有倾斜性的西部工业投资和工资分配制度减小了东西部经济发展水平和工资收入上的差距,为高校调整政策的成功实施和西部高等教育的发展提供了物质保障。

第三章　市场主导下的西部高等教育发展(1979—1999)

第一节　20世纪80年代西部高等教育的持续发展

1978年11月10日至12月15日,党中央在北京召开了中央工作会议。邓小平在闭幕会上发表的《解放思想,实事求是,团结一致向前看》的讲话中指出,要解放思想,并强调:"再不实行改革,我们的现代化事业和社会主义事业就会被葬送。"讲话提出了一个"大政策",就是要允许一部分地区、一部分企业、一部分工人农民,由于辛勤努力成绩大而收入先多一些,生活先好起来,一部分人生活先好起来,就必然产生示范力量,就会使整个国民经济不断地波浪式地向前发展,使全国各族人民都能较快地富裕起来。这个讲话实际上成为12月18日到22日召开的十一届三中全会的主题报告。① 十一届三中全会决定,从1979年起,把全党工作重点和全国人民的注意力转移到社会主义现代化建设上来。同时指出,实现四个现代化,要求大幅度地提高生产力,也就必然要求多方面地改变同生产力发展不适应的生产关系和上层建筑,改变一切不适应的管理方式、活动方式和思想方式,因而是一场广泛、深刻的革命。在经济建设中要恢复和坚持长期行之有效的各项经济政策,还要根据新的历史条件和实践经验,对经济管理体制和经营管理方法着手认真的改革。中国经济管理体制的一个严重缺点,是权力过于集中,应该有领导地大胆下放,让地方和企业在国家统一计划的指导下有更多的经营自主权;应该大力精简各级行政机构,把它们的大部分职权转交给企业性的专业公司或联合公司;应该坚决按经济规律办事,重视

---

① 中共中央党史研究室.中国共产党的九十年[M].北京:中共党史出版社,2016:655.

价值规律的作用,注意把思想政治工作和经济手段结合起来;应该在党的一元化领导下,认真解决党政不分、以党代政、以政代企的现象。①

在中央与地方关系方面进行的改革,即从1980年起实行新的财政体制。主要做法是:在十五个省实行"划分收支、分级包干"的新办法,即划分中央与地方收入和支出的范围,再按照各省的情况确定地方上交比例或中央定额补助,一定五年不变。这样,地方的收入与支出挂钩,多收多支、少收少支,促使地方增收节支,克服困难,自求收支平衡;同时,财政支出由"条条"下达改为"块块"统筹使用,地方能主动规划和安排地区经济的发展,不必事事报批,调动了地方的积极性。② 1979、1980两年中央财政连续出现巨额赤字,1981年通过对财政收入和支出大幅缩减,把赤字减下来了。要促进发展,不能仅靠紧缩支出,而必须尽可能多地增加收入,更多地筹集到建设资金,在这个基础上用好。根本出路在于提高效益,增加社会财富。中央财政的投资范围要逐步收缩,主要用于能源、交通、新兴工业,许多投资周期短利润较大的项目以及城市建设投资尽可能用地方和企业的财力去办。③

1979年3月,国务院提出恢复和适当发展个体工商业,一些城市的大街小巷又出现了个体经营者的身影。到1980年7月底总数已达到近40万户。1980年8月,全国劳动就业工作会议提出,"一切守法的个体劳动者应当受到社会的尊重"。8月19日,国家工商行政管理总局阐明了中央关于发展城镇个体经济的新政策。总的原则是:只要本人具备一定条件,社会上又有需要,而国营和集体又包不下来的,都可以允许个体经营。1981年7月7日,国务院作出的《关于城镇非农业个体经济若干政策性规定》允许个体经济雇工7人以下,为私人经济的发展打开了口子。由此,个体经济进入了快速发展时期。④

1979年9月,中共十一届四中全会通过的《关于加快农业发展若干问题的决定》指出:"社队企业要有一个大发展,逐步提高社队企业的收入占公社三级经济收入的比重。凡是符合经济合理的原则,宜于农村加工的农副产品,要逐步由社队企业加工。城市工厂要把一部分宜于在农村加工的产品或零部件,有计划地扩散给社队企业经营,支援设备,指导技术。对社队企业的产、供、销要

---

① 中共十一届三中全会公报[N].人民日报,1978-12-24(1).
② 郑有贵.中华人民共和国经济史(1949—2019)[M].北京:当代中国出版社,2019:163.
③ 郑有贵.中华人民共和国经济史(1949—2019)[M].北京:当代中国出版社,2019:169.
④ 郑有贵.中华人民共和国经济史(1949—2019)[M].北京:当代中国出版社,2019:166.

第三章 市场主导下的西部高等教育发展(1979—1999)

采取各种形式,同各级国民经济计划相衔接,以保障供销渠道能畅通无阻。国家对社队企业,分别不同情况,实行低税或免税政策。"①在这种政策下,社队企业在全国各地广泛地兴办起来。在随即开始的国民经济调整中,社队企业得到了巩固和提高,增强了活力。1980年与1978年相比,全国社队企业减少9.9万个,从业人员却增加了173万人。1983年中央一号文件进一步指出了发展非农产业的重要性。此后,乡镇企业进入了第一个全面发展的高峰期。1984年底乡镇企业数量猛增到606.52万家,较上年净增471.88万家,其中乡村办企业净增51.66万家,私营企业和个体企业开始涌现。②

1982年9月,在中共十二大上,"计划经济为主、市场调节为辅"的原则得到了确认。同年将其写进了新修改的《中华人民共和国宪法》,即:"国家在社会主义公有制基础上实行计划经济。国家通过经济计划的综合平衡和市场调节的辅助作用,保证国民经济按比例地协调发展。"这标志着"计划经济为主,市场调节为辅"的经济体制正式确立。③ 1984年10月,中共十二届三中全会作出《中共中央关于经济体制改革的决定》,第一次在中共中央的文件上突破了把计划经济同商品经济对立起来的老框框,明确提出社会主义经济是"在公有制基础上的有计划的商品经济",强调只有充分发展商品经济,才能把经济真正搞活,促使各个企业提高效率,灵活经营,灵敏地适应复杂多变的社会需求,而这是单纯依靠行政手段和指令性计划所不能做到的。明确肯定集体经济是"社会主义经济的重要组成部分",个体经济是"社会主义经济必要的有益的补充",突破了"一大二公"、公有制程度越高越好的传统观念。明确指出要允许和鼓励一部分地区、一部分企业和一部分人依靠勤奋劳动先富起来,带动越来越多的人一浪接一浪地走向富裕,强调在企业内部,要实行工资奖金同经济利益挂钩,扩大工资差距,拉开档次,以充分体现奖勤罚懒、奖优罚劣,突破了"社会主义就是要平均""把共同富裕理解为完全平均和同步富裕"的传统观念④,开启了全面推进经济体制改革的新进程。在1987年全国工业总产值中,全民所有制企业产值有相当增长,而它所占的比重由77.6%下降到59.7%,仍占绝对优势;集

---

① 中共中央关于加快农业发展若干问题的决定[N].人民日报,1979-10-6(1).
② 郑有贵.中华人民共和国经济史(1949—2019)[M].北京:当代中国出版社,2019:171.
③ 郑有贵.中华人民共和国经济史(1949—2019)[M].北京:当代中国出版社,2019:139.
④ 郑有贵.中华人民共和国经济史(1949—2019)[M].北京:当代中国出版社,2019:178-179.

体经济由22.4%上升到34.6%;个体经济、私营经济、"三资"企业和其他非公有制经济成份则由几乎为零上升到5.7%。① 从表3.1及图3.1可以看出,由于三线建设持续到20世纪70年代末,在80年代初期西部GDP在全国的占比还是持续有所增加,但是,随着市场经济的逐渐形成,以及国家对一部分地区或个人先富政策的实施,又因为西部外部条件等因素的影响,西部GDP在全国的占比在80年代中后期逐渐下降,在全国发展中逐渐落后。经济领域的改革也促使高等教育领域进行了调整。

表3.1 西部省区GDP(单位:亿元)及其在全国占比②

	1978年	1979年	1980年	1981年	1982年	1983年	1984年	1985年	1986年	1987年	1988年	1989年
全国	3624.10	4038.20	4517.80	4860.30	5301.80	5957.40	7206.70	8989.10	10201.40	11954.50	14922.30	16917.80
内蒙古	58.04	64.14	68.40	77.91	93.22	105.88	128.20	163.83	181.58	211.38	270.34	292.62
广西	75.85	84.59	97.33	113.46	129.15	134.60	150.27	180.97	205.46	241.56	313.28	383.44
四川	184.61	205.76	229.31	242.32	275.23	311.00	358.06	421.15	458.23	530.86	659.69	744.98
贵州	46.62	55.28	60.26	67.89	79.39	87.38	108.27	123.92	139.57	165.50	211.79	235.84
云南	69.05	76.83	84.27	94.13	110.12	120.07	139.58	164.96	182.28	229.03	301.09	363.05
西藏	6.65	7.30	8.67	10.40	10.21	10.29	13.68	17.76	16.93	17.71	20.25	21.86
陕西	81.07	94.52	94.91	102.09	111.95	123.39	149.35	180.87	208.31	244.96	314.48	358.37
甘肃	64.73	67.51	73.90	70.89	76.88	91.50	103.17	123.39	140.74	159.52	191.84	216.84
青海	15.54	15.19	17.79	17.49	19.95	22.45	26.42	33.01	38.44	43.38	54.96	60.37
宁夏	13.00	14.36	15.96	17.42	18.22	20.79	24.78	30.27	34.54	39.63	50.29	59.21
新疆	39.07	45.63	53.21	59.41	65.24	78.55	89.75	112.24	129.04	148.51	192.72	217.42
重庆	0.00	0.00	0.00	0.00	0.00	0.00	0.00	0.00	0.00	0.00	0.00	0.00
西部总和	654.23	731.11	804.01	873.41	989.56	1105.90	1291.53	1552.37	1735.12	2032.04	2580.73	2954.00
西部/全国	0.1805	0.1810	0.1780	0.1797	0.1866	0.1856	0.1792	0.1727	0.1701	0.1700	0.1729	0.1746

---

① 中共中央党史研究室.中国共产党的九十年[M].北京:中共党史出版社,2016:721-722.
② 数据来自《新中国五十年统计资料汇编》(中国统计出版社1999年版)。

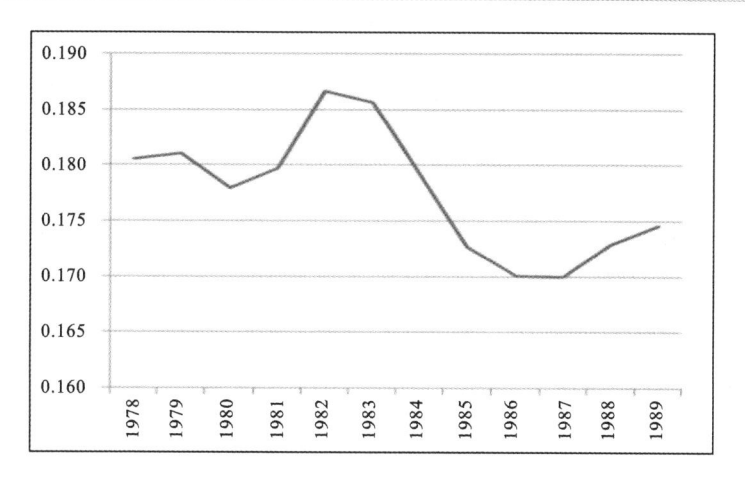

第三章 市场主导下的西部高等教育发展(1979—1999)

图 3.1 西部 GDP 全国占比

"文化大革命"结束之后,在邓小平的直接指示和支持下,教育战线进行了拨乱反正。1977 年 10 月 12 日,国务院批转教育部《关于一九七七年高等学校招生工作的意见》及《关于高等学校招收研究生的意见》,基本上恢复了"文化大革命"前高等学校新生入学考试制度。1978 年 4 月 22 日,邓小平在全国教育工作会议讲话中进一步提出关于教育事业必须同国民经济发展的要求相适应的问题,要求努力"使教育事业的计划成为国民经济计划的一个重要组成部分"①。会议结束之后,教育部分别在武汉和南京召开了全国高等学校文科教学工作座谈会,教育部还颁布了《全国重点高等学校暂行工作条例(试行草案)》《高等学校学生学籍管理的暂行规定》等,从而推进了我国高等教育秩序的恢复和制度的重新建立。同时,6 月 19—25 日,教育部在南京召开国务院各部委所属高等学校改变领导体制的交接工作会议上,把一部分重点高等学校和非重点高等学校,改为实行国务院有关部委和省、市、自治区双重领导,以部委为主。经过这次调整,国务院各部委所属高等学校达 160 所②,使高等教育格局发生了一定程度的变化,不同地区的高等教育发展的差异性进一步扩大。

1980 年 12 月,教育部部长蒋南翔在天津召开的教育工作座谈会的发言中指出,要调整、处理好教育外部的比例关系,主要是同经济发展之间的比例关系。在此次国民经济调整时期,要借工业基本建设"退够"的时机获得更多的教

---

① 郝维谦,龙正中.高等教育史[M].海口:海南出版社,2000:342.
② 刘光.新中国高等教育大事记[M].长春:东北师范大学出版社,1990:330.

育发展经费。宁可把经济发展速度降低一点,也要增加一些教育经费。① 同时,也通过改革高等学校学生培养和毕业生分配制度等方面以获取更多发展经费。1983年1月,教育部决定,首先在清华大学、上海交通大学、西安交通大学和山东海洋学院4所直属重点院校进行大学毕业生的分配改革试点工作。实行学校与用人单位直接联系制订毕业生调配计划的办法。② 1983年2月,上海高教局也决定总结推广上海交大管理改革的行之有效的经验,即地方高校扩大定向招生;扩大招收收费走读生;普遍推行食堂承包制,有条件的学校成立生活服务公司。并在酝酿比较成熟的单位试行依靠社会力量办学,教师到校外兼课,"产销见面"分配毕业生。在即将成立的上海大学,对全部学生实行收费、走读、不包分配、搞学分制和奖学金制等。③ 1984年6月24日教育部、国家计委、财政部发布了《高等学校接受委托培养学生的试行办法》。

1985年5月27日,中共中央公布了《中共中央关于教育体制改革的决定》,关于高等教育市场化方面的改革有:1.改革高等学校的招生计划和毕业生分配制度。实行国家计划招生同用人单位委托培养学生及在计划外招收少数自费学生相结合,以国家计划招生为主的招生办法。委托单位要遵守议定的合同向学校交纳一定数量的培养费。为了保证边远地区及工作环境比较艰苦的行业能分配到一定数量的毕业生,应按国家招生计划的一定比例实行定向招生,到这些地方工作的毕业生待遇从优。为了保证国防的需要,还要为人民解放军培养一定数量的毕业生。对于近年来行之有效的用人单位委托培养学生,要继续推广和逐步扩大,鼓励学校挖掘潜力多招学生,使之成为国家招生计划的重要补充。毕业生应按合同规定到委托单位工作。对于在国家计划外招收的少数自费学生,毕业生既可以由学校推荐就业,也可以自谋职业。2.扩大高等学校的办学自主权。在执行国家的政策、法令、计划的前提下,高等学校有权在计划外接受委托培养学生和招收自费生;有权利用自筹资金,开展国际教育和学术交流,等等。3.改革人民助学金制度。只对师范和一些毕业后工作环境特别艰苦的专业的学生,国家供给膳食并免收学杂费。4.高等学校后勤服务工作改革的方向是实行社会化。并且,实行中央、省(自治区、直辖市)、中心城市三级办

---

① 郝维谦,龙正中.高等教育史[M].海口:海南出版社,2000:349.
② 刘光.新中国高等教育大事记[M].长春:东北师范大学出版社,1990:415.
③ 刘光.新中国高等教育大事记[M].长春:东北师范大学出版社,1990:416.

第三章 市场主导下的西部高等教育发展(1979—1999)

学的体制。中央部门和地方办的高等学校,要优先满足主办部门和地方培养人才的需要,同时要发挥潜力,接受委托,为其他部门和单位培养学生,积极倡导部门、地方之间的联合办学。① 实行这一管理体制后,调动了中心城市、各地区的办学积极性,有利于广泛筹集资金,发挥各地区根据需要设置专业、安排招生的主动性。② 同时,高校办学自主权的扩大,推动了各高校充分挖掘学校现有潜力,积极创造条件扩大招生。1987年,全国普通高等学校本、专科学生招生数达到61.7万人,比1984年的47.52万人增加14.18万人,即增加近30%。实际上,国家计划招生数仅增加5万人,其他都是计划外招生,也就是自费生。③ 同时,进一步拓宽了高等教育投资的渠道,允许接受境内外企业界、社会知名人士、华侨捐赠的办学资金,接受世界银行教育贷款和开展国际教育合作,通过与地方、部门或企事业单位联合办学获取的一部分经费,创办校办产业、科研项目、技术转让和咨询服务获取资金等。高等学校办学经费来源的多样化又在一定程度上保障了高校办学自主权。

1987年7月8日,国家教委印发了《关于社会力量办学的若干暂行规定》,社会力量创办的高等学校也开始兴起,社会投资是国家高等教育经费的有益补充。1989年3月,国务院批准了国家教委提出的《关于改革高等学校毕业生分配制度的报告》和《高等学校毕业生分配制度改革方案》,试行"有偿分配",向用人单位收取一部分培养费用,弥补学校办学经费的不足。

个体经济的发展成为多渠道筹措高等教育经费的物质基础,打破改革开放以前仅仅依靠政府投资的单一模式,为高等教育的发展注入了新的经济活力,使得20世纪80年代西部高等教育持续得到发展。如表3.2、表3.3及图3.2、图3.3所示,西部各省区高等学校专任教师数和学生数在全国占比基本上延续了20世纪70年代的持续增长,而如表3.4及图3.4所示,由于受到80年代中后期西部GDP在全国的比重开始下降的影响,西部各省区高等学校数在20世纪80年代初延续了70年代的增长后,在80年代中后期逐渐下降,具体发展情况如下:

内蒙古自治区恢复和新建了内蒙古大学、内蒙古师范大学、内蒙古农牧学

---

① 郝维谦,龙正中.高等教育史[M].海口:海南出版社,2000:403-405.
② 郝维谦,龙正中.高等教育史[M].海口:海南出版社,2000:407.
③ 郝维谦,龙正中.高等教育史[M].海口:海南出版社,2000:410.

院、内蒙古医学院、内蒙古工学院、包头医学院、包头师范专科学校、通辽师范学院、包头钢铁学院、内蒙古林学院、内蒙古财经学院、哲里木医学院、哲里木畜牧学院和昭乌达蒙族师范专科学校等 14 所高校,1980 年,内蒙古自治区人民政府决定,经国务院批准,将正在筹建的内蒙古民族师范学院与通辽师范学院合并,改为内蒙古民族师范学院。①

四川高等教育规模不断扩大,先后恢复了重庆交通学院、重庆邮电学院,新建四川建筑材料工业学院,四川轻化工学院、中国民航飞行专科学校、成都气象学院,成都纺织工业专科学校、重庆建筑专科学校、重庆钢铁专科学校。这 9 所院校,有的系恢复重建,有的系办学多年的中专改建。② 1978 年,在重庆新办 1 所市属综合大学——渝州大学。1978—1984 年,全省先后新建师范专科学校 12 所,并在 10 所普通高等学校增设了师范部,还先后办过 10 多个高师班,使直接承担培养中学教师的学校由"文化革命"前的 4 所发展到 26 所,增长 3 倍多。分布于 12 个地、市、州的师范专科学校的建立,使四川大部分地区有了师范院校,布局渐趋合理。③

贵州省在 1978 年恢复了贵州财经学院,1977 年下半年至 1978 年初,建立了各地、州、市的 9 所师范专科学校和 1 个建筑大专班,1983 年至 1984 年又建立了贵州人民大学和贵阳市金筑大学。④ 1986 年建立贵州商业专科学校。1987 年全省有 9 所本科高等院校,13 所专科学校,2 所自费、走读、不包分配的大专学校,共计 24 所。全省高等院校共招本、专科学生 7892 人,毕业生 6585 人,在校生 25975 人,教职工共计 12334 人,其中专职教师 5559 人。10 年来,高等学校数增加 1 倍,学生数增加 2 倍,教师数增加 1 倍半。⑤

云南省恢复和建立了云南艺术学院、云南财贸学院、大理医学院、云南政法

---

① 《中国教育年鉴》编辑部. 中国教育年鉴地方教育(1949—1984)[M]. 长沙:湖南教育出版社,1986:231.

② 《中国教育年鉴》编辑部. 中国教育年鉴地方教育(1949—1984)[M]. 长沙:湖南教育出版社,1986:1027 - 1028.

③ 《中国教育年鉴》编辑部. 中国教育年鉴地方教育(1949—1984)[M]. 长沙:湖南教育出版社,1986:1031.

④ 《中国教育年鉴》编辑部. 中国教育年鉴地方教育(1949—1984)[M]. 长沙:湖南教育出版社,1986:1067.

⑤ 李浩,黎弘毅. 贵州教育改革开放 40 年研究[J]. 贵州民族大学学报(哲学社会科学版),2019(5):99 - 208.

第三章 市场主导下的西部高等教育发展(1979—1999)

专科学校、云南公安专科学校、10所师范专科学校、昆明大学。1984年,全省有高等学校25所,在校生24937人,比1950年增长9倍。全省高等学校晋升和确定了教授31人,副教授344人,讲师2562人。高校讲师以上教学骨干占教师队伍总数的比例,由1978年的31%上升到1983年的48.7%。[①]

陕西高等学校通过拨乱反正,得到迅速恢复和发展。八年来陕西恢复和新建高等学校26所,其中恢复7所,即西北政法学院、陕西财经学院、西安工业学院、西安石油学院、西安音乐学院、西安美术学院,华山冶金医学专科学校恢复大专部招生。改建和新建的高校共19所,即西安地质学院、西北纺织工业学院、西北建筑工程学院、延安医学院、陕西工业学院、汉中师范学院、宝鸡师范学院、渭南师范专科学校、咸阳师范专科学校、安康师范专科学校、商洛师范专科学校、榆林师范专科学校、西安师范专科学校、西安外语师范专科学校、西安基础大学、西安大学、宝鸡大学、杨陵大学、培华女子大学。[②] 在校生由1976年的3583人,增加到1984年的12508人,增加了两倍多。截至1984年底,全省有普通高等学校43所,比解放初增加了13倍多,由居全国第16位发展到第7位。在校本专科学生68093人,比解放初增加30多倍,由居全国第14位发展到第7位。[③]

甘肃省经国务院批准,于1979年新建了甘肃中医学院和兰州、天水、张掖、庆阳四所师范专科学校,1981年又成立了兰州商学院,使全省全日制普通高等学校达到13所(不含教育学院),共设置本科专业8类98个,专科50个。1983年,全省高校本、专科在校学生总数达到18138人,在校研究生368人;教职工总数达12260人,其中专任教师4744人,具有讲师以上职称的教师占教师总数的56.6%。[④] 1986年,省内17所普通高等学校共设有本科专业122个,专科专业71个。

[①]《中国教育年鉴》编辑部.中国教育年鉴地方教育(1949—1984)[M].长沙:湖南教育出版社,1986:1096.

[②]《中国教育年鉴》编辑部.中国教育年鉴地方教育(1949—1984)[M].长沙:湖南教育出版社,1986:1176.

[③]《中国教育年鉴》编辑部.中国教育年鉴地方教育(1949—1984)[M].长沙:湖南教育出版社,1986:1177.

[④]《中国教育年鉴》编辑部.中国教育年鉴地方教育(1949—1984)[M].长沙:湖南教育出版社,1986:1221.

宁夏回族自治区于1978年经国务院批准,成立宁夏工学院,建立固原师范专科学校。1983年,成立银川师范专科学校。至1983年,全区共有全日制高等学校6所,其中以师范为主的综合大学1所,即宁夏大学;工、农、医科学院各1所,即宁夏工学院、宁夏农学院、宁夏医学院;师范专科学校2所,即固原师专和银川师专。专业设置增加到30个。在校本专科学生共计5083人,其中少数民族学生736人,占14.47%;教职工总数2472人,其中专任教师1096人(副教授31人,讲师457人,教员113人,助教495人)专任教师与在校学生之比为1∶4.64。1983年,宁夏大学、宁夏医学院招收本区第一批攻读硕士研究生7人。①

新疆维吾尔自治区于1978年底经国务院批准成立新疆师范大学,喀什师专升格为喀什师范学院,成立和田师范专科学校,1980年成立新疆财经学院、伊犁师范学院,1983年成立新疆石油学院,截至1984年全区高等院校已达13所,其中:师范类院校已有4所。1984年师范院校招生1674人,占招生总数6495人的25.8%;在校生4648人,占各类院校在校生总数19609人的23.7%。②

西藏自治区于1972年秋,将西藏民族学院部分专业迁往林芝,成立西藏民族学院林芝筹建处。1978年4月,经国务院批准,林芝分院与西藏民族学院分立,并于同年9月正式成立西藏农牧学院。1983年,中共中央提出在西藏师范学院的基础上建立西藏大学的建议。1985年7月20日,西藏大学正式成立,设立了包括藏语言文学在内的7个系部。1989年9月,西藏大学藏医系和西藏藏医学校合并成立了西藏大学藏医学院。③青海省于1978年恢复青海畜牧兽医学院,并在原西宁师范学校基础上,成立青海师范专科学校。

1978—1989年西部各省区高等教育发展情况统计如下(表3.2—表3.4,图3.2—图3.4):

---

① 《中国教育年鉴》编辑部.中国教育年鉴地方教育(1949—1984)[M].长沙:湖南教育出版社,1986:1295.

② 《中国教育年鉴》编辑部.中国教育年鉴地方教育(1949—1984)[M].长沙:湖南教育出版社,1986:1334.

③ 廖治华.改革开放40年西藏高等教育改革的回顾与展望[J].西藏研究,2018(5):176-181.

第三章 市场主导下的西部高等教育发展(1979—1999)

表3.2 西部各省区普通高等学校专任教师数(人)及其在全国占比①

	1978年	1979年	1980年	1981年	1982年	1983年	1984年	1985年	1986年	1987年	1988年	1989年
全国	206254	236637	246862	249876	286908	302919	315021	344262	372431	385352	393185	397365
内蒙古	2495	3594	3919	3991	4716	5188	5324	5783	6097	6275	6437	6658
广西	3396	4723	4985	4740	4670	5079	5486	5954	6406	6403	6687	6812
四川	13853	15815	15749	16229	19,103	19756	20433	22627	23726	24555	25031	24878
贵州	2753	3357	3638	3606	3986	4183	4555	4830	5177	5559	5588	5530
云南	3743	4151	4354	4471	5022	5260	5633	6383	7497	7841	7991	7990
西藏	438	554	625	571	511	518	518	567	659	683	723	756
陕西	10699	11559	12059	12133	14,180	14735	15327	16516	17843	18622	19326	19567
甘肃	3133	3773	3917	4021	4501	4744	4825	5276	5647	5741	5660	5787
青海	819	947	999	1032	1180	1255	1290	1253	1447	1465	1504	1510
宁夏	652	755	787	772	941	1096	1227	1352	1428	1480	1560	1625
新疆	2458	2952	3149	3377	3994	4724	5109	5473	6052	6789	6822	6898
西部总和	44439	52180	54181	54943	62804	66538	69727	76014	81979	85413	87329	88011
西部/全国	0.2155	0.2205	0.2195	0.2199	0.2189	0.2197	0.2213	0.2208	0.2201	0.2217	0.2221	0.2215

表3.3 西部各省区高等学校学生数(人)及其在全国占比②

	1978年	1979年	1980年	1981年	1982年	1983年	1984年	1985年	1986年	1987年	1988年	1989年
全国	856322	1019950	1143712	1279472	1153954	1206823	1395656	1703115	1879994	1958725	2065923	2082111
内蒙古	9895	15674	17405	20576	19518	21472	24477	31242	31203	30654	32634	33112
广西	21079	21213	25521	24320	21117	21786	24396	30536	33771	34523	37524	37757
四川	57187	69055	74742	86067	73955	79403	93556	112836	126815	133752	140760	140361

---

① 《中国教育年鉴》编辑部.中国教育年鉴1949—1981[M].北京:中国大百科全书出版社,1984.

② 《中国教育年鉴》编辑部.中国教育年鉴1949—1981[M].北京:中国大百科全书出版社,1984.

续表

	1978年	1979年	1980年	1981年	1982年	1983年	1984年	1985年	1986年	1987年	1988年	1989年
贵州	13894	18244	17062	18104	16730	16934	20296	22997	25190	25975	27264	27636
云南	15915	18979	18136	21729	19279	20856	24937	32269	37678	41036	44985	45114
西藏	2081	1480	1494	1522	1214	1325	1325	1370	1850	1801	1736	1973
陕西	37117	43392	53231	63245	56073	60289	68093	82117	90603	91792	97955	98647
甘肃	14084	15563	18107	20887	17252	18138	21531	27210	30134	30985	33039	33186
青海	3508	3736	4238	5367	4736	4852	5538	6414	6840	6847	7012	6408
宁夏	2890	3630	4156	5161	4528	5083	5607	6425	7186	7317	7673	7878
新疆	10275	11666	14242	16495	16191	16438	19609	26414	29643	29801	30403	31661
西部总和	187925	222632	248334	283473	250593	266576	309365	379830	420913	434483	460985	463733
西部/全国	0.2195	0.2183	0.2171	0.2216	0.2172	0.2209	0.2217	0.2230	0.2239	0.2218	0.2231	0.2227

表3.4 西部各省区高等学校数(所)及其在全国占比[①]

	1978年	1979年	1980年	1981年	1982年	1983年	1984年	1985年	1986年	1987年	1988年	1989年
全国	598	633	675	704	715	805	902	1016	1054	1063	1075	1075
内蒙古	8	13	14	14	14	14	15	18	19	19	19	19
广西	16	17	18	18	16	17	19	23	23	23	24	24
四川	40	42	43	44	47	48	51	56	56	59	60	60
贵州	14	14	15	16	16	16	18	22	22	24	24	24
云南	15	15	17	18	19	20	24	26	26	26	26	26
西藏	4	4	4	4	3	3	3	3	3	3	3	3
陕西	24	28	33	33	33	34	42	44	48	49	48	48
甘肃	11	12	12	13	13	14	14	17	17	17	17	18
青海	6	6	6	6	6	6	6	6	6	7	7	7

---

① 《中国教育年鉴》编辑部.中国教育年鉴1949—1981[M].北京:中国大百科全书出版社,1984.

第三章　市场主导下的西部高等教育发展(1979—1999)

续表

	1978年	1979年	1980年	1981年	1982年	1983年	1984年	1985年	1986年	1987年	1988年	1989年
宁夏	4	4	4	4	4	6	6	6	6	6	6	6
新疆	10	10	12	12	12	13	13	15	17	20	20	20
西部总和	152	165	178	182	183	191	211	236	243	253	254	255
西部/全国	0.2542	0.2607	0.2637	0.2585	0.2559	0.2373	0.2339	0.2323	0.2306	0.2380	0.2363	0.2372

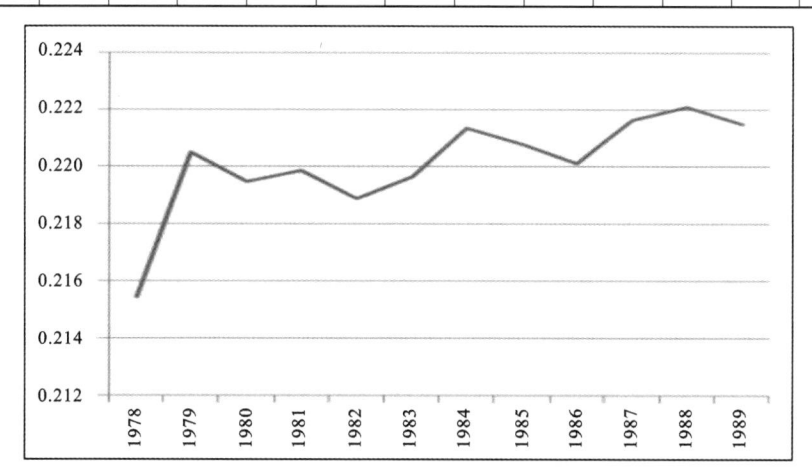

图3.2　西部高校专任教师数全国占比

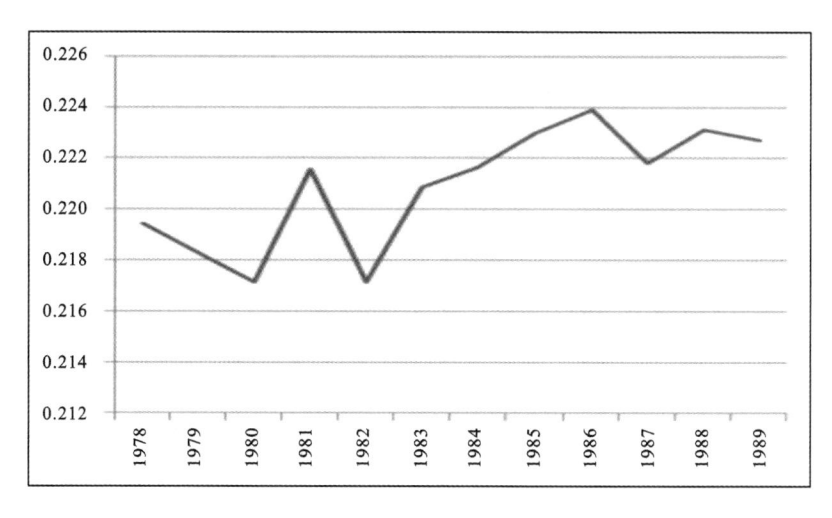

图3.3　西部高校学生数全国占比

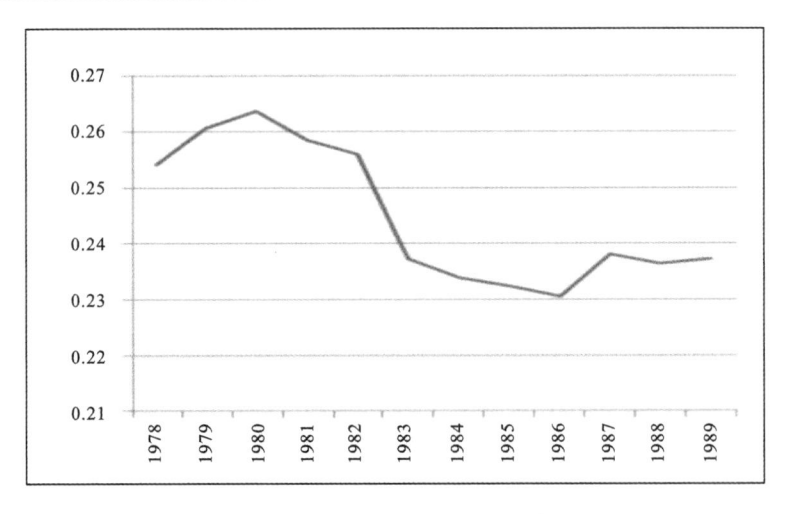

图 3.4　西部高校学生数全国占比

第二节　20 世纪 80 年代后期至 90 年代末西部高等教育的塌陷

1988 年,七届全国人大一次会议通过的《中华人民共和国宪法修正案》,增加了国家允许私营经济在法律规定的范围内存在和发展的内容。1988 年 6 月,国务院发布《中华人民共和国私营企业暂行条例》,确定私营经济是社会主义公有制经济的补充,宣布国家保护私营企业的合法权益。这些法律法规为非国有经济的发展提供了法律保障。1985 年至 1990 年间,工业总产值中的城乡个体企业比重由 1.9% 上升至 5.4%。私营经济的发展改变了生产领域单一的所有制结构。① 2001 年底,非公有制经济创造的增加值已经占 GDP 的 1/3。截至 2002 年,在工业总产值中,公有制经济提供的占 62% 左右,非公有制经济约占 38%。②

根据"七五"计划的安排,全国划分为东、中、西部三大经济地带,以三大地带梯度推移为主要内容推行地区经济发展。1984 年,14 个沿海港口城市的开放,使沿海地区的对外开放扩大形成南北全线的战略布局;1985 年,珠江三角

---

① 郑有贵.中华人民共和国经济史(1949—2019)[M].北京:当代中国出版社,2019:189.
② 郑有贵.中华人民共和国经济史(1949—2019)[M].北京:当代中国出版社,2019:231-232.

第三章 市场主导下的西部高等教育发展(1979—1999)

洲、长江三角洲和闽南三角地区又被确定为经济开放区,随后又扩大到山东、辽东两个半岛,外向型经济的沿海开放地带形成。中国沿海开放地带在工业、农业、交通等方面具有领先优势,享有投资、财政、税收、信贷等多种优惠,经济发展活跃,对国民经济具有全局性的效应,强调效率的区域非均衡发展成为中国经济这一阶段的结构特征之一。由于地区之间的经济发展差异,向沿海地区流动的人口规模不断扩大。[①] 1990年12月,中共十三届七中全会审议通过了《中共中央关于制定国民经济和社会发展十年规划和"八五"计划的建议》,指出"始终把提高经济效益作为全部经济工作的中心"[②]。1992年邓小平南方谈话中作出的"计划和市场都是经济手段"的论断,使中国突破了社会主义只能实行计划经济而不能实行市场经济的理论误区。1992年10月12日至18日召开的中共十四大明确了中国经济体制的改革目标是建立社会主义市场经济体制。1993年11月11日至14日,中共十四届三中全会召开审议通过《中共中央关于建立社会主义市场经济体制若干问题的决定》。由此,社会主义市场经济体制的建立全面推进。

市场改革意味着减少政府的干预范围,把对经济的管理转移给市场力量。在此过程中,随着更多的资源转移到私人手中,国家财政收入在GDP中的份额将会下降。如图3.5所示,政府财政收入大幅下滑,占GDP的比重从1978年的35%下降到1980年代末的不足20%。这个下降趋势延续到1990年代,并从1980年代中期之后加速,到1996年降至11%的低谷。1980—1990年代早期的财政收入下降显著地削弱了中央政府给贫困地区地方政府提供补助的能力和愿望。[③] 如图3.6所示,伴随着中央财政收入下降的趋势,转移支付急剧下滑,直到1997年中央财政收入好转之后才开始回升。在最低谷的时候,净转移支付在1994年下降到GDP的1%,并在1990年代中期的几年中保持在这个水平。因此,1993年12月15日,国务院作出《关于实行分税制财政管理体制的决定》,确定从1994年1月1日起改革地方财政包干体制,对各省、自治区、直辖市以及计划单列市实行分税制财政管理体制,将各种收入分为中央财政固定收入、地方财政固定收入、中央和地方共享收入并相应地对税收征管体系进行调整,建

---

① 郑有贵.中华人民共和国经济史(1949—2019)[M].北京:当代中国出版社,2019:203-204.
② 中共中央文献研究室.十三大以来重要文献选编:中[M].北京:人民出版社,1991:1380.
③ 黄佩华.中国能用渐进方式改革公共部门吗?[J].社会学研究,2009(2):39-60.

立起中央与地方规范的分配关系,逐步提高财政收入占国民生产总值的比重,适当提高中央财政收入的比重,以增强中央宏观调控的实力。① 如图3.7所示,中央财政所占比重逐步提高,"六五"时期平均中央财政收入占国家财政收入的34.8%,"七五"下降为33.4%,"八五"提高为40.3%,"九五"进一步提高到50.5%(1996年为49.4%,2000年提高为52.2%)。这样,国家宏观调控有力量了,中央说话要算数才有了一定实力做后盾。②

在改革之初的几年,政府一度增加了公共服务的支出,把教育、医疗、扶贫、环境保护和社会保障列入优先任务。但是,这些年来国家预算内财政收入增长滞后于经济增长,预算内财政收入占国内生产总值的比重逐年下降。在客观上确实削弱了国家财政的宏观调控能力,从而也影响了财政主渠道对教育投入的增长幅度。③ 在教育方面,公共支出投入占GDP的比重从1978年的1.8%提高到1982年的2.2%。但随着财政收入的下滑,增加社会部门公共开支的努力失效。如图3.8所示,虽然从1978年到1995年,财政预算中教育投入所占比重从5.8%增加到13.1%,提高了1倍以上,但公共教育支出在GDP中的比重却在1995年下降到1.5%。④ 直到1997年才止住下降趋势,到1998年略微回升为2.50%。1998年全国预算内教育经费占财政支出比例为15.36%,比上年15.67%减少了0.31个百分点。从全国情况看,有19个省、自治区、直辖市预算内教育经费占财政支出比例比上年有不同程度的下降。⑤ 同时,因中央、地方间财权和事权的更不对称而形成了中央财政盈余及地方的财政赤字同步年年攀升的局面。⑥ 而政府在严重的财政赤字压力下大幅度从医疗和教育等公共事业领域退出。⑦ 公共部门服务成本就越来越多地由市民和农民承担了。⑧

---

① 郑有贵.中华人民共和国经济史(1949—2019)[M].北京:当代中国出版社,2019:215.
② 刘日新.新中国经济建设简史[M].北京:中央文献出版社,2006:331.
③ 何东昌.中华人民共和国重要教育文献(1998—2002)[M].海口:海南出版社,2003:477.
④ 黄佩华.中国能用渐进方式改革公共部门吗?[J].社会学研究,2009(02):39-60.
⑤ 何东昌.中华人民共和国重要教育文献(1998—2002)[M].海口:海南出版社,2003:426.
⑥ 温铁军.八次危机:中国的真实经验1949—2009[M].北京:东方出版社,2012:21.
⑦ 温铁军.八次危机:中国的真实经验1949—2009[M].北京:东方出版社,2012:140.
⑧ 温铁军.八次危机:中国的真实经验1949—2009[M].北京:东方出版社,2012:142.

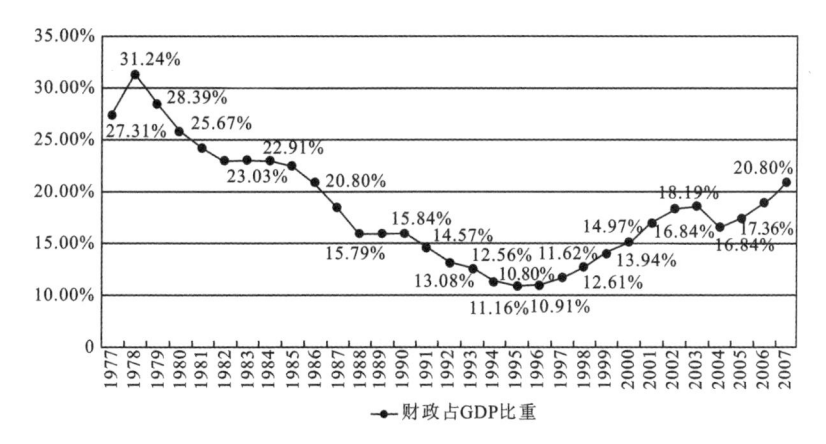

第三章 市场主导下的西部高等教育发展(1979—1999)

图 3.5 1977—2007 年国家财政收入占 GDP 的比重①

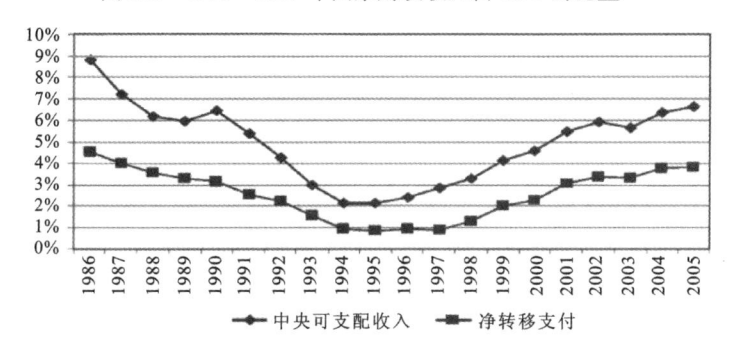

图 3.6 中央财政收入与转移支付的变化趋势(占 GDP 的比重)②

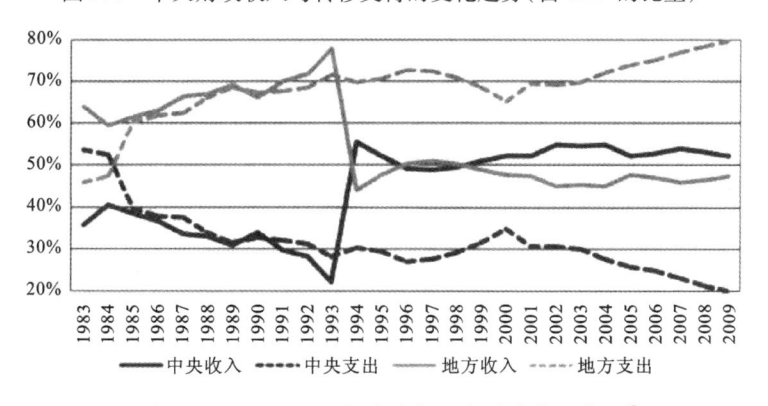

图 3.7 1983—2009 年中央与地方财政收入占比③

---

① 温铁军.八次危机:中国的真实经验 1949—2009[M].北京:东方出版社,2012:135.
② 黄佩华.中国能用渐进方式改革公共部门吗?[J].社会学研究,2009(2):39-60.
③ 温铁军.八次危机:中国的真实经验 1949—2009[M].北京:东方出版社,2012:135.

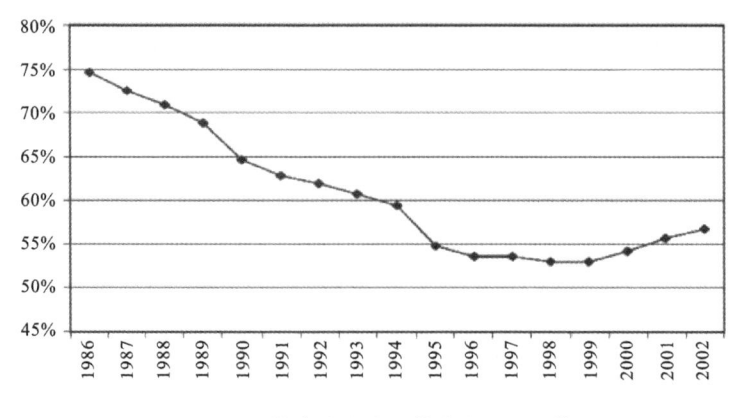

图 3.8　教育支出占预算支出的比重①

随着 20 世纪 80—90 年代再分配体系的瓦解,政府放弃了进行再分配的重要职责,并且,1993 年的《中共中央关于建立社会主义市场经济体制若干问题的决定》规定,建立合理的个人收入分配,体现效率优先、兼顾公平的原则。1997 年 9 月,中共十五大报告中,专门阐述了完善分配结构和分配方式的问题。报告指出,"坚持按劳分配为主体,多种方式并存的制度""把按劳分配和按生产要素分配结合起来,坚持效率优先、兼顾公平"。随着知识、技术、资本、经营管理、土地房屋等生产要素参与收益分配,收入分配呈现出多种类型、多种形式,收入差距也因要素持有者贡献差别而扩大。更为突出的是,收入形式的多样化和收入来源的多元化使收入分配更具复杂性,进一步拉大了个人收入差距。② 其结果,特别是在 1994 年的分税制改革之后,财政资源的分配变得越来越和当地的收入水平挂钩。如表 3.5 及图 3.9 所示,在整个 1990 年代,除了 1996 年和 1997 年,西部各省区 GDP 在全国的占比基本上是持续下降的,这就造成西部各省与东部各省的财力差距持续扩大,并且这个差距直接影响到了社会服务的开支。富裕地区的居民享受到了数量更多、质量更好的服务,而贫困地区的居民享受的服务质量较差甚至经常得不到服务。③ 东西部经济发展的差距使个人收入差距更是进一步被放大,西部人才"孔雀东南飞"从 1990 年代一直持续到现在。这对西部高等教育的发展产生了很大的消极影响。李钟善老师在谈到陕

---

① 黄佩华.中国能用渐进方式改革公共部门吗?[J].社会学研究,2009(2):39-60.
② 郑有贵.中华人民共和国经济史(1949—2019)[M].北京:当代中国出版社,2019:218.
③ 黄佩华,中国能用渐进方式改革公共部门吗?[J].社会学研究,2009(2):39-60.

西师范大学西北教育管理干部培训中心引进国外毕业的博士时就提到了留不住人才的问题。

表3.5 西部各省区GDP(亿元)及其在全国占比①

	1990年	1991年	1992年	1993年	1994年	1995年	1996年	1997年	1998年	1999年
全国	18598.40	21662.50	26651.90	34560.50	46670.00	57494.90	66850.50	73142.70	78017.80	90564.40
内蒙古	319.19	359.50	421.46	532.53	681.83	832.77	984.67	1099.67	1192.19	1268.20
广西	449.06	518.59	646.60	871.70	1198.29	1497.56	1607.90	1817.25	1093.04	1953.27
四川	890.95	1016.31	1177.27	1486.08	2001.41	2504.95	2985.15	3320.11	3580.26	3711.61
贵州	260.14	205.90	339.91	416.07	521.17	630.07	713.70	792.28	841.88	911.86
云南	451.67	517.41	618.69	779.21	973.97	1206.68	1491.62	1644.23	1793.90	1855.74
西藏	27.70	30.53	33.29	37.28	45.84	55.98	64.76	76.98	91.18	105.61
陕西	404.30	466.84	538.43	661.42	816.58	1000.03	1175.92	1300.03	1381.53	1487.61
甘肃	242.80	271.39	317.79	372.24	451.66	553.35	714.18	781.34	869.75	931.98
青海	69.94	75.10	87.52	109.62	138.24	165.31	183.57	202.05	220.16	238.39
宁夏	64.84	71.78	83.14	103.82	133.97	169.75	193.62	210.92	227.46	241.49
新疆	274.01	335.92	402.31	505.63	673.68	825.12	912.15	1050.14	1116.67	1168.55
重庆	0.00	0.00	0.00	0.00	0.00	0.00	1179.09	1350.10	1429.26	1663.20
西部总和	3454.60	3869.27	4633.12	5875.60	7636.64	9441.57	12206.33	13645.10	12720.61	15537.51
西部/全国	0.1857	0.1786	0.1738	0.1700	0.1636	0.1642	0.1826	0.1866	0.1630	0.1716

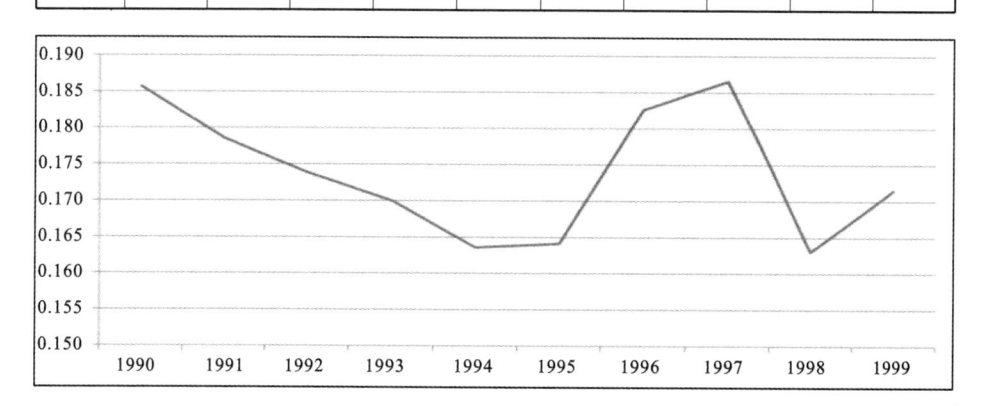

图3.9 西部GDP全国占比

---

① 数据来自《新中国五十年统计资料汇编》(中国统计出版社1999年版)。

为了适应经济改革的需要,国家教委也于1987年7月印发了《关于社会力量办学的若干暂行规定》,明确了办学的社会力量的范围,明确了社会力量办学在我国国民教育体系的地位和作用,即"社会力量办学是我国教育事业的组成部分,是国家办学的补充"。① 改革高等教育投资体制,逐步建立财政拨款为主、多渠道筹措经费的投资体制。高等教育属于非义务教育,要改革学生上大学由国家"包"下来的制度。1990年7月9日,国家教委、人事部、国家计委、公安部、商业部发布《普通高等学校招收自费生暂行规定》,自费生需要本人缴纳培养费、学杂费,毕业后可以由学校推荐就业,也可以自谋职业。高校要根据国家及地方的实际用人需要安排招生专业和招生计划。② 李铁映在国家教委1991年工作会议上的报告中指出,坚持多渠道筹措教育经费的方针。我国是一个发展中的国家,又是世界上教育规模最大的国家,在国家财力有限的情况下,如何筹措教育经费,是教育发展与改革所面临的一个重大课题。教育改革的经验告诉我们,教育是国家的事业,也是人民群众的事业,与人民群众的切身利益息息相关。增加教育投入,政府负有义不容辞的责任,但教育经费完全依靠国家财政包下来是不可能的。必须从我国国情出发,确立以国家财政拨款为主,多渠道筹措教育经费的观念和体制。群众中蕴藏着极大的办学积极性,只要我们按照国家的方针政策,坚持自愿、量力的原则,取之有度,用之于民,就能够充分依靠社会和人民群众的力量,广开筹措教育经费的渠道。③ 由此确立了以国家财政拨款为主,多渠道筹措教育经费的体制,形成了"人民教育人民办,办好教育为人民"的观念。学生上大学原则上均应缴费。1993年1月12日国务院批转国家教委《关于加快改革和积极发展普通高等教育的意见》强调,改革原有的由国家包办高等教育的单一体制和模式,探索适应社会主义市场经济体制、调动社会办学积极性、多种形式和途径发展高等教育的新路子。经过改革和试验,我国高等学校逐步形成国家投资为主,学生缴费和社会集资为辅;学生缴费和社会集资为主,国家资助为辅;民办自费;企业办学等多种办学的形式。④ 1993年

---

① 何东昌. 中华人民共和国重要教育文献(1949—1997)[M]. 海口:海南出版社,1998:2638.
② 何东昌. 中华人民共和国重要教育文献(1949—1997)[M]. 海口:海南出版社,1998:3006.
③ 何东昌. 中华人民共和国重要教育文献(1949—1997)[M]. 海口:海南出版社,1998:3098.
④ 何东昌. 中华人民共和国重要教育文献(1949—1997)[M]. 海口:海南出版社,1998:3450.

第三章 市场主导下的西部高等教育发展(1979—1999)

发布了《民办高等学校设置暂行规定》,1997年国务院颁发了《社会力量办学条例》,对社会力量办学进行规范化管理。1998年全国教育经费总投入中,多渠道筹措经费约占31%。[1]

1993年2月13日中共中央、国务院印发《中国教育改革和发展纲要》,在地区发展格局上,从各地经济、文化发展不平衡的实际出发,因地制宜,分类指导。鼓励经济、文化发达地区率先达到中等发达国家80年代末的教育发展水平。深化高等教育体制改革。进行高等教育体制改革,主要是解决政府与高等学校、中央与地方、国家教委与中央各业务部门之间的关系,逐步建立政府宏观管理、学校面向社会自主办学的体制。中央要进一步简政放权,扩大省(自治区、直辖市)的教育决策权和包括对中央部门所属学校的统筹权。省(自治区、直辖市)在充分论证、严格审议程序,自行解决办学经费,以及统筹中央和地方所属高校毕业生就业去向的条件下,有权决定地方高等学校招生规模和专业设置。[2]截至1997年1月,全国已有60多所高校实现了中央部门和省(市)共建,8所高校转由地方管理,118所高校合并为50所,约200所高校实现了多种形式的联合办学。[3] 2000年1月29日教育部、国家计委、财政部发布了《关于调整国务院部门(单位)所属学校管理体制和布局结构的实施意见》,将161所普通高等学校中的22所划转教育部管理,34所普通高等学校由教育部负责调整。5所普通高等学校停止招生,待现有在校学生毕业后即行撤销原学校建制,改为原主管部门(单位)的非学历培训机构。3所普通高等学校继续由原主管部门(单位)管理。97所普通高等学校实行中央与地方共建、以地方管理为主,并由地方统筹进行必要的布局结构调整。涉及西部的高校有桂林电子工业学院、西南农业大学、西南政法大学、重庆交通学院、重庆邮电学院、重庆电力高等专科学校、华西医科大学、成都理工学院、成都气象学院、西南石油学院、西南林学院、西安石油学院、西安统计学院、西北政法学院、西安邮电学院、西安电力高等专

---

[1] 郝维谦,龙正中.高等教育史[M].海口:海南出版社,2000:535.
[2] 何东昌.中华人民共和国重要教育文献(1949—1997)[M].海口:海南出版社,1998:3470.
[3] 何东昌.中华人民共和国重要教育文献(1949—1997)[M].海口:海南出版社,1998:4128.

科学校、兰州铁道学院、石河子大学、塔里木农垦大学等共19所。① 2000年12月20日陈至立在2001年度教育工作会议上的讲话中指出,高教管理体制改革取得突破性进展,迈出决定性步伐。按照"共建、调整、合作、合并"的方针连续三年三大步调整中央部委院校的管理体制,涉及31个省、市、自治区,60多个国务院部门和900余所高校。已有556所高校经合并调整为232所,并调整了509所高校的管理体制,组建了一批新的综合性和多科性大学。教育部和少数中央部委管理普通高校120所左右,其中,教育部管理的71所,而71所教育部直属高等学校中,西部仅有四川大学、西南财经大学、西南交通大学、电子科技大学、重庆大学、西南师范大学、西安交通大学、西安电子科技大学、长安大学、西北农林科技大学、陕西师范大学和兰州大学等共12所。地方政府所属或以地方管理为主的高校达896所。并且,进一步转变职能,简政放权。经国务院授权,教育部将发展高等职业教育和大部分专科教育的权力下放给省级政府,使各省级政府都具备了自行审批高等职业技术学院设置的权限;从2000年起,地方所属高等职业教育(专科)的招生计划由省级政府制定并管理。② 高等教育的发展要充分发挥各地区的积极性,因地制宜,合理布局,优化结构。在国家统筹规划指导下,省、自治区、直辖市人民政府根据实际情况分别确定各自的发展目标和重点,并注意地区间的合作互补。经济发展水平高的地区,要更多地增加对高等教育的投入,加快改革步伐和发展速度。对经济基础薄弱和教育规模偏小的地区,要积极创造条件,采取有力措施,使这些地区的高等教育有一个适当的发展速度,以适应当地经济发展的需要。对少数民族地区,国家和地方政府都要采取特殊政策和措施,积极扶持少数民族高等教育的发展。高等教育管理体制的改革方向是,逐步实行中央与省(自治区、直辖市)两级管理、两级负责为主的管理体制。国务院各部门重点管理好直接关系国家经济、社会发展全局并在高等教育中起示范作用的骨干学校和行业性强、地方不便管理的学校。从80年代末到90年代末,高等教育管理体制改革有较大突破,调

---

① 国务院.国务院办公厅转发教育部等部门关于调整国务院部门(单位)所属学校管理体制和布局结构实施意见的通知(国办发[2000]11号)[EB/OL].(2000-02-12)[2023-09-16]. https://www.gov.cn/gongbao/content/2000/content_60667.htm.
② 何东昌.中华人民共和国重要教育文献(1998—2002)[M].海口:海南出版社,2003:773.

整和优化了高等学校的布局,按照"共建、调整、合作、合并"方针,已初步形成中央和省级人民政府两级管理,以省级人民政府管理为主的新体制。这种新体制加重了西部经济欠发达省区的高等教育投资负担,进一步拉大了东西部高等教育发展的差距。

同时,国家也对招生和毕业生就业制度进行了市场化改革。高等学校招生计划体制,实行国家任务计划和调节性计划相结合。在保证完成国家任务计划的前提下,要逐步扩大调节性计划,逐步扩大招收自费生和委托培养生的比重。① 1996年,全国共有661所高校实行了"并轨"改革,占高校总数的64%,为1997年全部完成高校"并轨"改革目标打下了坚实的基础。② 改革高等学校毕业生"包当干部"和由国家"统包统配"的就业制度。随着社会主义市场经济体制的建立和劳动人事制度的改革,在国家政策指导下,实行高等学校大多数毕业生自主择业的就业制度。

20世纪90年代开始的高等教育改革坚持"效率优先,兼顾公平"的理论指导,追求高等教育的效率,其目的不是缓和地区布局的非均衡性问题。高等教育在"效率优先"的价值引导下,形成了教育为经济建设服务,"多出人才、快出人才、出好人才"的发展定位;在发展方式上,确立了"集中资源、率先突破、带动整体"的非均衡建设方针,集中优势力量、资源重点配置,通过"211工程""985工程"等一系列重点建设工程的实施,优先建设了一批重点高校和学科。高等教育重点建设政策的实施,一方面促进了高等教育整体实力提升,使一批高校办学水平快速提升;另一方面,则加剧了东西部高等教育发展的差距。在市场因素作用下,我国西部地区人才流失、办学资源匮乏、教育竞争力不足等问题突出,教育分化加剧。另外,伴随着市场经济的持续发展,教育产业化步伐的加快,市场经济的功利化价值观在教育领域也逐渐蔓延开来。③ 尽管如表3.6和图3.10所示,西部各省区高校专任教师在全国的占比变化不大,但是这个阶段西部高等教育面临的是高层次人才的流失问题。以甘肃为例,1998—2002年间,133家科研单位共调出专业技术人员4986人,

---

① 何东昌.中华人民共和国重要教育文献(1949—1997)[M].海口:海南出版社,1998:3451.
② 何东昌.中华人民共和国重要教育文献(1949—1997)[M].海口:海南出版社,1998:4128.
③ 苏刚刚.我国西部高等教育发展政策变迁研究[D].武汉:华中科技大学,2021:108.

调入 3054 人,但其中高级职称者调出 999 人,调入 30 人;中级职称者调出 178 人,调入 45 人;高层次经营管理人才调出 78 人,调入 12 人,流出远大于流入。10 年来兰州大学流失的高水平人才,完全可以再办一所同样水平的大学。高层次人才大量流失,严重影响了西部高校教学、科研人才的培养和地方经济建设。自 20 世纪 80 年代以来,西部地区人才流出量是流入量的两倍以上,尤其是中青年骨干人才流失严重。新疆近 5 年间调往内地的专业技术人员高达两万多人,调走或者自动离开青海的科技人员估计在 5 万人以上。陕西省 2002 年毕业的 4600 多名硕士学位以上的研究生,有 80%择业到了东部,尤其是东南地区,甘肃省每年在外省区高校培养的大学毕业生的回归率只有 40%,青海省每年考入外地大中专院校的学生约 5000 余人,其中返回的人数不足 20%。① 更严重的是,如表 3.7 和图 3.11 所示,高校学生数全国占比一直在下降,而如表 3.8 和图 3.12 所示,西部高校数全国占比也在此时期中后段开始下降。同时,由于国家在这个时期进行了国务院部门(单位)所属学校管理体制的调整,一部分原来所属中央的高校也下放地方,以及所采取的集中财力建设一批优势高校的"211"和"985"工程,使优质高等教育资源更多集中在北京、上海、江苏、湖北、湖南、天津、山东等省、直辖市,而西部十二省区中也仅仅陕西、四川高等教育资源相对丰富。这导致高等教育资源不均衡分布问题更加突出,高等教育公平问题也成为当时社会关注的焦点和难点问题。这就是西部省区经济发展水平在高等教育领域的反映。

西部高等教育各省区在 20 世纪 90 年代的发展情况如下:

表 3.6　西部各省区高校专任教师数(人)及其在全国占比②

	1990 年	1991 年	1992 年	1993 年	1994 年	1995 年	1996 年	1997 年	1998 年	1999 年
全国	394567	390771	387585	387808	396389	400742	402469	404471	407253	425682
内蒙古	6755	6562	6492	6324	6560	6695	6683	6826	7258	7671
广西	6834	6737	6700	7180	7434	7542	7448	7645	8043	8651
四川	24730	24652	24463	24930	25410	25809	26199	18142	17228	17891

---

① 王嘉毅.西部地区高等教育发展面临的困难与对策[J].高等教育研究,2006(11):49-55.
② 数据来自中国教育统计年鉴(1991—2000)。

第三章 市场主导下的西部高等教育发展(1979—1999)

续表

	1990年	1991年	1992年	1993年	1994年	1995年	1996年	1997年	1998年	1999年
贵州	5469	5371	5542	5550	5540	5599	5600	5699	5929	6050
云南	7754	7628	7538	7215	7296	7415	7518	7690	8143	8296
西藏	719	741	727	761	777	782	833	849	834	765
陕西	19558	19434	19384	19373	20148	20200	19730	19302	19250	19750
甘肃	5855	5971	5853	5882	6239	6284	6282	6403	6505	6899
青海	1470	1437	1411	1468	1421	1410	1398	1587	1678	1711
宁夏	1609	1621	1703	1602	1736	1763	1762	1802	1728	1788
新疆	7002	7269	7280	7158	7554	7687	7835	7837	7587	7516
重庆	0	0	0	0	0	0	0	8076	9498	9987
西部总和	87755	87423	87093	87443	90115	91186	91288	91858	93681	96975
西部占比	0.2224	0.2237	0.2247	0.2255	0.2273	0.2275	0.2268	0.2271	0.2300	0.2278

表3.7 西部各省区高校学生数(人)及其在全国占比[①]

	1990年	1991年	1992年	1993年	1994年	1995年	1996年	1997年	1998年	1999年
全国	2062695	2043662	2184376	2535517	2798639	2906429	3021079	3174362	3408764	4085874
内蒙古	32175	31107	31779	37290	38606	36715	38191	39474	42470	49732
广西	37762	36868	42026	50951	57945	60032	63528	70561	77483	90286
四川	141007	141329	150139	177888	198407	200862	208435	150077	151905	180256
贵州	26970	25741	26685	29305	32328	34676	35747	38472	42554	56454
云南	43525	43095	45357	49559	51331	51427	54043	57439	62368	73902
西藏	2025	1961	2239	2813	3239	3878	3412	3200	3447	4021
陕西	95417	94300	100694	117307	126872	128285	134868	139308	148879	179447
甘肃	32805	33048	34591	40514	45169	45480	47578	50678	54014	62637

---

① 数据来自中国教育统计年鉴(1991—2000)。

续表

	1990年	1991年	1992年	1993年	1994年	1995年	1996年	1997年	1998年	1999年
青海	6202	6037	6315	6906	1170	7332	7780	8202	8691	9347
宁夏	7992	7898	8475	9604	10502	10686	10484	10958	11312	13121
新疆	31015	31145	33600	39107	43266	44409	44393	45695	46717	54058
重庆	0	0	0	0	0	0	0	71189	83187	96569
西部总和	456895	452529	481900	561244	608835	623782	648459	685253	733027	869830
西部占比	0.2215	0.2214	0.2206	0.2214	0.2175	0.2146	0.2146	0.2159	0.2150	0.2129

表3.8 西部各省区高校数(所)及其在全国占比[①]

	1990年	1991年	1992年	1993年	1994年	1995年	1996年	1997年	1998年	1999年
全国	1075	1075	1053	1065	1080	1054	1032	1020	1022	1071
内蒙古	19	19	19	19	19	19	19	18	19	19
广西	23	23	24	24	27	27	27	26	28	29
四川	60	60	60	61	63	64	64	43	43	43
贵州	24	24	23	23	22	22	22	20	20	20
云南	26	26	26	26	26	26	26	26	26	24
西藏	3	3	3	4	4	4	4	4	4	4
陕西	47	47	45	45	47	46	43	43	42	43
甘肃	18	18	17	17	17	17	17	17	17	18
青海	7	7	7	7	7	7	7	6	6	6
宁夏	6	6	6	6	7	7	7	5	5	5
新疆	21	21	21	21	21	21	18	18	17	17
重庆	0	0	0	0	0	0	0	21	22	23
西部总和	254	254	251	253	260	260	254	247	249	251
西部占比	0.2363	0.2363	0.2384	0.2376	0.2407	0.2467	0.2461	0.2422	0.2436	0.2344

① 数据来自中国教育统计年鉴(1991—2000)。

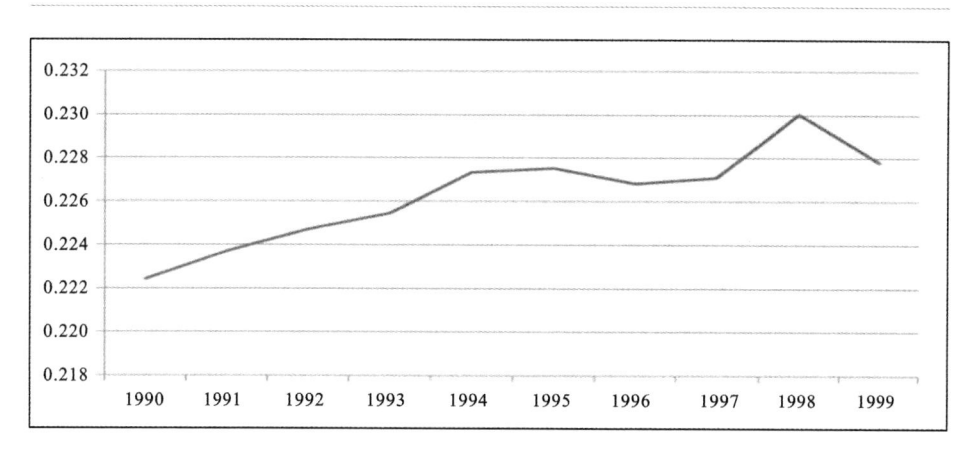

第三章 市场主导下的西部高等教育发展（1979—1999）

图 3.10 西部高校专任教师数全国占比

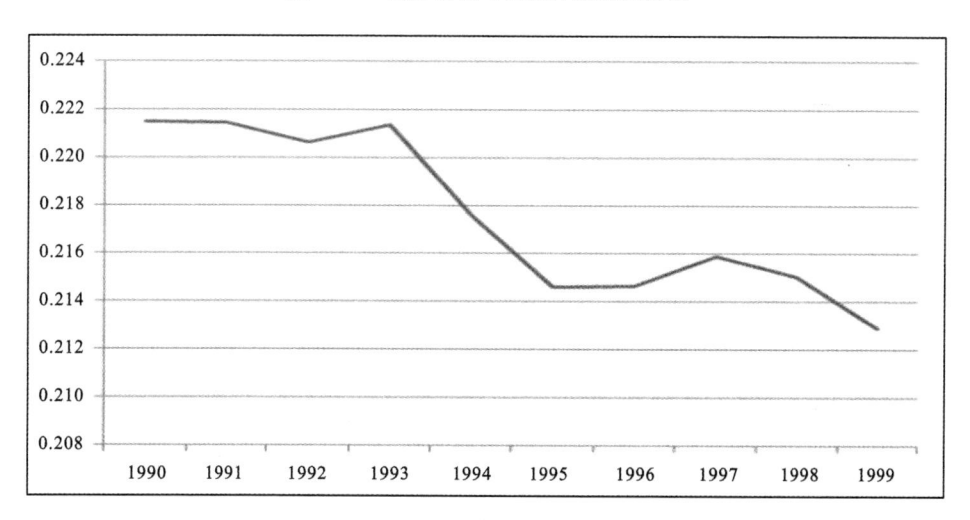

图 3.11 西部高校学生数全国占比

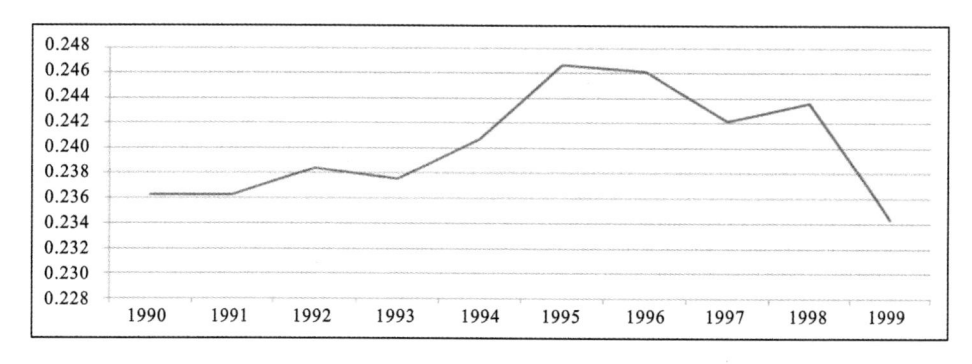

图 3.12 西部高校数全国占比

第三节 小结

在20世纪70年代后期,因为投资过度导致国家财政赤字,这种局面一直持续到"六五"末期的1985年,尽管这一年财政收入"一举扭转了前四年连年赤字的局面,结余21.6亿元(这个结余数,后来国家统计局调整为0.6亿元,是因为从1985年起,把价格补贴由过去冲减财政收入,改列财政支出)",但这一年的财政盈余却"成了迄今为止空前绝后的好事"。[①] 中央政府在巨大的财政赤字的压力下,不得不进行经济和财政方面的改革。于是,提出了"允许一部分地区、一部分企业、一部分工人农民,由于辛勤努力成绩大而收入先多一些,生活先好起来。一部分人生活先好起来,就必然产生极大的示范力量,影响左邻右舍,带动其他地区、其他单位的人们向他们学习。这样,就会使整个国民经济不断地波浪式地向前发展,使全国各族人民都能比较快地富裕起来。"1979年3月,国务院提出恢复和适当发展个体工商业,由此,个体经济进入了快速发展时期。1982年9月,在中共十二大上,提出了"计划经济为主、市场调节为辅"的经济发展原则,并在同年将其写进了新修改的《中华人民共和国宪法》。但是,随着市场经济的逐渐形成,以及国家对一部分地区或个人先富政策的实施,又因为外部条件等的影响,西部GDP在全国的占比逐渐下降,在全国发展中逐渐落后。为了适应经济领域的改革,高等教育领域的调整也开始了,首先通过改革高等学校学生培养和毕业生分配制度等方面以获取更多发展经费。同时,高校被允许接受境内外企业界、社会知名人士、华侨捐赠的办学资金,世界银行教育贷款和开展国际教育合作,与地方、部门或企事业单位联合办学获取的一部分经费,创办校办产业、科研项目、技术转让和咨询服务获取资金,成为办学经费的有益补充。个体经济的发展,使得社会力量举办的高等学校也开始兴起,成为国家高等教育的组成部分,是国家办学的补充。20世纪80年代,虽然市场经济改革已经使东西部经济发展差距不断拉大,但是,由于高等教育相对于经济发展的滞后性,加之教育经费的多元化,西部高等学校专任教师数和学生数占全国的占比在一定程度上持续增长。

1992年邓小平南方谈话中作出的"计划和市场都是经济手段"的论断,使

---

① 刘日新.新中国经济建设简史[M].北京:中央文献出版社,2006:312.

第三章　市场主导下的西部高等教育发展(1979—1999)

中国突破了社会主义只能实行计划经济而不能实行市场经济的理论误区。1992年10月12日至18日召开的中共十四大明确了中国经济体制的改革目标是建立社会主义市场经济体制。1993年11月11日至14日,中共十四届三中全会召开审议通过《中共中央关于建立社会主义市场经济体制若干问题的决定》。由此,社会主义市场经济体制的建立全面推进。市场改革意味着减少政府的干预范围,把对经济的管理转移给市场力量。在此过程中,随着更多的资源转移到私人手中,政府在GDP中的份额持续下降。并且,在90年代初期,国家预算内财政收入增长滞后于经济增长,预算内财政收入占国内生产总值的比重逐年下降。1990年全国的财政收入尚占国内生产总值的15.84%,此后连年下降,到了1996年和1997年,已下降到11%左右,在客观上确实削弱了国家财政的宏观调控能力,从而也影响了财政主渠道对教育投入的增长幅度。[①] 虽然1993年《中国教育改革和发展纲要》规定"逐步提高国家财政性教育经费支出占国民生产总值的比例,本世纪末达到百分之四,达到发展中国家八十年代的平均水平",但是,受财政收入的影响,这一目标直到2012年才得以实现。正如有学者所指出的,1994年1月1日起实施的分税制改革,虽然在加强中央政府的宏观调控能力、激发地方政府的增收积极性、促进经济增长等方面发挥了积极作用,但是这种分权化改革是建立在经济分权和垂直的政治管理体制基础上的"中国式分权"。中央政府在对地方政府实行政治集权的同时,又按照一种相对经济的增长绩效指标来奖惩、提拔官员,这种对上负责的体制往往会导致地方政府的权力和责任十分不对等。因此,这种被周黎安等人用"中国地方官员的晋升锦标赛模式"[②]来描述的政治激励的种种形式,直观表现为地方政府间财政支出方面的偏向:地方政府势必将大量可支配财力用于支持经济建设,在硬件基础设施建设上热情高涨甚至过度供给,而挤压民生性与社会福利性投资,导致地方政府的公共支出结构发生扭曲,对教育、卫生、社会保障等公共服务的供给缺乏动力,供给不足。[③] 公共部门服务成本就越来越多地由市民和农民承担了。[④]

---

① 何东昌.中华人民共和国重要教育文献(1998—2002)[M].海口:海南出版社,2003:477.
② 周黎安.中国地方官员的晋升锦标赛模式研究[J].经济研究,2007(7):36-50.
③ 仇喜雪.我国财政分权体制与西部高等教育供给关系的文献评述[J].教育观察,2012(3):12-15.
④ 温铁军.八次危机:中国的真实经验1949—2009[M].北京:东方出版社,2012:142.

1993年1月12日国务院批转国家教委《关于加快改革和积极发展普通高等教育的意见》强调,改革原有的由国家包办高等教育的单一体制和模式,探索适应社会主义市场经济体制、调动社会办学积极性、多种形式和途径发展高等教育的新路子。经过改革和试验,我国高等学校逐步形成国家资助为主,学生缴费和社会集资为辅;学生缴费和社会集资为主,国家资助为辅;民办自费;企业办学等多种办学的形式。从20世纪80年代末到20世纪90年代末,高等教育管理体制改革有较大突破,初步形成中央和省级人民政府两级管理,以省级人民政府管理为主的新体制。国家也对招生和毕业生就业制度进行了市场化改革,1997年全国实现高校并轨收费,取消了国家"统包统配"的毕业分配制度。正如阿特巴赫所指出的,"这些变革的目的在于在保持入学率的同时,降低政府在中学后教育方面的成本。"[1]这一时期的改革顺应了市场经济"效率优先,兼顾公平"的原则,并且政府在严重的财政赤字压力下大幅度从医疗和教育等公共事业领域退出。在市场因素作用下,我国西部地区人才流失、办学资源匮乏、教育竞争力不足等问题突出,与东部高等教育差距持续扩大。另外,伴随着市场经济的持续发展,教育产业化步伐的加快,市场经济的功利化价值观在教育领域也逐渐蔓延开来,特别是在1994年的分税制改革之后,财政资源的分配变得越来越与当地的收入水平挂钩,东西部经济发展的差距使个人收入差距进一步被放大,造成西部高层次人才"孔雀东南飞",对西部高等教育的发展产生了很大的消极影响,西部高校学生数全国占比一直在下降,高校数全国占比也在20世纪90年代中后期开始下降。虽然,西部各省区高校专任教师在全国的占比变化不大,但是这种消极影响在21世纪初就显现了出来,这也是高等教育发展滞后于经济发展的表现。正如有学者所指出的,"1985年教育体制改革以来的地方负责和分级办学政策的累积效应是地区教育发展差距扩大的直接原因。"[2]但是,根本原因在于东西部经济发展差距。

---

[1] 阿特巴赫.比较高等教育:知识、大学与发展[M].人民教育出版社教育室,译.北京:人民教育出版社,2001:9.
[2] 曾天山.区域教育与教育区域化[M]//中央教育科学研究所教育战略规划与政策研究室.2002/2003中国区域教育发展研究报告.桂林:广西师范大学出版社,2003:2.

第四章　市场与政府主导下的西部高等教育发展(2000—　)

第一节　21世纪初期中央政府调控下西部高等教育的缓慢发展

1998年东亚发生金融危机,导致我国出口受挫,过度依赖出口的中国经济遭受重大影响。"与以往内生性危机爆发之后政府都采取紧缩方针完全相反,这两次输入型危机(1997—1998年和2008—2009年),政府都是以大规模推行扩张性财政政策来扩大投资、拉动内需,试图维持经济增速不显著跌落。"①"政府进入"成为中国应对输入型危机的基本经验。从1998年开始,中国在连续12年里增加国债发行,带动投资约10万亿。在这期间,一系列调整区域差别和城乡差别的国家重大战略也陆续出台。②

1999年6月9日,江泽民在中央扶贫开发工作会议上宣布:加快中西部地区发展步伐的条件已经具备,时机已经成熟。在继续加快东部沿海地区发展的同时,必须不失时机地加快中西部地区发展。从现在起,这要作为党和国家一项重大的战略任务,摆到更加突出的位置。1999年9月,中共十五届四中全会明确提出:国家要实施西部大开发战略,要通过优先安排基础设施建设、增加财政转移支付等措施,支持中西部地区和少数民族地区加快发展。1999年11月,中共中央、国务院召开中央经济工作会议,宣布实施西部大开发战略。2000年

---

① 温铁军.八次危机:中国的真实经验1949—2009[M].北京:东方出版社,2012:155.
② 温铁军.八次危机:中国的真实经验1949—2009[M].北京:东方出版社,2012:177.

1月16日,为实施西部大开发战略,加快中西部地区发展,决定成立国务院西部地区开发领导小组。2000年3月,国务院总理朱镕基在政府工作报告中提出西部大开发中要集中力量抓好的五个方面部署,即加快基础设施建设、切实搞好生态环境保护和建设、发展有当地特色的优势产业、大力发展科技和教育、进一步扩大对外开放。①

2000年6月20日,江泽民在西北五省区党建工作和西部开发座谈会上讲话中指出,力争用五到十年时间,使西部地区基础设施和生态环境建设有明显进展,加快资源优势向经济优势转化的进程,初步形成具有西部特色的地区经济,使西部与东、中部地区差距扩大的趋势得到控制。② 因此,西部地区基础设施建设的加快,有力地推动了西部地区的经济发展和社会进步。到2002年,国家在西部地区开工了青藏铁路、西气东输、西电东送、水利枢纽、公路干线等36项重点工程,安排科技开发项目2100多个,投资总规模达6000多亿元。2000年至2001年,西部全社会固定资产投资年均增长14.9%,高于全国平均11.6%的增幅;国内生产总值年均增长8.6%,比1999年的7.2%保持了加快发展的好势头。③ 2006年国务院常务会议原则通过西部大开发"十一五"规划。2010年7月中共中央、国务院召开西部大开发工作会议,提出了今后10年深入实施西部大开发战略的总体目标。

同时,政府职能定位也在不断调整中。2002年党的十六大第一次将政府职能定位于"经济调节、市场监管、社会管理、公共服务";2006年中共中央第一次提出促进经济又好又快发展的新要求,这与此前沿用14年的"又快又好"的提法,既有一定联系又有很大不同,"好"字当头替代了"快"字当头。这不是简单的文字变动,而是发展理念的重要调整。④ 2007年党的十七大进一步提出了实现基本公共服务均等化的目标,开启了大部制的改革。2003年、2008年政府机构改革的目标定位于"由偏重经济职能向注重社会管理和公共服务职能转变,以推进政府从过去经济建设型、行政控制型的治理模式转向服务型的政府模式

---

① 郑有贵.中华人民共和国经济史(1949—2009)[M].北京:当代中国出版社,2019:246.
② 何东昌.中华人民共和国重要教育文献(1998—2002)[M].海口:海南出版社,2003:631.
③ 郑有贵.中华人民共和国经济史(1949—2009)[M].北京:当代中国出版社,2019:247.
④ 郑有贵.中华人民共和国经济史(1949—2009)[M].北京:当代中国出版社,2019:254.

转变。"①

如表4.1和图4.1所示,在国家西部大开发投资的带动下,西部GDP在全国GDP的占比在缓慢升高,但是经济的调整并非易事,由于中西部发展整体相对落后,2010年,东部地区高技术产业研究与试验发展经费投入规模占全国的84%,远高于中西部地区;高技术产业产值占全国的比重达85.3%,几乎是中西部地区的6倍。②

表4.1 西部各省区GDP(亿元)及其在全国占比③

	2000年	2001年	2002年	2003年	2004年	2005年	2006年	2007年	2008年	2009年	2010年	2011年
全国	100280.10	110863.10	121717.40	137422.00	161840.20	187318.90	219438.50	270092.30	319244.60	348517.70	412119.30	487940.20
内蒙古	1401.01	1545.79	1734.31	2388.38	3041.07	3895.55	4791.48	6091.12	8496.20	9740.25	11672.00	14359.88
广西	2050.14	2455.36	2455.36	2821.11	3433.50	4075.75	4828.51	5955.65	7021.00	7759.16	9569.85	11720.87
四川	4010.25	4421.76	4875.12	5333.09	6379.63	7385.11	8637.81	10562.39	12601.23	14151.28	17185.48	21026.68
贵州	993.53	1084.90	1185.04	1426.34	1677.80	1979.06	2282.00	2884.11	3561.56	3912.68	4602.16	5701.84
云南	1955.09	2074.71	2232.32	2556.02	3081.91	3472.89	4006.72	4772.52	5692.12	6169.75	7224.18	8893.12
西藏	117.46	138.73	161.42	189.09	220.34	250.21	291.01	341.43	394.85	441.36	507.46	605.83
陕西	1660.92	1844.27	2035.96	2587.72	3175.58	3772.69	4523.74	5757.29	7314.58	8169.80	10123.48	12512.30
甘肃	983.36	1072.51	1161.43	1399.83	1688.49	1933.98	2276.70	2702.40	3166.82	3387.56	4120.53	5020.37
青海	263.59	300.95	341.11	390.20	466.10	543.32	641.58	797.35	1018.62	1081.27	1350.43	1670.44
宁夏	265.57	298.38	329.28	445.36	537.16	606.26	710.76	919.11	1203.92	1353.31	1689.65	2102.21
新疆	1364.36	1485.48	1598.28	1886.35	2209.09	2604.19	3045.26	3523.16	4183.21	4277.05	5437.47	6610.05
重庆	1589.34	1976.86	1971.30	2272.82	2692.81	3066.92	3452.14	4122.51	5793.66	6530.01	7925.58	10011.37
西部总和	16654.62	18699.70	20080.93	23696.32	28603.49	33585.93	39487.71	48429.04	60447.77	66973.48	81408.49	98132.75
西部/全国	0.1661	0.1687	0.1650	0.1724	0.1767	0.1793	0.1799	0.1793	0.1893	0.1922	0.1975	0.2011

---

① 何颖.中国政府机构改革30年回顾与反思[J].中国行政管理,2008(12):21-27.
② 郑有贵.中华人民共和国经济史(1949—2009)[M].北京:当代中国出版社,2019:277.
③ 数据来自《新中国五十年统计资料汇编》(中国统计出版社1999年版)。

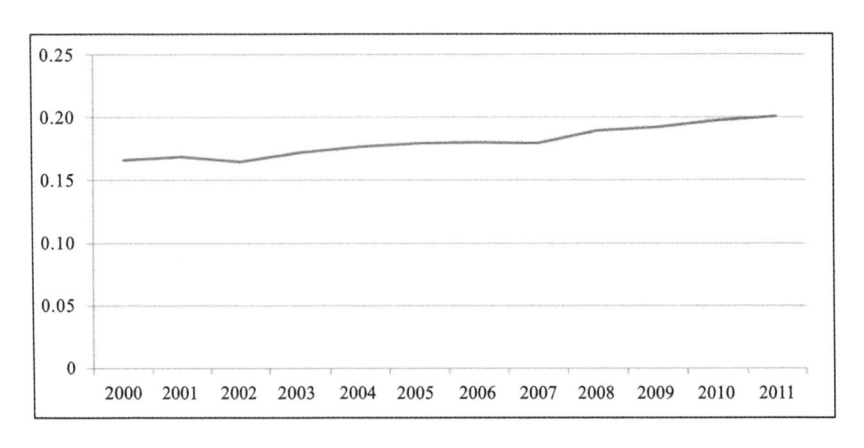

图 4.1 西部 GDP 全国占比

西部发展中有两个重要的影响要素,一个是资本,一个是人才。由于历史和其他方面的原因,我国西部地区人才现状不容乐观。主要表现在以下几个方面:一是人才总量不足,整体素质不高。西部地区各类专业人才仅占全国人才总量的15.5%,高级专业人才仅占全国人才总量的10%,西部每万名劳动者中拥有中专以上学历和初级职称者不到东部的10%。二是人才分布不均衡。从地域看,人才主要集中在一些大城市和老工业基地;从行业分布看,人才主要集中在冶金、军工、矿产、纺织等传统产业,高新技术、金融、外贸、法律等专业人才严重不足;从单位看,人才大都集中在高等院校、科研院所和军工企事业单位。三是人才断档。在西部现有人才队伍中相当一部分是新中国成立后几十年来尤其是五六十年代参加支边建设的优秀人才。这批人才在西部无私奉献,为西部建设做出了巨大贡献。但是在西部大开发的新形势下,存在着中青年人才普遍短缺的问题。四是人才队伍不稳定,流失现象严重。我国东西部地区发展不平衡,西部地区难以通过提供高薪、住房等优厚的物质条件来留住人才,加之自然环境等因素的影响,在市场经济条件下的人才竞争中处于劣势,导致人才大量流失。五是由于观念、体制和经济环境等方面的原因,西部现有人才的作用和潜能尚未充分发挥出来,现有人才积压浪费现象尚未根本改变。六是人才培养相对滞后。由于目前西部教育投资不足、体制不完善等问题,西部地区人才培养相对滞后,不能满足需求。①

---

① 周强.青年人才与西部开发[J].求是,2001(7):20-22,28.

第四章 市场与政府主导下的西部高等教育发展(2000—)

为了解决实施西部大开发的人才问题,2000年10月26日,国务院在《关于实施西部大开发若干政策措施的通知》中,制定了有利于西部地区吸引人才、留住人才、鼓励人才创业的政策。随着工资改革,建立艰苦边远地区津贴,提高西部地区机关和事业单位人员的工资水平,逐步使其达到或高于全国平均水平。依托西部开发的重点任务、重大建设项目及重要研究课题,提供良好的工作和生活条件,吸引国内外专门人才投身于西部开发。[①] 中央有关部门、东部地区大专院校和科研机构,要加强对西部地区提供智力服务和人才支持。加强西部地区引进国外智力工作。加大各类科技计划经费向西部地区的倾斜支持力度,逐步提高科技资金用于西部地区的数额。对西部地区高等学校建设予以支持,扩大东、中部地区高校在西部地区的招生规模。[②] 2002年2月10日,中共中央办公厅、国务院办公厅又在关于印发《西部地区人才开发十年规划》的通知中提出,建立西部地区人才开发的新机制,再一次强调建立艰苦边远地区津贴和西部地区附加津贴制度。对列入国家确定的艰苦边远地区津贴实施范围的人员将实行相应的津贴制度,所需资金由中央财政承担。建立特殊岗位津贴制度,对承担西部开发重点任务、重大建设项目和重要研究课题的国内外专门人才实行岗位津贴制度,费用在相关任务、项目或课题经费中专项列支。岗位津贴制度经人事部、财政部批准后实施。完善西部地区社会保障制度,为各类人才解除后顾之忧。中央财政要加大转移支付力度,支持西部地区社会保障制度建设。适当提高艰苦地区人才的医疗保健津贴,提高医疗保险水平。长期在艰苦边远少数民族地区工作的汉族人才,要与少数民族人才一视同仁,在子女上学就业、晋职晋级、职称评定等方面实行统一政策。[③] 中共中央办公厅、国务院办公厅在《2002—2005年全国人才队伍建设规划纲要》中提出,设立中华人民共和国西部开发杰出人才奖,表彰和奖励那些在西部大开发中作出突出贡献的各类人才。2004年9月,教育部、国务院西部开发办印发《2004—2010年西部地区教育事业发展规划》中提出,"调整西部地区高等学校布局与结构,多种途径扩大高等教育资源,扩大高等教育规模特别是高等职业教育规模,形成高层人才流向西部和在西部留住的机制,为西部大开发培养大批留得住、下得去、用得

---

① 何东昌.中华人民共和国重要教育文献(1998—2002)[M].海口:海南出版社,2003:723.
② 何东昌.中华人民共和国重要教育文献(1998—2002)[M].海口:海南出版社,2003:724.
③ 何东昌.中华人民共和国重要教育文献(1998—2002)[M].海口:海南出版社,2003:1125.

上的人才。"①

在计划经济时代,高校相对集中对就业影响不大,毕业生的就业主要是靠国家统一分配。与过去不同,现在是社会主义市场经济,毕业生分配是双向选择。因此,现在西部的人才问题比过去严峻,在这种情况下,加速提高西部当地重点建设大学的水平是当务之急,也是教育整体发展、布局调整的一个重要内容。② 西部大开发战略实施之后,为提升西部高校发展能力和水平,2000年3月,教育部制定了十项措施支持西部大开发,其中有六项关系高等教育,这六项是"加强西部高等学校建设力度,促进高等教育的相对均衡发展""充分发挥高等学校学科综合优势和研究力量的作用,加大对西部大开发的智力支持力度""重点建设西部地区远程教育体系,实施'西部高校校园网计划'""办好内地高等学校少数民族预科班和西藏班、新疆班""采取切实措施,鼓励、吸引高层次人才在西部创业""把西部教育摆在'十五'教育规划的重要位置"。2000年,教育部从中央财政预算内专项资金(国债)中,安排了3.8个亿,专门用于西部13所高等学校的建设。2001年,继续安排9个亿的专项资金用于实施"西部高校校园网络建设"。国务院学位委员办公室在学位点设置方面对西部采取了同等条件下优先设置的政策;教育部学生司在安排研究生招生名额上明确向西部倾斜,2001年西部地区的研究生招生名额比全国平均数高出8个百分点;科技司和高教司一起启动了西部高校访问学者计划。2001年4月2日,教育部印发了《关于公布西部地区高等学校高级访问学者入选名单的通知》,并拿出500万元支持从西部地区20所高校中选取的100名中青年教师,到东部地区高校及西部少数重点大学的国家重点实验室、教育部重点实验室或其他科研机构进行访问研究和课程进修。考虑到西部地区教学改革的实际需要,高教司在"新世纪高等教育教学改革工程"立项中,对西部地区高校的项目给予了较大的倾斜和支持,西部地区的高校共承担了128个教学改革工程项目。③

2001年7月26日教育部印发的《全国教育事业第十个五年计划》中指出,

---

① 教育部 国务院西部开发办关于印发《2004—2010年西部地区教育事业发展规划》的通知[N].中华人民共和国教育部公报,2004(11).
② 何东昌.中华人民共和国重要教育文献(1998—2002)[M].海口:海南出版社,2003:956.
③ 何东昌.中华人民共和国重要教育文献(1998—2002)[M].海口:海南出版社,2003:956.

第四章 市场与政府主导下的西部高等教育发展(2000—)

"十五"期间教育改革与发展的基本原则是:坚持社会主义教育的公平与公正性原则,更加关注处境不利人群受教育问题。努力为公民提供终身教育的机会。[①]同时,为了配合国家西部大开发战略,加强对西部地区教育的规划、指导,中央在政策和经费方面对西部地区予以倾斜,设立专项经费支持西部各省(自治区、直辖市)重点办好一批中等职业学校和一所较高水平的大学及支持西部地区师范院校建设。[②] 而为了调动西部各省(区市)支持高等教育发展的积极性,促进区域高等教育协调发展,2004年教育部决定与中西部无教育部直属高校的省(区)和新疆生产建设兵团各共建一所地方所属大学,即省属高校与教育部共建。同年,教育部先后与中西部11个省区签订了共建协议,其中,西部地区有9所高校步入"省部共建"行列。从共建高校范围来看,大部分共建高校集中于中西部地区。[③]

自1980年以来,内地省、市和有关部委所属高等院校,除按国家计划规定正常招生之外,还通过举办民族班或委托培养等形式,共招收边远地区少数民族学生5814人;内地已有七十多所高等院校,同新疆、内蒙古、宁夏、广西、云南等九个边远省区部分高等院校,建立了对口支援协作关系;派到边远民族地区高等院校讲学、授课教师共3100多人;接受边远民族地区高等院校进修教师5300多人;支援了价值达数百万元的教学仪器设备和图书资料;开展了学术和办学经验交流活动;共同进行了科学研究,提供了科技咨询服务。[④] 为了贯彻落实国家西部大开发战略,2001年6月13日,教育部印发了《教育部关于实施"对口支援西部地区高等学校计划"的通知》,首次确定北京大学与石河子大学,清华大学与青海大学等13对东西部高校建立对口支援关系。受援高校来自西部12个省区市和新疆生产建设兵团各一所,支援高校全部是部属的名牌大学。2005年10月,教育部决定新疆、西藏所有本科高校均与我国高水平高校建立对口支援关系。2006年,教育部出台《关于进一步深入开展对口支援西部地区高等学校工作的意见》。2010年,教育部又出台《关于进一步推进对口支援西部地区高等学校工作的意见》。截至2009年底,支援高校选

---

① 何东昌.中华人民共和国重要教育文献(1998—2002)[M].海口:海南出版社,2003:961.
② 何东昌.中华人民共和国重要教育文献(1998—2002)[M].海口:海南出版社,2003:962.
③ 苏刚刚.我国西部高等教育发展政策变迁研究[D].武汉:华中科技大学,2021:47.
④ 何东昌.中华人民共和国重要教育文献(1949—1997)[M].海口:海南出版社,1998:2682.

派近1300名教师到西部受援高校支教;西部受援高校共选派了4000多名教师到支援高校进修学习;支援、受援高校合作承担省部级以上科研项目200多项;在最早13所西部受援高校的专任教师中,具有研究生学位人数从3800多人增加到11200多人。支援高校共选派了280多名思想好、业务精的干部到西部受援高校挂职任职;首批13所西部受援高校一级学科博士点从5个增加到46个,二级学科博士点从65个增加到288个,硕士点从488个增加到1493个;西部受援高校已由最初的13所发展到现在的38所,覆盖了西部地区各省市区,其中西藏地区的所有本专科高等学校和新疆地区的所有本科高等学校都实现了对口支援。支援高校由最初的13所发展到现在的64所。通过对口支援,西部受援高校的办学实力和水平上了一个新台阶,贵州大学、宁夏大学、青海大学、西藏大学和石河子大学在对口支援工作强力帮扶下,步入了"211工程"院校行列。[①]

2007年5月,《国家教育事业发展"十一五"规划纲要》中再次强调要坚持教育的社会主义性质和公益性原则,把促进教育公平作为国家基本教育政策。如表4.4与图4.4所示,西部各省区高校数在全国的占比虽然变化不大。并且,这一时期西部新建高校在全国的占比也基本上与此一致。例如,1999—2007年,全国新建本科院校211所,西部二十省区共47所,其中内蒙古3所、重庆3所、四川9所、贵州7所、云南6所、陕西12所、甘肃4所、宁夏2所、新疆1所,青海、西藏无新增[②],占全国的22.27%。但是,如表4.2和图4.2及表4.3和图4.3所示,在西部大开发所出台的投资和人才政策以及教育部所采取的相应政策影响下,西部各省区高校专任教师数在全国占比尽管在21世纪初延续了上个世纪末以来的下降趋势,不过,2006年之后就开始逐渐上升。西部各省区高校学生数在全国占比与专任教师具有同样的趋势,2007年之后也开始止跌回升。

---

① 教育部出台新政策进一步推动对口支援西部地区高等学校工作[EB/OL].(2010-02-21)[2023-10-12]. http://www.moe.gov.cn/jyb_xwfb/gzdt_gzdt/moe_1485/201011/t20101109_110774.html

② 赵庆年.区域高等教育发展差异问题研究:基于1998—2006我国省级行政区域的视角[D].厦门:厦门大学,2009.

表4.2 西部各省区高校专任教师数(人)及其在全国占比①

	2000年	2001年	2002年	2003年	2004年	2005年	2006年	2007年	2008年	2009年	2010年	2011年
全国	462772	531910	618419	724658	858393	965839	1075989	1168300	1237451	1295248	1343127	1392676
内蒙古	8856	9340	9583	12153	14793	16189	19101	19483	20946	22327	23332	24160
广西	9326	10131	12115	14106	17583	19610	22450	25088	27545	29459	31650	33459
四川	18418	21984	26852	31372	39306	44854	52211	55903	59174	61772	64991	67448
贵州	7240	9007	11079	11775	13792	14353	15398	16964	18037	19634	20351	21855
云南	9237	9982	11152	12236	15162	16819	19402	21233	23276	24893	26498	29501
西藏	813	867	885	972	1081	1187	1673	1755	1877	1969	2195	2288
陕西	20723	23613	27637	30696	37145	42864	47549	50741	53740	56171	58288	59171
甘肃	7208	8826	10021	12274	13727	14816	16105	17439	18581	19629	20761	22066
青海	2107	2094	2580	2769	3079	3051	3296	3156	3368	3757	3731	3735
宁夏	1894	2393	2659	3415	3699	4059	4358	4563	4915	5136	5866	6156
新疆	7924	9123	10369	11237	12239	12533	13783	15096	15755	16234	16506	17256
重庆	10449	12125	13954	16013	18214	20184	23717	26089	28398	29883	31070	33110
西部总和	104195	119485	138886	159018	189820	210719	239043	257510	275612	290864	305239	320205
西部/全国	0.2252	0.2246	0.2246	0.2194	0.2211	0.2182	0.2222	0.22042	0.2227	0.2246	0.2273	0.2299

表4.3 西部各省区高校学生数(人)及其在全国占比②

	2000年	2001年	2002年	2003年	2004年	2005年	2006年	2007年	2008年	2009年	2010年	2011年
全国	5560900	7190658	9033613	11085642	13334969	15617767	17388441	18848954	20210249	21446570	22317929	23085078
内蒙古	71868	99613	120782	157602	198709	230902	252917	284057	316700	351928	371388	384440
广西	123729	151604	186324	227257	281044	338261	387447	434747	484189	528342	567516	600094
四川	245648	316701	412357	512663	637340	775536	860640	918438	991072	1035934	1086215	1139316

---

① 数据来自国家统计局网站中国统计年鉴(2000—2012)。
② 数据来自国家统计局网站中国统计年鉴(2000—2012)。

续表

	2000年	2001年	2002年	2003年	2004年	2005年	2006年	2007年	2008年	2009年	2010年	2011年
贵州	79833	108159	122742	149444	179852	206754	221546	241692	267526	299072	323293	344100
云南	95893	119039	143419	175255	216308	254687	284230	311111	347732	393601	439042	487552
西藏	5475	6793	8438	10409	14731	18979	23327	26767	29409	30264	31109	32374
陕西	244723	313718	411619	499017	583926	666943	726219	776516	839658	893748	927769	964773
甘肃	82577	110898	143009	173391	200282	229459	263691	295992	331895	361490	381526	405306
青海	13485	17918	22198	26124	29483	32753	35983	37665	42177	43782	44994	45721
宁夏	17463	33154	29301	35134	41448	48650	55931	62411	70454	75564	80206	87870
新疆	81043	108066	132336	147627	163127	181814	199251	216389	230971	241637	251160	258719
重庆	126279	161648	200111	240503	284546	333563	376118	413655	450008	484199	522719	567813
西部总和	1188016	1547311	1932636	2354426	2830796	3318201	3687300	4019040	4401791	4739561	5026937	5318078
西部/全国	0.2136	0.2152	0.2139	0.2124	0.2123	0.2125	0.2121	0.2132	0.2178	0.2210	0.2252	0.2304

表4.4 西部各省区高校数（所）及其在全国占比①

	2000年	2001年	2002年	2003年	2004年	2005年	2006年	2007年	2008年	2009年	2010年	2011年
全国	1041	1225	1396	1552	1731	1792	1867	1908	2263	2305	2358	2409
内蒙古		18	20	21	27	31	33	37	37	39	41	44	47
广西		30	30	36	45	49	51	55	56	68	68	70	70
四川		42	49	57	62	68	68	74	76	90	92	92	93
贵州		23	30	32	34	34	34	36	37	45	47	47	48
云南		24	28	31	34	43	44	50	51	59	61	61	64
西藏		4	3	3	4	4	4	6	6	6	6	6	6
陕西		39	47	52	57	62	72	76	76	88	89	90	90
甘肃		18	25	25	31	31	33	33	34	39	29	40	42
青海		7	8	11	12	11	11	11	11	9	9	9	9

① 数据来自国家统计局网站中国统计年鉴（2000—2012）。

续表

	2000年	2001年	2002年	2003年	2004年	2005年	2006年	2007年	2008年	2009年	2010年	2011年
宁夏	6	8	12	12	13	13	13	13	15	15	15	16
新疆	16	21	22	26	28	30	31	32	37	37	37	37
重庆	22	29	29	34	35	35	38	38	47	50	53	59
西部总和	249	298	331	378	409	428	460	467	542	544	564	581
西部/全国	0.2392	0.2433	0.2371	0.2436	0.2363	0.2388	0.2464	0.2448	0.2395	0.2360	0.2392	0.2412

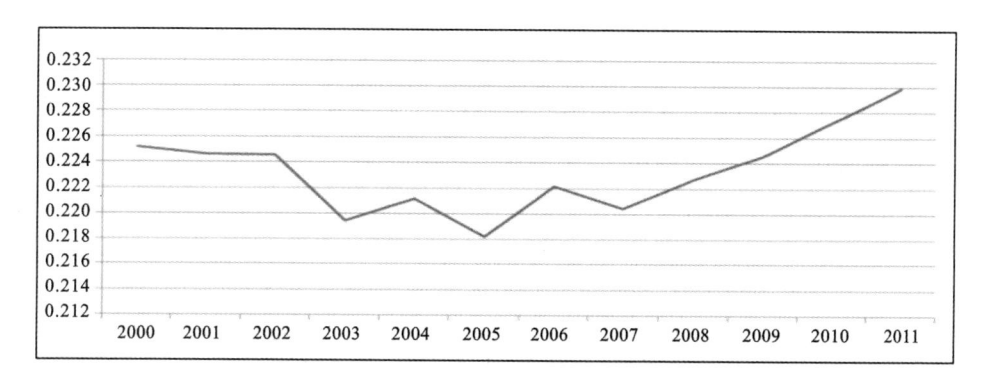

图4.2 西部高校专任教师数全国占比

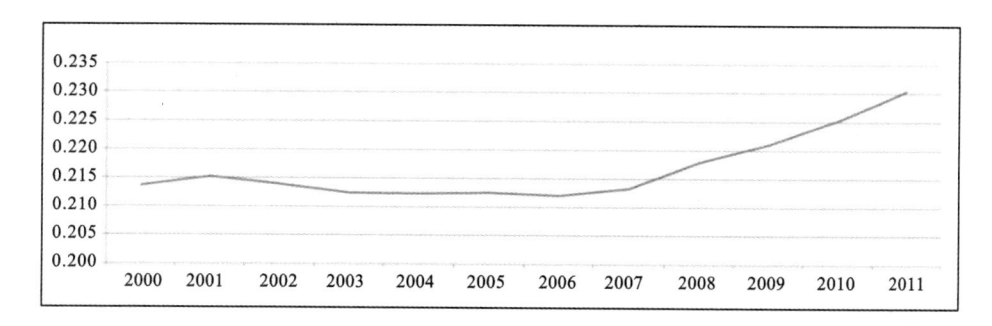

图4.3 西部高校学生数全国占比

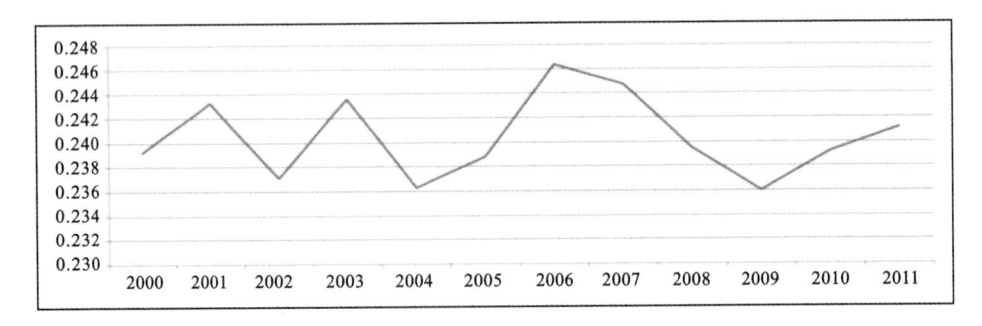

图 4.4 西部高校数全国占比

赵庆年在其博士学位论文中对我国 1998 年、2002 年和 2006 年衡量区域高等教育相对人口发展规模水平的相对偏差进行的计算也验证了这一趋势。1998 年,北京、天津和上海是我国高等教育极发达地区,而河北、内蒙古、安徽、江西、河南、广西、海南、四川、贵州、云南、西藏、甘肃、青海和宁夏等 14 个地区为高等教育发展不足地区,尤其是西藏、贵州、云南、青海和河北是高等教育发展不足比较突出的 5 个地区。从高等教育发展不足地区的分布来看,多数为西部地区,少量为中部地区;多数为经济落后地区,少量为经济欠发达地区。2002 年,北京、天津和上海仍处于高等教育极发达地区的位置,处于高等教育发展不足位置的地区是内蒙古、黑龙江、安徽、福建、河南、广西、海南、四川、贵州、云南、西藏、甘肃和青海等 13 个地区,其中西藏、贵州、云南、海南和广西处于高等教育发展不足地区的前 5 位。[①] 2006 年,北京、天津和上海始终处于高等教育极发达状态,尤其是北京处于绝对优势;辽宁、吉林、江苏、湖北和陕西处于高等教育发达状态;高等教育发展规模与人口规模基本持平的地区有河北、山西、黑龙江、浙江、福建、江西、山东、湖南、广东、重庆和宁夏等 11 个地区;高等教育发展不足地区有内蒙古、安徽、河南、广西、海南、四川、贵州、云南、西藏、甘肃、青海和新疆等 12 个地区,尤其是贵州、青海、西藏、云南和广西等 5 个地区处于高等教育发展不足地区的前 5 位。这 12 个发展不足地区当中,有 9 个地区处于西部。从各个等级的变化情况来看,陕西相对偏差先上升后下降,且下降幅度较大,已经超过了 1998 年的水平。广西、四川、云南、西藏等地区发展不足的程度在逐步减缓,内蒙古、甘肃和青海地区是发展不足程度先减缓后加重,甚至青海

---

① 赵庆年.区域高等教育发展差异问题研究:基于 1998—2006 我国省级行政区域的视角[D].厦门:厦门大学,2009:122.

的不足程度还超过了1998年的水平。① 从高等教育发展极发达与发达地区相对偏差的减小和发展不足地区相对偏差的增大中可以看出,地区之间的相对发展程度差异在逐步缩小。②

第二节 新时代西部高等教育的新发展

2012年11月8日在北京召开的中共十八大强调要完善公有制为主体、多种所有制经济共同发展的基本经济制度。2013年11月12日,中共十八届三中全会研究了全面深化改革的若干重大问题,并审议通过《中共中央关于全面深化改革若干重大问题的决定》。经济体制改革是全面深化改革的重点,核心问题是处理好政府和市场的关系,使市场在资源配置中起决定性作用和更好发挥政府作用。③ 习近平在《关于〈中共中央关于全面深化改革若干重大问题的决定〉的说明》中指出,"我国实行的是社会主义市场经济体制,我们仍然要坚持发挥我国社会主义制度的优越性、发挥党和政府的积极作用。市场在资源配置中起决定性作用,并不是起全部作用。发展社会主义市场经济,既要发挥市场作用,也要发挥政府作用,但市场作用和政府作用的职能是不同的。全会决定对更好发挥政府作用提出了明确要求,强调科学的宏观调控,有效的政府治理,是发挥社会主义市场经济体制优势的内在要求。全会决定对健全宏观调控体系、全面正确履行政府职能、优化政府组织结构进行了部署,强调政府的职责和作用主要是保持宏观经济稳定,加强和优化公共服务,保障公平竞争,加强市场监管,维护市场秩序,推动可持续发展,促进共同富裕,弥补市场失灵。"④尤其是在促进西部大开发中,政府发挥着更大的作用。

2012年2月,国务院批复同意西部大开发"十二五"规划明确了西部地区

---

① 赵庆年.区域高等教育发展差异问题研究:基于1998—2006我国省级行政区域的视角[D].厦门:厦门大学,2009:125.
② 赵庆年.区域高等教育发展差异问题研究:基于1998—2006我国省级行政区域的视角[D].厦门:厦门大学,2009:126.
③ 郑有贵.中华人民共和国经济史(1949—2019)[M].北京:当代中国出版社,2019:297.
④ 中共中央文献研究室.十八大以来重要文献选编:上[M].北京:中央文献出版社,2014:500.

经济增速和城乡居民收入增速均高于全国平均水平等七大目标。① 为加快区域协调发展,中央对地方转移支付由2007年的1.4万亿元增加到2012年的4.03万亿元,促进了地区间基本公共服务均等化。② 2000年至2017年,西部大开发累计新开工重点工程317项,投资总额达6.85万亿元。③ 2017年,东部、中部、西部、东北地区居民人均可支配收入分别为33414元、21834元、20130元和23900元。2017年,以西部地区居民收入为1,东部地区与西部地区居民人均收入之比为1.66,中部地区与西部地区居民人均收入之比为1.08,东北地区与西部地区居民人均收入之比为1.19。东部、中部、东北地区与西部收入相对差距分别比2012年缩小0.06、0.02、0.11。④

但是,我国区域发展差距依然较大,区域分化现象逐渐显现,区域发展不平衡不充分问题依然比较突出,区域发展机制还不完善,难以适应新时代实施区域协调发展战略需要。2017年10月,中共十九大提出,中国社会主要矛盾已经转化为人民日益增长的美好生活需要和不平衡不充分的发展之间的矛盾。中共十九大根据社会主要矛盾的转化,立足解决发展不平衡不充分问题,贯彻新发展理念,以全方位、系统化的视角,提出实施区域协调发展战略。2018年11月18日,中共中央、国务院印发《关于建立更加有效的区域协调发展新机制的意见》。《意见》指出,实施区域协调发展战略是新时代国家重大战略之一,是贯彻新发展理念、建设现代化经济体系的重要组成部分。⑤ 2019年3月19日,中央全面深化改革委员会第七次会议审议通过《关于新时代推进西部大开发形成新格局的指导意见》,强调中央财政在一般性转移支付和各领域专项转移支付分配中,继续通过加大资金分配系数、提高补助标准或降低地方财政投入比例等方式,对西部地区实行差别化补助,加大倾斜支持力度。建立健全有利于吸引、激励和留住人才的体制机制。落实完善工资待遇倾斜政策。⑥

---

① 郑有贵. 中华人民共和国经济史(1949—2019)[M]. 北京:当代中国出版社,2019:275.
② 郑有贵. 中华人民共和国经济史(1949—2019)[M]. 北京:当代中国出版社,2019:281.
③ 闻璋. 西部大开发投资总额已达6.85万亿元[J]. 中国招标,2018(1):16-17.
④ 郑有贵. 中华人民共和国经济史(1949—2019)[M]. 北京:当代中国出版社,2019:383.
⑤ 郑有贵. 中华人民共和国经济史(1949—2019)[M]. 北京:当代中国出版社,2019:352.
⑥ 中共中央 国务院关于新时代推进西部大开发形成新格局的指导意见[EB/OL]. (2000-05-17)[2023-10-14]. https://www.gov.cn/zhengce/2020-05/17/content_5512456.htm.

如表4.1和图4.1及表4.5和图4.5所示,自西部大开发实施以来,西部各省区市GDP在全国GDP的比例一直在上升,只是在2012年达到最大值之后,略有下降,但是也要高于2010年之前的数值,这说明西部经济在国家西部大开发战略的支持下获得了较大的发展,这为西部高等教育的发展创造了坚实的物质基础。

表4.5 全国GDP、西部GDP(亿元)及占比[①]

	2012年	2013年	2014年	2015年	2016年	2017年	2018年	2019年	2020年
全国	516282.10	592963.2	643563.1	688858.20	746395.1	832035.9	919281.1	986515.2	1015986.20
内蒙古	15880.58	16832.38	17770.19	17831.51	18128.1	16096.21	17289.22	17212.53	17359.82
广西	13035.10	14378	15672.89	16803.12	18317.64	18523.26	20352.51	21237.14	22156.69
四川	23872.80	26260.77	28536.66	30053.1	32934.54	36980.22	40678.13	46615.82	48598.76
贵州	6852.20	8006.79	9266.39	10502.56	11776.73	13540.83	14806.45	16769.34	17826.56
云南	10309.47	11720.91	12814.59	13619.17	14788.42	16376.34	17881.12	23223.75	24521.90
西藏	701.03	807.67	920.83	1026.39	1151.41	1310.92	1477.63	1697.82	1902.74
陕西	14453.68	16045.21	17689.94	18021.86	19399.59	21898.81	24438.32	25793.17	26181.86
甘肃	5650.20	6268.01	6836.82	6790.32	7200.37	7459.9	8246.07	8718.3	9016.70
青海	1893.54	2101.05	2303.32	2417.05	2572.49	2624.83	2865.23	2965.95	3005.92
宁夏	2341.29	2565.06	2752.1	2911.77	3168.59	3443.56	3705.18	3748.48	3920.55
新疆	7505.31	8360.24	9273.46	9324.8	9649.7	10881.96	12199.08	13597.11	13797.58
重庆	11409.60	12656.69	14262.6	15717.27	17740.59	19424.73	20363.19	23605.77	25002.79
西部总和	113904.80	126002.78	138099.79	145018.92	156828.17	168561.57	184302.13	205185.18	213291.87
西部/全国	0.2206	0.2125	0.2146	0.2105	0.2101	0.2026	0.2005	0.2080	0.2099

2010年6月21日,中共中央政治局会议审议并通过的《国家中长期教育改革和发展规划纲要(2010—2020年)》再次指出,"把促进公平作为国家基本教育政策",而且强调"教育公平的主要责任在政府,全社会要共同促进教育公

---

① GDP数据来自新《中国五十年统计资料汇编》(中国统计出版社1999年版)和国家统计局网站中国统计年鉴(1999—2020)。

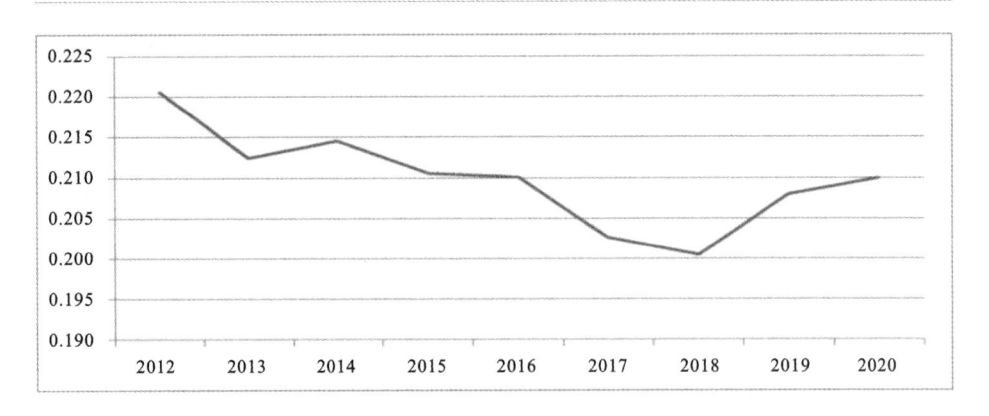

图 4.5 西部 GDP 全国占比

平。"同时,明确提出了"中西部高等教育振兴计划",把中西部区域高水平大学建设提升为国家战略,提出"优化区域布局结构,设立支持地方高等教育专项资金,加大对中西部地区高等教育的支持。"2013 年 2 月 20 日,教育部、国家发改委、财政部联合印发的《中西部高等教育振兴计划(2012—2020 年)》,这是国家为支持中西部地方普通高校而研究制订的计划,实施周期为 2012—2020 年。该计划针对制约中西部高等教育发展的薄弱环节和突出问题,整合政策资源,出台实施一系列工程(项目),重点加强优势学科和师资队伍建设,力争在中西部形成一批有特色、高水平的高等学校,全面提升中西部高等教育质量,进一步缩小与东部高等教育发展水平之间的差距,更好地为区域经济社会发展服务。计划将从师资力量、学科建设、科研建设、人才培养、区域均衡等 10 个方面发力,力争到 2020 年使西部高等教育总体水平接近全国平均水平。2012 年国家优先启动"中西部高校基础能力建设工程",为全面振兴中西部高等教育奠定了坚实的基础。自 2012 年起,教育部会同国家发改委累计支持 173 所中西部高校教学的基础设施建设项目 300 余项,"十三五"期间累计安排中央预算内投资107 亿元。① 自 2013 年起,教育部会同财政部实施中西部高校提升综合实力工作,在没有教育部直属高校的 13 个中西部省区和新疆生产建设兵团,支持 1 所地方有特色、高水平大学建设,实施"一省一校"和"一校一案",引导各高校合理定位,主动融入国家和区域发展战略。"促进这些大学重点加强特色学科和师资队伍建设,提高人才培养质量和科学研究水平,增强为国家和区域经济社

---

① 欧媚,董鲁皖龙.中西部高等教育综合实力不断增强[N].中国教育报,2021-12-28(1).

第四章 市场与政府主导下的西部高等教育发展(2000—)

会发展服务的能力,扩大区域内优质高等教育资源,发挥高水平大学的示范、引领作用,带动本地区高等教育科学发展。""十二五""十三五"期间,每年每校由中央财政支持约1亿元。2018年,该项工作正式转为部省合建机制。截至2020年,部省共建高校已达46所。[①] 在"综合实力提升工程"中,教育部与相关部委、大型企业、地方政府深入开展共建教育部直属高校和地方高校工作,新增共建中西部高校39所。共建促使中西部高校办学条件明显改善,土地、编制等支持大幅增加。"十三五"期间,中西部省部共建高校经费大幅增长,总计超500亿元,首批"双一流"建设高校重点共建带动中西部各地政府投入建设资金超190亿元。[②]

2016年6月15日国务院办公厅发布《关于加快中西部教育发展的指导意见》,提出要提升中西部高等教育发展水平。国家继续实施中西部高等教育振兴计划、面向贫困地区定向招生专项计划和支援中西部地区招生协作计划,扩大中西部学生公平接受优质高等教育的机会。[③] 2019年3月19日,中央全面深化改革委员会第七次会议审议通过的《关于新时代推进西部大开发形成新格局的指导意见》强调,支持西部地区高校"双一流"建设,着力加强适应西部地区发展需求的学科建设。持续推动东西部地区教育对口支援,继续实施东部地区高校对口支援西部地区高校计划、国家支援中西部地区招生协作计划,实施东部地区职业院校对口西部职业院校计划。促进西部高校国际人才交流,相关人才引进平台建设向西部地区倾斜。鼓励支持部委属高校和地方高校"订单式"培养西部地区专业化人才。[④] 通过对口支援,为受援高校教师提高学历水平开通绿色通道,极大提高了西部高等教育自我发展的造血能力和内涵式发展水平,实现了招生规模、科研经费、学位授予点数量等办学指标的快速增长。2020年9月1日,中央全面深化改革委员会第十五次会议审议通过的《关于新时代振兴中西部高等教育的意见》再次强调,要激发中西部高等教育内生动力和发展活力,推动形成同中西部开发开放格局相匹配的高等教育体系。

在"对口支援西部地区高等学校计划"实施中,共有106所部属高校和东部

[①] 管培俊.振兴中西部高等教育 助力高质量发展[J].中国高教研究,2021(12):1-5.
[②] 欧媚,董鲁皖龙.中西部高等教育综合实力不断增强[N].中国教育报,2021-12-28(1).
[③] 苏刚刚.我国西部高等教育发展政策变迁研究[D].武汉:华中科技大学,2021:117.
[④] 中共中央 国务院关于新时代推进西部大开发形成新格局的指导意见[EB/OL].(2000-05-17)[2023-10-14].https://www.gov.cn/zhengce/2020-05/17/content_5512456.htm.

高水平大学组团支援85所中西部高校。中央财政通过中央高校建设一流大学（学科）和特色发展引导专项资金给予支持,在基本支出中赋予中西部中央高校较高拨款系数,对中西部高校予以倾斜支持中西部建设有特色、高水平大学。2020年,专项资金84%用于中西部地区。中央《关于鼓励引导人才向艰苦边远地区和基层一线流动的意见》,从平台建设、事业单位编制管理、岗位设置、绩效工资总量管理、职称评审等方面提出一系列倾斜政策,鼓励引导更多优秀人才到西部地区建功立业。近5年累计支持西部地区高校聘任优秀拔尖人才332人。每年单独划拨400多项定向培养计划,用于中西部高校教师攻读博士学位。设立国家公派出国留学项目、西部人才特别项目,选派2.6万余人出国留学。5年选派93所中西部高校3000余名青年教师出国研修,有效提升了中西部高校教师国际化水平。"双一流"建设将中西部地区55所高校、136个学科纳入建设范围,分别占建设高校和学科总数的40%和29%。启动实施"双高计划",首批遴选107所中西部学校进入中国特色高水平高职学校和专业建设计划,占到总数的54%,安排奖补资金7.47亿。[①]

通过表4.6和图4.6、表4.7和图4.7及表4.8和图4.8可以看出,自《国家中长期教育改革和发展规划纲要(2010—2020年)》实施以来,西部高等教育得到了持续的发展,取得了超过之前任何历史时期的成就,进入了新时代的新发展阶段。

表4.6 西部各省区高校专任教师数(人)及其在全国占比[②]

	2012年	2013年	2014年	2015年	2016年	2017年	2018年	2019年	2020年
全国	1440292	1496865	1534510	1572565	1601968	1633248	1672753	1740145	1832982
内蒙古	24654	24554	25000	25523	25935	26408	26870	27382	28025
广西	35027	36425	37680	38625	40421	43246	45211	48726	53438
四川	73137	76795	81404	84430	85832	83949	86997	89796	95439
贵州	22803	25351	28144	30515	33087	35072	36243	37753	39418
云南	31322	34421	35396	36940	38924	39271	40102	41506	43396

---

① 管培俊.振兴中西部高等教育 助力高质量发展[J].中国高教研究,2021(12):1-5.
② 数据来自国家统计局网站中国统计年鉴(2013—2021)。

续表

	2012年	2013年	2014年	2015年	2016年	2017年	2018年	2019年	2020年
西藏	2369	2472	2601	2619	2467	2484	2629	2610	2712
陕西	61500	64171	64970	66506	66133	66930	68459	70318	73436
甘肃	23232	24384	25283	26132	26731	28474	28939	29755	31030
青海	3717	3785	3920	4127	4340	4671	4746	4767	4883
宁夏	6632	7111	7759	7987	8044	8196	8185	8422	9129
新疆	17570	18327	19081	19374	20010	20601	20797	21798	23884
重庆	35744	37130	38944	39891	40583	41708	42946	45537	49174
西部总和	337707	354926	370182	382669	392507	401010	412124	428370	453964
西部/全国	0.2345	0.2371	0.2412	0.2433	0.2450	0.2455	0.2464	0.2462	0.2477

表4.7　西部各省区高校学生数（人）及其在全国占比①

	2012年	2013年	2014年	2015年	2016年	2017年	2018年	2019年	2020年
全国	23913155	24680726	25476999	26252968	26958433	27535869	28310348	30315262	32852948
内蒙古	391434	399201	406414	420807	436699	448092	455284	472033	486647
广西	629243	656127	701913	751181	810282	866716	942227	1076408	1184167
四川	1223680	1270818	1328329	1387889	1446559	1499715	1564710	1661737	1800903
贵州	383815	419040	460401	500882	573932	627672	687530	765745	840249
云南	512178	548577	577044	614569	656594	705854	764659	864035	964205
西藏	33452	33562	33474	34203	35034	35643	35717	36226	38556
陕西	1026254	1077627	1099613	1099693	1076254	1069374	1054808	1121990	1210048
甘肃	431069	442963	452300	450463	457204	466185	483620	524948	581062
青海	48668	50675	52907	57460	61860	66974	70288	73182	74111
宁夏	96440	104451	111432	115007	117149	121051	125253	135178	146679
新疆	268716	278425	290418	304682	319875	346044	374944	426966	486680

① 数据来自国家统计局网站中国统计年鉴（2013—2021）。

续表

	2012 年	2013 年	2014 年	2015 年	2016 年	2017 年	2018 年	2019 年	2020 年
重庆	623605	659400	691555	716580	732475	746859	762811	834864	915556
西部总和	5668554	5940866	6205800	6453416	6723917	7000179	7321851	7993312	8728863
西部/全国	0.2370	0.2407	0.2436	0.2458	0.2494	0.2542	0.2586	0.2637	0.2657

表4.8 西部各省区高校数（所）及其在全国占比①

	2012 年	2013 年	2014 年	2015 年	2016 年	2017 年	2018 年	2019 年	2020 年
全国	2442	2491	2529	2560	2596	2631	2663	2688	2738
内蒙古	48	49	50	53	53	53	53	53	54
广西	70	70	70	71	73	74	75	78	82
四川	99	103	107	109	109	109	119	126	132
贵州	49	52	55	59	64	70	72	72	75
云南	66	67	67	69	72	77	79	81	82
西藏	6	6	6	6	7	7	7	7	7
陕西	91	92	92	92	93	93	95	95	96
甘肃	42	42	43	45	49	49	49	49	50
青海	9	9	12	12	12	12	12	12	12
宁夏	16	16	18	18	18	19	19	19	20
新疆	39	41	44	44	46	47	50	54	56
重庆	60	63	63	64	65	65	65	65	68
西部总和	595	610	627	642	661	675	695	711	734
西部/全国	0.2437	0.2449	0.2479	0.2508	0.2546	0.2566	0.2610	0.2645	0.2681

① 数据来自国家统计局网站中国统计年鉴(2013—2021)。

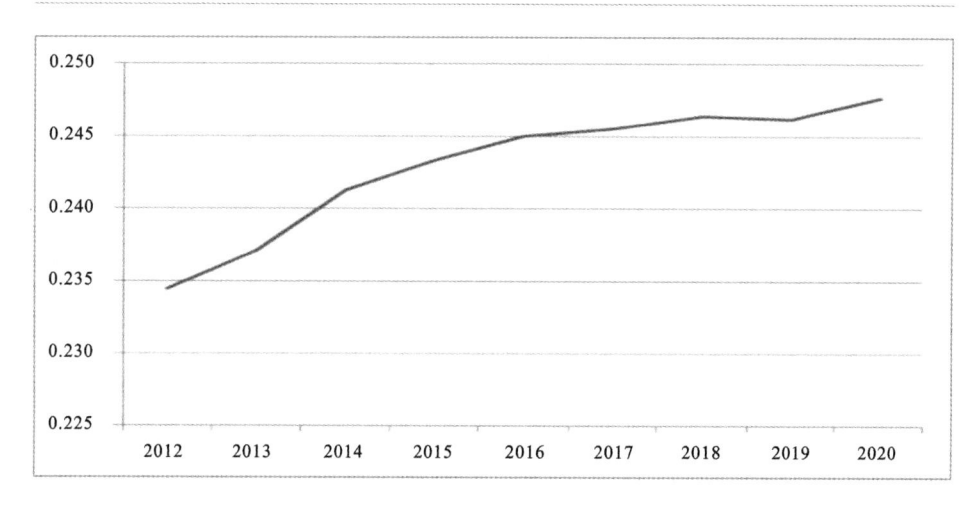

第四章 市场与政府主导下的西部高等教育发展(2000—)

图4.6 西部高校专任教师数全国占比

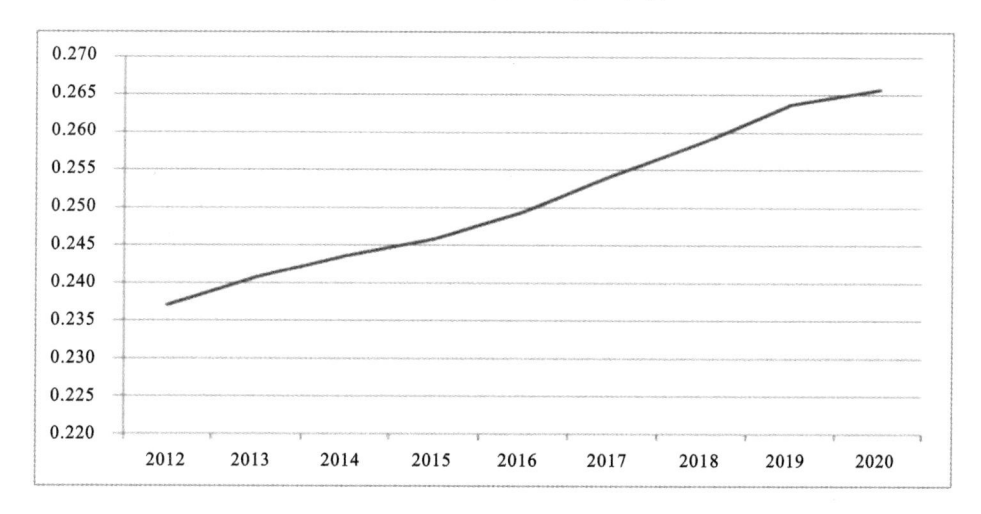

图4.7 西部高校学生数全国占比

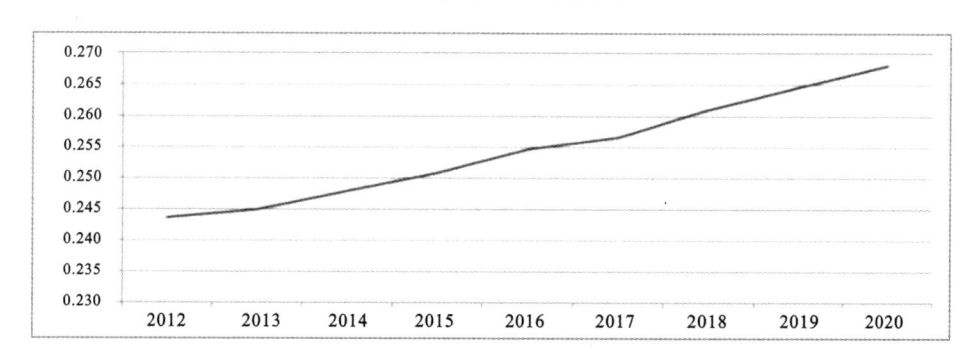

图4.8 西部高校数全国占比

有学者认为西部高等教育取得这样巨大成就的缘由是:其一,"国家在场"是西部高等教育得以发展的基本前提。其二,财力支持是西部高等教育持续发展的重要保证。2012年至2018年,西部高校财政性教育经费投入从765.33亿元增加至1248.89亿元,增幅达63.2%,财政性教育经费投入总量逐年不断增长;2017年至2019年,西部高校生均预算内高等教育经费支出从2.16万元增加至2.47万元,增幅达14.25%,经费支出额超过了中部地区(1.71万元)和全国平均水平(2.35万元)。其三,社会需求是西部高等教育持续发展的内在动力。西部高等教育发展的多元需求主要体现在:一是政府需求,高等教育大众化阶段甚至是普及化阶段的到来,在一定程度上是一种政治决策之结果,西部高等教育发展亦是如此;二是经济需求,经济的发展迫切需要高级专业人才的支持,西部近十年来经济持续发展,2019年人均GDP达53568.25元,经济的持续发展影响了高等教育规模的扩大和结构调整;三是科学技术发展需求。近些年我国科学技术的快速发展,对高等教育提出了更高水平的要求,这为西部高等教育发展提供了契机;四是入学需求。个体对高等教育入学的需求是高等教育社会需求中的一个重要部分,2010年至2019年,西部各省市高中毕业生人数持续不断增加,为高等教育的发展提供了入学需求的可能。其四,产业转型是西部高等教育持续发展的外部驱动。[①] 其实,以上可以归为两类,一是经济支持,无论政府财力支持,还是产业转型以及科技发展需求都来自经济发展的需要,这都是经济基础决定的;二是政治(政府)需求,政府为实现社会公平和满足个体需求而进行的高等教育政策支持,而这些需求的满足又都建立在经济发展的基础之上,否则就会成为无源之水,无根之木,无法真正落实执行。也就是说,归根结底,西部高等教育近年来所取得的成就得益于国家对西部的倾斜投资和西部经济的发展。

第三节 小结

在经历20世纪80—90年代的"市场化"经济改革之后,为了应对经济危机,"政府进入"成为中国应对输入型危机的基本经验。因此,政府从过去的"退

---

① 苟斐斐.西部高等教育发展十年:成就、挑战及展望:《国家中长期教育改革和发展规划纲要(2010—2020年)》实施之审视[J].民族高等教育研究,2022(1):20-31.

第四章 市场与政府主导下的西部高等教育发展（2000— ）

场",逐渐调整为"在场",对政府职能重新定位。1999年西部大开发的提出就是政府职能调整的开始。2002年党的十六大第一次将政府职能定位于"经济调节、市场监管、社会管理、公共服务",2007年党的十七大进一步提出了实现基本公共服务均等化的目标。习近平在2013年11月12日中共十八届三中全会《关于＜中共中央关于全面深化改革若干重大问题的决定＞的说明》中指出,政府的职责和作用主要是保持宏观经济稳定,加强和优化公共服务,保障公平竞争,加强市场监管,维护市场秩序,推动可持续发展,促进共同富裕,弥补市场失灵。这些调整和改革是建立中国特色社会主义经济体系的必然结果。中央政府实施西部大开发以来,在各级政府的积极投资下,西部各省区市GDP在全国GDP的比例一直在上升,虽然在2012年达到最大值之后,略有下降,但是也要高于2010年之前的数值,西部经济得到了较快的发展,为西部高等教育的发展提供了坚实的物质基础。

在高等教育领域,"对口支援西部地区高等学校计划"持续实施。2012年发布的《国家中长期教育改革和发展规划纲要（2010—2020）》中提出"中西部高等教育振兴计划",全面提升中西部高等教育质量,进一步缩小与东部高等教育发展水平之间的差距。同年4月27日国家优先启动"中西部高校基础能力建设工程",同年9月,支持中西部高校提升综合实力工作的"中西部高校综合能力提升工程"启动。2016年6月15日国务院办公厅发布《关于加快中西部教育发展的指导意见》、2020年通过的《关于新时代振兴中西部高等教育的意见》,都是政府"在场"的体现。通过持续不断地对西部高等教育进行投资和支持,尤其是在2010年《国家中长期教育改革和发展规划纲要（2010—2020年）》颁布之后,西部高等教育得到了持续的增长,取得了超过之前任何历史时期的成就,进入了新时代的新发展阶段。正如阿特巴赫在谈到新加坡、中国台湾和香港及其他一些国家或地区的重点大学的发展时所指出的,"持续的经济发展与政府资助高等教育的政策促成了这一发展。"[1]我国西部高等教育的发展也是得益于西部经济的持续发展和政府的高等教育资助政策。

不过,高等教育的发展相对于经济发展也表现出一定的滞后性。由于市场经济的持续发展,教育产业化步伐的加快,市场经济的功利化价值观在教育领

---

[1] 阿特巴赫.比较高等教育:知识、大学与发展[M].人民教育出版社教育室,译.北京:人民教育出版社,2001:45.

域也逐渐蔓延开来,特别是在1994年的分税制改革之后,财政资源的分配变得越来越与当地的收入水平挂钩,东西部经济发展的差距使个人收入差距进一步被放大,造成西部高层次人才"孔雀东南飞",对西部高等教育的发展产生了很大的消极影响,造成高校学生数在全国占比一直在下降。虽然,西部各省区高校专任教师在全国的占比变化不大,但是这种消极影响在21世纪初就显现了出来。

21世纪初,在国家西部大开发投资的带动下,西部各省区市GDP在全国GDP的比例一直在上升,只是在2012年达到最大值之后,略有下降,但是也要高于2010年之前的数值,这说明西部经济在国家西部大开发战略的支持下获得了较大的发展。尽管国家出台了西部人才政策和高等教育政策,但是,西部各省区高校专任教师数在全国占比还是延续了上个世纪末以来的下降趋势,2006年之后才开始逐渐上升。西部各省区高校学生数在全国占比与专任教师具有同样的趋势,2007年之后才止跌回升。2020年,西部各省区高校专任教师数在全国占比达到了24.77%,西部各省区高校学生数在全国占比达到了26.57%,西部各省区高校数在全国占比达到了26.81%,取得了超过之前任何历史时期的成就,进入了新时代的新发展阶段。同时,我们对比西部经济发展与高等教育发展之间的关系发现,西部高等教育的变化总是发生在经济的变化之后,具有一定的滞后性。

第五章 西方高等教育发展的历史经验

第一节 中世纪大学产生的社会基础及其分布

人类社会早期也存在一些高等教育机构,比如我国古代的太学、书院,以及古希腊时期的学园,然而这些古老的机构与当今的高等教育机构之间已经没有直接关联。一般认为,西方现代大学起源于中世纪,虽然中世纪大学的建筑遗迹都已不存在了,服饰或仪式、传统惯例也都已发生了很大变化,但是,从当今大学里仍然还在运作的各种"制度"(institutions)中还能见到中世纪时期的这些传统(如大学这一名称、大学的学术性课程构成、学位制度、组织架构及其责任人员和供居住的学寮)。[①] 因此,为了更好地分析当今的高等教育发展,我们需要对中世纪大学最初产生和发展的社会基础(尤其是经济基础)进行"寻根探源"。

11世纪欧洲社会进入稳定的发展阶段,人口数量也大幅度地增长,进而增加了劳动力资源。劳动力的充足使得除农业之外的手工业等生产出更多剩余产品,这无疑扩大了商品交换的规模,为市场的扩大和城市的兴起奠定了基础。贸易的发展是欧洲众多城市兴起的一个共同特点。中世纪的贸易,尤其是跨国贸易,在很大程度上受自然地理环境的制约。纵观中世纪欧洲最早的城市,无不与其优越的自然地理环境相关。这一时期,最先出现城市的地方主要集中在地中海沿岸,如意大利的威尼斯、热那亚、佛罗伦萨等,以及波罗的海沿岸的港口,如后来的汉萨联盟等。这与它们便利的海上交通条件有着密切的联系。以

---

① 张磊.欧洲中世纪大学[M].北京:商务印书馆,2010:354-355.

意大利为例,与拜占庭和阿拉伯世界的持续贸易往来,再加上十字军清除了意大利各城市的贸易竞争对手,致使该地区城市数量多且发展较快。这些城市作为贸易集散地不断发展壮大。同样,北欧波罗的海沿岸城市的兴起及作为欧洲内陆贸易中转站的法国也不例外。正是由于城市环境及功能的改变,欧洲的教育形式也发生了新的变化。① 11 至 15 世纪的大学运动,恰好是在 8 至 14 世纪欧洲经济中兴的背景下展开的。因此,我们可以合理地推断,欧洲 8 至 14 世纪的经济中兴,为大学的产生提供了经济基础,并部分地决定了早期大学的特征。② 正如有学者所指出的,"城市学校和大学的出现与发展无疑是城市经济发展的一个结果,是城市革命的一个重要组成部分。"③

中世纪早期大学的所在地大多位于经济比较发达、交通比较便利的城市。博洛尼亚大学地处意大利北部的商业要冲,位居连接东、南、西三面各主要城市与国家的交通要道上,意大利和阿尔卑斯山南北的物流、人流都要经过此地,这就使得博洛尼亚成为北部交通的中心。意大利北部城市商业和城市生活的繁荣,催生了对受过训练的管理者、律师、文书的巨大需求。"市民阶级的兴起,对教育特别是世俗知识和世俗教育的需求也激增。"④博洛尼亚大学正是在这样的形势下被建立起来的。巴黎作为法国首都,当时不仅是法国的经济中心,也是政治中心。其优越的人文环境和商业氛围为崛起的大学的正常运行提供了良好保障,使这种新型教育组织具有持续发展的外部可行性。牛津大学所处位置在英国的经济地位虽没有博洛尼亚在意大利、巴黎在法国那么重要,但它的位置适中,交通方便,靠近伦敦,离欧洲大陆也不远,位于威塞克斯与墨西亚交界之处,又在泰晤士河的水路上。同博洛尼亚大学和巴黎大学一样,因为萨莱诺地理环境幽美,气候宜人,适合疗养,7 世纪末,这里就设立了一所医院。9 世纪末,这里汇集了许多技艺高超的医生,其中有部分人开始从事教学活动而逐渐形成了萨莱诺大学。那么,当时萨莱诺独享的优势是什么呢? 在意大利南部的萨莱诺,它不仅地处交通要道,有利于吸收各种文化的优势,而且还风景秀丽,气候宜人,且有清凉矿泉,素为地中海岸驰名的疗养胜地。就大学形成过程的最初情形来看,能够吸引欧洲各地青年来求学并使该校远远超越于其他同类学

---

① 方勇.论 11—15 世纪欧洲大学的兴起[D].长沙:湖南师范大学,2006:12-13.
② 许晓平.西方大学起源的社会背景[J].高等教育研究,1988(1):111-115.
③ 裔昭印.世界文化史[M].上海:华东师范大学出版社,2000:266.
④ 刘海峰,史静寰.高等教育史[M].北京:高等教育出版社,2010:263.

校(studium)而成为著名"大学"(studium generale)的主要因素包括:(1)拥有优质的教育资源,这里名师大家汇聚,能够为学生提供优质的医学教育资源;(2)市场需求巨大,即社会对高深医学专业知识的需求日益强劲;(3)在医学教育方面具有悠久的历史传统和很高的声望;(4)有得天独厚的地理优势。[1]

12世纪真正显著的教育中心的地理位置也显而易见。一方面,他们均位于相对重要的城市,尤其是大教堂学校。另一方面,这些中心学校在整个西方国家的分布极不均衡。在某些地区,如德国,几近空白。情况最好的是在意大利北部,世俗学校和教会学校并行发展,还有卢瓦尔河和莱茵河之间地区,得益于拉昂、兰斯、奥尔良、图尔、夏特尔等地,特别是巴黎的大教堂学校的发展,这一地区经济的超前发展,以及卡佩王朝在其辖区的社会秩序保障,都有利于吸引学生前往学习。[2]

一般地说,13世纪之前的大学主要是自然或自发地形成的,不过,对于中世纪大学是如何产生的,学界还存在不同的看法。当然,正如瓦尔特·吕埃格所指出的,"任何一位严谨的史学家都不会认为,大学是从天而降来到这个社会的,或者作为一种社会生产力的功能简单地从社会中生发出来的。大学和孕育了大学的社会之间彼此作用、互相影响。如果没有理性主导的探索知识的精神冲动,就不会有大学,'但是精神本身并不能创造大学'。作为新的社会制度,大学只有在中世纪某些具有特殊的政治、经济和社会条件的城市中才可能出现"[3]。法国学者Verger也指出,"中世纪大学的出现得益于这样几个历史条件:第一,10—12世纪出现于西欧各地的各类学校:大教堂附设学校(école cathédrale)、大修道院附设学校(école monastique)、教会附设学校(école ecclésiastique)、私立世俗学校;第二,以翻译希腊古典著作文献为标志的'12世纪文艺复兴'所带来的影响。希腊古典著作文献的翻译,为几百年之间经历了蛮族无数次洗劫的欧洲打开了思想与文化的宝库,重新激发了欧洲人对知识和智慧的渴望;第三,以意大利北部为中心的都市群的发展使得社会生活发生了质的变化,新的社会生活提高了对教育的需求,同时,社会的发展为学校提供了更多的支持;第四,最早出现大学的那些城市都具有以下特征:交通便利;受多

---

[1] 张磊.欧洲中世纪大学[M].北京:商务印书馆,2010:39.
[2] 韦尔热.中世纪大学[M].王晓辉,译.上海:上海人民出版社,2007:9.
[3] 吕埃格.欧洲大学史:第1卷[M].张斌贤,等译.保定:河北大学出版社,2008:13.

种文化交汇之影响,聚集了一定数量的教师,其中不乏声名远播者。"① 如果第一、二个条件可以看作是"理性主导的探索知识的精神冲动",那么第三、四个便是"特殊的政治、经济和社会条件",而这种客观地理条件和社会经济正是大学产生的物质基础。

由此可见,中世纪大学之所以产生,首先,随着城市发展迅速,社会和经济联系日益紧密,社会分工更加细化,社会流动性增强,资源积累增多,为大学及其毕业生提供了社会发展环境和发展基础。欧洲最早的大学的诞生就是源于11—12世纪城市社会日益增长的对专业人才的需要。大学期望能够对其从社会各领域得到的有限资源有所回报,不管这些资源是来源于统治者个人、市政当局,还是一些个人捐助者,即使是逻辑学和辩论术的训练,也会带有浓厚的功利和实用色彩,被看作是适合于大多数职业活动的基本准备。作为职业性的机构,中世纪大学为满足世俗和教会管理及统治的多方面需要而培养所需人员,在这方面它是成功的。中世纪大学训练学生们掌握能够在世俗部门应用的知识和技术,比如,法律、医学或者是教会管理方面的技能。可以说,中世纪大学主要成为满足当时社会需要的服务机构,这在其课程的实用性上也有所体现。② 其次,随着城市的兴起和商品经济的发展,商人阶层在开展各种商业活动中不可避免地需要大量"公证人员"为他们撰写商业契约文书,同时,商业纠纷时有发生,诉讼案件颇多,还需要世俗的法律对他们的商业活动提供强有力的保护。③ 为确保频繁的纠纷得以解决,平等的贸易活动能够顺利进行,如法庭的主持,复杂案例的处理等,都需要专门人才来从事。这在意大利表现得最为突出。地中海区域,尤其是意大利北部的经济复苏,新的贸易和商业需求一种更灵活、更市民化的法律,而不是本质上已经过时的伦巴底地区的习惯法。④ 毫无疑问,在罗马法中,凡是中世纪后期的市民阶级还在不自觉地追求的东西,都已经包含在内了。同时由于教会学校对于世俗文化知识的排斥,市民阶级只能通过其他渠道获得必需的法律知识。因此在这种特殊需要下,那些拥有渊博罗马法律知识的学者们有了施展才华的空间,从而促进了早期的讲授法学知识的大学的

---

① 张磊.欧洲中世纪大学[M].北京:商务印书馆,2010:34.
② 方勇.论11—15世纪欧洲大学的兴起[D].长沙:湖南师范大学,2006:44-45.
③ 张磊.欧洲中世纪大学[M].北京:商务印书馆,2010:30.
④ 方勇.论11—15世纪欧洲大学的兴起[D].长沙:湖南师范大学,2006:31.

产生。意大利博洛尼亚大学的产生就是一个典型例证。① 第三,为了满足政治斗争而引起的社会需求。欧洲中世纪以来的教俗之争从两方面为中世纪大学的兴起提供了必要条件。首先,教俗之间的矛盾和斗争中双方都要为自己辩护,更重要的是争论双方分别利用罗马法和教会法来证明自己的权利和合法性。因此,政教双方都需要拥有渊博的法学和神学知识的学者的支持,而法学和神学仅在某些新兴大学中发展较为充分,故此教俗首脑都急于得到这些大学的支持。巴黎大学一度成为教皇的主要支柱,教皇洪诺留三世甚至不允许在巴黎大学教授罗马法,以免影响神学的教育。博洛尼亚大学则成为民法研究中心,为皇帝的权力辩护。为此,教俗首脑给予大学大量特许权,确保了大学的存在和发展。另一方面,在教权与俗权的论战中,教会法和罗马法的大量使用有助于保护弱者,同时也有助于形成对法律尊重的风俗。而无论是教会法还是罗马法,都是与欧洲的市民社会息息相关的,因此教皇与皇帝的论战也促成了新兴的市民阶级对法律以及其他知识的渴求。②

当时,大学作为一个团体因为没有建筑物的依托而可以自由流动,"在起源时期,中世纪大学没有图书馆、实验室、博物馆,也没有捐助基金和属它所有的建筑物;……它在物质存在方面不带有一丁点儿对我们来说不言而喻的特征。"③自13世纪起,大学的形成方式发生变化,因迁校(secession)而形成的大学数量显著增加(部分大学存在的时间较短)。随后一段时间,各地君主创办的大学也逐渐增多。到13世纪末及14世纪之后,大学由各地封建君主创办,成为大学增加的主要方式。④ 由于被封建君主这一强大的外部权威所支配,大学原有的那种"行会组织"的性质发生了根本性变化。大学教师逐渐"沦落"为由各地新大学的设置者及管理者认可的并领取薪俸的被雇佣者。这种身份的转变具有重要的历史意义。当然,大学教师身上还保留着行会组织及其管理规则的某些传统精神,这种传统有时还会驱使大学与外部权力进行抗争。由于自身赖以生存的经济资源被外在权威所控制,大学不再是"由自由的学者所组成的行会组织"。大学成员(师生)与大学创办者(封建领主)之间的关系也不同于过去大学成员与所在都市当局之间的那种关系。在12—13世纪自发形成的大

---

① 方勇.论11—15世纪欧洲大学的兴起[D].长沙:湖南师范大学,2006:31-32.
② 方勇.论11—15世纪欧洲大学的兴起[D].长沙:湖南师范大学,2006:23-24.
③ 哈斯金斯.大学的兴起[M].王建妮,译.上海:上海人民出版社,2007:2.
④ 张磊.欧洲中世纪大学[M].北京:商务印书馆,2010:323.

学里,大学师生能够用罢课和迁校的方式与封建领主或城市当局进行对抗,而当今的大学却失去了这种能力。设置大学的封建领主已经成为大学的"太上皇",控制着大学的生存资源。① 因为,不论大学设立的事前准备或事后运营,其具体内容不外乎这样几个方面:资金的筹备、关系的协调、师资队伍的储备等。其中资金非常重要,因为没有资金,即使拿到大学设置许可也是枉然。以格赖夫斯瓦尔德大学(Greifswald University)大学为例,对于其事前必须准备好设置条件的要求曾经非常严格。根据 H. Rashdall 的研究,该大学的设置经历了这样的历程:首先,尽管1455年教皇卡利克斯塔三世(Calixtus Ⅲ,1455—1458 年在位)将设置许可送交给勃兰登堡的主教,但其结果非常让人难以置信,因为这份许可证书实际上在5—6年后才递交到大学手里。其原因是:要开办一所新大学,需要具备相当的财力。在这5—6年里,市政当局必须准备好300金币的资金。此外,在许可证书正式生效之后,市政当局每年必须承担1000金币的维持费。② 由此可见,不管是13世纪前自然或自发形成的大学,还是13世纪末及14世纪之后由各地封建君主所创办大学都与经济基础密切相关,否则,中世纪大学就很难形成和发展。

据统计,在11—15世纪间形成的约80多所大学中,意大利有20所,其中著名的有萨莱诺大学、博洛尼亚大学、帕多瓦大学、那不勒斯大学等;法国有18所,其中著名的有巴黎大学、蒙彼利埃大学、图卢兹大学等;英国有2所,即牛津大学和剑桥大学;苏格兰有3所,即安德鲁斯大学、格拉斯哥大学和阿伯丁大学;西班牙有13所,其中著名的有萨拉曼加大学等;葡萄牙有1所,即里斯本大学;德意志神圣罗马帝国境内有16所,其中著名的有布拉格大学、莱比锡大学等;匈牙利有3所;波兰、丹麦和瑞典各有1所。③ 这也说明了中世纪大学分布的不均衡性,也是经济社会力量影响的城市发展不均衡性的体现,因为中世纪大学是中世纪城市经济发展的产物。

在1450至1550年间,欧洲社会发生了一些决定性的变化。这些变化不仅被生活在那个时代的人所感知,也被当代的历史学者所认识。这些变化中有五个特征影响了大学的历史:通过哥伦布和瓦斯科·达·伽马穿越大西洋航海而

---

① 张磊.欧洲中世纪大学[M].北京:商务印书馆,2010:399.
② 张磊.欧洲中世纪大学[M].北京:商务印书馆,2010:105.
③ 方勇.论11—15世纪欧洲大学的兴起[D].长沙:湖南师范大学,2006:10.

使欧洲获得的"新的革命性内容"、欧洲历史性地向世界开放、交流的新方式和"一种新的文化自我意识"的形成、人文主义的渗透,以及由于各王朝受到不同教派的限制而导致的大学僵化。① 也就是说,随着时间的推移,中世纪大学暴露出行会本性,即逐步贵族化。除自身变化之外,它对知识的传统形式的坚持,对一切新领域的排斥,被教会和国家利用作维持现状的工具。结果不仅不能培养社会所需要的技术人才,而且在一定程度上阻碍了社会的进步和科学的发展。② 自15世纪中叶起,越过阿尔卑斯山脉,迅速传播到欧洲大地的这一股强劲的人文主义思潮,主要是以各大学的基础学部为据点宣扬其思想观点并发挥其影响。相对而言,大学各高级学部却显得非常保守,始终坚持着经院主义的学术和思维方式,对充满生机的人文主义思想运动"反应冷淡",甚至对大学围墙之外以学院的组织形式从事科学研究并且开始显露勃勃生机的学术状况抱着冷眼旁观的态度。③ 如数学家花拉子密的《印度计数法》于12世纪被译成拉丁文,其代数方面的著作也同时传入欧洲,并被用作大学的教科书直至16世纪;12世纪时,阿维森纳的医学名著《医典》被介绍到欧洲,直至17世纪仍被视为大学的权威性著作。④ 大多数历史学家认为,经验哲学、天主教的宗教法庭、迷信、社会分化为领主和农奴、政治和教会权力的形式及农村地区人口的卫生、物质和社会生活状况,都只有通过17、18世纪的"革命"才发生了决定性改变:从哥白尼(1543)到牛顿(1666)的"科学革命"、以1769年蒸汽发动机的使用为开端的使用新能源的"工业革命",以及1776年在美国和1789年在法国发生的政治革命。被称为科学革命运动的17、18世纪时期的伟大科学发现大多与大学无关,这一点与19世纪的情况形成了鲜明的对比。⑤ 例如,科学革命除少数偶然情况外(如剑桥大学三一学院为艾萨克·牛顿提供宿舍,罗伯特·波义耳在牛津拥有个人实验室),可以说与大学无关。⑥ 与英国教会和贵族统治密切相关的牛津大学和剑桥大学,在18世纪后期和19世纪的工业革命以及科学的巨大发展中

---

① 吕埃格.欧洲大学史:第2卷[M].贺国庆,等译.保定:河北大学出版社,2008:14.
② 王凤梅.智慧之花:欧洲中世纪大学的崛起[D].贵阳:贵州师范大学,2005:46.
③ 张磊.欧洲中世纪大学[M].北京:商务印书馆,2010:356.
④ 方勇.论11—15世纪欧洲大学的兴起[D].长沙:湖南师范大学,2006:33.
⑤ 吕埃格.欧洲大学史:第2卷[M].贺国庆,等译.保定:河北大学出版社,2008:40.
⑥ 克拉克.高等教育新论:多学科的研究[M].王承绪,等译.杭州:浙江教育出版社,2001:35.

只扮演了次要角色。① 在16和17世纪里,中世纪大学的结构也几乎没有什么改变。伏尔泰在其《哲学辞典》一书中的"大学"(1764)条文中,描绘了受经院哲学统治的大学景象。在法国大革命期间,大学随着法国旧制度时代的其他机构一起消失了。②

随着社会的发展,大多数中世纪大学已经不能满足社会的需要,面临生源不足的问题,这种状况到18世纪末进一步恶化。伴随着工业革命的爆发,当时一些划时代的数学和自然科学已经在大学之外蓬勃发展起来,但"许多大学在智力上落后于时代,成为'过时的'机构","在大学里,知识被固定在封闭的制度里,……在这种情况下,有的大学甚至被迫关闭。"③当时的大学不仅对工商业的发展毫无贡献,而且与世隔绝、死气沉沉,拒绝新的自然科学和科学研究,大学校风日趋衰败,面临生存危机。例如在德国,"从1792—1818年,有半数以上的大学被迫关闭,幸存的大学也面临极大的困境,进一步的改革势在必行。"④英国牛津大学和剑桥大学从17世纪60年代起,学生人数日益减少。到1685年时,牛津因"缺少学生而濒于死亡",这一状况一直持续到19世纪。每所大学每年招生人数从17世纪60年代的400名逐渐降到18世纪中叶的250名(牛津)和不到200名(剑桥),这一数字一直持续到19世纪,而同时英格兰和威尔士的人口比17世纪60年代的人口增长了一倍。⑤ 正如哈罗德·珀金所指出的,"如果社会不能从原有机构中获得它所需要的东西,它将导致其他机构的产生。"⑥如英格兰新大学的创立,即1828年和1829年创办的伦敦大学学院和英王学院(1836年这两所学院合并成伦敦大学),1832年创办的圣公会的达勒姆大学。至1851年,英国(包括英属领地)附属伦敦大学的普通学院有29所,医学院近60所,这是自中世纪以来学院创办最为旺盛的时期,这反映了产业革命和一些

---

① 阿特巴赫.比较高等教育:知识、大学与发展[M].人民教育出版社教育室,译.北京:人民教育出版社,2001:3.
② 吕埃格.欧洲大学史:第2卷[M].贺国庆,等译.保定:河北大学出版社,2008:14.
③ 贺国庆.外国高等教育史[M].北京:人民教育出版社,2006:110.
④ 贺国庆.外国高等教育史[M].北京:人民教育出版社,2006:152.
⑤ 克拉克.高等教育新论:多学科的研究[M].王承绪,等译.杭州:浙江教育出版社,2001:33-34.
⑥ 克拉克.高等教育新论:多学科的研究[M].王承绪,等译.杭州:浙江教育出版社,2001:35.

发达城市的社会对接受高等教育的中产阶级的迫切要求。① 受中世纪商业、手工业和城市发展需求影响而产生的现代高等教育,开始因为工业革命和新的社会需求的影响而变革和发展。

第二节 世界经济中心的变迁与高等教育中心的转移

中世纪后期,西欧一些封建国家相继结束了四分五裂的松散状态,完成了政治统一和中央集权化的进程。从14世纪开始出现的资本主义萌芽很快由地中海沿岸的威尼斯、热那亚、佛罗伦萨等城市扩散到整个西欧。商品经济和资本主义生产方式的发展,迅速推动了对黄金、香料等贵重物品的需求,黄金因此成为驱使欧洲各国的冒险家们进行海外探险的强大动力。于是,在传播基督教文明、对异教徒进行圣战的幌子下,处于有利地理环境的葡萄牙和西班牙率先开始了探寻新航路的冒险活动和殖民扩张。16世纪,欧洲贸易中心从地中海沿岸移向大西洋沿岸,意大利失去了其作为城市经济命脉的贸易中心地位。在西班牙、葡萄牙大力进行海外远航并取得了重要成就的同时,西欧其他一些国家诸如荷兰、英国、法国和丹麦等也紧随其后,积极地开展了探险活动。英国于1495年,法国于1524年开始了早期的探险活动。1588年"无敌舰队"的覆灭,使西班牙海上力量遭到沉重打击,荷、英、法的殖民势力迅速崛起。从16世纪中期到17世纪,欧洲国家又陆续开辟了一系列通往西方的新航道,在世界各地发现了大片前所未知的土地。英国在1553—1680年建立了49个贸易殖民公司,法国在1599—1789年间也建立了至少75个殖民公司,并相继建立了海外殖民帝国。② 殖民者对殖民地的疯狂掠夺,大大地加速了宗主国货币资本的积累,成为西欧资本原始积累的重要来源,推动了资本主义工场手工业的发展。③ 然而,新大陆的发现对欧洲大学并没有任何影响,而对这些伟大事件作出反应的制图学、水文学和航海技术等新学科都是

---

① 克拉克.高等教育新论:多学科的研究[M].王承绪,等译.杭州:浙江教育出版社,2001:36.
② 王助民.近现代西方殖民主义史(1415—1990)[M].北京:中国档案出版社,1995:绪论1-2.
③ 宋则行,樊亢.世界经济史:上卷[M].北京:经济科学出版社,1998:30-36.

在大学之外发展起来的。①

16至18世纪上半叶,农业在欧洲经济中仍然占据主要地位,但以手工劳动为基础的工业,在西欧各个地区也有了长足的发展。地理大发现后的海外殖民扩张、西欧人口的增长和大城市的发展,以及居民消费结构的变化,使人们对工业品的需求急剧增长。同时,西欧工业的地区分布有了显著变化。② 1500年左右,欧洲发达的工业地区分布在弗兰德尔(今比利时)、意大利北部和德意志南部。在16世纪以后,工业地理分布有了明显的改变。17世纪末时,瑞典已成为主要产铁国之一。法国的工业也有了很大的增长。但至17世纪末,在工业方面取得更为显著成就的是荷兰和英国。③ 从16世纪后期开始,法国、荷兰和英国的工业兴起对欧洲其他地区,特别是对老工业地区产生了深远的影响。这些在北方兴起的竞争者迅速进入制造品市场,使老工业地区面临前所未有的挑战而逐步趋于衰落。④

在地理大发现之后,西欧国家国内外贸易的发展和早期世界市场的出现反过来又扩大了对手工业制成品的需求。正如马克思所指出的,"在英国,当市场扩大到手工劳动不再能满足它的需求的时候,人们就感到需要机器。"⑤工业革命就是在这种经济形势之下发生的。西欧国家的工业革命,首先是在前一时期农业、手工业和商业有了较大发展的条件下开始的。其次,16—18世纪期间资本原始积累的完成,也为工业革命提供了重要条件。近代资本主义工业的诞生所必须具备的两个基本条件——大批自由劳动者和巨额货币资本——就是在这个时期形成的。对农民的土地剥夺是原始积累全部过程的基础,各国都在不同程度上发生了这个过程,尤以英国进行得最为彻底、典型。殖民掠夺是资本原始积累的另一重要因素。殖民者对广大的殖民地进行海盗式的掠夺和贸易垄断,把大批殖民地的财富运回本国,形成原始资本的重要组成部分,为本国资产阶级提供了巨额货币资本。与殖民掠夺紧密联系的奴隶贸易更是西欧资本

---

① 吕埃格.欧洲大学史:第2卷[M].贺国庆,等译.保定:河北大学出版社,2008:14.
② 宋则行,樊亢.世界经济史:上卷[M].北京:经济科学出版社,1998:65.
③ 宋则行,樊亢.世界经济史:上卷[M].北京:经济科学出版社,1998:67-69.
④ 宋则行,樊亢.世界经济史:上卷[M].北京:经济科学出版社,1998:70.
⑤ 马克思,恩格斯.马克思恩格斯文集:第1卷[M].中共中央马克思恩格斯列宁斯大林著作译局,编译.北京:人民出版社,2009:627.

原始积累的重要源泉。①

进入18世纪时,英国的工业生产水平总体上已远远超过了法国和荷兰。到18世纪,这种集中的大型手工工场,在英国、法国、荷兰以至德意志的各个工业领域,都在不同程度上比较普遍地发展起来。集中的手工工场内部分工的发展,为近代工业培育了熟练的技术工人,使生产工具进一步专门化,不仅使劳动生产率大为提高,同时也为使用机器生产准备了必要的技术条件。② 1764年,织工兼木匠哈格里夫斯发明了珍妮机。随之,在纺织部门相继出现了许多机器发明,并且带动各个行业掀起了技术发明和革新的高潮。英国工业革命由此开始。1785年,瓦特蒸汽机运用于纺织工业。把蒸汽力的运用作为工业技术革命的标志,继英国之后,法国、美国、德国、比利时、瑞士、奥匈帝国在19世纪上半叶先后发生了工业革命。③ 从而建立了以蒸汽为动力、以机器体系为生产技术基础的近代大工业,社会生产力水平得到了空前的提高。④ 技术的革新不仅推动了生产的发展,而且是推动历史前进的革命力量。恩格斯曾说:"分工,水力,特别是蒸汽力的利用,机器的应用,这就是从18世纪中叶起工业用来摇撼旧世界基础的三个伟大的杠杆。"⑤工业革命促进了生产力的大发展,引起了社会的巨大变革,当然也包括高等教育的变革。

英国著名科学史家J·D·贝尔纳在考察国际科学事业发展时,揭示了科学与经济发展方面的一致性和发展规模成比例的现象。他指出:"科学活动出现在何时及何地绝非偶然。我们察见兴盛时期同经济活动和技术进步相吻合。科学所遵循的轨道与商业和工业轨道相同,是从埃及和美索不达米亚到希腊,从回教控制下的西班牙到文艺复兴时期的意大利,而转入荷兰和法兰西,再到工业革命中的苏格兰和英格兰。"⑥"科学的历史表明:它的成长基本上是符合经济发展的大方向的,科学发展的程度和规模也大体上和商业及工业活动成比

---

① 宋则行,樊亢.世界经济史:上卷[M]. 修订版.北京:经济科学出版社,1998:103-104.
② 宋则行,樊亢.世界经济史:上卷[M]. 修订版.北京:经济科学出版社,1998:74.
③ 宋则行,樊亢.世界经济史:上卷[M]. 修订版.北京:经济科学出版社,1998:105-111.
④ 宋则行,樊亢.世界经济史:上卷[M]. 修订版.北京:经济科学出版社,1998:8.
⑤ 马克思,恩格斯.马克思恩格斯全集:第2卷[M].中共中央马克思恩格斯列宁斯大林著作编译局,译.北京:人民出版社,1957:300.
⑥ 贝尔纳.历史上的科学[M].伍况甫,等译.北京:科学出版社,1981.19.

例。世界上的主要工业国也就是科学发达的主要国家。"①但是,"工业革命主要不是,而在早期几个阶段中肯定不是科学进展的产物。"②科学的发生和发展主要取决于社会经济发展的需求刺激与推动。经济作为一个系统,主要包括生产、分配、交换和消费等活动。其中生产是人类为获得生存与发展所需生活资料的主要经济活动,经济上的需求主要是通过生产来实现的。恩格斯在论述近代自然科学的诞生时指出:"科学的发生和发展一开始就是由生产决定的。"③"如果说,在中世纪的黑夜之后,科学以意想不到的力量一下子重新兴起,并且以神奇的速度发展起来,那么,我们要再次把这个奇迹归功于生产。"④因为,随着生产和经济发展的需要,必定会引起人们探索自然的行为,进而促进人类自然知识的不断积累和科学的产生。随着生产规模的扩大和经济需求的多样化、高级化,科学面临着愈来愈多的新课题,开拓出愈来愈多的研究新领域,从而推动科学不断地向前发展。⑤ 17 世纪末 18 世纪初,英国已拥有大量的资本和充足的劳动力,加之欧洲最先进的手工工场工业迅速发展,对科学发展提出迫切的要求。工业革命开始于纺织工业,以蒸汽机的广泛使用为主要标志。蒸汽机的广泛使用促使社会生产的技术基础出现了质的飞跃,完成了人类基本生产手段从手工工业向机器工业的转变。在此过程中,科学促进了工业革命的发展,工业革命反过来又推动科学的进步,新工业和新科学层出不穷,科学发展的速度大大加快了。但是,这一时期(被称为科学革命运动的 17、18 世纪)最伟大的那些科学发现都是与大学无关的,这一点与 19 世纪的情况形成了强烈的对比。⑥

19 世纪 50—60 年代是欧洲资本主义工业高涨时期。这时,蒸汽机普遍使用,铁路建设大规模展开,纺织工业和更多工业部门实现了机械化。工业生产有了巨大的增长。在 50—60 年代,英国工业生产差不多翻了一番(增长

---

① 贝尔纳.科学的社会功能[M].陈体芳,译.北京:商务印书馆,1982:275-276.
② 贝尔纳.历史上的科学[M].伍况甫,等译.北京:科学出版社,1981:289.
③ 马克思,恩格斯.马克思恩格斯全集:第20卷[M].中共中央马克思恩格斯列宁斯大林著作编译局,译.北京:人民出版社,1971:523.
④ 马克思,恩格斯.马克思恩格斯全集:第20卷[M].中共中央马克思恩格斯列宁斯大林著作编译局,译.北京:人民出版社,1971:524.
⑤ 谈新敏.世界科学活动中心转移的经济和政治条件探析[J].河南教育学院学报(哲学社会科学版),1999(4):83-86.
⑥ 吕埃格.欧洲大学史:第2卷[M].贺国庆,等译.保定:河北大学出版社,2008:40.

98%),法国工业增长了2倍,德国工业大约增长了3倍。工业生产的大发展对技术进步提出了更高的要求。① 德国洪堡大学、英国伦敦大学、法国巴黎高等师范学校等学校的建立,是对工业革命社会需求的回应,同时也是社会发展的必然结果。

19世纪以前,英格兰只有牛津和剑桥两所大学,苏格兰虽然也建立了几所大学,但整个英国的高等教育还是以牛津和剑桥为主。17—18世纪,牛津和剑桥由于陷入政治宗教的斗争而处于停滞不前的状态,不能反映工业变革时代新的国家需要。② 19世纪中叶左右,大学仅开设古典学科和数学的课程,虽然也开设了一些近代科学讲座,并已经扩展到了自然科学、历史、法学和外语等领域,但它们并不是课程的组成部分。而且这一时期各门科学的发展尚未系统化,根本不可能对工业发展产生直接影响。虽然卡文迪什实验室在1871年成立,并从此成为英国科学精英的摇篮。但英国大学图景中最为重要的变化却是发生在牛津、剑桥之外,即城市大学在地方大城市中的繁荣。这些城市大学的主要任务是为工业化的城市社会培育新的领袖。③ 也就是说,高等教育对工业发展真正起到刺激作用是在19世纪上半叶伦敦大学建立后。④ 19世纪中叶,英国的工业革命早已完成,钢铁、煤矿、纺织业、机器制造业已率先实现了机械化,全国建成了铁路网。内燃机的发明尤其是蒸汽发电机的推广,使英国迈进了电气化时代。工业的发展使城市人口进一步集中,到1851年,英格兰和威尔士的城市人口占总人口的比例已高达50%。但此时美国和德国等资本主义国家也迅速崛起,世界资本主义的竞争加剧,这需要英国不断改革高等教育,加大人才培养的力度。同时,随着资本主义的发展,中产阶级的队伍不断壮大,在获得了接受中等教育的机会后,他们迫切需要接受高等教育,而原有的高等教育机构显然不能够容纳也不能够满足他们的需求,因此新型高等教育机构的出现成为一种客观的社会需要。而且,经过19世纪高等教育领域中古典教育和现代科学教育之间的几次大辩论,最终提高了理科(包括历史学)在大学中的地位,明确了大学不单是教学的中心,也是科研的中心,是创造知识的地方。这使得高等教育的发展有了明确的方向,也使得新型城市学院的出现获得了更广泛

---

① 宋则行,樊亢.世界经济史:上卷[M].修订版.北京:经济科学出版社,1998:228.
② 贺国庆.外国高等教育史[M].北京:人民教育出版社,2006:73.
③ 吕埃格.欧洲大学史:第3卷[M].张斌贤,等译.保定:河北大学出版社2014:63.
④ 贺国庆.外国高等教育史[M].北京:人民教育出版社,2006:85.

的社会支持。因此,从19世纪50年代起,城市学院如雨后春笋般在英格兰北部和威尔士涌现。① 绝大多数城市学院都偏重工业和科学领域,而且大都成了所在城市的工业研究中心。新的伦敦大学和地方城市大学是世俗化和工业化的产物。城市学院和城市大学的发展不仅改变了英国高等教育的面貌,而且对牛津大学和剑桥大学在科技教育方面构成了压力,最终使得科技教育堂而皇之地进入了牛津和剑桥大学。② 国家对大学的干预也已开始,其实伦敦大学的成立就已显示了国家的力量。到19世纪中后期,国家对高等教育的干预明显加强。③

到18世纪,法国的资本主义经济得到进一步发展,其中工场手工业的发展尤为迅速,如采矿、冶金、纺织及奢侈品工业等。然而,创办于中世纪的旧大学已无法适应工业急剧变化时代的社会需求。④ 因此,不仅法国的工业界积极创立工程师学校等高等专科学校,拿破仑及大资产阶级也十分重视和青睐高等专科学校,统治阶级中的绝大多数都倾向于通过高等专科学校培养振兴科技和经济的社会精英。19世纪60年代以前,法国的工业已跃居世界第二位。19世纪70年代前后,随着科学技术的发展、民主运动的兴起以及欧洲第二次工业革命的到来,帝国大学在形式和内容等方面也发生了相应的变化,主要是通过在现有的高等教育机构,尤其是理学院中引进新职能,并按照社会需求建立各种层次、类型不同的工科学院,将高等教育的发展基本纳入工业化轨道。与此同时,加强高等教育与区域和地方工商业发展的横向联系,逐步推进高等教育的社会化和地方化进程。⑤ 在1875—1905年的30年间,法国的教育经费增加了6.2倍。⑥ 1814—1914年,在工业革命的推动下,高等专科学校经历了大发展时期,无论在数量、种类还是地域方面,都较前有显著发展。1816—1914年,高等专科学校数量从7所增加到85所。⑦ 正如本-戴维所言:"在18世纪下半叶发生的科学中心从英国向法国的转移没有使法国确立很明显的优势。……但是在19

---

① 贺国庆.外国高等教育史[M].北京:人民教育出版社,2006:198.
② 贺国庆.外国高等教育史[M].北京:人民教育出版社,2006:212.
③ 刘海峰,史静寰.高等教育史[M].北京:高等教育出版社,2010:392.
④ 贺国庆.外国高等教育史[M].北京:人民教育出版社,2006:96.
⑤ 贺国庆.外国高等教育史[M].北京:人民教育出版社,2006:179.
⑥ 贺国庆.外国高等教育史[M].北京:人民教育出版社,2006:186.
⑦ 贺国庆.外国高等教育史[M].北京:人民教育出版社,2006:187.

世纪的头30年,法国科学的领导地位更加明确了。尽管某些英国科学家如道尔顿、戴维、法拉第和杨有杰出的成就,但是英国和其他国家都没有那么多遍及当时各个科学领域的第一流科学家。只有法国,更准确地说是在巴黎,在所有的科学领域中都有人从事高水平的研究。"① 但是,法国在1870年普法战争中失败,经济上受到巨大损失,丧失了14.5万平方公里领土和150万人口,包括工矿业发达的亚尔萨斯和洛林的一部分(其中仅纱锭即损失全国的1/4),战费支出达100亿法郎,赔款50亿法郎。战争导致的国民经济损失估计约130亿法郎。在农业方面,法国失去了67.4万公顷可耕地,44.3万公顷森林和3.2万公顷葡萄园。普法战争使法国经济伤了元气,工农业发展步伐缓慢下来。② 在1870—1900年间,世界工业生产总指数由100上升到316,同期美国由100上升到491,德国由100上升到330,而法国由100仅上升到194。因此,法国工业的国际地位大幅下降,占世界工业的比重由1870年的10%降至1900年的7%,到1913年又降至6%。③ 经济上的损失和在世界经济中地位的下降也削弱了法国高等教育在科学领域和全球范围内的影响力。

早在1807年9月4日,普鲁士国王弗里德里希·威廉三世发布命令,指出"国家必须用脑力来补偿在物质方面所遭受的损失",并将原来拨给哈勒大学的经费全部转给即将创建的柏林大学。1810年,洪堡创建了柏林大学,并把科学研究职能引入大学,建立了教学与科研相结合的教学组织形式,积极开展科学研究。但1819—1866年间仍被史家视为德国大学发展的停滞期。18世纪的德国还是一个封建割据、经济落后的农业国。1834年,德国成立了关税同盟,促进了统一经济区的形成和工业发展。1848年资产阶级革命前后,德国开始了工业革命。在1870—1871年普法战争中,德国取得胜利,夺得法国富藏铁矿和钾盐以及棉纺织印染业发达的阿尔萨斯和洛林地区,并获得法国50亿法郎的巨额赔款等大量资金和丰富的自然资源,为经济的迅速发展创造了有利条件。于是,德国兴起了创办铁路、银行、工厂、矿山及其他企业的热潮。这一切都给予德国资本主义发展以极强大的刺激,使德国大工业进入一个跳跃式发展的时期。到20世纪初(1905—1906年),德国已成为

---

① 本-戴维.科学家在社会中的角色[M].赵佳苓,译.成都:四川人民出版社,1988:173.
② 宋则行,樊亢.世界经济史:上卷[M].修订版.北京:经济科学出版社,1998:435-436.
③ 宋则行,樊亢.世界经济史:上卷[M].修订版.北京:经济科学出版社,1998:436.

欧洲头号工业强国。① 德国工业革命极大地改变了1870—1914年的德国社会。除了创造许多工业财富,工业化还提高了大部分中产阶级的生活水准,甚至第三等级的专业人员和管理人员也逐渐富裕起来。随着德国人口的增长和工业的多样化,需要更多的传统型和新型工作人员,如管理人员或"私人官员"。这些文职人员,特别是高级文职人员,受过大学教育已成为必不可少的要求。因此,大量为了就业和实现社会抱负的中产阶级子弟进入大学学习。在170—1905年间,德国高等教育的教学人员总数翻了一番,学生人数增加了两倍。② 加上政府加强了对经济的干预,大力鼓励应用研究,因而德国在吸收英、法科技新成就的基础上,不仅在电气、化学技术发明方面占优势,而且取得重大科学成就的项目数量也居首位。③ 同时,德国还吸引了世界各地的留学生,他们为大学发展带来了大量的经费,进一步促进了德国大学的繁荣,使德国成为世人羡慕和效仿的对象,并引发了各国高等教育的变革。在这一时期,德国成为了世界科学活动和高等教育的中心。

1860年之前,美国经济还处于殖民地的落后状态。1860年之后,美国通过工业技术革命以及技术创新使其经济后来居上。1900年,美国的人均收入超过了欧洲。1913年黄金储量达到70%,成为世界经济霸主。1850至1870年这20年里,英国工业总产值差不多翻了一番(增长98%),法国增长了2倍,美国增长了约2.8倍,德国增长了大约3倍。美国和德国以更高的速度增长,它们在世界工业生产中的地位都超越了法国,分别位居第二、第三,同时与英国的差距缩小了。④ 我们从表5.1可以看出,在19世纪最后30年至20世纪初,资本主义国家的工业生产占了世界工业生产的4/5以上。而亚非拉绝大多数国家在世界工业生产中的地位微不足道。此外,世界工业生产在资本主义世界中的分布也是极不平衡的。在整个这段时期中,英美两国的工业生产一直占了世界工业生产总量的一半。主要资本主义国家在世界工业生产中的相对地位在这一时期出现了一些明显的变化。1870年,英国工业生产仍是世界第一。但到了80年代初期,美国超过了英国,成为世界第一大工业生产国。⑤

---

① 宋则行,樊亢.世界经济史:上卷[M].修订版.北京:经济科学出版社,1998:434.
② 贺国庆.外国高等教育史[M].北京:人民教育出版社,2006:166.
③ 宋则行,樊亢.世界经济史:上卷[M].修订版.北京:经济科学出版社,1998:235.
④ 宋则行,樊亢.世界经济史:上卷[M].修订版.北京:经济科学出版社,1998:122.
⑤ 宋则行,樊亢.世界经济史:上卷[M].修订版.北京:经济科学出版社,1998:238.

表 5.1　1870—1913 年世界工业生产的分布(%)[1]

	1870 年	1881—1885 年	1896—1900 年	1906—1910 年	1913 年
英国	32	27	20	15	14
法国	10	9	7	6	6
德国	13	14	17	16	16
俄国	4	3	2	2	2
比利时	3	3	2	2	2
意大利	2	2	3	3	3
斯堪的纳维亚		1	1	1	1
美国	23	29	30	35	36
加拿大	1	1	1	2	2
日本			1	1	1
上述国家合计	88	89	87	86	87
资本主义世界总计	99	101	100	99	100

注：因小数省略或进位关系，"资本主义世界总计"在一些年份不等于100；斯堪的纳维亚在 1870 年的数字小于 0.5。

美国通过产业革命和西进运动逐渐完成了由农业社会向工业社会的转型。19 世纪末，美国已成为世界首屈一指的工业强国。但是，在 19 世纪中期，大多数形成于殖民地时期的学院还在传授古典知识，提供的仍然是自由科目方面的普通教育，这种传统实际上是中世纪"三艺四科"的现代翻版[2]，难以适应当时美国热火朝天的国家建设与社会发展需求。美国工业化和城市化的基本实现对劳动者素质提出了新的要求，因此为了适应工业化、城市化的要求，建立一种新的高等教育体系被提上了日程。当时的政府因为无法对已有的高等教育体系进行改造，只能通过颁布 1862 年的《莫里尔法案》，以土地资助作为手段，创建新的州立大学。这就是美国高等教育史上的赠地学院运动。它"不仅直接促

---

[1] 宋则行,樊亢.世界经济史:上卷[M].修订版.北京:经济科学出版社,1998:238.
[2] 克拉克.高等教育新论:多学科的研究[M].王承绪,等译.杭州:浙江教育出版社,2001:41.

成一批州立大学的诞生,而且还在实际上孕育着一种新的教育观念"①。然而,早期州立大学的发展没有达到人们的期望,财政困难是造成这种状况的原因之一。缺乏有效、稳定的办学筹资渠道,极大地影响了州立大学的发展②,导致西部州立大学办学规模较小,学生人数少,师资力量与教学设施薄弱,专业性的学院稀缺。

为解决增地学院的办学经费问题,美国国会相继批准了《第二莫里尔法案》《海奇法》《纳尔逊修正案》《史密斯-利弗法》等一系列法案,持续加强对赠地学院的资助力度。这些举措有力地推动了"实用技艺"学科的发展,使高等教育更有效地为经济建设服务。赠地学院运动对美国高等教育产生了深远影响,改变了大学远离社会的传统观念,应用性课程逐渐成为大学课程的主流,高等教育的社会服务职能逐渐形成。20世纪初,"威斯康星精神"的提出,标志着大学服务社会的新职能得以正式确立。之后赠地学院规模不断扩大,1916年,此类院校拥有学生数增至13万,占当时全国高等院校学生总数的三分之一。③ 二战结束前夕,美国联邦政府通过了《退伍军人权利法案》,资助退伍军人完成四年大学教育。此后美国又相继出台了《国防教育法》《高等教育设施法》《高等教育法》《高等教育法修正案》等法律,持续不断地资助美国高等教育。第二次世界大战后,美国高等教育的发展迎来了"黄金时期"(Golden Age),其规模的发展和质量的提升都十分引人注目。战前,美国只有不到10%的人上大学,而战后这一比例陡然上升到51%。同时,战前美国只有约25所被卡内基高等教育机构分类为Ⅰ类研究型大学,而战后这个数字增加到约125所。"经济及社会的发展所提供的基础,政府通过法律与经济手段的介入,大学与教育界运用研究的手段和结果,更好地建设自己,形成与政府、社会及市场的积极互动关系"④,都是美国高等教育的高速发展不可缺少的因素。

据统计,在1851—1900年间,世界各国取得的重大科学技术成就中,美国有33项,法国75项,英国106项,而德国最多,有202项。1901—1920年间,获

---

① 贺国庆.外国高等教育史[M].北京:人民教育出版社,2006:228.
② 贺国庆.外国高等教育史[M].北京:人民教育出版社,2006:229.
③ 刘海峰,史静寰.高等教育史[M].北京:高等教育出版社,2010:436.
④ 刘海峰,史静寰.高等教育史[M].北京:高等教育出版社,2010:440.

诺贝尔自然科学奖的人数中,美国为 2 人,英国 8 人,法国 11 人,德国则有 20 人。这几个国家几乎垄断了当时世界上所有的重要发明创造成果。[①] 在 1901—1940 年,德国科学家在诺贝尔奖获得者中占绝对优势,共计 36 人,占全部获奖者的四分之一以上,仅次于德国的英国获奖者只有 22 人,美国则只有 15 人。[②] 从表 5.2 中可以看出,1926—1950 年期间,科学中心已经开始从欧洲向美国转移,而在 1951—1975 年期间,科学中心已经完成了全面转移,美国以绝对优势超越了其他国家。1975—1999 年,这一趋势仍在进一步加强。也就是说,在 19 世纪末 20 世纪初,世界科学中心位于德国,但在第二次世界大战之后,美国成为了世界科学中心。

表 5.2 1901—1999 年不同时段的诺尔自然科学奖获得者国别分布情况[③]

	1901—1925 年	1926—1950 年	1951—1975 年	1976—1999 年
美国	3	26	69	95
英国	11	18	27	9
德国	23	15	10	13
法国	12	5	5	5

综上所述,世界范围内经济中心地区的转移对世界一流大学集中所在地的转移产生了深远影响。当一个地区首次成为一个经济长波中的世界经济中心时,在该经济长波的前一阶段,约 25 年内,该地区会有零星的几所大学升格为世界一流大学;如果该地区继续保持下一个经济长波的世界经济中心地位,那么至少要到下一个经济长波的第 2 阶段,约 100 年内,该地区的世界一流大学数目才可望超过已形成的世界经济中心地区的世界一流大学数量。[④]

[①] 宋则行,樊亢.世界经济史:上卷[M].修订版.北京:经济科学出版社,1998:261-262.
[②] 贺国庆.外国高等教育史[M].北京:人民教育出版社,2006:404.
[③] 路甬祥.规律与启示:从诺贝尔自然科学奖与 20 世纪重大科学成就看科技原始创新的规律[J].西安交通大学学报(社会科学版),2000(4):3-11.
[④] 徐文.世界经济中心与世界一流大学的关系研究[J].江苏高教,2004(5):112-114.

第三节 小结

　　最早的中世纪大学无一不集中在商业和手工业发达的城市。随着中世纪城市经济的发展,对各种人才的需求应运而生,进而催生了现代大学。博洛尼亚大学、牛津大学、巴黎大学、萨莱诺大学等,均坐落于交通和经济相对发达的城市。正是这种客观地理条件和经济社会需求成为大学产生的物质基础。随着社会的发展,大多数中世纪大学已经不能满足社会的需要,面临生源不足的问题,这一状况到18世纪末越发严峻。伴随着工业革命的爆发,一些划时代的数学和自然科学已经在大学之外蓬勃发展起来,17、18时期(被誉为科学革命时期)最伟大的那些科学发现均与大学无直接关联。工业革命在促进生产力大发展的同时,也引起社会的巨大变革,当然也包括高等教育的变革。如哈罗德·珀金所指出的,"如果社会不能从原有机构中获得它所需要的东西,它将导致其他机构的产生。"①英格兰新大学、德国洪堡大学、法国巴黎高等师范学校等学校的创立,既是对工业革命社会需求的回应,同时也是社会发展的必然结果。伴随着世界经济中心地区的转移,科技中心和高等教育中心亦随之变迁,由最早发生工业革命而成为世界霸主的英国向后来成为欧洲头号工业强国的德国转移,20世纪初开始又向新的世界经济中心美国转移。这也与英国著名科学史家J·D·贝尔纳所揭示的科学与经济发展的一致性及其发展规模成比例的现象相吻合。也就是说,发达的高等教育一定是建立在发达的经济基础之上的。

　　自中世纪大学产生以来,大学的职能已经从最初的人才培养扩展至科学研究、社会服务、文化传承与创新等。现代大学之所以发展出诸多职能,旨在向社会证明其存在的价值,否则就如生物学中的"用尽废退"原理一样,为社会所抛弃。高校只有适应社会发展的需要(无论是人才培养、科学研究还是社会服务),才能获得社会的认可和合法性。工业革命后,高等学校开展的科学研究和社会服务,满足了社会发展的需求,促进了科学技术的发展,提升了所在国家的竞争力。因此,主要资本主义国家也纷纷采取了一系列促进高校和科学技术发展的措施。德国政府资助并组织科学家的研究活动,尽可能为之提供良好的条

---

① 克拉克.高等教育新论:多学科的研究[M].王承绪,等译.杭州:浙江教育出版社,2001:35.

件,并引导科学家在一些重要的、有前途的领域做出革命性的发明发现。"德国大学从在18世纪末的国际学术的边缘位置,到19世纪中叶已走向了中心地位。"①美国于1863年成立了国家科学院,在19世纪70年代至80年代在全国各州设立了工业科学研究所和农业试验站,政府还以赠予土地的方式资助各州建立理工科大学和农业院校。1951—1975年期间,美国以绝对优势超越了其他国家,成为世界科学中心、高等教育中心。这同时也说明,工业革命之后,国家对大学的干预已悄然开始,伦敦大学的成立就是国家的力量的体现。到19世纪中后期,国家对高等教育的干预明显加强②,大学的运行对政府财政的依赖性也日益加深③,这体现在图书资料、人员薪酬、研究所运营经费、实验室建设及仪器设备购置等方面。尤其是,在市场经济条件下,"大学教师公共薪俸制度关系到大学的命运和成败,利用公共资源(税金)向教师尤其是名师提供资助的做法就逐渐成为大势所趋。这种变化还表明:教师薪俸制度与优质教师资源市场的供求关系密切相关,大学背后的都市或国家的政治经济实力开始成为影响大学水平与声望高低的主要原因之一。"④德国、美国之所以能够超越英国、法国先后成为世界高等教育中心和科技中心,主要在于它们成为世界经济中心后,具备了为大学发展和科学研究提供经济支持的实力,并且出台了一系列支持措施。

---

① 阿特巴赫.比较高等教育:知识、大学与发展[M].人民教育出版社教育室,译.北京:人民教育出版社,2001:44.
② 刘海峰,史静寰.高等教育史[M].北京:高等教育出版社,2010:392.
③ 吕埃格.欧洲大学史:第3卷[M].张斌贤,等译.保定:河北大学出版社,2014:62.
④ 张磊.欧洲中世纪大学[M].北京:商务印书馆,2010:385.

第六章 结语:高等教育发展的规律与启示

世界现代高等教育中心经历了从意大利、英国、法国、德国到美国的转移过程,而我国西部高等教育发展也起起伏伏。纵观中外高等教育发展历史,我们通过比较分析发现,现代高等教育发展存在一些共性规律和经验:

第一节 "向经济性":高等教育发展的底层逻辑

作为人类社会上层建筑一部分的高等教育的产生和发展必然受制于一定的经济基础。最早的中世纪大学无不是集中在商业和手工业发达的城市。伴随着中世纪城市经济发展而产生的对各种人才的需求,导致了现代大学的产生。博洛尼亚大学、牛津大学、巴黎大学、萨莱诺大学等,它们全都居于交通和经济相对发达的城市。正是这种客观地理条件和经济社会需要成为大学产生的物质基础。随着社会的发展,大多数中世纪大学已经不能满足社会的需要,面临生源不足困境,这种状况到18世纪末更趋恶化。伴随着工业革命的爆发,当时一些划时代的数学和自然科学已经在大学之外蓬勃发展起来,这一时期(被称作科学革命运动的17、18世纪)那些最伟大的科学发现都是与大学无关的。工业革命在促进生产力大发展的同时,也引起社会的巨大变革,当然也包括高等教育的变革。如哈罗德·珀金所指出的,"如果社会不能从原有机构中获得它所需要的东西,它将导致其他机构的产生。"[1]英格兰新大学、德国洪堡大

---

[1] 克拉克.高等教育新论:多学科的研究[M].王承绪,等译.杭州:浙江教育出版社,2001:35.

学、法国巴黎高师等学校的建立,是对工业革命社会需求的回应,同时也是社会发展的必然结果。伴随着世界范围内经济中心地区的转移,科技中心和高等教育中心也在发生着变化,由最早发生工业革命而成为世界霸主的英国向后来成为欧洲头号工业强国的德国转移,20世纪初开始向新的世界经济中心美国转移。这也与英国著名科学史家J·D·贝尔纳所揭示的科学与经济发展方面的一致性和发展规模成比例的现象相一致。也就是说,发达的高等教育一定是建立在发达的经济基础之上的,但是,反之不一定成立。

我国现代高等教育的产生与西方中世纪大学的产生一样,最初都是建立在经济相对发达的城市。发达的商业和工业既为高校发展提供物质基础,同时也为高校培养的毕业生提供合适岗位,洋务学堂就是为外交和军事服务的。而西方教会建立的教会大学同样也是首先为了满足传教的人才需要,这就导致清末民国时期的高校基本上都建立在东部沿海和长江沿线开放港口城市。正如阿特巴赫所指出的,"中心大学几乎都无一例外地位于中心国家,即那些人均收入高、技术发展水平高、学术传统深厚的国家,那些使用某种主要的世界性语言并且拥有知识生活的所有基础设施的国家。边缘大学遇到各种各样的不利条件。它们没有多少支持其办学的优良传统,一般都位于比较贫困的国家内,缺乏受过良好训练的师资,总而言之还没有达到追求一流学术水平的起点。"[1]也就是说,优质教育资源总是分布在发达地区,而经济落后地区的教育资源相对贫乏。而我国经济相对落后的西部地区在高等教育方面也相对落后,这是因为,西部高等教育既缺乏经济的物质支持,社会也无法提供相应的岗位,即社会没有人才的需求,同时,清末民国初期的政局动荡,军阀割据,有限的财政更多用于战争而不是教育的发展。没有经济和政府外部条件的支持,西部高等教育发展不起来也就是必然的。

抗日战争爆发后,由于遭到日本侵略者的轰炸和破坏,我国位于东部发达城市的高校被迫内迁,历经千难万险,最终聚集在以重庆、成都、贵州、昆明和西安等在西部经济相对较为发达的中心城市。这次内迁改变了清末以来西部高等教育相对落后的状况。但是,由于即使在抗战时期,我国现代工业也没有在根本上改变过于集中于东部沿海和沿江城市的不均衡状况,因此,在抗日战争

---

[1] 阿特巴赫.比较高等教育:知识、大学与发展[M].人民教育出版社教育室,译.北京:人民教育出版社,2001:27-28.

胜利后，内迁西南和西北的高校就纷纷迁回了原来办学的东部经济发达城市。尽管西部高等教育在抗战时期也有了一些发展，但是，相较于东部高等教育还是相对落后的。

新中国成立后，国家投资政策向中西部的大幅度倾斜，有力地推动着工业技术由东向西的扩散和经济重心由东部沿海地区向内地的推移，从而加快了改善旧中国工业畸形分布与经济资源配置失衡的进程，使工业的空间布局在全国范围内以很大的规模展开，使西部工业水平得到了极大提高，有力地改变了全国经济重心，初步改变了我国不合理的工业布局。这也为1955—1957年和三线建设时期高校西迁建立了经济基础。西迁高校在满足了内地工业建设的人才和科研需要，逐步地与工业基地相结合起来的同时，也促进了西部高等教育的发展，提高了西部高等教育规模和办学水平。如图6.1所示，在1980年代初期西部十二省区GDP总和在全国GDP的占比曾有所增加，但是，随着市场经济体制的逐渐形成，以及国家对一部分地区或个人先富政策的实施，又因为外部条件等因素的影响，导致西部GDP在全国的占比逐渐下降，在全国发展中逐渐落后，东西部发展差距不断拉大。由于市场经济的持续发展，教育产业化步伐的加快，市场经济的功利化价值观在教育领域也逐渐蔓延开来，特别是在1994年的分税制改革之后，财政资源的分配变得越来越与当地的收入水平挂钩，东西部经济发展的差距使个人收入差距进一步被放大，造成西部高层次人才"孔雀东南飞"，对西部高等教育的发展产生了很大的消极影响，造成高校学生数在全国占比一直在下降。21世纪初，在国家西部大开发投资的带动下，西部各省区市GDP在全国GDP的比例一直在上升，只是在2012年达到最大值之后，略有下降，但是也要高于2010年之前的数值，西部经济在国家西部大开发战略的支持下获得了较大的发展。在西部经济发展的带动下，西部各省区高校专任教师数在全国占比虽然在21世纪初还是延续了20世纪末以来的下降趋势，但是，2006年之后就开始逐渐上升，西部各省区高校学生数在全国占比与专任教师数在全国占比也在2007年之后也止跌回升。尤其是在2010年《国家中长期教育改革和发展规划纲要（2010—2020年）》颁布之后，西部高等教育才得到了持续的增长，2020年，西部各省区高校专任教师数在全国占比达到了24.77%，西部各省区高校学生数在全国占比达到了26.57%，西部各省区高校数在全国占比达到了26.81%，取得了超过之前任何历史时期的成就，达到了新的历史高度，进入了新时代的新发展阶段。

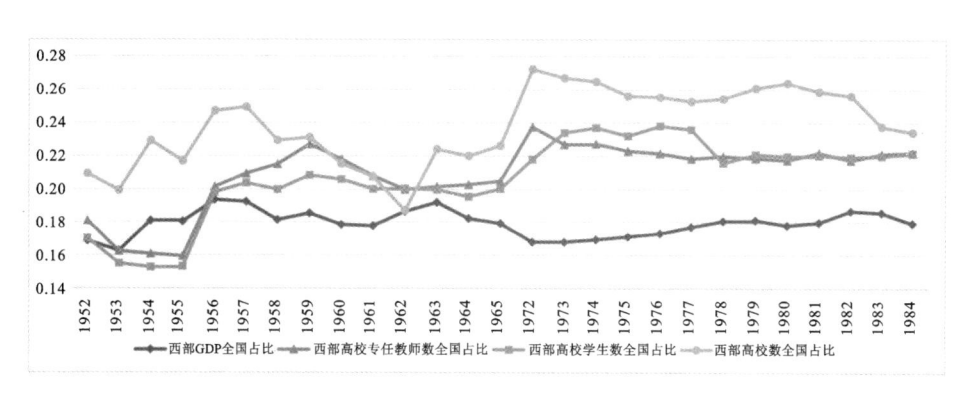

图 6.1　西部 GDP、专任教师数、学生数、高校数全国占比

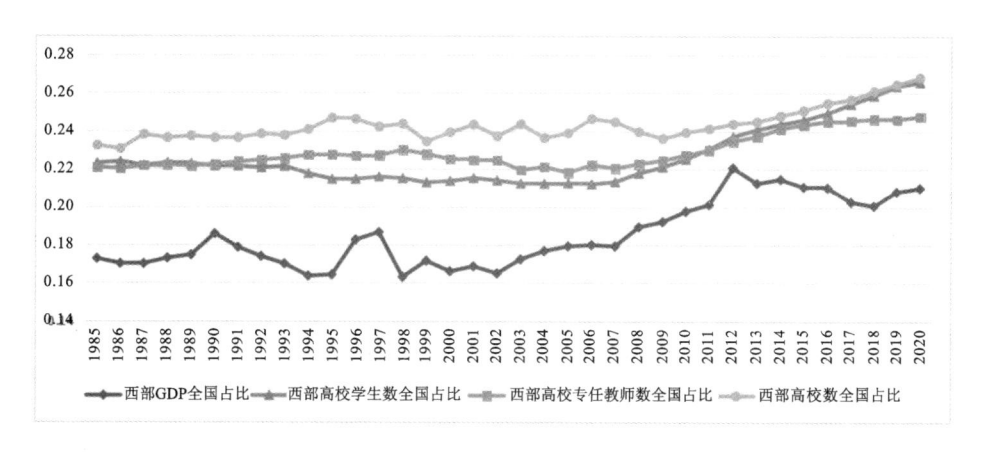

图 6.1(续)

由此可见,经济基础是制约高等教育发展的根本因素,是实现高等教育教学、科研和社会服务职能的支撑。因此,高校组织为了自身的生存和发展,必须要从社会获取自身发展所需要的物质资源,高等教育就表现出了向经济性的特性。同时,高等学校为了获得发展的物质资源,它必然会"亲国家资本或者私人资本",做出的选择就是听从国家的安排或者在经济发达的地区办学。抗日战争时期的高等学校内迁和五十年代的高等学校西迁以及九十年代以来的高等学校到东南沿海异地办学都是如此。按照经济学的理论,人具有经济理性,在市场经济条件下,人才一般都是流向经济发达地区,落后地区的高校必然会走向衰弱。为了避免这种情况,西部高校向东南沿海转移也就在情理之中了。

并且，上层建筑派生于并服从于经济基础，也就是说，有什么样的经济体制就会产生什么样的高等教育体制。新中国成立初期的高等教育调整与 1980 年代高等教育改革无不是伴随着经济基础的改变而进行的。新中国建立后，中国共产党制定了"没收封建阶级的土地归农民所有，没收蒋介石、宋子文、孔祥熙、陈立夫为首的垄断资本归新民主主义的国家所有，保护民族工商业"的经济政策，实行新民主主义经济制度。这使官僚资本和地主经济基础被摧毁或在瓦解中，同时，民族工商业曾一度遇到困难，无法对私立学校大力资助。而私立学校中的学生家长中多半是地主或工商业者，他们对政府政策了解不多，加以匪特造谣破坏，使其产生疑虑，不让子弟上学。旧的办学方针，也不能适合当前建设发展需要，学生感到前途渺茫，等等。最终造成了私立学校学生锐减，学校经济困难，多数难以维持。抗美援朝战争开始后，中国与美国实际已处于交战状态。美国政府宣布冻结中国在美国的财产，并利用其所津贴的在华机构进行反革命宣传和破坏活动，中国政府理所当然要采取相应措施。1951 年 1 月 10 日，教育部根据政务院《关于处理接受美国津贴的文化教育救济机关及宗教团体的方针决定》，发布《关于处理接受美国津贴的教会学校及其他教育机关的指示》。但是由于在 20 所教会大学中接受美国津贴的就有 17 所，因此，至 1951 年底，其中 11 所改为公立，9 所虽然仍维持私立、由中国人自办，但是由于经济困难而需要政府予以补助[①]，这为 1952 年的院系调整打下了基础。

1950 年朝鲜战争爆发后，中国与苏联建立了战略同盟关系，苏联在 1950—1959 年期间，合计达 54 亿美元的工业设备和技术投资（含朝鲜战争期间军事开支）的援助。[②] 1950 年 2 月中苏领导人会谈，苏联政府答应援建中国经济急需的煤炭、电力、钢铁、有色金属、化工、机械和军工部门的 50 个重点项目。1952 年 8—9 月，周恩来总理率政府代表团与苏联政府商谈双方最终确定在 1953—1959 年内由苏联援助中国新建和改建 91 个企业。这就是苏联援助中国的"156 工程"，它是伴随中国经济发展"一五"计划的执行而开展的。在两次确定援建重点项目之后，中国这种基本上依靠引进外来设备短期推进国家工业化的方式，势必遭遇到所谓"人力资本"困境。因此，1950 年 6 月，时任教育部长马叙伦在第一次全国高等教育会议上的讲话中就提出："我们的高等教育，必须密切

---

① 温铁军.八次危机:中国的真实经验 1949—2009[M].北京:东方出版社,2012:39.
② 高奇.中国教育史研究:现代分类[M].上海:华东师范大学出版社,2009:299.

地配合国家经济、政治、文化、国防建设的需要,而首先要为经济建设服务"①。1951年6月29日,政务院第九十一次政务会议通过《关于一九五一年暑期全国高等学校毕业生统筹分配工作的指示》。要求在统筹分配中进行地区调剂,以适应国家重点建设的需要。这是为解决"人力资本"不得不进行的统筹安排。并且,1951年11月,中央教育部为解决"全国工学院地区分布很不合理;师资设备分散,使用效益低;学科庞杂,教学不切实际,培养人才不够专精;学生数量远远不能适应国家工业建设的需要"②的问题,从1952年开始,对全国高校院系进行调整,整合资源,扩大规模效益,以解决国家工业化建设必需的科学技术人员和政府部门管理人才极度短缺的问题。同时,决定实行全国高等学校统一招生和毕业生统一分配,以此来实行人尽其才,更充分地发挥人力资源的效用。但受当时基础教育和高等教育发展规模的限制,来不及通过发展高等教育来培养人才;而且,连工业化急需的技术工人也严重不足,需要大规模从苏联引进。由此,涌现了两次数以万计的苏联专家伴随中国全面引进苏式工业化而来华的高潮。③ 与之伴生的客观结果:来华苏联专家除在工厂和企业成为实际上的主管之外,还在政府部门和高校、科研机构等领域协助中国完成整个上层建筑和意识形态的全面建设。惟其如此,政府各个部门才能适应以投资城市为主的苏式工业化经济在管理上的需求。④ 这也就是我们所说的全面学习苏联教育制度的原因。

中央政府在巨大的财政赤字的压力下,不得不进行经济和财政方面的改革。1979年3月,国务院提出恢复和适当发展个体工商业,由此,个体经济进入了快速发展时期。个体经济的发展,使得社会力量举办的高等学校也开始兴起,成为国家高等教育的有益补充。这些高等教育改革是经济体制改革的必然反映。

第二节 "滞后性":高等教育发展的适应性特征

1860年之前,美国还处于殖民地的经济滞后阶段。1860年之后,美国通过

---

① 何东昌.中华人民共和国重要教育文献(1949—1997)[M].海口:海南出版社,1998:26.
② 何东昌.中华人民共和国重要教育文献(1949—1997)[M].海口:海南出版社,1998:131.
③ 温铁军.八次危机:中国的真实经验1949—2009[M].北京:东方出版社,2012:43.
④ 温铁军.八次危机:中国的真实经验1949—2009[M].北京:东方出版社,2012:44.

工业技术革命以及技术创新使其经济后来居上。1870年,英国工业生产仍是世界第一。到了20世纪80年代初期,美国超过了英国,成为世界第一大工业生产国。[①] 但是,相对于此时期美国经济的发展,形成于殖民地时期的学院绝大多数还在传授古典知识,还相对落后于欧洲大学。据估计,在1851—1900年间,世界各国取得的重大科学技术成就,美国有33项,法国75项,英国106项,德国最多,有202项。1901—1920年间,获诺贝尔自然科学奖的人数美国为2人,英国8人,法国11人,德国有20人。这几个国家几乎垄断了当时世界上所有重要发明创造成果。[②] 在1901—1940年,德国科学家在诺贝尔奖获得者中占绝对优势,共计36人,占全部获奖者的四分之一强,仅次于德国的英国获奖者只有22人,美国则只有15人。[③] 当时的政府因为无法对已有的高等教育体系进行改造,遂于1862年颁布《莫里尔法案》,以土地资助作为手段,创建新的州立大学。赠地学院运动对美国高等教育产生了深远影响,它打破了过去大学远离社会的保守观念,应用性课程成为大学课程的主流,高等教育社会服务职能逐渐形成。20世纪初,"威斯康星精神"的提出标志着大学服务社会的新职能正式确立。之后赠地学院规模不断增大,1916年,此类院校拥有学生数增至13万,占当时全国高等院校学生总数的三分之一。[④] 二战即将结束时,美国联邦政府通过了《退伍军人权利法案》,资助退伍军人完成四年的大学教育。之后美国又相继出台了《国防教育法》《高等教育设施法》《高等教育法》《高等教育法修正案》等法律,持续不断地资助高等教育。二战后美国高等教育的发展进入"黄金时期"(Golden Age)。其规模的发展和质量的提升都十分引人注目。1926—1950年期间科学中心已经开始从欧洲向美国转移,在1951—1975年期间,科学中心已经完成了全面转移,美国以绝对优势超过了其他国家。1975—1999年,这一趋势仍在进一步加强。也就是说在19世纪末20世纪初,世界科学中心在德国,但在二战之后,美国成为世界科学中心。法国、英国、德国的高等教育相对于经济落后于美国要相对晚些。正如有学者所指出的,世界范围内经济中心地区的转移影响到世界一流大学集中所在地的转移。当一个地区第一次成为一个经济长波中的世界经济中心地区的时候,在该经济长波的第一阶段,约25年内,

---

[①] 宋则行,樊亢.世界经济史:上卷[M].修订版.北京:经济科学出版社,1998:238.
[②] 宋则行,樊亢.世界经济史:上卷[M].修订版.北京:经济科学出版社,1998:261-262.
[③] 贺国庆.外国高等教育史[M].北京:人民教育出版社,2006:404.
[④] 刘海峰,史静寰.高等教育史[M].北京:高等教育出版社,2010:436.

该地区有零星的几所大学升格为世界一流大学;如果该地区仍为下一个经济长波的世界经济中心地区,那么至少要到下一个经济长波的第二阶段,约100年内,该地区的世界一流大学数目才可望超过已形成的世界经济中心地区的世界一流大学数目。[1]

如图6.1所示,新中国成立后第一个五年计划对西部工业薄弱省份的倾斜投资和从1964年开始的三线建设时期中央政府的重点建设促进了西部经济发展,西部十二省区GDP总和在全国GDP的占比得到不断提高,一直持续到1980年代初期。但是,随着我国市场经济体制的逐渐形成,以及国家对一部分地区或个人先富政策的实施,又因为外部条件等因素的影响,西部GDP在全国的占比逐渐下降,在全国发展中逐渐落后,东西部发展差距不断拉大。但是,西部高等学校专任教师数和学生数在全国的占比却在一定程度上持续增长,这是高等教育发展滞后于经济发展的表现。随着市场经济的持续发展,教育产业化步伐的加快,市场经济的功利化价值观在教育领域也逐渐蔓延开来,特别是在1994年的分税制改革之后,财政资源的分配变得越来越与当地的收入水平挂钩,东西部经济发展的差距使个人收入差距进一步被放大,造成西部高层次人才"孔雀东南飞",对西部高等教育的发展产生了很大的消极影响,高校学生数在全国占比持续下降。虽然,西部各省区高校专任教师在全国的占比变化不大,但是这种消极影响在21世纪初就已显现,这也是高等教育发展滞后于经济发展的表现。21世纪初,在国家西部大开发战略的推动下,西部各省区市GDP在全国GDP的比例一直在上升,尽管在2012年达到最大值之后略有下降,但仍高于2010年之前的数值。然而,西部各省区高校专任教师数在全国占比还是延续了20世纪末以来的下降趋势,2006年之后才又逐渐上升,西部各省区高校学生数在全国占比与专任教师数在全国占比具有同样的趋势,2007年之后才止跌回升,之后,西部高等教育才得到了持续的增长,这也是高等教育发展滞后于经济发展的表现。2020年,西部各省区高校专任教师数、高校学生数、高校数在全国占比分别达到了24.77%、26.57%、26.81%,取得了前所未有的成就,进入了新时代的新发展阶段。总之,从折线图上也可以看出,20世纪50年代、70年代、80年代、90年代以及21世纪高等教育发展与经济发展都有相似的变化,不管西部经济或

---

[1] 徐文.世界经济中心与世界一流大学的关系研究[J].江苏高教,2004(5):112-114.

是高等教育指标在全国的占比是上升还是下降,高等教育发展的变化总是在经济发展变化之后。

综上所述,不管是西方高等教育中心伴随着经济中心转移而转移,还是我国西部高等教育发展变化的过程,都表明高等教育发展与经济发展不仅具有发展趋势的一致性,同时,相对于经济发展还具有比较明显的"滞后性"。马浚锋在其研究中也指出,"省域高水平大学建设所产生的政策效应还受到政策实施强度、原有办学条件等因素的影响,因而该政策的实施情况可能具有缓冲期或消化期,从而导致政策效应的凸显具有一定的滞后性。"[①]

如果我们把1978年到2020年的西部 GDP 全国占比、西部高校学生数全国占比、西部高校专任教师数全国占比、西部高校数全国占比的数据构建回归模型[②],以此来验证高等教育发展是否相对于经济发展具有一定的"滞后性",将更具有科学性。

1. 回归模型的构建和数据准备

研究数据为宏观经济指标构建的复合指标,并非整体中的随机抽取样本,不涉及样本的代表性问题,因而可以使用固定效应模型进行估计。另外,宏观经济数据不必考虑实体的特征干扰问题,因此,固定效应模型比 OLS 模型更适合。

基于验证的目的,共构建三组关系。(1)检验时滞的自变量 GDPpro 与即时的因变量 studentpro 的关系。(2)检验时滞的自变量 GDPpro 与即时的因变量 teacherpro 的关系。(3)检验时滞的自变量 GDPpro 与即时的因变量 collegepro 的关系。模型构建如下:

$$\text{studentpro}_{i,t} = + \beta_1 \text{GDPpro}_{i,t} + \beta_2 \text{GDPpro}_{i,t-1} + \beta_3 \text{GDPpro}_{i,t-2} + \beta_4 \text{GDPpro}_{i,t-3} + \beta_5 \text{GDPpro}_{i,t-4} + \cdots\cdots + \varepsilon_{i,t} \tag{1}$$

$$\text{teacherpro}_{i,t} = \alpha + \beta_1 \text{GDPpro}_{i,t} + \beta_2 \text{GDPpro}_{i,t-1} + \beta_3 \text{GDPpro}_{i,t-2} + \beta_4 \text{GDPpro}_{i,t-3} + \beta_5 \text{GDPpro}_{i,t-4} + \cdots\cdots + \varepsilon_{i,t} \tag{2}$$

$$\text{collegepro}_{i,t} = \alpha + \beta_1 \text{GDPpro}_{i,t} + \beta_2 \text{GDPpro}_{i,t-1} + \beta_3 \text{GDPpro}_{i,t-2} + \beta_4 \text{GDPpro}_{i,t-3} + \beta_5 \text{GDPpro}_{i,t-4} + \cdots\cdots + \varepsilon_{i,t} \tag{3}$$

---

① 马浚锋.省域高水平大学建设的政策效应评估[J].复旦教育论坛,2024(2):82-90.
② 西安财经大学陈诗含博士进行了数据处理和分析。

使用 SPSS 软件进行固定效应模型检验。录入变量如图 6.2,导入数据如图 6.3(部分展示,保留 6 位小数)所示。

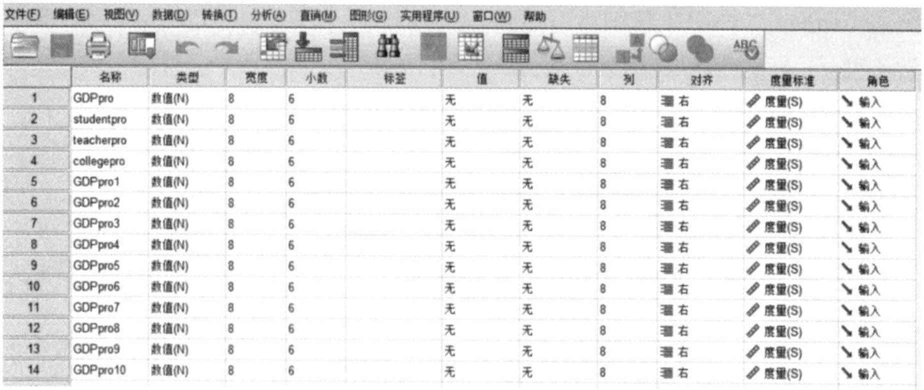

	名称	类型	宽度	小数	标签	值	缺失	列	对齐	度量标准	角色
1	GDPpro	数值(N)	8	6		无	无	8	右	度量(S)	输入
2	studentpro	数值(N)	8	6		无	无	8	右	度量(S)	输入
3	teacherpro	数值(N)	8	6		无	无	8	右	度量(S)	输入
4	collegepro	数值(N)	8	6		无	无	8	右	度量(S)	输入
5	GDPpro1	数值(N)	8	6		无	无	8	右	度量(S)	输入
6	GDPpro2	数值(N)	8	6		无	无	8	右	度量(S)	输入
7	GDPpro3	数值(N)	8	6		无	无	8	右	度量(S)	输入
8	GDPpro4	数值(N)	8	6		无	无	8	右	度量(S)	输入
9	GDPpro5	数值(N)	8	6		无	无	8	右	度量(S)	输入
10	GDPpro6	数值(N)	8	6		无	无	8	右	度量(S)	输入
11	GDPpro7	数值(N)	8	6		无	无	8	右	度量(S)	输入
12	GDPpro8	数值(N)	8	6		无	无	8	右	度量(S)	输入
13	GDPpro9	数值(N)	8	6		无	无	8	右	度量(S)	输入
14	GDPpro10	数值(N)	8	6		无	无	8	右	度量(S)	输入

图 6.2　录入变量

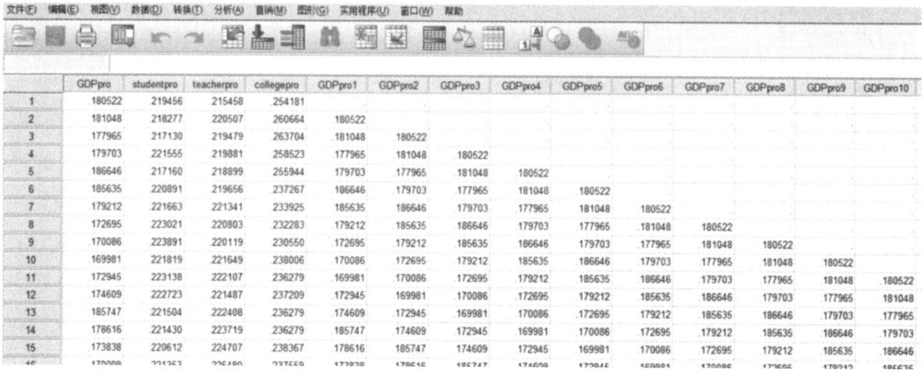

	GDPpro	studentpro	teacherpro	collegepro	GDPpro1	GDPpro2	GDPpro3	GDPpro4	GDPpro5	GDPpro6	GDPpro7	GDPpro8	GDPpro9	GDPpro10
1	180522	219456	215458	254181										
2	181048	218277	220507	260664	180522									
3	177965	217130	219479	263704	181048	180522								
4	179703	221555	219881	258523	177965	181048	180522							
5	186646	217160	218899	255944	179703	177965	181048	180522						
6	185635	220891	219656	237267	186646	179703	177965	181048	180522					
7	179212	221663	221341	233925	185635	186646	179703	177965	181048	180522				
8	172695	223021	220803	232283	179212	185635	186646	179703	177965	181048	180522			
9	170086	223891	220119	230550	172695	179212	185635	186646	179703	177965	181048	180522		
10	169981	221819	221649	238006	170086	172695	179212	185635	186646	179703	177965	181048	180522	
11	172945	223138	222107	236279	169981	170086	172695	179212	185635	186646	179703	177965	181048	180522
12	174609	222723	221487	237209	172945	169981	170086	172695	179212	185635	186646	179703	177965	181048
13	185747	221504	222408	236279	174609	172945	169981	170086	172695	179212	185635	186646	179703	177965
14	178616	221430	223719	236279	185747	174609	172945	169981	170086	172695	179212	185635	186646	179703
15	173838	220612	224707	238367	178616	185747	174609	172945	169981	170086	172695	179212	185635	186646

图 6.3　导入数据

2. 检验时滞的自变量 GDPpro 与即时的因变量 studentpro 的关系

如图 6.3 所示,回归 1 检验模型(1)的结果,主要观察变量的自相关性。结果显示,$GDPpro_{i,t-5}$、$GDPpro_{i,t-8}$、$GDPpro_{i,t-10}$ 自相关性显著。(如果检验的滞后期不在以上几年,则无影响)

回归 2 至回归 12,分别以第 t 年、第 $t-1$ 年、第 $t-2$ 年、第 $t-3$ 年、第 $t-4$ 年、第 $t-5$ 年、第 $t-6$ 年、第 $t-7$ 年、第 $t-8$ 年、第 $t-9$ 年和第 $t-10$ 年的 GDPpro 作为解释变量,检验与第 t 年 studentpro 的相关关系。本质上是尝试将 GDPpro 数据逐年后移,考察哪一年数据与第 t 年 studentpro 数据的拟合效果最好。即第 $t-n$ 年的 GDPpro 数据与第 t 年的 studentpro 数据同频变化,可以认为 GDPpro 的变化在 n 年后产生了 studentpro 的同趋势变化,时滞期为 n 年。该原理下同。

在 SPSS 中作单因素回归。回归 1 的面板设置如图 6.4 所示。回归 2 仅纳入 $\text{GDPpro}_{i,t}$，回归 3 仅纳入 $\text{GDPpro}_{i,t-1}$，回归 4 仅纳入 $\text{GDPpro}_{i,t-2}$……统计量不变。

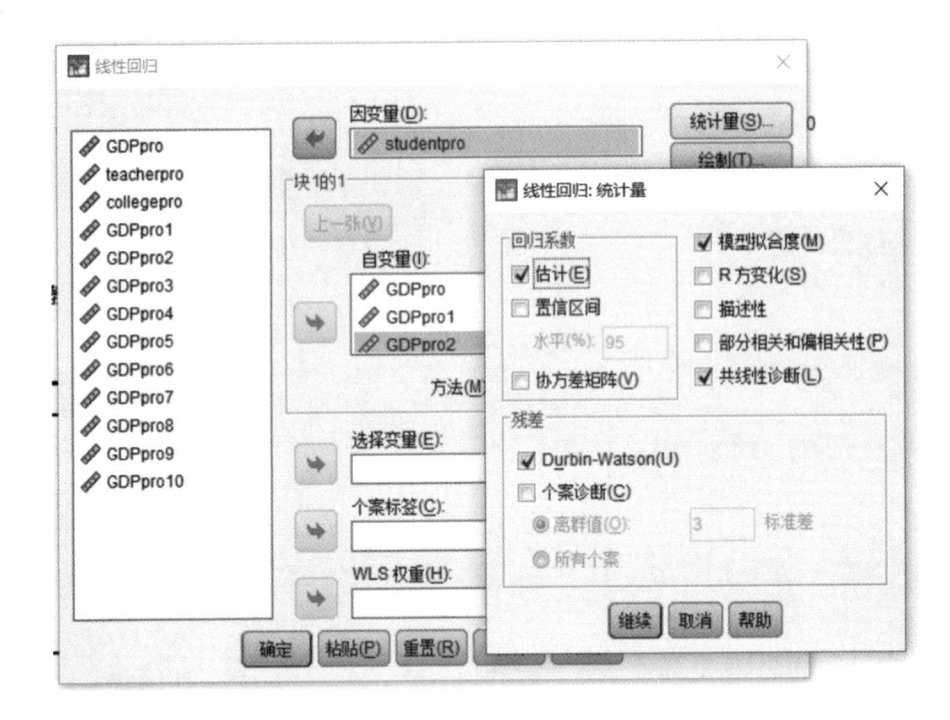

图 6.4　面板设置

回归 1 输出结果和验证性指标变量的摘取如图 6.5 和图 6.6 所示。

Anova^b

模型		平方和	df	均方	F	Sig.
1	回归	.009	11	.001	149.669	.000^a
	残差	.000	21	.000		
	总计	.009	32			

a. 预测变量：(常量), GDPpro10, GDPpro, GDPpro8, GDPpro5, GDPpro9, GDPpro7, GDPpro2, GDPpro6, GDPpro4, GDPpro3, GDPpro1。

b. 因变量：studentpro

图 6.5 验证性指标变量

系数^a

模型		非标准化系数 B	标准误差	标准系数 试用版	t	Sig.	B 的 95.0% 置信区间 下限	上限
1	(常量)	-.024	.010		-2.280	.033	-.045	-.002
	GDPpro	.205	.063	.218	3.276	.004	.075	.335
	GDPpro1	.087	.072	.091	1.203	.242	-.063	.236
	GDPpro2	.079	.071	.081	1.121	.275	-.068	.226
	GDPpro3	.074	.072	.075	1.036	.312	-.075	.223
	GDPpro4	.115	.072	.114	1.585	.128	-.036	.265
	GDPpro5	.221	.072	.210	3.075	.006	.072	.371
	GDPpro6	.122	.071	.109	1.723	.100	-.025	.269
	GDPpro7	.110	.071	.090	1.551	.136	-.038	.258
	GDPpro8	.137	.073	.100	1.871	.075	-.015	.288
	GDPpro9	.055	.081	.032	.676	.506	-.114	.224
	GDPpro10	.174	.080	.091	2.179	.041	.008	.341

a. 因变量：studentpro

图 6.6 输出结果

将以上结果分别录入 SPSS 中，并按同样的方法重复操作，将回归 2、回归 3、回归 4……回归 12 结果分别录入，形成整体结果，如图 6.7 所示。

比较 R^2 结果，发现在 $GDPpro_{i,t-4}$ 时达到峰值，说明回归 6 拟合结果最好。因此可知，当因变量为 studentpro 时，自变量 GDPpro 的滞后期为 4 年。该原理下同。

变量	回归1	回归2	回归3	回归4	回归5	回归6	回归7	回归8	回归9	回归10	回归11	回归12
GDPpro	0.218***	0.789***										
	3.276	8.233										
GDPpro t-1	0.091		0.824***									
	1.203		9.189									
GDPpro t-2	0.081			0.847***								
	1.121			9.945								
GDPpro t-3	0.075				0.881***							
	1.036				11.486							
GDPpro t-4	0.114					0.904***						
	1.585					12.841						
GDPpro t-5	0.21***						0.897***					
	3.075						12.158					
GDPpro t-6	0.109							0.866***				
	1.723							10.242				
GDPpro t-7	0.09								0.815***			
	1.551								8.212			
GDPpro t-8	0.1*									0.738***		
	1.871									6.277		
GDPpro t-9	0.032										0.623***	
	0.676										4.504	
GDPpro t-10	0.091**											0.479***
	2.179											3.04
R^2	0.981	0.614	0.671	0.71	0.77	0.812	0.799	0.743	0.655	0.53	0.369	0.205
F	149.669	67.779	84.436	98.897	131.923	164.903	147.817	104.895	67.439	39.404	20.285	9.239
SE	0.002	0.009	0.009	0.008	0.007	0.007	0.007	0.008	0.009	0.011	0.013	0.015
DW	0.855	0.382	0.489	0.658	0.942	1.085	1.055	0.917	0.68	0.492	0.35	0.241

图 6.7　回归分析结果(一)

注:(1)自变量的第一行为估计系数,第二行为 t 检验结果;(2)＊＊＊、＊＊和＊分别表示在 1%、5%和 10%水平上显著。

2. 检验时滞的自变量 GDPpro 与即时的因变量 teacherpro 的关系

比较 R^2 结果(见图 6.8),发现在 $GDPpro_{i,t-3}$ 时达到峰值,说明回归 5 拟合结果最好。因此可知,当因变量为 teacherpro 时,自变量 GDPpro 的滞后期为 3 年。

文件(F)　编辑(E)　视图(V)　数据(D)　转换(T)　分析(A)　直销(M)　图形(G)　实用程序(U)　窗口(W)　帮助

	名称	类型	宽度	小数	标签	值	缺失	列	对齐	度量标准	角色
1	GDPpro	数值(N)	8	6		无	无	8	右	度量(S)	输入
2	studentpro	数值(N)	8	6		无	无	8	右	度量(S)	输入
3	teacherpro	数值(N)	8	6		无	无	8	右	度量(S)	输入
4	collegepro	数值(N)	8	6		无	无	8	右	度量(S)	输入
5	GDPpro1	数值(N)	8	6		无	无	8	右	度量(S)	输入
6	GDPpro2	数值(N)	8	6		无	无	8	右	度量(S)	输入
7	GDPpro3	数值(N)	8	6		无	无	8	右	度量(S)	输入
8	GDPpro4	数值(N)	8	6		无	无	8	右	度量(S)	输入
9	GDPpro5	数值(N)	8	6		无	无	8	右	度量(S)	输入
10	GDPpro6	数值(N)	8	6		无	无	8	右	度量(S)	输入
11	GDPpro7	数值(N)	8	6		无	无	8	右	度量(S)	输入
12	GDPpro8	数值(N)	8	6		无	无	8	右	度量(S)	输入
13	GDPpro9	数值(N)	8	6		无	无	8	右	度量(S)	输入
14	GDPpro10	数值(N)	8	6		无	无	8	右	度量(S)	输入

图 6.8　回归分析结果(二)

注:(1)自变量的第一行为估计系数,第二行为 t 检验结果;(2)＊＊＊、＊＊和＊分别表示在 1%、5%和 10%水平上显著。

3. 检验时滞的自变量 GDPpro 与即时的因变量 collegepro 的关系

比较 R^2 结果(见图 6.9),发现在 $GDPpro_{i,t-6}$ 时达到峰值,说明回归 8 拟合结果最好。因此可知,当因变量为 collegepro 时,自变量 GDPpro 的滞后期为 6 年。

系数ᵃ

模型		非标准化系数		标准系数	t	Sig.	B的95.0%置信区间	
		B	标准误差	试用版			下限	上限
1	(常量)	-.024	.010		-2.280	.033	-.045	-.002
	GDPpro	.205	.063	.218	3.276	.004	.075	.335
	GDPpro1	.087	.072	.091	1.203	.242	-.063	.236
	GDPpro2	.079	.071	.081	1.121	.275	-.068	.226
	GDPpro3	.074	.072	.075	1.036	.312	-.075	.223
	GDPpro4	.115	.072	.114	1.585	.128	-.036	.265
	GDPpro5	.221	.072	.210	3.075	.006	.072	.371
	GDPpro6	.122	.071	.109	1.723	.100	-.025	.269
	GDPpro7	.110	.071	.090	1.551	.136	-.038	.258
	GDPpro8	.137	.073	.100	1.871	.075	-.015	.288
	GDPpro9	.055	.081	.032	.676	.506	-.114	.224
	GDPpro10	.174	.080	.091	2.179	.041	.008	.341

a. 因变量: studentpro

图 6.9 回归分析结果(三)

注:(1)自变量的第一行为估计系数,第二行为 t 检验结果;(2)***、**和*分别表示在 1%、5% 和 10% 水平上显著。

综上,GDPpro 指标变化后,依次出现 teacherpro 指标(3 年后)、studentpro 指标(4 年后)和 collegepro 指标(6 年后)的同趋势变化,由此可见,结论得到验证。

第三节 "政府进入":后发国家或地区高等教育发展的主导性因素

在工业革命之后,高等学校开展的科学研究和社会服务,满足了社会发展的需求,促进了科学技术的发展,提高了所在国家的竞争力。因此,一些主要资本主义国家也纷纷采取了一系列促进高校和科学技术发展的措施。德国政府资助和组织科学家的研究活动,尽可能为之提供良好的条件,并引导科学家在一些重要的、有前途的部门做出革命性的发明发现。"德国大学从在 18 世纪末的国际学术边缘位置,到19世纪中叶已走向了中心地位。"①美国在1863年成立了国家科学院,在19世纪70年代和80年代在全国各州设立了工业科学研究所和农业试验站,政府还以赠予土地的方式资助各州建立理工科大学和农业院校。美国也在1951—1975年期间,以绝对优势超过了其他国家,成为世界科学中心。这同时也说明,工业革命之后,国家对大学的干预也已开始,其实伦敦大学的成立就已显示了国家的力量。到19世纪中后期,国家对高等教育的干预明显加强。② 大学的运行"对政府财政依赖性的日益加强"③,这体现在图书资料、人员工资、研究所运行经费以及实验室建设和仪器设备的花费等方面。尤其是,在市场经济条件下,"大学教师公共薪俸制度关系到大学的命运和成败,利用公共资源(税金)向教师尤其是名师提供资助的做法逐渐成为大势所趋。这种变化还表明:教师薪俸制度与优质教师资源市场的供求关系密切相关,大学背后的都市或国家的政治经济实力开始成为影响大学水平与声望高低的主要原因之一。"④德国、美国之所以先后成为世界高等教育中心和科技中心就在于他们成为世界经济中心后能够为大学发展和科学研究提供大量的经济支持。

新中国于1957年顺利完成农业、手工业、资本主义工商业社会主义改造,全民所有制和集体所有制经济在整个国民经济中占据了绝对优势的地位,建立了社会主义的基本经济制度。公有制经济的建立使政府拥有了对高等教育的调控能力,20世纪50年代和三线建设时期的院系调整就是在政府主导下进行的,也与国家西部经济布局相一致。20世纪60年代至70年代,为了应对美国和苏联以及国民党武装潜在的战争威胁,新中国从备战的角度对中国工业布局及相应的高校和科研机构进行调整。仅从1964年到1980年的17年间,中央向三线建设投入的资金为2052亿元。通过三线建设,建成了1100多个大中型工业交通企业、国防科技工业企业、科研院所和大专院校。⑤ 国家投资政策向中西部的大幅度倾斜,有力地推动着工业技术由东向西的扩散和经济重心由东部沿

---

① 阿特巴赫.比较高等教育:知识、大学与发展[M].人民教育出版社教育室译.北京:人民教育出版社,2001:44.
② 刘海峰,史静寰.高等教育史[M].北京:高等教育出版社,2010:392.
③ 吕埃格.欧洲大学史:第3卷[M].张斌贤等译.保定:河北大学出版社,2014:62.
④ 张磊.欧洲中世纪大学[M].北京:商务印书馆,2010:385.
⑤ 辽宁党史研究室.毛泽东在1964年的一个重大决策:建设大三线[J].决策探索(下半月),2009(2):50-53.

第六章 结语：高等教育发展的规律与启示

海地区向内地的推移,从而加快了改善旧中国工业畸形分布与经济资源配置失衡的进程,使工业的空间布局在全国范围内以很大的规模展开,使西部工业水平得到了极大提高,有力地改变了全国经济重心,初步改变了我国不合理的工业布局。这也为1955—1957年和三线建设时期高校西迁建立了经济基础。1955年,高等教育部下发的《关于1955—1957年高等学校院系调整有关事项的通知》指出,高等教育建设必须符合社会主义建设及国防建设的要求,必须和国民经济的发展计划相配合;学校的设置分布应避免过分集中,学校的发展规模一般不宜过大;高等工业学校应逐步和工业基地相结合。以交通大学西迁为例,交通大学西迁至西安是1955年中央政府为了支援西北建设而做出的决定。在1957年发生关于迁校的激烈争论后,周恩来总理还专门就此问题召开相关人员加以讨论。周恩来总理在会议上明确指出:"1955年决定交通大学内迁是对的,为了支援西北建设和考虑沿海形势,是必要的。当时也不是没有想到交通大学内迁的困难。为什么不扩充西北原有高等学校来解决西北文化教育建设的需要呢？因为当时设想的工业建设速度快,要得急,交通大学搬过去可以收效快些。交通大学搬去虽有困难,但既是国家需要,就要设法克服困难。因之这个决定是对的。"[①]也就是说,交通大学内迁西安是国家的战略需要,是国家意志的体现。同样,三线建设开展之后,高等院校在国家主导下由东部向三线地区迁建分校,延续了"和工业基地相结合"的原则,迁移到分校的专业和院系都考虑到了当地的工业布局,同时着重强调国防及机密专业要内迁。西迁高校在满足了内地工业建设的人才和科研需要,逐步与工业基地相结合的同时,也促进了西部高等教育的发展,提升了西部高等教育办学水平和规模。

从20世纪80年代末到90年代末,高等教育管理体制改革有较大突破,初步形成中央和省级人民政府两级管理,以省级人民政府管理为主的新体制。这一时期的改革顺应了市场经济"效率优先,兼顾公平"的原则。在市场因素作用下,我国西部地区人才流失、办学资源匮乏、教育竞争力不足等问题突出,教育分化加剧。特别是在1994年的分税制改革之后,财政资源的分配变得越来越与当地的收入水平挂钩,东西部经济发展的差距使个人收入差距进一步被放大,造成西部高层次人才"孔雀东南飞",对西部高等教育的发展产生了很大的

---

① 佚名.高等教育部部长杨秀峰在上海谈周总理对交大迁校问题的意见[N].人民日报,1957-6-19(6).

消极影响,造成高校学生数在全国占比一直在下降。

在经历"市场化"经济改革之后,为了应对经济危机,"政府进入"成为中国应对输入型危机的基本经验。因此,政府从过去的"退场",逐渐调整为"在场",对政府职能重新定位。

在高等教育领域,"对口支援西部地区高等学校计划""中西部高等教育振兴计划""中西部高校基础能力建设工程"和"中西部高校综合能力提升工程",以及《关于加快中西部教育发展的指导意见》《关于新时代振兴中西部高等教育的意见》,都是政府"在场"的体现。通过持续不断地对西部高等教育进行投资和支持,西部各省区高校专任教师数在全国占比自2006年起逐渐回升。西部各省区高校学生数在全国占比与专任教师具有同样的趋势,自2007年后止跌回升。尤其是在2010年《国家中长期教育改革和发展规划纲要(2010—2020年)》颁布之后,西部高等教育得到了持续的发展,取得了超过之前任何历史时期的成就,进入了新时代的新发展阶段。由此可见,我国西部高等教育正是得益于西部经济的持续发展和政府的高等教育资助政策,在新时代得到大发展,达到了历史新高度,这是"政府进入"的结果。

第四节 "扎根西部":我国西部高等教育的可能选择

今天,西部经济发展水平还是落后于东部地区,西部高等教育发展形势依然严峻,面临着极大的挑战。如何应对这种挑战,不仅仅是各级政府的责任,同时也是西部高校自身需要思考的问题。

(一)继续加强中央政府在西部高等教育发展中的主导地位。新中国成立七十年以来,西部高等教育所取得的成就主要得益于国家实现教育公平的发展战略以及中央政府的政策支持。[①]交通大学西迁就是在中央政府主导下得以顺利完成的,并且对西部高等教育发展起到巨大作用。因此,为了解决目前西部高等教育发展的困境,中央政府应该进一步对西部高等教育进行倾斜性政策支持,以减小地理环境和经济发展等因素所带来的不利影响。在经济层面上,国家继续加大西部大开发战略和"一带一路"国家战略的投资力度,进一步加大对

---

① 张正峰,那薇.新中国西部高等教育的发展历程、逻辑与未来路径[J].教育与教学研究,2020(9):87-95.

西部的转移支付和提高西部地方津贴,尤其是发挥公有制企业的政治责任,为西部经济社会发展发挥更大作用,进一步缩小地区发展的不均衡,为西部高等教育的可持续发展和稳定西部教育人才提供坚实的物质基础。

(二)地方政府应该为在地高校发展提供尽可能的帮助。由于我国已建立了中国特色社会主义市场经济体制,市场在高等教育资源配置中的影响也越来越大,东西部高校教师的经济收入差距不断被拉大,西部高校人才流失越来越严重。因此,为了促进西部高等教育发展,留住人才和吸引更多的人才,国家和地方政府应该努力减小东西部高等教育从业人员的经济收入差距,提高西部高校教师的经济待遇。同时,地方政府除了给予经济扶持,还应该主动帮助在地高校解决发展中遇到的问题,提供各种便利条件,使高校教师在一个身心愉悦的环境中工作,以情留人,减少人才流失。以交通大学西迁为例,交通大学之所以能顺利扎根于西安与当时陕西省政府和西安市政府所做出的努力是分不开的。他们不仅大力支持校园建设,而且在教职员工的生活方面也给予尽可能的帮助,妥善解决配偶工作、子女入学以及饮食等生活问题,解决其后顾之忧,以情感人,使交大人感觉到,如搬回上海,就"无脸见西安父老"[①]。不过,提高西部高校教师的经济待遇是促进西部高等教育发展的最根本的途径。

(三)西部高等教育也应该发挥主观能动性,积极探索服务地方经济的有效模式,为自己的发展创造外部条件。西部高等教育在经历了上个世纪90年代的人才流失大潮之后,与东部高等教育的差距进一步拉大。因此,为了配合国家提出的西部大开发战略,教育部启动了"对口支援西部地区高等学校计划"以及振兴中西部高等教育等一系列政策措施,旨在缩小区域高等教育差距。但是,受制于西部经济发展水平,西部高等教育提升并不明显,仅仅依靠国家政策扶持不能有效解决西部高等教育的可持续发展问题。西部高等教育只有与地方经济发展相结合,才能获得持续发展的动力。抗日战争胜利后内迁高校的复员以及上个世纪90年代以来西部高等学校人才的大量流失,其直接原因就在于西部与东部的经济发展水平的巨大差异。经济基础对于高等教育而言,就像土壤对于植物一样至关重要。脱离于这个基础,高等教育如同营养不良的植物,无法茁壮成长。但是,就像毛泽东在《论持久战》中所指出的,"指导战争的人们不能超越客观条件许可的限度期求战争的胜利,然而可以而且必须在客观

---

① 贾箭鸣.交通大学西迁[M].西安:西安交通大学出版社,2018:161.

条件的限度之内,能动地争取战争的胜利。"①只要在一定的经济等客观条件的限度之内,发挥内因的主导性作用,就可以实现西部高等教育可持续发展。习近平总书记在2018年9月10日的全国教育大会上就指出,要坚持扎根中国大地办教育。同时,2021年教育部印发的《关于"十四五"时期高等学校设置工作的意见》重申:"从严控制高校异地办学。不鼓励、不支持高校跨省开展异地办学,特别是严控部委所属高校、中西部高校在东部地区跨省开展异地办学,原则上不审批设立跨省异地校区。"。因此,西部高等教育只有扎根西部大地,在促进西部经济社会发展和"服务国家战略中成就自己"②。

1. 高校应主动服务于西部资源开发加工产业

西部企业之所以竞争不过东部企业,其中最主要的原因就是成本问题,尤其是运输成本。而基于本地资源开发加工的企业,能有效避免运输成本的增加,因此,西部高校应主动与这类企业合作,将自身的人才和科研资源与企业需求相结合,共同推动企业的做大做强。随着"一带一路"国家战略的实施,政策红利也会不断涌现,西部在与西亚和欧洲经贸往来中,其区位优势将得到凸显,为西部企业的繁荣发展提供了难得的机遇。美国以康奈尔大学、威斯康星大学为代表的赠地学院的成功经验表明,服务当地经济是高校发展的重要途径。我国西部高校也可以借鉴美国增地学院的发展经验,主动服务于西部资源的开发加工产业,促进西部经济的发展,进而带动就业和工资水平的提高,为自身的可持续发展创造有利的经济外部条件。

2. 高校应有针对性地服务于高新技术产业

高端制造业和高新知识企业的产品,相对于劳动密集型产品来说,其运输成本不会比沿海增加多少,因此地域限制相对较小。西安三星、华为、中兴等企业的成功建立,就是这一点的有力证明。西部高校应紧紧围绕这类企业的发展需求,提供必要的研究支持和人才培养,才能在促进企业发展的同时,为本校毕业生提供更多在本地就业的机会,提高当地人员的工资水平,进一步带动西部经济的发展,实现企业与高校之间的双赢。

---

① 毛泽东.毛泽东选集:第2卷[M].北京:人民出版社,1991:478.
② 马陆亭,刘承波,鞠光宇.扎根中国大地建设"双一流"[J].现代大学教育,2019(3):11-16.

3. 西部高校应选择服务当地经济社会发展需要的差异化发展道路

西部高校之所以落后于东部高校,在于两者在同一赛道上竞争,但是东西部经济发展的差异导致高校发展资源上存在较大差距,比如西安交通大学在上个世纪90年代与上海交通大学比并不逊色,但随后因地域经济发展水平的影响,差距有所拉大。西部有西部的特殊性,西部高校应紧密地与西部地方经济相结合,避免与东部高校在自己不擅长的方面进行竞争,发展出具有地方特色的相关学科,比如兰州大学的草学专业。近年来,西安交大与西咸新区联合建设的服务陕西的中国西部科技创新港产学研结合的特色化发展项目,也为自己的发展培育了新的增长点。可见,西部高校在促进了当地高新技术经济的发展的同时,也能够获得发展的资源,提高了自身的竞争力和西部高等教育水平。

附录　新中国西部高等教育亲历者口述历史

附录一　一位大学校长的成长历程
——李钟善口述历史

对访谈提纲进行指导和修改

"冬至"请学生们吃饺子。因为我在上小学的时候，正是抗日战争时期，那时候学校有个董事会，每年到"冬至"，这个村（王家庄）里的董事会的董事长和村里大户人家都要请学生去吃饭。那时候吃饭就是一碗臊子面，师生们都高兴得不得了。我在农村小学上到三年级，因为农村再没有高年级的学校了，就到咸阳县城里头上学，城市的学校没有这个好习惯。

我们这个访谈提纲，首先得把西部这个概念弄清楚，如果要了解西部这个大概念的教育情况，比较难。西部是个大概念，包括陕、甘、宁、青、新、云、贵、川、藏、渝、云南、内蒙等12个省区。概念越大，内涵越多，课题承担的任务越繁重，所以请你考虑课题的题目和所访内容的关系，短期内能不能完成这个项目，这是一个问题。因为西部的这些省、区发展不一样。西北地区，就高等教育来讲，陕西为龙头，陕西有8所"211工程"大学，其中3所是"985"。所以陕西的高等学校现在本科以上将近一百所，合并的合并，过去107所，现在大概90多所，民办高等教育都30多所，而且全国的民办高等教育就是从陕西发展起来的，所以我那个文集的第二部分就把民办教育作为一个重点，写了若干篇文章可供参考。要把12个省区都涵盖进去做专题访问，难度比较大。

第二访谈应有所指,比如高等学校的名师、领导人员、管理人员和省级教育厅、教育厅长、教育处长、厅局级领导,甚至于部级干部。第三提纲内容尽可能运用恭敬的词汇,如"请",最好不用"可否""能不能"。你"可否"?我"否";你"能不能"?我"不能"。使用这些词语,一句话把你回绝了,造成谈不下去的后果。访谈的时候就可以给他一个访谈人简表,比如说姓名、年龄、单位、在大学做什么工作,教什么书等简单填一下,一张简单的履历表就行了。

"能否谈谈当年考大学全过程?""当时你身边同龄人,考上大学的多少?"当时有个情况,高中没有毕业就保送上大学,高中上两年,甚至上一年就保送大学,大学还没毕业就调出来当干部了,当时很需要干部,需要大学毕业生。1952年还保送,但是,1953年就是统考了。当年统考时,我们咸阳地区来的高中毕业生集中到西安参加统一考试,文理不分。我当时报考的大学志愿有三个,第一志愿是西北大学师范学院,第二志愿是西北工学院纺织系,第三志愿是西北医学院医疗系。希望满足我第一个志愿:西北大学师范学院。我愿意当教师,因为我们村里没有学校,没有教师,农村孩子没有上大学的。我是我们村的第一个大学生,在我这几十门的亲戚中,我是唯一的上师范大学的大学生,所以在当时都是很有知名度的,而且那时候大学录取的名单全部刊登在《群众日报》上。《群众日报》就是西北五省发行的、西北地区的党报。

"你哪一年参加工作的?能否谈谈当时的情形。"括号里边问是毕业分配工作还是自主择业?当时,我们那个年级已经没有提前调出来的,就是毕业分配。系秘书在窗子外头拍一下窗子,把我叫出来:"你到系主任家去,他跟你谈一下情况。"系主任见我时很客气:"把你留下当助教,愿不愿意?"我说:"我是党员,服从组织分配。"那时的大学生都服从分配。

"请谈谈你工作期间参与过哪些进修?"我工作后,从未进修过。"请你谈谈你的高级技术职称和工作职务晋升情况",我曾分管过学校的教授副教授评级,我知道。职称就是高级专业技术职称,讲师、副教授、教授,职务晋升就是科长、处长、校长或者厅长、局长。"你从事过哪些工作?能否详细谈谈你的工作?"我既从事过教学、科研工作,又做过领导管理工作。

"你谈谈教材建设问题",当时没有教材,90年代初,没有高等教育管理这门学科,解放前叫教育行政学。我到台湾访学,那会儿都叫教育行政学。咱们解放后为什么没有教育管理呢?有人认为管理是资产阶级内容,说不要叫管理,所以就把管理放在教育学的最后一部分,像学校管理。1993年咱们教育管理硕士点申报的时候还叫"教育管理学",批下来以后不久,第一年还是第二年,改成了"教育经济与管理"。同时改的还有"比较教育",改成了"国际与比较教育学"。专业目录是1999年还是2000年调整的,我记不得了。原来是"教育管理学""比较教育学",后来就变成了"教育经济与管理""国际与比较教育"。我跟老顾(北京师范大学顾明远教授)说:"顾院长,咱们都改头换面了。"

"工资收入情况",我可以谈,有些人忌讳谈这个话题,有的人对国家有一些怨气,认为工作很辛苦,但工资不高。中文系教授告诉我说:"不要提了,辛辛苦苦40年,工资不到3000元,天天接送小皇帝,星期迎接还乡团。"所以这个话题能谈就谈,不能谈就不谈。曾经有两个教师在晨练的时候跟我说:"哎呀,老校长,你当年把我们坑苦了。"我问:"怎么了?"因为当时成立一个艺术系,现在叫音乐学院。当年我去教育部,跟何东昌部长、彭佩云部长谈。谈过两三次,其他人都不愿意去,王国俊跟我说:"你来跑,你来跑。"彭佩云开始不答应,说:"西安有一个音乐学院,还有个美术学院,你陕西师大还办艺术系干啥?"我说:"蔡元培先生讲过,没有美育的教育,是不完整的教育方针。"我坚持美育,硬是把它批下来了,但是彭佩云部长告诉我:"不能给你开办经费,得自己解决。"因为办一个艺术系的花费,不亚于办一个物理系。所以我回来以后就把各系的系主任召集起来,我说:"过去每年都给你们经费,今年少给你们一点。我要'打富济贫',把你们的钱少给一点,支持艺术系。"艺术系就是这样才办起来的,不然的话办不成嘛!后来我请彭佩云部长给干训班干部讲课,她还问我:"办了没办?"我说:"办了。"她说:"能不能看一下?"我说:"你先不要去看,因为破旧。"艺术系在哪办呢,就在现在老西门出版社那个地方,办学条件很艰苦。我说:"你们将就吧。"艺术系刚一办,美术学院、音乐学院有些很有名的艺术家要来,我都不好意思了。因为咱们学校是部属院校。

"请你谈谈当时在学习和工作期间参加劳动或社会活动情况"。工农兵大学生,原来就在农村或工厂劳动,所以不好说是在学习期间。我的体会是,上大学期间参加劳动、社会实践很多的。咱们雁塔路,还有西影路,我都去参加过劳动,修马路、挖地道,那时候都是大学生去劳动的。

考大学

1939年到1941年,我是在陕西省咸阳县农村上小学,即沣河北岸边一个小王村。我们村子没有小学,我在邻村王家庄小学上学。王家庄小学大概有十几个学生。我现在还记得我小学老师名叫王治民,还有个小学老师姓刘,我记不清名字了,他在校时间短。在小学没有学什么东西,我光记住了两副对联。一副对联贴在大门口:"铁肩担教育,笑眼看儿童",但当时我不知道是怎么撰写出来的,后来我知道这是老师把李大钊先生的"铁肩担道义,妙手著文章"改了,改成了"笑眼看儿童"。教室就是一个厅房,厅房门口有一副对联:"学如逆水行舟,不进则退;心似平原走马,易放难收。"我就记住了这两副对联。再就是我的小学语文学什么呢?学"天地人,手足刀"这些带有"三字经"的意思。写大字,就是描红,照老师写的,"一去二三里,烟村四五家,亭台六七座,八九十枝花"。学的加法,就是扳着指头,1、2、3、4、5,当时叫"洋码子"。我们就学洋码子,写大字就行了。后来二年级学完了,没有三年级,我父亲和我同父异母的大哥在城里做生意,我就转到城里上学。当时应该上小学三年级,因为跟不上三年级,就留了一级。到1944年,我转到城关镇一个中心学校,才知道学校还有音乐课、美术课、自然课、体育课。过去都没有听说过,不知道,这才豁然开朗。在上小学期间,我父亲不会写字,但他让我背《三字经》《百家姓》《七言杂字》,我就整天背"赵钱孙李,周吴郑王。冯陈褚卫,蒋沈韩杨……""人之初,性本善。性相近,习相远……"我当时并不认得字,但是我只是背下来了。《三字经》里头有一些历史知识,还有一些和家庭教育有关联,"窦燕山,有义方。教五子,名俱扬……"我都记下了。我父亲也有很多字不认识,他按他的想法讲。比如,我们渭河以南的口音和渭河以北的口音不一样,渭河以南的人把"书"叫"fu",唇齿音,把"叔叔"叫"fu fu","老鼠"叫"老 fu",所以我从渭河以南到渭河以北的城市小学时,城市的小孩就欺负农村来的。那时候,整天一个人孤零零的,一说话人家就笑话,发音不对。人家城里头往往把"水"叫"睡",我们就把"水"叫"匪","土匪"的"匪",这发音不一样,人家笑话,说是"乡棒"。但是也促使我下决心要学好说话,那时候没有普通话,就是跟县里的娃娃学县里话、城里话。到这个小学,接触面宽,上的课也多。再一个,这里上课的老师也多元化,各有各的特色。老师叫我当数学代表,我是糊里糊涂当数学代表。五年级班主任还让我代表学校演讲,因为我能背书。所以讲话稿他写了以后我背,背了以后全县比赛我还得奖了。我记着讲稿里头,有一段话,"博学之,审问之,慎思之,明辨之,笃行之",我不知道这话啥意思,上了中学以后,我才知道。高小毕业以后考中学。咸阳当时有一个公立中学,还有一个简易师范,有三个民办中学,也就是私立学校,有两个是东北张学良军队的家属办的东北军子弟学校,后来学校子弟招不满，又接收社会上的学生。我就考这两个东北军办的学校和一个社会贤达办的学校，都在渭河以南。另一个是公办学校，我考个备取生，我不愿意备取，因为渭河一涨水，那是波浪滚滚，闹得很大，不能渡船，所以我就没去，就上了东北中学。东北中学还不错，我上东北中学时的语文教师，是从新疆回来的一个东北老学究，他就让我们跟着他读《中庸》《大学》《孟子》《论语》，所以我在初中一年级二年级，整天"大学之道，在明明德，在亲民，在止于至善"，"汤之盘铭曰：'苟日新，日日新，又日新'"。背《中庸》《大学》，也背《论语》，也熟读《孟子》，《古文观止》里的散文，特别是《古文观止》的第四册，元明清的，第三册是唐代的。我回忆我能在那里背过40多篇文章。第一篇文章是《吊古战场文》，李华的，"浩浩乎，平沙无垠"，那时候就是背书。西北工学院的学生给我们代课，数学、物理、化学、英语、体育，他们都包了。所以，解放后陕西文史资料上有一个人写的文章说："在咸阳办的学校里，东北中学的教学质量水平最高。"1948年这个学校不办了，我就上了周陵中学。周陵中学环境很好，老师讲得也比较好，但是学习气氛很沉闷。语文老师是刘古愚先生的直系弟子，讲刘古愚的"经世致用"。1949年5月咸阳解放，5月到10月，我参加工作队，咸阳城关工作队。那时候工作队的任务就是催军鞋、催粮，督促支前，支援大西北解放工作。地方政权建立后，我想上西北人民革命大学。我的老师，是小学校长也是教育科长，他说："你年龄小，不要上大学，你还是继续好好读书。"我就上了中学。我是1949年入团的，是第一批参加新民主主义青年团的。新民主主义青年团，到1956年八大以后，改成"共产主义青年团"。我后来上咸阳中学高中部就是团总支副书记，书记是个党员。1950年担任学校团总支书记。1950年新民主主义青年团西北团工委在西北大学办了团干部学习会，我们学校派我、团总支书记和校学生会主席来学习，学习《论共产党员的修养》这本书。就是在这个学习阶段，我不适当地提出了几个问题，人家说我有家庭观念私有制思想等，批判我，斗争我，尹万杰先生保护了我。实际上没有啥问题，我就提出："到共产主义，都不生产，怎么来生活？父母谁来养活？家庭的土地、房屋怎么办？"他们批判我有家族思想、封建残余。1950年，我才16岁，不知道咋弄了，吓得打颤，吓得几乎要流泪了。特别是有个中学教师，见团总书记来了，批斗的纲很高，只有乾中尹万杰（乾县人）出来说，"就问了个问题嘛，就把人家娃那样批判，咱都是学习来的，试问你们哪一个人没有这思想？刘少奇的共产党修养没有说不孝敬父母的，没有说就忘了家，没有这家族的问题。"

回来以后我退学了,但不是因为这个问题,这个问题我检讨了。回来后,我父亲病了,我母亲双眼近乎失明,我想:"怎么办呢?"我就退学了。退学以后,我的老师介绍我到咸阳县文化馆职工业余学校教书,我在那教了一年书。可笑的是叫我教三门课,一门是时事政治,一门是语文,一门是音乐。我觉得我不会唱,后来我请教老师。那时候有几个歌比较熟悉,《东方红》《八路军进行曲》,"向前向前向前,我们的队伍向太阳。"再一个就是抗美援朝歌,"抗美援朝,保家卫国。"我唱的音不准的话,晚上请教我的小学音乐老师,纠正一下我唱的音。我所讲的时事政策就是报纸上杂志上选取的。语文就从高中语文与初中语文里挑选一些文章,讲得还可以。后来1954年我上大学的时候,还有些学生专门到大学来看我。我在日记里还记着,张禄、赵森等还都分别来看过我,有的不追求进步的还被我叫回去,督促其进步。1951年咸阳中学进行知识分子思想改造时,本来这是中学教师的事,没有我的事情,为什么我要去参加呢?上级规定必须叫团总支书记、副书记,学生会主席、副主席来帮助老师思想改造。批判什么呢?三敌思想——崇美、媚美、恐美。崇美,崇拜美国,媚美,谄媚美国,恐美,惧怕美国。我这个人藏不住话,就多说了几句,又被批了。团工委的工作部长领导来帮助我。我检讨了,很顺利过关。那时候重点是教师,不是我们学生,所以我就顺利过关了。过关以后,咸阳中学筹办,校长就说,"你带领八个炊事员、四辆马车,把这些餐具灶具,还有床板床头,从西安拉到咸阳新校区。"我说:"行。"我当时是十七八岁,也不懂,当时钞票的面值很大,拿多少钱做路费,就装裤子里,把裤角一绑,架在脖子上,就跟着马车走。第一天走到土门,第二天到咸阳,晚上到学校,我动员这些人把床板床头都搬到学校。我不知道学校还记不记得当年我所做的这些工作。

1953年7月我高中毕业,随即准备考大学。那时全省统一高考,也是全国统一高考。陕西省所有高中毕业生都集中在西安考试。我们咸阳地区的高中毕业学生住在哪里呢?住在西安师范学校,就是书院门里的"关中书院"。在哪里考试呢?就在城里现在北大街的西安交通大学附属口腔医院,当时叫西北医学院。我们考试就考三天,考外语,考语文,考政治,考数理化。外语是英语或俄语自选,我考的俄语。我记得当时语文的作文题是:记你最敬佩的干部,革命干部。我写的是我们团县委的书记,因为他对我帮助很大,当校团总支书记,我不会写工作计划,是他指导帮助我写的。他后来调到西安市工作,我当副校长那会儿,他来咱们学校检查卫生,要处罚咱们,后来他对校办同志说:"叫你们校长来。"办公室主任来叫我说:"也要请你去。"我说:"行。"我就去了,我说:"杨书记您来了。"他说:"你是李钟善吗?"我说:"是。"他说:"欸,你上大学我知道,你不是在西北大学吗?"我说:"是啊,我是在西北大学师范学院上的大学。我考的是西北大学师范学院中国语言文学系,即文学教育系。"

1953年考大学的报考条件(这是中央规定的):凡志愿为人民服务,身体健康的,都可以报。但是必须具备以下的条件之一:高级中学本届毕业生,包括修业已满五学期提前毕业的春季班的学生,工农速成中学本届毕业生持有毕业证明的,这是第一个条件。第二个呢,中等专业学校或本届毕业的优秀学生,经当地教育厅局审查批准而持有毕业证书及当地教育厅局介绍的、推荐的优秀学生。第三个条件是,优秀小学教师,经当地教育厅局审查批准,选送高等师范学校,而且持有介绍函件。第四个条件是,曾经在中等专业学校毕业,有毕业证书及毕业后服务满规定年限的证件,并请原工作单位介绍的。第五个条件是工农青年革命干部,持有县以上总工会或者原工作单位的证明。若为私营企业单位的工农青年革命干部,必须有工会证明,且具有相当于高中毕业文化程度,并且持有原工作单位同意报考证明的。第六个条件是曾在高级中学毕业,或者现有相当高中毕业的文化程度,未考入高等学校,也未参加革命工作,或者曾参加革命工作,现在已经离职,年龄在27岁以下,而持有学历证件及所在地区或者区以上人民政府的介绍报考函件。

后面有变化,特别是1950年代后期以及1960年代,尤其是1962年七千人大会之后,规定阶级斗争年年讲,月月讲,天天讲,以阶级斗争为纲。其实1950年代后期也已经讲到阶级了。当时报考的学生有多少,全国录取了多少,西部地区报考了多少。这方面数据,我都清清楚楚,参加高校招生的细节如下:西部地区参加招生的学校有西北大学、兰州大学、西北工学院、西北医学院、西北师范大学、西北大学师范学院、西北畜牧兽医学院、西北俄文专科学校。西北俄文专科学校后经发展演变为现在的西安外国语大学,还有新疆的八一农学院、陕西的西北农学院。过去规定叫做综合大学的必须有文学院、理学院、工学院、医学院、农学院。就是必须包括理工农医师。当时西北地区就是有这么几所学校招生。西北地区考试的地点是西安和兰州以及南郑。因为隔一个秦岭,交通不便,所以秦岭以南的都在南郑,南郑专员公署考试。新疆在什么地方呢?在迪化,即现在的乌鲁木齐。陕西高考的地点就在西安的西北医学院,我们当时就是在西北医学院的教室里考的。兰州的考点就在兰州大学。秦岭以南的学生就在南郑专员公署,新疆的学生就在迪化考试。报名的日期是1953年8月12号到16号,当时是集体报名的。个别人的报名是8月17号到18号。考试是8月20号到22号,全国统一。8月20号,7点半到9点半考数学,10点到11点40考政治常识;下午3点到4点40考生物。8月21号,7点半到9点半考本国语文,10点到11点40考物理;下午3点到4点40考外国语文。所有的考生都考,不分文理。其中,外国语文是在俄语和英语中任选一种,我选的俄语。我也不知道我这俄语怎么混过去的,那时候学了两年俄语。8月22号,7点20到9点10考化学,9点40到11点10分,考中外史地。中外史地就是中国历史地理、外国历史地理合到一起。8月23号到29号,凡是报考音乐、戏剧、美术、体育的,都要加考专业科目。咱们这里解放初,西安还没有美术学院和音乐学院,有一个西安艺术学校,还有一个体育专科学校。这就是考试的情况。

1953年录取情况:1953年,全国共有73个考区,有8万多人报考。全国高等学校招生任务倒挺大的,招收71000多人。就是报考8万多人,录取7万多人。录取率挺高的,当时没有人啊,在1953年以前,都是高中没有毕业就保送上大学,大学没毕业就提前调出来工作,或者像咱们数学系55级的,三年学完,第四年不学了,就分到贵州师范大学、山西师范大学。到处要人,没有人,没有足够的教师,所以录取的人数很多。

我们西北地区各地青年学生总共有2794人报考,录取了2312人。我记得这个数字是在《群众日报》上刊登的。当时西北区的党报就是《群众日报》。录取的2312人中2294人进入本区高等学校,其余的18个人被拨到华北、东北等地方。2294人有工科、农科、医科、师范类、理科、文科,还有分数没有达标的,备取生72人,实际上这些备取生后来都上了。西北大学师范学院数学系录取50人。当时物理和化学没有分,理化系60人,史地系50人,中国语言文学系87人。以上这都是西北地区录取西北地区的。中文系还录取了中南地区的3个人,也就是说中文录取了90人。教育系录取35人,这是西北地区,再加上中南地区的3个人,总共是38人。中南地区就包括河南、广东。我同宿舍就是广东来的一位同学。我们11月报到时带着棉被子、棉褥子,他来就穿着拖鞋,背一个草席,再没拿啥来了,他认为这里气候跟他那里一样。所以学校给他补助了棉衣、棉裤、被子、褥子、枕头等。还有备取生10个人,总计下来,咱们学校当时共录取了298人。虽然有298人,但是,不来的人和弃学的人不少。中文系是90个人,最后剩下74个人,有16个人没有来。有些可能是报名了,单位不让走,还有一些就是不愿意上师范,虽然报了师范,但是没有来师范学校上学,他觉得录取率很高,想来年再考,有几个就是名单有,但第二年又考了仍然被中文系录取。实际到校的大概也就是260多人吧。

上大学

1953年10月我进的校,1952年咱们学校正式从西北大学分离出来,1952年是边建边开学。1952年文科过来,1954年理科过来。1953年我背着行李从火车站走到西北大学。西北大学的文科已经搬到南郊吴家坟了,我就又从西北大学背着行李,进西门走的钟楼,然后走出南门,南城门不是现在这样子,就是一个小洞。走到南稍门,有个农村地摊烧茶的,好像茶馆一样。有一个学生在招待:"欸,同学,你来来,你是上俄专还是师院呢?"我说:"师院。""你坐在这儿等一等。"坐到背包上等着,等够十个人坐一辆马车。学校雇的马车,马车走那个坑坑洼洼的路,马车那个铃,铃铛铛铛响,我都被颠簸瞌睡了。走到咱们校门,就是老西门。老西门旁一个茅草棚子,有两个站岗的,还背着枪,马车师傅说:"欸,小伙子,下来下来,到了学院门口了,还瞌睡。"我们是10月接到通知开学的,当时满地都是泥巴,就像住到黄土地上。当时学生会的一个什么部长,是数学系的,也是我们咸阳老乡(原来同级,后来我休学了,他保送到这儿数学系的):"哎,老乡,接到你了。"我说:"谢谢。"走到现在超市,就是咱们办公院报道的地方,满腿满脚都是泥。我把铺盖搁那儿,也不解铺盖,我说:"哎呀,上这么一个烂脏学校,早知道就不上这学校,不想上。"我这个老乡同学说:"唉,走走走,这学校好着呢,有发展前途。"把我叫到外语专科学校西边,有个草棚子,草棚子里卖馄饨:"哎,老乡,来,请你吃顿馄饨,吃了馄饨回去把铺盖解了。"我一看这也没有办法,我旁边还有西安二中和六中的两位同学。11月了,晚上风大得很。有些人出去解手回来不关门,我的被子很厚,七斤棉花的被子,三斤棉花的褥子,盖上不冷,头一蒙,被子头拿裤带一绑,门开着也不管。边上西安市来的赵焕痴说:"钟善,你咋不起来?你关门么。"我说:"我不解手,我不起来。"

在食堂学生灶吃饭,八个人一组,炊事员把饭菜摆好,八菜或十菜一汤,只要八块钱。那时候没有学费,学费都是国家供应的,没有书费,就是八块钱的伙食费,我来了一看:"哎呀,整天都跟过年一样,伙食好得很。"八元钱的伙食费也是国家全部报销的。我们那时吃饭的牌子都在墙上挂着,就像医院那个住院的牌子,八个人围着一桌吃饭。一直吃到1956年。1955年以后粮食定量了。我上大学一开始并不满意,但是,历史系一个老乡跟我介绍说:"你好好学,咱们学校有个刘老,心理学专家,老革命,老干部,在全省、全国都有威信。"刘泽如刘老曾任延大教育系的系主任,一直研究心理学。1949年解放的时候,刘老给全市干部做党员修养的报告。所以,我老乡一说这些,我就安下心来了。

当时我们全校中文系招的学生最多,系主任是高元白教授,在迎新大会上,他说:"孔夫子有七十二大贤,我现在带了七十四个学生,有七十四大贤。"我们那个中文系,就有六七个是我高中同班同学。我们这个七十多个同学中有工农速成中学来的几个同学,也有从数学系过来的五个,学不了数学,改学语文了。我们班上当时中南地区来的有三个还是四个,广东有一个,剩下都是陕西的。当时我们高中那个班,我记得只有五六个同学没考上大学,其他都考上了。没有考上大学的,都到西北团校学习了,学半年以后,分配到高等学校做团的工作。我记得西农就有三个,还有一个到煤矿上,还有个党员,到地方做党的工作。

当时的招生政策总体上我不了解,但是,基本上达到标准就录取了,没有录取的就是实在不行的。那时候缺乏干部,缺少教师。像我们同级,考医学的就有十个人,多数都在西大、师大,还有一些在兰大,一些在西北农学院。当时的政策就是凡是够条件都要上大学,那个时候还没讲到这个政治标准。当时政策宽,那要是讲政治标准,我就麻烦了,出身不好,社会关系复杂。我记得我考大学时最遗憾的就是,高中上了解析几何,考大学没有解析几何题,我说:"哎呀,浪费时间了,准备了解析几何,没有考。"我最遗憾且记得最清楚的一个题是:衡阳是怎么解放的?因为衡阳在什么地方我不知道。反正那时候就是考上了。回去以后我就患疟疾,住院了。当时那个疟疾还挺厉害,没有办法治。当时好像盘尼西林还找不到,进口都没有,就吃中药。我们把疟疾叫"打摆子"。我后来上大学两次,继续"打摆子",1954年一次,1955年一次。

我在大学当了四年团委委员。因为我入团早,做过中学团总支副书记。我在学校团委负责联系数学系、化学系、地理系的工作。他们要新生入学建团,我都要代表团委去,而且代表团委参加过1954年和1956年两届团市委团代会。除了这个日常工作,我的学习,不能说在班上最好,但是不落后。因为组织老师叫我帮助从工农速成中学来的三个学生,还有一个学习、思想比较后进的同学,专门叫我跟他住到一个宿舍,坐到一个桌子。所以说我当时学习还可以,也不算冒尖儿。我在日记上常检讨,我的俄语没有考好,教育学没有考好,我说:"哎呀,对不起团部组织,对不起党组织,对不起毛主席。"写得很天真,很虔诚地向毛主席像检讨,自己没考好。除了父亲生病那会儿,我耽误了课,回来补课、补考。补考是规定的,你请假了就得补考。补考,我都过关。可以说在大学学习,我还是认真的、刻苦的,我非常爱学俄语、心理学、教育学。我喜欢古典文学,因为我有国学基础、古文底子,所以老师讲的我基本都知道,我能背下来许多古文。

大学最难度过的两个问题,一个入党问题,再一个婚姻问题,解决不了。入党问题是社会关系问题,是家庭出身问题,所以,这个问题拖着,入不了党。为什么入团到入党,七年之后才解决,1956年八大开了以后,中央提出"向科学进军,吸收知识分子入党"。那个时候,党组织才考虑我,跟我联系的人是我的同窗室友,渭南师院的教授,问我:"钟善,这入党问题,你还考虑不考虑?"我说:"我考虑不考虑不重要,看组织上咋考虑。""组织上现在考虑你了。"我说:"那我就感谢组织。"所以1956年12月15日讨论我入党,我的介绍人,一位是我们的班长工农兵学员曾育华,另一位是刘丞业。刘丞业毕业以后分到绥德去了。可是一年后,我转不了正,原因是1957年,我的中学校长被划右派了,说我跟右派分子划不清界限,立场有问题。1957年工作以后,我到1963年才结婚的,我非常感谢我的老伴。她是1960年中文系毕业的,分到附中,她不嫌我的家庭出身,我家庭负担重,要供给我妹妹上大学。我工作以后,当时58块5的工资,我留12块钱伙食费,留些零用钱,定报,交党费、会费等各种费用,还有学校桌椅板凳的租用费。当时啥都收费,虽然不高,三四块钱,但是每月都要扣,我只能准备。我父亲是半身不遂,脑溢血在床上躺着,躺了17年。我母亲眼睛近似失明,我的小妹,我坚持叫她上大学,她上的西北大学,我每月给她15~18块钱,给我的父母寄20块钱。我还要周济我的姨妈,因为我吃她的奶长大的。我还记着农村我姐的困难,我两个舅父的困难,也给的不多,有时候最多给五块钱。我妹妹现在给她三个儿子讲:"我是你舅舅每月15~18块钱供给上大学的,四年,西北大学数学系毕业。"当时他们上学就已经是自费了,她是1960年进校,1964年工作的。所以大学这个生活,度日如年啊,因为我一个考虑工作,一个考虑我的专业学习,再一个考虑我的家庭负担,我的父母、我的妹妹的生活。你比如说,我舅父家表弟结婚,舅父要我给他出一百块钱,给我表弟结婚。我一个月就是50多块钱工资,后来提到65块钱工资,我就把差不多两个月工资给他了,我跟他说:"我留20块钱够吃饭,其余都给你。"那你没办法,就这样过日子。我觉得大学生活也是快乐的。我有很多同学跟我关系很好,我也出钱帮助,像有一个同学,后来当助教,在中大进修,他家庭很困难。我当时是65块钱工资,给他家里头过年寄了50块钱,我从来没有问过,没有要过。有一个跟我同时当助教的,四川的,给我写信有困难,我给他寄了50块钱。因为人在患难当中,我对此深有体会。我曾经为买两本专业书,借过我一个表兄的钱,他在一个出版社当秘书,我去借20元买书,刚一开口他就说:"你不要提,你爸爸,当年是殷实之家,所谓财东。你现在困难了,借我钱。"我说:"五哥,不用说了,你别为难,我不借了。"我就出来了。我从北大街,捂着眼睛跑回学校,趴到床上哭了,我下决心一辈子再不借钱。你不借钱算了,你还要损我,你损我不要紧,还损我父亲和我五舅父,是我同父异母的舅舅,他的亲五叔父。1960年代初,不知什么原因,组织把他清除回家了。我不知道,我回去后,我母亲告诉我说:"娃呀,你五哥不知因为犯了啥事,回到家里头,被监督劳动,你去看一下。"我说:"行,我一定去看。"我母亲给我讲:"娃呀,你不要提过去的事情,你就是看,人在困难当中,你看一下,安慰一下。"我去看他,他问了下人民公社的政策,恰恰1960年我在商洛搞宣传十二条,我在商洛待五个月,带六二级学生全部去的。我清楚,我就跟他说,大食堂怎么办,人民公社怎么办,中央有个规定,他知道了。后来我还再去看过三次,都没有提过去的那些事情。后来他的问题得到了政策落实,他当了咸阳市政协委员,我再不去了,因为他已经升了,在位了。所以,从那以后,我不再借钱,再困难不借钱,我有钱,我就买书,没有钱,我就不买书,就到图书馆借书。我的老师梁益堂,在我毕业前夕,1957年2月买了一本《诗词语汇解释》上下两册送给我,上面写着"钟善同学存念,梁益堂",我现在还保留着。我买了一本《文学作品选读》,也还保存着,还保存两本《教育学》。因为当时在西北大学学习,中文系的学生鼓励我学中文,教育系的两个学生鼓励我学教育,还有搞文字的叫我学新文字。我后来决定上大学学中文、教育两个专业,所以我上大学就学了这几门。

我大学四年,可以说,还算比较顺利,比较刻苦,没有什么闲言碎语,也不结帮组派,但是,确实有几个无话不谈、无事不讲的挚友。所以说,不管怎么样,受这样的挫折,遇那样的困难,大学总算顺利毕业。而且,系上能够研究确定我留校,这也给我一个很好的鼓励。从系上当助教,当教学科研秘书,一直到给党委书记当秘书,当时我很紧张,党员还没转正,入党延长两年预备期。我说:"我能给领导当秘书?"结果系党总支秘书跟我说:"学校正式研究,你去给文书记当秘书,你转正的问题已经解决了。"没有通知我,我都不知道,而且我一到这儿当秘书,还当机关支部书记,还管党委书记、校长的日常事务工作,所以说,我一路比较顺利。但是也有坎坷,我把它看作党对我的考验,我自己也是一种锻炼,我就在考验和锻炼中成长。幸好没有辜负领导对我的期望,我的导师、我的系主任对我的希望。家里老人啥都不懂,就是说:"只要你身体好就行,不要给人家公家添乱,不要把公家的事情耽误就行。"

至于最后一个问题是听过哪些专家报告,我在西安师院上学的时候,听过苏联一个教育心理学家,叫费拉托夫。费拉托夫的报告有翻译,对我影响很大,因为他报告的是教育心理学。所以我在大学四年教育学、心理学和俄语的成绩还好。我就在西安师院听过这一次报告。西安师院当时没有外国人,但是我到外院蹭过课,听过该校的英语课和俄语课。我是大学三年学俄语的。学中文用不上俄语,不看外国作品,看俄语的话都看翻译过来的。俄国文学小说我读得很多,就是在图书馆借,买不到书,借书看。我在学校干训班主持工作的时候,请过很多知名教师:潘懋元老潘、顾明远老顾、加拿大的许美德等,台湾专家也来过。也有些像河北大学的、中山大学的、北京大学的老师,上海高教局局长余立也来讲过课,我都是为了开阔大家的思路,不要局限于一家,学术不能够单一地传承下来。单一地传承下来,学术不能开阔,要远缘杂交。所以我那书架上不仅有大陆的著作,台湾的著作不少,加拿大的书不少,马来西亚的、新西兰都有。人家说:"不拘一格降人才",我说:"不拘一格读书来",有好处,你们学习也是这样。我不是叫你背离你的导师,在你导师教的基础上,多多看书,多读书,大有好处。

专业课一周六天,天天都有课。它有个顺序,比如说古典文学,必须是先秦文学、汉魏六朝文学、唐宋文学、元明清文学,四年都要讲。现代文学,大学四年最少两年都要讲,文选及习作,两年都要讲,逻辑学还要讲,政治也要讲。唯有哲学,只讲"联共(布)党史"第四章第二节,辩证唯物主义和历史唯物主义,我记得很熟,因为在之前我读过《大众哲学》。

在中文系当教学秘书

与我同时当助教的有到省外去的,比如说到中山大学、北师大、北大进修。

我没有这个机会。我想去,系上不让去。我也知道我的后边有鞭子,什么鞭子呢?出身问题。进修的时候,有可能需要政治审查,就是这方面,比如说古典文学需要,而那边也愿意接收。比如说王季思,研究《西厢记》的一个老专家,我最好的同学张登地老师,一报名他那就录取了,系上不让我走。跟我同龄同级留校的历史系、政教系的都是助教兼任系的教学科研秘书。我们都在教学一楼二层办公室,那两个是你不叫走我也走,然后就考上研究生走了。工作三年以后,我想走,党总支书记、系主任不同意。我是助教兼任教学科研秘书,那时候是1958年,担任着这样的职务,不让走。系主任是民主人士,是民盟的负责人。他跟我说:"钟善啊,我离不开你,因为你在系上安排教学,安排科学研究,我用你得心应手,等以后有机会再去。"党总支书记就更不让我去了,党总支书记两个前任的助理都走了。一个到汉中去,就是现在的陕西理工学院,在当时叫汉中大学,当教务处长去了。总支书记跟我说:"你就在这里干,将来当什么长。"我说:"我不想干什么长,就想当个好教师。"所以从来没有机会进修学习,但有机会劳动,也没有机会出国学习,但有什么任务我都得去!!我常说:"自己太苦命了!"

1957年我大学毕业留校当助教。1958年全国开展扫盲运动,提出要在一两个月内将没有文化、不识字的中青年脱盲,使他们能看《人民日报》。省教育厅政教处的处长,到陕北检查,叫陕师大派人去,系上就派我去了。我带了六〇级两个快要毕业的、学得好的学生,还有一个历史系的学生,就是现在历史系有名的历史地理学家马正林。我带三个学生去陕北,从铜川一过,坐着大卡车,到黄陵、洛川、甘泉、宜君。这一路都在检查,帮助教育厅的领导检查扫盲运动。到榆林以后,榆林二办就是文教办公室,把我留下来,不让下现场去,让我帮助收集整理各县来的汇报,综合成一个材料给地委书记、地委宣传部长汇报。当时那个专员不太厉害,因为文化水平低。但那个宣传部长厉害,一点不敢含糊。后来,让我刻蜡版油印通讯,必须要给上边汇报,给下边各县下达,十三个县市。我就想这怎么办?每天都守在办公室真的不行,于是每天没事就到榆溪河、镇北台、红石峡逛,这些有名的地方我都去过。我有一个同班同学,分到榆林中学教书。我的导师李玉岐先生就是北师大毕业的,没有留校,而后在榆林待了十年。所以,榆林在当时都叫小北京。陕北最早的革命运动的发起人,就是榆林中学毕业的学生,所以榆林是很有文化水平的。在这工作一段时间以后,我要求下去,我说:"我不能蹲到地委。"领导就问我:"你到哪里去?"我说:"我想到横山去。"横山县是什么地方？高岗是横山人，横山闹革命是他带领起义的。陕北当时穷得叮当响，住的石窑洞。县政府盖了个平房，在榆溪河畔。坐着卡车走，看不出卡车外边是什么天气，黄沙飞扬，尘土飞扬。晚上就睡在河边，榆溪河里的水哗哗地流，我把衣服一脱，蒙着头，不管外头风沙的问题。

我去横山县检查，在去的路上，站岗的两个小青年持着红缨枪把我挡住，让我认字。我说："行，你认不认得字？"对方说："认得。"我说："你写一下"。他们就是不会写。但是每一个岗楼都站着两个人背着红缨枪，他们说："你不能过，要认字。你过必须先认字。"1958年，我到横山县去，那时的生活就是吃各种杂粮的炒面。我到县城里，在县城住下后，旁边就是榆溪河，到榆溪河上转了一圈，旁边有一个博物馆，我一看，博物馆里放了一个瓷瓦盆，没有多少东西，还没咱书亭的书多。我感觉转着没啥意思，回去了。回去后，县委书记、县长下乡回来后来看我："我听说省上下来一个大干部，我来看看。"我说："我不是干部，我是教师，来检查督促扫盲运动的。"他说："那好。"我说："我想到老县城去看一下。""行。"县委秘书陪着我去，老县城就是顺着山沟，都是石头，石头打进去就是个房子，石头窑洞有的浅有的深，有几个青年看我检查来了，都坐在那儿看书，欢迎我，我去问一下他们认字情况，问30个字认不到10个字。我说："赶月底能不能达到标准？"他们说："肯定能达到。"我到农村检查，农村的村长，当时村长叫贫协主席，他开口问我："你是哪一年参加革命的？"我说："我去年才留校工作的。""那你还是新人手，那你还检查我们的工作？"我说："是省上派我来的。"他说："我是1935年参加革命的，1935年到1958年，也就23年。"他问："你是不是党员？"他意思是说你去年才参加工作，还是个助教，还是预备党员，你来检查我们的工作，不信任。我就拿出文件说："老领导你看看。"他拿着文件，是反的，不认识字。我没办法，我说："你拿反了。"后来回到县城，我说："这个扫盲，三个月也扫不了。"县委书记、县长说："你放心，小李，我到时候一定能达到。"教育局长来了，教育局长是个老革命，大概有40多岁，不到50岁，他看着我说："你是西安师范学院的，我的老师刘泽如你认识不？"我说："是我们的书记院长。""哎呀，刘老这个人好得很，好得很。他当延大教育系主任，我是学生。"他跟我说刘老非常的和气，耐心地给他们讲心理学。刘老的女儿参加革命了，在边区报上登着要找她的父亲刘泽如。刘老看报纸之后，知道他女儿参加革命了，又找他，非常高兴，在系上宣布呢。所以这些人对刘老尊敬得很。一听我是刘老的学生，高兴地接待我。我到那儿才听到"人民公社好"的口号，就是毛主席视察了河南,还有什么地方,说看来人民公社就是好,就是工农兵学商都综合在一起了。打锣敲鼓,扭秧歌,称赞这个人民公社,我也才知道。我到这没有停,人家都开会了,我就到清涧去。

我们学校一位老师被调到陕北清涧县的清涧中学。他看到我后,邀请我打羽毛球,我说:"陈老师,我的任务是检查,我不敢玩。"当时在那里听到陕北一个民谣:"米脂的婆姨,绥德的汉。清涧的石板,瓦窑堡的炭。"所以,清涧都是青石板铺的地,公路也都是,出了县城,到公路口,到汽车站那儿都是青石板的。我沿路看看,确实都是青石板。我看到最后,跟清涧的县长、书记聊了一下,清涧比横山先进,人的文化程度也比较高。所谓高也就是识字的人比较多,清涧有一个乡镇参加革命的人最低资格是地委书记,都是省委书记、省长、部长这一级干部。

我在清涧检查完了以后就去了延安,我一个同学当时分到延安中学教不了书,就在新华书店工作,我过去看他。后来我接到学校的电话,叫我回去参加党代会,是全体党员都得回去。我就赶紧写考察总结,给教育厅汇报,给地委汇报,写完以后,我就准备回来。可过几天又说党代会延期,开不了,就在这里继续工作。我就在那看杨家岭,看枣园,看凤凰山、清凉山,看这女子大学,为啥看?女子大学当时是王明当校长,他应该在。我就去看了,就在往延安大学去的方向,拐弯的这个山包上。在清凉山看到,范仲淹当年当过延安地区的经略副使,就是掌握镇守陕北的军政大权的人。因为我读过他的《岳阳楼记》,我看他写的词《渔家傲》,这里还有个狄青的水牢,找不见了。看这个杨家岭,毛主席住过的地方,毛主席开荒的地方,也看了杨家岭的统战部窑洞、组织部窑洞。9月初回到学校,人家说在西安要修一个西安钢厂,让高等学校必须支援。中文系又派我带教工队伍去,老教授去,我很害怕,出了问题怎么办?我的导师,切除了2/3的胃,食堂的大蒸馍,他只吃1/3,每顿饭都是拉着我:"钟善呀,你来帮助帮助我。"我说:"干啥?"叫我给他端饭,然后让我把这些馍吃掉,不要浪费。还有外国文学教研室主任周骏章教授,教外国文学,戴个眼镜,高低不平的地儿,我得拉着他走,总害怕出问题,劳动一个月。在陕北,六月七月八月三个月,在这儿又是一个月。劳动回来,我想这大概再没有啥事了。在系上,下半年已经安排好了。当时聘请很多名人给学生作报告,请谁呢?请写《创业史》的柳青,写《保卫延安》的杜鹏程,这些名作家我都请。还有长春制片厂的导演武兆堤,来讲如何拍电影。还有跟鲁迅同时代的,五四时代的一个作家,郑伯奇。我都是安排一个车,亲自去请。杜鹏程在家里吃完早饭以后出来上厕所,我就在他门道里等着。那时没有小卧车,就是吉普车。名作家魏钢焰、王文石、李若冰,还有理论家胡采都请过。那个时候,请人好请,不给钱,也不请吃饭,请来作完报告就送走。所以说,我那个时候在系上工作,当教学秘书,我认为还是很尽心尽力地在工作,也得到了总支书记、系主任的满意评价。

当时我是助教,跟着导师听课,给老师提包。导师讲完课以后,我每天晚上要给学生辅导,就是答疑。我不会的问题,第二天向老师反映。讲什么呢?教材教法,就是学科教学论。我当时心里还有一种想法,给老师当三年助教就可以上讲台了,但事与愿违。我1958年、1959年的困难在什么地方呢?我忙于应付当前的工作,接待群众来信来访。那时候几乎天天有各种求学问题的来信,所以我是忙于应付这些。任何人都可以写信,社会群体、学生都可以来信。来信以后,比如说谈古典文学的,我就在信上批一下,请古典文学教研组谁谁或者霍松林老师解答;现代文学的、外国文学的,请马家骏老师处理。我都不直接处理,我不代劳,因为有些说不准,咱们不是这个教研室,不能越俎代庖。也谈不上为人民服务,是尽自己之劳,举手之劳。1958年,我也替系主任写大字报,他起草好了以后说:"钟善啊,我的字写不好,你写一下。"我就抄。写好以后,郭琦校长来检查中文系的大字报,郭校长看了这个大字报以后说:"哟,高主任,你这个大字报写得不错。"高主任笑了:"这是我们系的秘书钟善同志给我抄的。""噢,钟善的毛笔字还可以。"这也就是后来学校党委叫我去当秘书的一个原因,一个最早因素。1958年,我有些矛盾。大炼钢铁,大办工厂,所以,当时正上课,管劳动的行政人员就叫停课,让学生去搬砖,去出窑,还要放卫星。所谓放卫星,就是一天要达到多少,比如说跑步,晚上下晚自习以后,还叫学生在操场跑步,跑步累得,劳动累得,上课就打瞌睡,我不同意这样的做法。当时中文系提出一个观点,1/3时间上课,1/3时间劳动,1/3时间社会实践,"三三制"。但教育部规定是什么呢,本科学生,四年,学习时间是2400到2600学时,专科学生是2200学时。这样的话不是成了800多学时了,学不到知识怎么办?这时我当教学秘书,得严格遵守教育部规定时间,有这样时间的保证,才能给学生有完整的知识。学生在学校就是学习知识,学习技能。大学就是通过教师的教学来传授知识,培养技能,开发智力。传输知识、培养技能、开发智力达不到,学生出去就是一个无用的人。我主张是这样。可我不敢公开反对,但难免自己的言行上有所表露。我认为一件事情要按部就班来,循序渐进。1959年庐山会议以后,要反右倾,批判彭德怀,学校重点抓了几个人的右倾机会主义批判。所以,工作期间受到这些影响。

1959年,陕西省要开一个全省文艺工作会,在人民大厦开会,叫西北大学去人,陕西师大也要去人,中文系也要去。中文系派我去参会,在讨论的过程中我发言《中文系的文艺理论课程必须以毛主席〈在延安文艺座谈会上的讲话〉为标准》。全文被登在会刊上,我的发言也在简报上刊登了出来,还受到好评。文艺座谈会大概一周时间,我回来了,系主任倒没说什么,总支书记也是副主任对我说:"钟善,你怎么能参加这个会呢?"我说:"是人家上级说,要学校派系上人去的,学校说,你系上领导都走了,你当系秘书,又是助教,你应当去。"我又说:"我没代表,我是个人发言。"还好,我的发言登简报了,他把简报一看,不说啥了。所以我本来就谨小慎微,那时候就养成了谨言慎行的习惯,绝不越雷池半步,我就站好我的岗位,从不越位,越位是犯错误。

1960年陕西师范学院和西安师范学院两校合并了,人很多,教师已将近200人,有出有进,有些要淘汰。1955年底,北师大要在陕西办一个分校,叫陕西分校。就建在现在财经大学那个地方,也就是现在附中那个地方。那个地方原来叫陕西师范专科学校,简称师专。1955年改成陕西师范学院。这是北师大盖的学校。两个学校近在咫尺,都是师范大学。省委决定两个学院合并,1960年元月合并的。合并以后,明显是以这边为主,即以西安师范学院为主。那边儿都是中学调上来的教师,学术水平有高的,有低的,不整齐。系上也是这样子,作为系的教学秘书,我的文化水平正儿八经本科毕业,助教水平,所以还是由我来当系秘书。但是,又要考虑到北院的人,所以让我和北院的一个副主任,他是东北师大来的,一块来研究制定教学计划安排。

1960年,学校叫我带三个助教、两个学生到西安搪瓷厂,帮助搪瓷厂写厂史。后又派我去烽火公社,全国劳模王保京那儿,写社史,初稿都写好了。10月又调我带六二级学生到商洛山区去宣传中共中央12条,就是整顿人民公社。所以在搪瓷厂待了将近两个月,在烽火公社待了两个月。我带120个学生到商洛去,坐卡车到了黑龙口,下大雪。所以我们到秦岭中的黑龙口时住在那个马车店里头,二层楼。外边下大雪,我让学生睡在里头,我睡在楼边。楼边那风刮得我满脸都是雪,我不敢睡,怕学生冻坏了。我那时候就想起韩愈的诗了,"云横秦岭家何在,雪拥蓝关马不前",就是韩愈遭贬之后,到潮州去,路过秦岭蓝关那个地方写的一首诗。早上给皇帝一个奏章,要改革,晚上就把他给贬了。秦岭里很艰苦,秦岭里边有一个熊耳山,熊耳山底下有一个金陵寺公社,房店子大队权家湾小队,我在那儿住,住到一个权家老祠堂里头,那风吹得我冷得要命,我每天盖着被子,大衣摆在底下。这里没有电,也没有灯。我和马列主义教研室主任王宪堂教授一起住。他19岁参加革命就到延安,由延安到新疆,在新疆跟毛泽民、陈潭秋这一批老干部一起坐过监狱,他被营救后回到延安。解放后,在西南局给宣传部长当秘书,大区撤销以后,当时的宣传部长被调到中央宣传部当常务副部长,他继续给部长当秘书。1958年,他被调到陕师大工作。

我在那儿工作最艰苦了,外头有个倒退河,就在权家祠堂底下,倒退河结冰了,我去公社汇报的时候都得蹚着冰过去。县委召开我们工作队长会议就给我写信:"李老师,请自带五斤萝卜、五斤糊汤来县委开会。"我到县委开会,翻两座山。困难到什么程度呢?我上山下山把裤带弄断了,没办法,我就拿那个马兰草编了个裤带。组织部长,陕北人,他说:"你连裤带都没有?"拿他捆铺盖的绳子给我,我就勒上,参加会议。人家的三个小孩子拉着那个裤带:"不给你,不给你,这是我们家的。"把我裤带还挣断了。我说:"张部长,算了,我还是拿草绳勒着。"在商县找不到一家卖裤带的。所以我开玩笑,我是提着裤子去开会。那艰苦的程度,一天就是一碗糊汤,五斤糊汤、五斤萝卜开会。商洛的地适宜长萝卜,一个萝卜这么长,七八斤,我给公社食堂的会计说:"会计,我要到那儿开会去,要带这个呢。""行。"五斤糊汤给装上,一看萝卜八斤,我说:"你给切开,给五斤。""算了,你带上。用五斤,剩下三斤你带回来。"我到那个地方,跟农民一块劳动,我一开始去还气势恢宏,每天早上起来早,还到河边跑步,锻炼身体,最后不得了了。农民问我:"老李,怎么不锻炼了?"我说:"太冷了。"当时村里要开群众大会,还得拿个喇叭,对着那个山头喊叫:"开会了。"他们都拿着松节油灯来开会,满山都是。后来我看不行,还是下午开会,下午开会不冷,因为地里没活了。所以,他们感谢我说:"李组长来以后,我们没有受苦。"而且那时苞谷下来以后,都放到坊里边,晚上要派人烤火看着,害怕人偷,还害怕山上的野兽。金陵寺公社上边的熊耳山里有个煤矿,有焦炭,有木炭,我给那个会计说:"这样子,公社说,可以买,我去开个介绍信,买钢炭。"拿个背篓,我背木炭,他背钢炭。晚上在祠堂里头,平常时用木炭,开会的时候用大钢央炭。社员说:"哎呀,我们跟着老李享福了。"因为这些都是我自己的钱,没有拿生产队的钱。我给生产队每月交多少粮票,交多少钱,都照交。

王老师在刘家庙大队,我在房店子大队。他是贵州来的,就要吃辣子,他自已掏钱,买点高价油,油把辣一泼。我还是不吃辣子,遵守公社纪律。公社有人批判他是资产阶级生活。我说:"不要批判了,老革命老干部习惯于吃辣子,高抬贵手。"我给公社书记说了,他们给大队说,王老师的一切从优,不要管。所以我们两个一到公社开会,一个小床这么宽,睡到一块,他一来就跟我说他的恋爱,把我都听瞌睡了,但是当时我还是喜欢听。中央还规定,必须给每个人一把黄豆,当时叫"一号病",就是浮肿病,我当时也有浮肿,王老师也有浮肿,但是,他讲究吃,给我说,"吃辣子就不浮肿。"我不喜欢多吃辣子。而且公社开会的时候能喝一碗糊汤,里面没有苞谷汁,就相当于面汤,里头有几个黄豆,要么就是煮萝卜。我吃了一次牛骨汤,以后再晚上开会,我不去。咱还要清正廉洁,不同流合污。学校叫我们回来,我要走的时候,把粮票、伙食费,那时学生都有伙食费。都交给另外两个班长说:"你给大家一分发,组织大家安全地坐车回来。"我跟王老师提前走,学校党委要开会。

给书记、校长当秘书

1961年2月学校把我从商县调回来,那儿的运动已经基本结束,我就回来了,也不知道什么事情。回来以后到系上汇报工作。系上说:"现在你的工作有变动。"我说:"变动什么呢?"他说:"党委决定调你去党委办公室做秘书,给文书记当秘书。"我说:"能不能不去?"他说:"不去不行。党委急需你回来写东西。"没办法,几个人劝我说:"你还是去,在系上呢,你看,可能调整的幅度很大。"当时精简,我想无非是把我调整到中学去当老师嘛,我愿意到中学当老师。但是,当时我是党员嘛,要服从组织,我说:"行。"就去了。

我们的系总支秘书把我领到党委办公室见了办公室主任,主任又把我领到文书记家里。文书记跟我谈,问我的家庭,问我的年龄,问我的婚姻等情况,他是三八式老干部,言语很少,他问一句,我回答一句,没有多余的话。然后他说:"我这儿没有多少事情,必要的时候我下去调查研究,办农场,办工厂,你跟我去调查,写调查报告。别的没啥事,平常没啥事情。"又说:"你主要是把刘老、郭校长看好,他们工作忙。"刘老就是咱们学校解放后首任的书记校长,全国有名的心理学教授,1930年代就是老党员了,河北来的。1949年5月20日,西安解放。1949年7月27日,他就是军代表,接管陕西师范专科学校,就是咱们学校的前身。28日,又接管西北大学。一接管西北大学,就是西北大学文学院教育系的系主任、教授,而且是西北大学解放后第一任党支部书记,资格最老。所以他当书记、校长,从1949年在学校任职,一直到"文化大革命"。郭琦校长原来是西北局宣传部的处长、办公室主任。宣传部直接由习仲勋领导。宣传部有郭琦、赵守一、柯华、秦川四大才子。后来1954年大区撤销以后,习仲勋到北京,当中宣部部长,就把西北局这些人都带去了。柯华1961年就当了几内亚共和国大使馆特命。郭琦有才华,就到这个学校当副校长。虽然他没有刘校长资格老,他是1938年参加革命。秦川后来当了《人民日报》的总编,四大才子赵守一到陕西省委当副书记。

我就是给刘老抄他的心理学专著。我每次去送文件,他都跟我讲心理学。他说:"我这个心理学就是按照毛泽东的实践论、矛盾论发展的心理学。"我很佩服刘老对心理学专业的执着追求。刘老整天研究心理学,省委书记、省长,还有省上其他领导来看望他:"欸,刘老,您身体好吧?""身体好着呢,我是从事心理学的……"心理学一讲就是半个小时。有一位省长看刘老时,给秘书摇头示意,秘书把我叫出来:"能不能给刘老说一下,省长下来还要看其他的领导。"我说:"刘老一说出来,没办法"。最后,我给刘老说了,刘老说:"别忙,别忙。"

郭琦是川大毕业的,他对古今中外非常熟悉。学校1957年反右斗争运动,他给学生作报告,不拿稿子,一个提纲,几句话,然后,引经据典讲,所有的教师、学生心里都佩服他。他有个很好的习惯,每礼拜一开会,任务布置下去以后,他就下去。干什么呢?看校园,听课,走到哪个教室就进去,门推开就坐在后面听课。他到政教系听课,讲哲学的教师正在讲时,他说:"停一下,停一下,你下来,我来说两句。"费尔巴哈怎么说的,德国古典哲学终结,杜林论哪一章哪一节他都能讲,学生都惊讶。这些助教说:"郭校长,你再继续讲,我不讲了,我佩服。"到中文系,他也会马上说:"这个问题啊,应当怎么讲怎么讲?"他中文、历史、哲学都懂,博学多识,而且见识广,28岁就在兰州给高等学校的所有教师作报告,谈思想改造,能讲、能说、能写。咱这个老校区为什么建这么好,都是郭校长和总务长韦国安的功劳。郭校长当时要求:学校必须要绿化,要有绿荫,要有朗朗读书声,所以他提出"四季常青,三季有花,四季有水果"。学校的校园建设就是按照这个规划去做的。学校这个大屋顶的图书馆,是1950年代初开始建,1955年开始入驻。为了盖这个大屋顶图书馆费了很大的神,因为当时正在批判梁思成。刘老说:"大屋顶能不能不建了?"老韦坚持建大屋顶,说:"你们学文件,你们开会,白天我不干,晚上我来干。如果上级来批判你们的时候,你就说:'哎呀,老韦这个人从国外回来,不懂政策,胡来,我们也没有管上,我们白天检查去,他没干,晚上他干了。'"就这样坚持建成了。这个图书馆当年是西北地区最好的,一万平米,藏书当时有五六十万册。原来的图书室就在师苑超市的后边,是个工字形的平房。因为1955年发大水,南郊的水很大,把咱们学校都冲了。图书馆被大水淹了以后,我们就在图书室把书晒干,然后再一包一包地背到图书馆。我的日记上写着的,几月几日我背了几包。所以,我对这个图书馆很有感情。韦先生还跟我说:"那个图书馆的台阶,我准备给中间做一条龙。"那个台阶现在是一层一层的,他原来想中间有一条龙,还要再高一些,刘老没有同意。"文革"期间,我到韩城给韩城市委书记说,"买两个大石狮子,一人高的大狮子放到图书馆前头。"工宣队、军代表不同意。军代表说,"买白皮松,植松树。"所以,我一直有这个心思,我在河南南阳考察的时候,我还想在南阳买一对大石狮子回来,包括咱们的校门,我想建筑一个像北大、像上海交大一样古典式的校门,不要那个假山,一进校门就看到咱们图书馆三个字,不过后来为了更接地气,做成现在这个"陕西师范大学"在底下的校门。还有咱们老校区超市原来是一个办公院,1951年建成的,后来也拆了。

六十年代,银杏坡两边一边是苹果园,一边是桃园。南边是樱桃园,图书楼东边是桃园。三四月吃樱桃,五六月吃水蜜桃,七八月,梨、苹果都有,到十月有柿子,十二月有核桃。咱们东西停车场那边都是核桃树,所以四季有水果。1962年,我在农场劳动时,咱们学校的学生都放暑假了,桃、苹果都没办法吃完,校办农场的人就拿到小寨去卖。省高教局都在咱学校办公院开会,拿大盘子端水果。所以,咱们学校之所以建这么好,就是郭校长当时提出,必须是园林式的学校,必须是学生朗朗读书声,学校才有这样的环境。当时西工大的一个总务副校长、咱们学校的一个总务副校长、交大的一个总务副校长一块开会,我也参加了。我给他们评价就是:西工大的总务副校长是老八路,"三八式"的,是讲究继承传统,干打垒办学校;交大因为它西迁来的学校,学校建筑宏伟气派,是海派,是上海来的。韦总务长说:"咱们是美国加中国,小家碧玉,深藏不露。"

开常委会,郭校长说:"我记得我们四川有一个两个和尚什么,这个书叫个什么经?"我说:"我知道,叫《为学一首示子侄》,是彭端淑写的,天下事有难易乎?为之,则难者亦易矣;不为,则易者亦难矣。蜀之鄙有二僧……""哟,李钟善你怎么会?"我说:"这是我小学五六年级就背的书,大学也读。"他说:"你还记得啊!大学干什么的?"我说:"大学之道在明明德,在止于至善,在亲民,在止于至善。"我在初中背的《大学》,所以郭校长对我器重就是因为这。再一个,我的钢笔字、方块字,他很欣赏。后来,还有一些书他记不起,他要临时讲话,我就记起来。像文书记要作报告——精简机构,下放人员。历代都有什么机构?他让我查,我查了。陈梦家写的《中国历代年表》说,明代机构臃肿以后怎么精简下去。他是老同志,文化水平不高,他说,"你在哪查的?"他怕不可靠,我把我看的书给他,有根有据,他对我很赞赏。我的原则是,处理工作现在叫"精准",那时候就叫"准确、迅速、保密、严格"八字。我跟当时办公院里的教务处、人事处、科研处各处的人关系处得都很好,特别是教务处。把党委办公室、校长办公室处理得也相当好,没有矛盾。

我还跟文书记检查食堂,他夏天穿一个衬衣,穿个草鞋,戴个草帽,住到学生11楼。文书记跟学生在一个食堂吃饭,调查研究,我跟着记录。他说:"钟善同志,我看这个炊事员是反革命。"我说:"为啥呢?"他说:"克扣学生的粮食。"我说:"他是把这一顿饭调剂到那一顿饭,这个灶调剂到那个灶呢,不算克扣。"他就是这么严格。跟炊事员座谈开会,就说:"你们都是来自农村的,农村的妇女做饭以后,先给谁吃?后给谁吃?""那当然先给孩子吃嘛,给老人吃,给小孩吃。""对了,她做完饭以后就是先给老人吃,给小孩吃,最后自己吃点儿。什么精神?就是为了下一代,为了孝敬老一辈。"他就这样教育炊事员,所以炊事员也好,汽车司机也好,工人也好,一提文书记,非常尊敬。总务后勤部门都说:"不害怕飞机大炮,最害怕给文书记汇报"。为啥呢?他问得很细,困难时期粮食困难,他让炊事人员做人造肉,他们说:"没有锅。"他说:"附中教学楼底下地下室有一口大锅。"他调查得清清楚楚。到灞桥农场劳动,他骑个自行车,让我也骑个自行车,把铺盖行李放到自行车后,就像那解放初农村干部下乡考察一样。每天白天劳动,晚上开会记录。他很客气:"钟善,我讲完了,你看你还有什么说的?"或者"你先讲一讲。"晚上害怕农民在鱼池偷鱼,我在码头陪着文书记转。秋天收苞谷,收豆子,收芝麻,拔萝卜、拔葱,都得一块弄。夏天,他戴着草帽领着我在泾河石头滩里转,"你看这个地方能干啥?那个地方……"这样子实地调查。他每天早晨起来早,一打铃,他马上到学生区转,"下来,下来,锻炼!"催每一个学生锻炼,要辅导员每天开会汇报,然后叫他亲临实践。最困难时期,都跟学生同吃、同住。这是真正的老干部作风。一个辅导员要跟女同学谈恋爱,他骂这个辅导员:"你再胡来,开除你。"辅导员都害怕。就是这样一位老干部,这样一位"土八路",把学校办成了,办得很好。我给领导当秘书七年,虽然耽误了我的专业学习,并且在"文化大革命"期间,我被批判的次数也不少,挨斗得也很厉害,但是我无怨无悔,跟着老书记、老校长们学到很多教育教学管理的经验,受益匪浅。

1970年代,陕西特别缺教师。当时的教育厅,就是教育革命委员会,派我带十名教师去陕南汉中、安康调查,后来又到渭南地区调查,调查中小学缺少教师的情况,我回来还给省革委会写了个调研报告。1971年进行调查,我建议必须招生,1972年就开始招生了。1972年4月底招生回来,我就带领学校八个系的专家教授,去宝鸡培训中学教师。在宝鸡地区插队的知青中招收了一批教师培训一年,专业包括政教、中文、历史、生物、地理、化学、物理。两个师训班,一个在宝鸡,一个在凤翔。我在那待了半年,等于支教。1972年还没有结束,组织就派另外一个人去了,把我调回来了。我是1971年被调到教务处当教务科的科长,1972年以后又被调到政治部组织组当组长,负责安排学校各系室的干部。他们说:"我是革命老干部,对学校的情况最熟悉,对干部也最了解。"所以一定要叫我做这项工作。这项工作没有做完,就落实政策,学校平反右派,"摘帽",平反历史上的冤假错案。1975年就开始搞这个工作,一直到1979年。

1979年的秋天,领导调我到干部培训中心工作。中央下文件,必须培训各级各类干部,所以教育部党组就决定在西北、东北、华北、华中、中南、西南六大区的六个部属院校,设置干部培训中心。陕西师大就设立了一个干训中心,就是现在的教师干部培训中心,我就在那里工作,一直干到1996年退休。那时给书记、校长当秘书,是1961年2月去的,1967年2月下来的。

在师大当副校长

在学校40多年工作中,在干训中心的这19年是我最称心如意的。因为在那前几年都是这样,哪里需要就去哪儿工作,包括秘书工作都不是我希望的。因为我一直想从事教学,从事研究,一直想考研究生,或者进修,都没有机会。但是有一点我知道,1961年我到学校以后,郭校长专门给青年教师办了青年教师进修班、行政干部进修班。青年教师按专业分类,一心想要培养青年教师赶快成长。那么行政干部呢?他就讲:"我希望办三年,一年到三年,行政干部读哲学和写作。"哲学他亲自讲,还有读写马列著作。当时,这两个班我都没有资格,他不让去。他说:"你已经学够了。"他给青年教师提出,要过三关——大学生活关、教学关、科研关,而且提出,三年小成,五年中成,十年大成。① 生活关就是适应大学教师、大学助教这个生活。教学关就是站稳讲堂。科研关就是大学教师要搞科研,不搞科研提高不了。三年小成,就是当助教三年适应生活,适应高校的生活,知道如何当助教,能初步适应教学,能继承导师的一些"专业",就是学习"专业"。五年中成也就等于八年了,就是你能成为一个讲师,站稳讲台,业务上能逐步过关。十年大成就等于十五年以后,你就30岁了,或者30多岁了,就能够熟练地教好书,在教学上过关了,能够写出学术文章,就是说你的学术水平能够"出潼关进北京,争取全国发言权"。这一点我没有达到。但是,我改行教育以后,即1985年以后,才逐渐有了西北乃至全国的发言权,受邀请作报告。

那个时候,咱们学校文学方面,霍松林达到了,高海夫达到了,王守民达到了;历史系,史念海早已出名了,"文革"前,历史地理学全国有名的三足鼎立,北大的侯仁之、复旦的谭其骧、陕西师大的史念海。虽然我不在其内,但是,我在中文系,就按照王国维科学研究的"三个境界"来做这个事情。在干训中心我就是这样奋斗出来的,最终"那人就在灯火阑珊处"。教育部跟我说:"你担任这个中心主任,担任副校长、常务副校长,你前三年,70%用在管理上,30%用在专业教学上,不要脱离教学。到了三、五年后,你可以70%教学科研,30%、40%不超过50%用在管理上。"我就是按照这个做的。说实在话,我一开始痴迷到这种程度,什么财经管理、政治管理、人事管理、经济管理,凡是有管理两个字的文章、书籍我都看,广泛地吸纳各种不同的知识结构,凭借我解放前后学的英语,外国的也读。所以说,我给学生开的书单,也是按照这个。在这十几年当中,除教学科研工作以外,我把所有的时间,礼拜六、礼拜天都用在研究生专业考核上。所以,我在这期间主编了12本书:《大学校长的教育思想和实践》《大学校长应当努力成为社会主义教育家》《师范菁英光耀中华》《加拿大教育研究》《刘古愚教育思想研究》《陕西历代教育家评传》《民办高等教育研究》等。还有两本书记不清了,我的书都送给一个民办学校了。我还主编一个《西北教育管理研究》期刊,从1990年到1996年。我退休以后,这个期刊就被撤销了。我在杭州开会,

---

① 陕西师范大学史中记载:陕西师范大学成立后,郭琦任党委副书记兼副校长,结合学校实际提出"五年小成,十年中成,十五年大成"和"出潼关,进北京,争取全国发言权"等战略目标。(本书编审委员会.陕西师范大学史[M].西安:陕西师范大学出版总社,2024:136.)

杭州师范大学的校长问我："李老师,你那个杂志还在不在?"我说："停了。"他说:"你那个刊物是站得起,立得直,是很有影响的刊物。"咱们学报张主编就跟我说:"李老师,你的这个刊物相当于第二学报,陕西师大第二学报。"学报上没有登过教育部部长的文章,何东昌的文章在这登着呢,学报上没有登过潘懋元的文章,潘懋元的文章在这登着呢,我还请顾明远赐稿。还有好多外国的读者。我当副主编编过一个教育管理词典,海南出版社出版的,还有一个《当代中国心理》也是我主编的,还有高等教育管理丛书,这套丛书是给六大干训中心编的八部书,我当副主编,主编是教育部一个副部长。我从70年代末以来,做了以下几个事情:一个是创建了西北教育管理干部培训中心,由教育部直接领导,陕西师大党政支持,陕西省教育厅也全力支持。学校党委书记李绵是副组长,我是组员。所以,当时学校就认为,你们都是教育部直接领导的,干训中心有钱,学校管不上。因为好多事情是由省委、教育部、省教育厅决定的,当时叫高教局,决定以后,报教育部党组批的。我就直接给教育部何东昌汇报过工作,给彭佩云汇报过工作,给杨海波汇报过工作。每次咨询工作会都是大学校长、书记参加,一把手参加。我每次也都参加,我那时候还没当副校长。1980年开始办班,1985年我当上副校长。在六大中心主任里头,我是第一个当副校长的。后来其他的中心才任命副校长来兼这个主任。北师大是第一个,顾明远当了副校长,兼中心主任。所以我对这个干训中心有感情。我办的干训中心给西北五省培训了5000多名教育管理干部。我还办了三届中教管理大专班,为什么我在培训干部中心能够办这个学历班?我当时看到干训中心不是一个完整的教育机构,在学制上,我提出:"无长不稳,无短不活",什么意思呢?没有学历制的长期培训,这个干训中心,稳定不了;无短不活,没有半年制的培训、轮训,这个办不活。在教师培训上,前几年可以专兼结合,以兼为主,发展到3~5年以后,必须是以专为主,兼职为辅。所以,我当时还提出不能老请外边的人来讲课。外边人也愿意来,教育部的财务司司长来讲课,干部局的局长来讲课。当时给我配的助教除了郝文武、陈鹏,还有历史系、中文系、数学系来了几个。但是这些年轻的助教不能给干训中心的培训干部上课,培训的干部都是各系的系主任、各处的处长。年轻的助教上课,没有管理经验,不好,所以没有上课。我原来想把他们送出去进修,但是没有实现,我现在都感觉对不起这些年轻人,当然后来人家都有出路了。我把一个心理学专业的青年教师送到国外学习,那是教育部给的名额,本来应当继续再派,但是这个娃娃去了以后,不回来了。教育部惩罚,你这个学生不回来,不能再派。我还引进两个国外毕业的博士,一个是英国莱斯特大学毕业,一个是曼彻斯特大学毕业,两个博士都给我说要来,我还领到这儿看了。他们说:"李老师,我对您为人为文为事,都非常感谢,但是,你现在学校的处境不行,又面临退休,这个中心能办多长时间?"后来人家都没有来,很遗憾。

第二个是我在干训中心创建了两个教育管理研究机构,一个是高等教育管理研究中心,一个是加拿大教育研究中心。因为我在加拿大访学半年,1989年回来的,我出的两本书就是关于加拿大教育研究的。我还有幸地在干训中心创办了两个研究会,一个是西北高等教育管理研究会,一个是陕西高等教育研究会。这两个研究会以干训中心为依托,以历届学员为基础,以西北各个高校为支撑。研究会每年开一次,暑假西北研究会,寒假是陕西研究会,把高等学校管理干部凝聚在这里,每年出一本论文集,高兴得很。我还出了一本维文的论文集。各个学员每年开会,这个会很重要,形成了干训培训中心、教育管理信息交流中心、教育管理科学研究中心,几大中心把大家凝聚起来了。我给六大中心建立了培训的网络系统,经常是教师互派,教材互用,教学科研互相支持,互相学习,互相交流,共同发展,关系特别密切。他们那里需要教材,我这里教材多,派人送去。他们没有钱,我给他钱去支持。我每年都要到北师大教育管理学院,听听北师大的经验,教育部有啥信息直接都到那。在任期间,我曾经往加拿大派过西北五省的师范大学校长,派过西北五省教育厅厅长,到那去考察学习三个月。这些人光掏个来回路费,到那吃、住、行都是中华学院负责,很好的。咱们教育系的杨永明系主任去过,强海燕、方俊明去过,还有外语系系主任马振铎去过,都是我给推荐的。加拿大驻华大使馆每年专门给咱们干训中心写信。每年有两个名额,就是到那去三个月或者六个月,可以访问六所大学,好多受益的。1994年,我组织了一次全国加拿大研究会,大使馆的碧福大使专门来了,在咱们学校考察,考察加拿大研究中心,实际上考察我。可以说,外国驻华大使来咱们学校,这是历史上第一次。后来,好像越南一个大使馆的大使也来过咱们学校,越南大使1965年曾在咱们学校留学。这就是我在这个阶段的工作。

1996年,我退休以后,这个刊物已经撤了,加拿大研究中心已经没有了。后来加拿大那边还给我寄了信问派人的问题,我把信转交给党委校长办公室,大概哪位领导看了,批了几个字:"非常感谢李钟善教授对学校的关心",但后来听说再没有派。加拿大大使馆给我寄书,还有他们那个信息中心的书,我把一大批都送给咸阳师范学院了。

第三件事情是我成功申报了教育管理学硕士授权点。1992年申请教育管理专业的硕士点，1993年批下来的，这时候我早已经是教授了。硕士点来之不易，咱们学校的教育科学，从1981年恢复学位开始，教育科学方面就是刘老的心理学和吴元训的外国教育史，他们是资深教授，一报上去就批准了。当时还说，如果刘老报博士点也可以，刘老这个人很虚心，不愿意，先报硕士点。所以，批了两个，以后再没有批。到了1993年教育管理硕士点批了，我给报的，我本来不愿意申请的。当时，我出去开会，天津大学的同志、东北师大的教务处长问我："你怎么不申请呢？"潘老也问我，顾明远先生也问我，特别是咱们省主管研究生教育和学科建设的委员会秘书长，杨秘书长，找到我家里来："老李，咱们陕西理工相当多，文科也有，你不申请的话，就没有教育学。""李校长，教育学是咱们陕西省的弱点，你必须报。"我说："没有把握，再说，我年龄大了。"他说："你报，没有问题。我支持你。"还有继任的省长也支持我报。当时报的导师组是我、张安民、杨永明、高安民，高安民当时是教务处长，学数学的，我们四个人。后来我说："这样吧，谋事在人，成事在天。我们报吧，报了以后再说。"最后，咱们的教育管理硕士点通过了。那年咱们学校报了七个硕士点，通过了两个，另一个外国哲学，导师是范文，后来调到人大了。出版社、杂志社的几个人都恭贺说："哎呀，老李，来之不易啊！"杜鸿科当副校长，在全校广播中宣布："教育管理硕士点来之不易，这是李钟善校长、李钟善教授给咱们争取来的。"这就填补了陕西师大原来几乎十年没有申请到硕点的空白。咱们教育管理学硕士点申请成功以后，其他学校比如交大申请时还是我来给点评的，政法大学也是我给评的。现在都有教育学了，外院也有了。再一个就是，我招收培养了四届24名双学位学生。1993年批下来以后，就准备招生。先招双学位，那批双学位学生现在都很厉害。那个班的班长现在是西藏民族大学教科院的院长。支部书记是宁夏北方民族大学的校长、党委书记，还有一个是邮电学院的党委书记。这个硕士授权点以我的名义招了三届硕士，共10个人。第一届两个人，熊杰，女孩子，现在在加拿大多伦多大学，男孩子现在是西南医科大学的党委书记。第二届是七个人，程永波已经是南京财经大学的校长，其他的都是教授、博导了，北师大的周海涛，兰州大学的罗云，马廷奇在武汉理工大学。这七个人中有一个女孩子叫戴曼丽，我还把她推荐到日本，九州大学还是庆应大学的？还有一个是西北大学的郑宏，他是陕西高教协会秘书长。二学位有几个也很不错，张先，二学位没毕业,他又考了研究生,毕业以后分到北京昌平县委,现在是秘书长。孙冰红,邮电大学的纪委书记,还有一个咱们图书馆的副馆长,还有个退休处的处长,都有出息。第三届一个,苏华峰,在上海科技大学。

我在学校当副校长的时候管着11个单位,幼、小、中、大、研,生老病死退都管。幼儿园、小学、中学没人管,我来管。我每一个月或者最多两个月,到这几个幼儿园、小学、中学都要看一遍。一个是听听有什么问题,或者是下边反映一些问题如何解决,我帮助他们思考解决。再一个是换班子,我要考察,不能光听下边汇报,要考察。再有就是这些单位给教师评审职称,我主持评审职称。我管人事,给中学挑教师。校长办公室我管,人事处我管,学生处我管,保卫处我管,还有安全、卫生什么的,除了教务处、科研处或者后勤处,其他的几乎我都管。校长经常出国,出国走之前就说:"钟善,这些事情你都管。"有时候我病了,常委会、校长办公会就在我家里开会。有时候,我虽然不管基建处,有些矛盾也到我这儿来了。管财务的副校长要换了,正校长叫我管,我说:"国俊,我不能管,我这脑子是混账,账目不清。"我不愿意接管,所以后来校长直接管财务了。再一个就是调解学校的党政矛盾。为了解决和缓解矛盾,使学校工作正常发展,我当时就是采取毛主席"弹钢琴"的方法指导校长办公室的工作。我相信只要办公室主任副主任配合得好,什么样的工作都能做好。人事工作是个很重要的工作,所以老处长离休,我马上调声学所的副所长、总支书记来当人事处长。人事处有两个副处长矛盾很大,为了缓解人事处的矛盾,怎么办呢?他说:"愿意到生物系去。"我说:"现在不要去,过一段再说。"所以说,有些地方我抓紧,有些地方我放得宽,保卫处我抓得紧,人事处我抓得紧,还有一个教学单位,现在叫民族学院,过去叫民族班,我经常过问一下。少数民族我怕发生问题,引起民族矛盾。我平常也到图书馆去看,这个传统是郭琦老校长教给我的。图书馆是学校的心脏,要有好的图书,要有好的图书馆服务人员。图书馆当年的一些出纳员,都是教授的夫人,比如史念海的夫人、周俊章的夫人等,都是有学问的,五个夫人。我很尊敬她们,她们也知道我去要看啥,我就去看一看馆藏的书:这一周进了些什么书?学生一周都借阅什么?一周、一月、一学期流通量有多大?哪一类的书籍流通量大?

当副校长前几年我也去听课,我不懂的课都听。我听过地理系主任的课。中印边界划界情况,我不了解这个,我去听。历史我也听,历史地理学,我就请教史念海教授,他告诉我,为什么华山旁边的铁路从北边一二十里移到华山底下,梁山泊什么时候干涸了。我问他指导研究生的意见,他说:"宁可劳而无功,不可无功而劳",我记住了他的话。我跟这些统战对象,跟这些系主任都很熟。我就延续着他们那些传统,做好我的工作。

在制度上,我是主张开放、交流的,不要保守,不要封闭。我主张多到外面去,因为我台湾去过,香港、澳门去过,加拿大也去过。我主张多开放,多派学生出去访学、留学,有好处。物理系一次去了七八个人,都是我签字的,只要他们申请出去,我就同意。比如说去十个人,回来五个人都算数。我主张开阔思路,打开国门。户县县委书记的女儿在咱们生物系,要出国,生物系不同意,我同意,我说:"叫她出去,回来也行,不回来也行。"为什么呢?她开阔眼界,至少对她爸爸这个县委书记有启发。我还建议加强科学研究,教师不搞科学研究,提不高教学内容、教学质量。但是,一定要把本科教学或者专科教学质量放在首要地位,以教学来支持科研,以科研来提高教学质量,要加强国际、国内交流,提高自身科学研究能力。

再一个是经费。我在90年代初就不同意有人提出的"教育商业化、教育市场化、教育产业化"。我坚决不同意教育市场化、教育商业化等,特别是基础教育不能市场化。当时省上讨论这个问题,社科院的一位领导坚持教育市场化,说:"市场化有十个优点。"还有西安交大一个经济学教授也坚持教育市场化。我不同意,交大的书记、校长也不同意,还有一位教育厅的老厅长也不同意,我说:"大学不能市场化、商业化,教师给学生上课,上一节课多少钱,互相交换,学生拿钱买知识,家长拿钱培养学生,这不合适。把知识当商品,把学生当作买方,学校是卖方,将来下去不好。""大学有部分可以引进市场的竞争管理,科研成果、科研成品可以进入市场,等价交换。其他的不要。"我一直是这样坚持的。

辅仁大学校长陈垣,解放后继续担任北师大校长,当了四十五年校长,他是启功先生的老师,他威望在那儿。所以,对于大学校长的任期制,我认为,当得好,可以继续当,当得不好,立马走人,这样有好处。过去规定四年制,现在五年制,可以当十年。十年能不能办好?说不定。现在空降或者调岗,我认为工科大学的校长到人文科学为主的学校,水土不服,完全用工科学校的管理模式不行,要有一个逐步地适应和调整磨合的过程,这个过程没有三年不行。当年,教育部要调我到华侨大学当书记、副校长,我就不去。北方人到南方去水土不服,再一个,我的孩子都在西安。省上行政单位,什么政协、统战部、外事局,我都不愿意去。我就是教我的书,也没有到兄弟院校去,我都拒绝。1991年,教育部人事司的司长通知我到中央党校学习,我说:"我不去。"他跟王校长说:"叫老李来学习对他有好处。"王校长跟我说了,我说:"我知道,有什么好处,除非是党校学习回来叫我当书记,跟你合作好。"我说:"书记难当,我也不当,我一当书记,跟你有矛盾,你听我的,还是我听你的,我不干。"他哈哈大笑,最后1994年10月我们同时卸任了。因为书记和校长常常是有矛盾的,干部使用上、职称评定上都可能会产生矛盾。中间没有调和的人,没有难得糊涂的人,办不好。没有学校是没有矛盾的,只是如何化解矛盾,解决这个矛盾,为政在人。人存政举,人亡政息,一朝天子一朝臣,这个没有办法,这是中国两千多年的封建社会遗留下来的传统。在制度建设上,我没有多少新的建树,要是有建树就是继承了我们老书记、老校长的传统,抓教学,抓科研。我要说服别人,我自己也要强,自己没有本事,说话没有人听。比如说改革开放之初调整工资,当时大概是百分之八十的人调升,我在组织部,给人事处长写个信,我不调,不惹麻烦。我说:"僧多粥少,谁来挤这个热闹,争得头破血流。大家都争这个80%,我弃权,就等于减少一个竞争名额。"我有个亲戚住院时碰到我校一个职工,说:"你是哪的?""我是陕西师大的。""陕西师大有个李钟善是我的表弟。""哎呀,好人好人。"说我是个好人,就是说的这件事情,我不争名、不争利。

有人说:"你当常务副校长比校长的权还大。"我说,"不是校长,胜似校长。"辅助校长是我的责任,为什么呢?比如说,书记、校长,教育部每月给补贴300块钱,学校可以决定给副职——副书记、副校长每月补贴200块钱。书记说,"这件事由校长决定。"校长说:"由书记决定。"最后始终都没有给我。我没争,我在位没领过这个。再一个,学校给每一位校长、副校长、书记、副书记都有一个工资卡,比如说,你从卡里可以使用5000块钱、1万块钱,我没有。教育系的系主任方俊明开会,钱不够了,说:"把你那存折给我,我用一下。"我说:"我没有存折。""哎,书记、校长都有。"我就问一下财务处长:"小陈啊,是不是每一位校长都有?"他说:"都有。""那我怎么没有?"他说:"你没有提出啊。"我说:"没有提出就不给了?现在提出行不行?"他说:"可以。"马上给我存折存5000块钱。方俊明说:"老校长,5000块钱还不够。"我说:"你把存折给小陈处长说一下,再给你补够,还补到我这个存折上。"用完以后,存折给我了,我把存折给财务处长,我说:"给,我也不要,我也不用。"从来没有用过。那时候给全校平均奖金800块钱,物理系系主任告诉我:"哎呀,800块钱我都没有,我们系上没有钱。"我把教育系系主任方俊明叫过来说:"我今天要打富济贫,你教育系的钱多,你给他拿出一部分,把物理系包了。"他说:"李校长,我给人家不好交代。"我说:"好交代,你就说我要钱呢。"还好,教育系的这些人都支持我,就给发了。我在位时,出差开会,没有用干训中心的钱,用的学校的钱,有这一出差费。不在位的时候,除非教育部通知我开会,学校给钱,那是教育部的任务,再没有用过钱,用不着。所以,现在把权力关在笼子里面,我说:"我不知道什么笼子,我只知道学校的制度有沿袭性和短期行为性。"有一些制度,当时情况制定的,学校进步了,社会发展了,情况变了,要随时适应形势而改变。

学术研究工作

1961年2月,我到党委工作,就离开了系,从事秘书工作。但是我跟系上没有脱离任何关系,常到系主任高元白,还有副主任、党总支书记丁淑元那里,到我的专业导师李玉岐教授家里交流。那时职务上的变化就是这样,当了五年助教,然后到学校工作,给书记、校长当秘书,从1961年到1967年2月。但是,上级有些什么事情联系还要找我。1988年晋升副教授。1985年,我的老同学都评上副教授了。我为什么没有评上呢?1985年当副校长,1986年正式上任的,我又是评委会的副主任,国俊校长不主持,由我来主持,我又管人事、管职称,我不能给我自己评。教育部郭司长给我说:"你做得对,做得好!"有的人不了解说:"哎呀,当校长还要评职称,没教过书还要评职称?"他不知道,我从1980年代初就给干训班讲课,并作研究发表文章,一直到九十年代。所以,我之所以现在还能够出十本书,就是那个时候积累的,可以说,十八年在干训中心工作是我最称心如意的,没有颠簸。前二十年,除了"文化大革命",其他都是应付差事、劳动、下乡,哪里有困难,哪里需要就派我去,我经受了考验,经历了锻炼,所以,无怨无悔,也从不悲伤,上不愧于天,下不愧于地,也可能愧于人,但是,还可以,过来了,所以,现在我们老同学在手机上发的:"钟善老同学,深藏不露。"我没有过多地声张,处处都是讷于言、慎于行。王国俊当校长,我当副校长,他是正位,我是偏位,绝不越位,不上台。所以,我跟王国俊的关系相当好。江秀乐当书记,我尊重党的领导,在座谈会上讲:"党的领导,只能改善和加强,不能削弱和否定。什么时候削弱和淡化了党的领导,什么时候师生关系、群众关系、党政关系矛盾就突出。"我写的文章《大学校长应当努力成为社会主义教育家》轰动全国,是1984年提出的,1985年颁布的《中共中央关于教育体制改革的决定》提出,要试行校长负责制,强化了我这个思想概念。不能只强调校长负责制,校长还要成为社会主义教育家。教育部副部长黄辛白在广西柳州召开大学校长研讨会,东南西北中都去了,我作主题发言,引起争论,有的人同意,有的人不同意,在那儿讨论。这个文章在《辽宁高教研究》上一发表,中国人民大学报刊中心复印资料全文刊登。后来又恢复到党委领导下的校长负责制。我的学生毛建青(北师大王善迈的博士)给我说:"李老师,您那篇文章,非常有前瞻性。"我说:"论据还不充分,瞎凑合呢。"写这个文章的时候,我还没当校长。有成功,有失败!

我已经准备出版三本书。第一本书就是《高等教育管理学新探》;第二本书就是《高等教育管理学研究》;第三本书是《高等教育管理科学心理学》,这三本书内容涵盖了对一部分领导者和教育名人的教育管理思想的分析简介,对众多相关教育工作者的教育著作、遗作、编著的简介,特别是细心、中肯地记叙了大量的回忆,有对领导的回忆,还有对读小学、中学、大学的恩师及部分同学、同事和挚友的回忆,共约30万字。我明年3月交稿,因为最后一部分还没写完,争取2020年10月出版。

退休后的工作

我退休后一直给教科院的研究生带选修课,高等教育管理和高等学校改革与发展,一直带到2014年。

1998年我被教育部聘请为全国高等院校设置评议委员会的委员、专家(第三届、第四届),所以,从1998年到2006年共8年,我除了西藏和贵州没有去过,河南去了两次,四川去过两次,云南、广西、湖南、福建,还有东北三省、山西,我都去考察过。不说是完成任务,我尽力而为做了这些工作。最后,教育部还给我个表扬。我同时还被省教委聘请为陕西省高等院校设置评议委员会的常务副主任委员,教委主任、副主任挂名。所以,我大概考察了陕西40多个学校,民办的、公办的,像外语大学更名,政法大学更名都是我当组长考察的。所以,傅钢善教授跟我说:"李老师,我到许多学校去,都问候你,说你评审过他们学校,感谢你支持他们学校或升格、或更名、或升本这些事务。"

还被聘请为高等教育管理研究会全国的副理事长,陕西的理事长,高教学会全国常务理事,陕西高教学会的会长,老教授协会的常务理事。因为这些都是名人当会长,邀请我去,我不好意思不去。像全国高教管理研究会的会长是于北辰,高教学会的会长是周远清副部长,那我不好意思不答应,所以我就去。

全国老教授协会长是吴树青,每一次开会,陕西没有人去,他就问:"老弟怎么没来?"我不好意思拒绝。全国教育发展战略学会会长是郝克明,她说:"哎,老乡,你来参加么?"我说:"行,我就参加。"咱们省委书记张勃兴是会长,每次开会,省委书记秘书一打电话:"书记说,你们一定来,不来就不好。"每次都没办法,我在这开会,请张书记来,人家来,而且还跟我在老办公院那照相。现在还有个常务副省长,跟我关系好,经常来电话。老科技教育工作协会有个给离退休人员评审高级技术职称的委员会,常务副省长、副书记是会长,聘请我为一个评委会的常委,每次开会,他的秘书说:"李老师,你一定来,省长让首先通知你。"我就去了,那秘书跟我说:"省长说了,你人缘关系好,你善于平衡。"还有二十几个学校聘请我当兼职教授、讲座教授、客座教授、民办院校的独立董事,河南南阳医学高等专科学校还邀请我当名誉校长!我退休以后又做了这些事情,但是,无怨无悔,无愧于天,无愧于地,也无愧于我的家人。但是有愧于像你们这一类的学生,没有尽到职责。

另外,我还被加拿大中华学院院长陈伟忠博士聘请为中华学院学术委员会的委员,兼他们学校的研究员。1989年,北大、清华、北师大、天大、教育部的人和我一起考察这个学院,这个人唯独跟我的私人交情很好。我还被马来西亚人才交流中心聘请为外籍研究员,因为这个中心主任是他们马来西亚国家教育部的顾问,也是驻英国大使馆的顾问,第三代华人。他来华后,我给他当翻译,还陪他去看过延安,他对延安不感兴趣。

对西部高等教育发展的认识

在当时的制度之下,交大可以到这里来。西交大迁来以后,主力都过来了,现在上海交大是留用的人员,就是那些不愿意过来的在那儿,等于留守人员,但是人家逐渐办起来了,现在差距很大。拿现在的教育经费来讲,清华、北大一年三百亿,上海交大最少一百七八十亿。咱们西安交大只有七十亿、八十亿,这是教育经费的投入,但是人头费占比相当大。所以,西迁在当时是有好处的,沿海或者东部迁到西北来,有利于战备,这个是对的。1956年,我们还迎接交大搬来的机械制造系的学生,我们语文系四年级和他们在一块联欢,都是学校给掏钱。上级规定必须要多交流。后来,交大黄永年调到咱们学校,黄永年是全国有名的历史学家、古代史家,篆字、考古、金文研究得特别好,咱们图书馆东北角的"琢玉成器"就是黄永年写的。交大西迁过来以后,1957年,修兴庆公园,举全市之力修兴庆公园,为什么呢?给交大修的,不然你南方有水,这儿没有水,原来兴庆公园有名无实。这个西迁,主迁的是彭康(交大校长),彭康是六级干部,是五四时期的创新人物,跟咱们刘老级别差不多,也是不是常委的常委。周总理动员迁过来的。

西部地区过去学校很少,现在的学校在全国排名也不在前边,特别是新疆、宁夏和青海。青海过去没有大学,是 1950 年代以后,才有大学的。青海大学原来是青海教育学院,青海师大是青海师专。经济决定上层建筑,上层建筑稳固不稳固在于经济。实事求是地讲,西部的经济基础比较落后,所以教育也不是很发达。解放前,陕西还有一些高等学校,西大办得很早,是皇帝亲自批的"陕西大学堂"。中间断断续续,时而改成"陕西高等学堂",时而改成"西安高中"。1937 年,抗日战争的时候改成"西北联大"。西北联大一年以后,各自分开了,师范学院、工学院、医学院、农学院同时分开了。农学院,于右任、戴季陶他们办的西北农林专科学校,是 1923 年就办的。西北大学 1945 年恢复以后,包括了西北师范学院、西北医学院、西北工学院、西北农学院。当时办大学必须要有理、工、农、医、师几个学院。西北联大的师范学院就是北师大在这留下的,北师大的一些人回去以后恢复北京师范大学,在这留的就拨到兰州去了,就是现在的西北师范大学。

1999 年又是扩大招生。扩大招生以后,学校更名、学校合并,我也参与了,也当专家支持调整了。但是回过头来看,好多学校失去了它本校的特色,比如纺织学院现在改成西安工程大学。昨天一个从美国回来的专家来看我说:"外语学院怎么办中文系呢?哎,你办中文系,你有 50 年也赶不上陕西师大中文系。你石油学院办音乐系,你 50 年也赶不上陕西师大的音乐系,更赶不上西安音乐学院。"毕业生没人要,所以失去了它应该有的特色。西部发展,一个是经济要上去,经济支撑着学校的发展,吸引更多的人才,西部的人才不向东流。咱们的甘晖书记就是从兰大流到这儿来的,西安电子科技大学的校长、书记就是兰州大学来的。所以,西部要发展,一是经济,二是人才要巩固,还有能够多交流,国内国外交流,信息交流,人才交流,就有发展。

附录二 我的大学：求学与职业生涯
——王淑兰口述历史

这是回首我从学习到工作后半个多世纪的生命历程的一个机会，谢谢你们哦。回首往事，过去的那些情景，各种人和事都历历在目。作为一个普通教师，我的视角肯定很有限，再加上年龄大、记忆力减退、心理老化这些原因，有些事情不一定记得十分准确，我会力求叙述得准确一点，反映出社会大背景下个人的小经历。总体还是按访谈提纲顺序，作一个时间顺序的回顾。至于对西部高等教育怎么发展以及对中国高等教育发展有什么意见和建议，我只能从感性的角度说一说个人的认识与感受。我这一辈子四年上大学，其他岁月是在大学里边做教师，有一段时间也做过一点管理和行政工作，退休以后，又继续做了多年的教学和服务工作，回忆起来还是挺有意思的。

对大学招生政策的看法

首先我认同国家的招生政策，全国统一考试，考生填报志愿，学校负责录取。这个政策适应了国家需要和国情。当年正是国家大规模建设要快速上马的时候，各行业需要的人才数量非常大，也是在国家需要专业能力强的人才的时候出台的。以前在战争年代和解放初，只要上过小学的就算是知识分子了，若是上过中学、大学，那就是高级知识分子了，但是现在不行了。另外，当年招生宣传和思想教育工作也结合得比较充分，就是国家不是强制你，而是通过各种思想工作让你提高认识，让你感动，让你自愿地来报考大学学习某个专业，像我本来想学哲学，但经过接受宣传教育，还有学校和家长各方面的沟通协调以后，我就自觉自愿地报了师范。再一个就是尊重个人的选择，当时我们高考志愿每个人至少可以报三个，所以我虽然报了师范，但是第二志愿就报了哲学，第三志愿报的化学专业，最后被北师大教育系录取了。从我自己一生的经历来看，我觉得人的适应性是极强的。只要你的智力基本正常，个人适应专业的弹性是很强的，无论你进了什么学校，学了什么专业，只要努力都能够学好、做好。

当时这个招生政策在执行中也有偏颇之处，就是过分强调家庭出身。这就难免将一些思想品德优秀、能力出色的青年排除在他们想学并可能出成果的专业之外，我的同学中就有好几个这样的例子。

"文革"后期招生政策改为工农兵被推荐上大学，特别注重学生的政治思想行为表现，但文化知识方面又被大大忽视了，好在当时学生学习态度积极，教师教学认真，也培养出了一批优秀人才，其中一些人成为国家的栋梁。1977年恢复高考，恢复全国统考，严格把关，招收了"文革"前几届优秀的中学生，他们对国家后来的发展做出了卓越的具有历史性的贡献。全国统考一直延续到现在，并在不断进行微调，至今仍然是适应国情的相对公平的招生政策。

上个世纪90年代中期，执行大学并校扩招，不能不说这个做法对学生、对家长、对教育结构是一次冲击，对国家建设中各类各层次人才的培养带来了明显的不利影响。

特殊年代的大学生活

1956年8月下旬，我怀着非常激动而神往的心情来到了北京师范大学学习。9月1号开学典礼上，非常著名的历史学家、校长陈垣发表了讲话，还有师生代表讲话。学生代表学生会主席何培修的讲话最为激动人心，让人很难忘记。他说："同学们，欢迎你们来到北京师大这个人民教师的摇篮，从今天开始，你们将生活在伟大祖国的首都，学习在毛主席的身旁，在这里你们将被塑造成真正的人类灵魂的工程师！"当时我非常感动，自此就开始了我四年的大学生活。和我的同龄人一起经历了既不同于前人，也不同于后人的大学四年。我的大学生活的特点，一个是社会政治性活动多。在那个阶段所有的社会生活、政治生活中的大事，我们大学生都必须参与，要学习、要了解、要有所行动。包括匈牙利事件后，1957年毛主席发表的《关于正确处理人民内部矛盾的问题》，之后是反右派，"大跃进"时期大炼钢铁，办人民公社，1959年的反右倾，此外还有1958年和1959年的学术大批判，这些活动时不时会停课进行。

二是劳动多。我们参与的劳动，既有校内的，也有校外的，从劳动的时间和场所来看，几乎难以计数。回想一下，校内劳动，我们系开了一大片菜地，又办了两个工厂，一个玻璃丝厂，一个儿童玩具厂。校外劳动，当时我们参加了修建十三陵水库，修密云水库，在百花山、长城外植树，在建筑工地盖房子，北师大附小就是我们教育系那一届同学跟着工人师傅盖起来的，到现在那个楼还在那儿矗立着。我们还到门头沟煤矿去，到工厂去，有同学去了首都钢铁厂，我自己去过的是长辛店机车车辆制造厂,从库房背又厚又长的松木板子到车间供做火车车厢,那木板分量特重,表面粗糙,一天下来,隔着衣服,背后都渗出一大片密密麻麻的血点子,又刺又痛。到农村劳动就更多了,包括房山县、丰台区、周口店区、昌平县,我在丰台区去的是卢沟桥人民公社,参加的各种农业劳动也非常多,春耕、夏管、秋收、冬藏无所不包。在修十三陵水库时,男同学负责在料台上往火车车厢装沙子(这沙子要运到大坝上去),女同学负责往料台上用扁担和筐子挑沙子,劳动量超重,号称肩膀"第一天红,第二天疼,第三天肿"。直到现在我这个右肩膀的肌肉要比左边厚很多,我还下过公社的土煤窑挖煤,是斜井式的,我头顶柳条帽子上带着电石灯,身上斜肩拉着一个装煤的筐子,两手拄着两根棍子,弯着腰缓慢爬行到地面,可见矿工劳动有多艰苦。

三是基础知识学得多。一年级和四年级的绝大部分时间我们都是在教室里上课,这两年把教育专业的基础课学得比较系统全面扎实。二、三年级耽误的课就比较多。当时基础课中学得比较扎实的是心理学,上了一年张厚粲先生开的普通心理学、人体解剖生理学,然后就是普通教育学、学前教育学、儿童心理学、儿童文学、卫生学、哲学、逻辑学、政治经济学、中外教育史这些。这个学习内容好似教育专业的通识课程,对同学们毕业后职业适应帮助很大。

四就是集体活动多。我们的各种学习、劳动活动和课外活动都是以集体的形式进行的,包括集体研讨,集体写文章,集体编书,集体编写教材和大纲,集体运动,集体除四害,集体搞大辩论,集体军训、娱乐、天安门节日游行和夜间大狂欢。那时,集体辩论挺多,大家曾经辩论"共产主义是什么样","教育要不要必须为无产阶级政治服务,要不要必须与生产劳动相结合"这类话题。辩论分大中小规模,形式类似当今大学生辩论,也分为正题和反题,只是正题必胜。其中有一个印象深刻的活动,是在1960年春天的一个周末晚上,我们正在操场看电影,就听见广播里说教育系四年级全体同学到图书馆阅览室集合有重要任务。到那以后,就听到系上领导讲,中央正在召开教育工作会议(教育工作会议是由各省管教育的书记,通过这个会议为全国教育工作大会做准备),给我们学校的任务就是在三天之内编出两本书来。一本书叫《毛泽东同志论教育》,一本书叫《马恩列斯论教育》,让我们把毛主席的讲话和文章中有关教育的比较精彩的那些语句和马恩列斯著作中那些语句分别整理成两本书。要求我们大家从现在开始准备两天两夜不睡觉。没过一会儿,学生灶把夜宵给我们拿来先吃,吃完以后就开始把图书馆准备的各种资料都拿来,然后有两个核心组告诉我们怎做。同学们三四个人一组开始行动。我负责的那个组有四个人,任务是将正式出版的毛选中没有收录的东北版毛选中的有关文章,包括毛泽东当年作的《长冈乡调查》和《才溪乡调查》进行检索。所有的同学根据核心组提出的提纲,把资料里边关于教育的内容,一条一条一字不差地写出来,标明出处,反复校对好后,到第二天下午就开始汇总。然后再筛选正式定稿,到了第三天的晚上,我们一部分组长就由李利民老师领着去新华印刷厂校对,到了第四天的早晨八点钟,这两本书就送到了中央教育工作会议上了。事后,每人发了两本书留作纪念。

五是实践性的活动多。实践活动基本上是校外活动。最典型的是在1958年"大跃进"的时候,我们学校干了一件非常大胆的事情,就是由教育系在北京市房山县和周口店区等地方,办了一个共产主义教育试验区,由我们年级全体同学,在一部分老师和系领导的带领下,全部下到这个实验区里边去,完成这个任务。这个实验区从幼儿园、小学、农业中学到红专大学搞了个"一条龙",所有同学都在这里边工作,负责编教材、编大纲、培训教师等。我除组织与培训教师、在几个村子幼儿园工作以外,还参与创办过农村寄宿制实验小学,兼过这个小学的教导主任和一年级语文老师,并负责女生宿舍的工作,和孩子们同吃同住。所有同学在这里要把幼儿园、小学、农业中学等的工作都大致了解一下,然后专注一个部分,这个活动历时将近半年,期间还要经常参加农业劳动、参加人民公社的各种活动,我们还办过公社敬老院,在公社食堂做过饭,上深山老林走羊肠小道为食堂砍柴。从1958年的9月一直到1959年的1月底才结束,共产主义教育试验区原计划是一年完成,但让我们撤回学校时,系领导给我们传达了中央精神,就是前一段时间上上下下的头脑有些过热了,现在需要冷下来。但是无论如何,这次办学等于我们走出校门在基层,尤其在农村办了一回教育。此后,我和一部分党员被留在房山县参加工作组落实中央郑州会议和武昌会议决定,对"大跃进"运动中的错误进行纠正。

六是学习苏联的东西多。当时我们学习苏联的普通教育学、学前教育学、心理学、儿童心理学,还有教育史、卫生学等。我们学的外国教育史,实际用的就是苏联大学的外国教育史课本,每个同学从图书馆借来的两本参考书,也都是苏联的,西方教育史上那些学者的理论和我国传统教育思想观点很多都是被否定的。

七是批判性的学习多。典型的是1958年的学术大批判,那个时候由康生坐镇北师大,他要在学术领域里插上无产阶级红旗,拔掉资产阶级白旗,就以北师大教育系作为一个突破点,开始批判苏联的心理学和教育学。教育学批判的是凯洛夫的全民教育思想,心理学批判的是心理学的资产阶级方向,超阶级的唯生物学化。批判的方式是把我们所有的同学都分成了三四个人一组。比如我分到了心理学的某章某节,我们组几个人就整天在那研究这个,然后形成一篇批判文章,再逐级上会讨论。最后北师大就关于心理学和教育学批判出了两本书,是红皮子的。那次的学术批判是全国性的,涉及的学科很广,尤其是文科领域。

八是同学们参与活动的热情非常高。因为年轻人本身就拥有一颗火热的心,再加上很多活动确实是激动人心的,比如说每年的五一游行、十一游行,参加首都民兵师,接受毛主席的检阅,除夕之夜的彻夜狂欢。无数次听英模的报告,1960年除夕和中央首长联欢,和周总理跳舞聊天。这些活动随时随地都在激动着年轻人的心。1959年李瑞环在修建人民大会堂的时候,他活学活用毛主席著作的那个报告,从头到尾,让同学们激动不已,笑声、掌声不断,最后同学们把李瑞环抬起来送上了返回的汽车。

九是同学之间团结互助非常好。我们上大学四年,同学关系似兄弟姐妹,大家不仅从生活上相互关心帮助,还有思想上的相互鼓励。党团支部要求党团员必须关心周围每个同学,帮同学解决各种困难,为同学排忧解难,"思想问题不过夜"。记得我们宿舍有一位同学,有个星期天闹情绪,在上铺睡了一天,不吃不喝,党支部书记知道后,把我们几个党团员叫去说:"你们的同学一天不吃不喝了,你们几个干嘛去了?这就是你们的为人民服务吗?"

这四年大学生活确实留下了一个遗憾,即专业知识,特别是某些专业技能(包括教学法等)学习的缺失和荒废。但从益处来看的话,表层的好处是得到了一张名校文凭,不管咱在学校学得咋样,人家一听是北师大毕业的,那肯定有本事,对咱的第一印象可能也不太一样,另外这个牌子本身也激励自己不能给学校丢人,不能有愧于这块牌子。从深层看的话,这四年的大学生活在我们人生的关键年龄——青年中期,也就是一个人生理心理和社会性成长发展的最后一个高峰期,为我们打下了一个很坚实的基础,可以说对自己生命历程发展起到了持续性的积极作用。具体可以归结为几个方面:

第一是在这四年大学里边我们接受了一个非常积极的正面教育,端正了三观。世界观、人生观和价值观这几方面的教育是深入到心灵深处去了的,我们后来不管遇到多少风吹浪打,这方面不会动摇,社会上有多少是是非非、美丑颠倒、是非不分,我们自己在这方面还是比较清醒的。

第二是进一步培养了健全的人格品质。最主要的是乐观、坚强、自尊、自信、奉献、勇于担当和吃苦耐劳、艰苦朴素的品质。我们经历了那么多活动的历练,这些优良的品质已经被巩固了。

第三是开阔了眼界,提升了自己独立生活和工作的能力以及适应环境的能力。我们现在的大学生出校以后好像两眼一抹黑,有的人还有就业恐惧感,但是我们那时真没有,我们就盼着赶快走出校门做奉献。而且我们工作以后的各种事情,基本上到那儿还能拿得起来,因为我们原来已经积累了一些直接或间接的经验。

第四是养成了几个好习惯。一是劳动习惯。现在常有学生问:"王老师,你都八十几岁了,怎么还显得不是那么老,精神和身体还挺好的,诀窍是什么?"其实,我的第一条就是爱劳动,诀窍就在于我不惧怕劳动,人的身体和大脑都不能闲着,要用呢,而且我教育我的孩子,你的力气是存不到银行里去的,不要舍不得用,舍不得就永远成了一个软弱、脆弱、没力气的人,人的力气用了,再吃饭睡觉,第二天又会长出来,这就是爱劳动的好处。二是读书的习惯。虽然我们劳动多,社会政治活动也多,但是无论是在课内还是课外的活动中,北师大都特别倡导同学们去读书,学校图书馆阅览室和两个特别大的阶梯教室 24 小时开放,重要的文献如《论无产阶级专政下的历史经验》《关于正确处理人民内部矛盾的问题》,以及平常报纸上的社论都倡导大家认真地读。而且我们那届有许多工作过、拥有多年工作经验的同学,他们特别会读书,也帮助我们小年龄的同学学会了怎么读书。我对大一学外教史时的一件事印象特别深刻,那时候我整天贪玩得很,对学校当时推行的课外时间自由支配的作法特别拥护,在伟大祖国首都总想到处游一下,特别是我们几个年龄小的光贪玩,老师布置的作业是下一节课课堂讨论某一节,我们看了看也没啥,就玩去了,到下次上课的时候,老师就让同学发言了,老师说谁先把这一节的内容复述一下,我这人就是很外向,我就说:"我可以复述。"我复述得挺好,坐下来。老师再问了一个问题:"你能不能用自己的话把这个教育家的意思讲出来?"这有点难,只能勉勉强强、磕磕巴巴一讲,然后老师又问了一个问题:"你能不能够用马克思主义的教育观,辩证唯物主义、历史唯物主义的教育观,评价一下这节作者的观点?"这就很困难了,到第四个问题更困难:"你能不能结合当前中国的教育发展,谈一谈你的感受是什么?"我这就傻眼了。我们在中学谁训练过这个,但是大学老师就训练我们这个读书的方式。还有一件事情我至今常常跟孩子讲,有一天下了第四节课,那天北京的风刮得沙子打在脸上都挺疼的,我们往食堂去吃饭,走在一个四合院里边,那个夹道风很大,我们把书包往头上一顶就跑,口中喊着:"冲过'腊子口'去吃饭!"这时候有一张报纸被风刮起来了,一下刮到苗作斌同学脸上去了,苗同学就把这个报纸抓住,到了食堂拿出来一看:"哎,这篇文章不错!"他把这文章马上撕下来了,后来在课堂讨论中,就那篇文章侃侃而谈,我受了很大启发,原来报纸上的文章和社论,还有这种读法。苗同学最后分配到了《红旗》杂志工作,也就是现在的《求是》杂志。三是反思自我、关心国内外大事的习惯。那个时候经常讲,自我革命,你要经常反思自己的行为、想法,做自我分析。包括分析总结自己遇到的一些重要事件的经验,还要关心国内外的时局,不是我们关起门来光念那几本书,然后考个五分就算完事了。我记得系总支书记姜培良曾经语重心长地对我们讲:"有的同学说,自己想脱离社会脱离政治,我给你们说句老实话,这是不可能的,你想脱离社会脱离政治,但社会、政治它永远不想脱离你。"姜培良同志在师生中威望很高,后来被调到北师大附中当校长,"文革"刚开始不久就被附中的红卫兵打死了,我们听到这个消息无不悲痛惋惜。四是接受了比较扎实的专业思想教育。不是专业知识技能教育,而是专业思想教育,就是立志为中国的教育去做贡献,立志做人类灵魂的工程师,献身于教育事业。加上我们在北师大教育系接受的教育基本上是一个教育专业的通识教育,所以它为我们这一届同学后续的发展、人生以及职业的发展都打下了比较好的基础。毕业后,我们六零届的同学,先后三次大规模同学聚会的时候,发现大家在各个岗位上都发展得不错,都做得挺好,适应性都很强。这肯定与那四年大学的经历息息相关。

走出校门到新疆去

再接着说一说,1960年8月我们开始接受毕业教育。当年的就业政策就是统一分配,毕业教育的指导思想是"祖国的需要就是我们的志愿,党指向哪里就打到哪里,听党的话"。而且我们当时还有一个口号是"不但要听党的话,党团员必须要带头到艰苦的地方去"。当时毕业教育的形式是各种各样的,不光是以往校友的报告,还有校内的各种报告,教师的报告等等,此外还要学习相关的文件,小组讨论,大会表态,个别谈话,相互做思想工作,并自我反思、自我总结。

我们临毕业的时候,全北京市六零届的大学生应邀到人民大会堂接受了周总理的接见和聆听了彭真同志的讲话。这个事情让我想起,在元旦的时候,我们系的一些同学到人民大会堂跟中央首长联欢,当时见到了很多中央首长。周总理跟青年学生关系特别好,他到哪休息我们就跟到哪跟他聊天,这中间我们班长田艳娟说:"总理,您今年一定要给我们讲话。"周总理问:"为什么?"我们班长说:"因为我们是六十年代第一届大学毕业生呀!"周总理说:"你真会说话,我那个时候可能很忙,我请人给你们讲话,我一定会来见你们。"所以在等待分配的时候,我们这些北京当年毕业的全体大学生聆听彭真的讲话,中间休息时,周总理出来接见了大家,同学们齐声喊:"总理好!"掌声如雷鸣般响起,一波又一波地又喊又鼓掌。彭真的报告当时我还不太理解,他讲的中心意思就是"看准方向,站好队",意思是不管形势发生了什么样的变化,同学们都要把握好自己,站稳立场,事后我再想一想才明白了。一个就是当时美国和平演变计划,杜勒斯他们当时搞得很凶的就是把希望寄托在和平演变上,武装斗争打不过中国共产党,但是一定要想办法把他们下一代和下下一代演变过来。第二个就是当时三年自然灾害的困难苗头已经出现,后面有更大的艰苦生活等着我们,特别是中苏关系恶化后,苏联以种种手段打压中国的发展,所以彭真的讲话算是给我们打了一个预防针。

那时大多数同学都是热血沸腾的,积极报名要到艰苦的地方去,甚至有的同学去不了边疆,还绝食呢,躺在上层铺上睡觉不下来,不吃不喝,说:"为什么不让我去,让他去?"然后我们的党团组织、学生干部就给同学做工作,说:"到哪都是建设祖国,你要想通一点,到新疆、西藏是建设祖国,在北京、上海也是建设祖国!"

那时很少有人去走后门,利用一下家长的社会地位,要那样利用的话,我们同学里边可利用的多了去了,但极少有人这么做。领导在就业过程中的工作也做得比较细。我们同年级的有六位同学被分到新疆,两位同学分到青海。

当时成立了一个北师大1960届毕业生赴西北(西藏)大队,学校指定我当大队长,还有三个来自数学、化学和历史系的副大队长,他们是钱为民、吴咏、冯锡石,我们完善了大队机构,按系把同学分成小队,并指定了小队长,又建立了临时党团组织。1960年8月23日,在乐队高奏欢快的乐曲中,校领导、系领导、老师,还未离校的同学都到火车站送我们,下午2点多的火车,大家都情绪激动、热泪盈眶,火车开了,车下同学还追着跑,我们不停地招手,直到互相都看不见了。我们一路上虽然也有些想法,离开了首都、家乡和内地,离开了亲人,情绪难免低落，但总体来看，我们是一路欢歌、一路团结互助，奔向各自目的地的。

在北京到兰州的火车上，我们曾经和列车员在餐车里开联欢晚会，并且向全列车直播实况，我们同学还分散到各车厢里边去帮助列车员打扫卫生，为旅客送水送饭。在兰州火车站，大家就要分手了，到青海、宁夏、新疆、西藏去的，都要在兰州下车，我们在候车大厅开了一个告别联欢会，去各省同学各派出一个代表讲话，有一位中文系领导的女儿去西藏，她还高歌了一首西藏的歌曲，节目不少，短小精悍，然后大家就各奔前程了。刚才我说的我们系两位同学要去青海的也和我们分手了，剩下的到新疆去的有约50名同学。当晚我们就换乘火车从兰州奔往哈密，这中间有1300多公里。出了兰州不远，就上了乌鞘岭，火车上坡，前面一个车头拉着，后边一个车头推着，车开的还是很缓慢，能感觉到吭哧吭哧地在爬坡，往车厢外边一看，风刮得很大，风沙很大，一直打着车窗玻璃，铁道两边都是不毛之地。这时有的同学又开始有点难过了，但是我们大家很快相互鼓励就好多了。同学们一路上团结互助的那些事，现在想起来还很感动。我们是硬座车，一到晚上大家都抢着在座位下地板上睡觉，把座位留给其他同学。到了第三天的早晨，太阳出来了，进入新疆区域了，我们都很兴奋，学唱《我们新疆好地方》《亚克西》这些歌。到哈密的时候还不到中午，我们开始自由分散活动，自己解决吃饭问题，遗憾的是没有品尝上新疆的葡萄和哈密瓜，事后听说当年瓜果欠收，好点的都给苏联还账了。很多同学原来把新疆想象得一片荒凉，这一看说："哎呀，这是一块多么肥沃的土地，有那么多的树，有那么多的花草，还有那么多的蔬菜。"有的同学还惊呼，新疆菜市场竟然还卖包菜呢。

当天晚上，我们从哈密转车去新疆的鄯善。当时这段路还没有正式通火车，但是为了送我们这群大学生，车站专门开了一列专车，这是我们人生唯一一次享受专列待遇，一个火车头带了一个客车车厢，把我们连人带行李都装上了。车窗外，晚霞十分亮丽，还有就是一望无际的戈壁，同学们个个兴奋不已，又唱又跳的，还时不时跑到车厢后门抓着铁栏杆欢呼。夜间往车窗外边一看，不止一次见到了狼群出没，引得同学惊呼，列车行进300多公里，第二天的凌晨就到达鄯善了。我们得等长途汽车去乌鲁木齐，大家干坐着没事，有的同学就提议说咱们做点好事吧，大家都表示赞成，最后商量结果是我们把车站的卫生给打扫一下，跟站长联系以后，他们给了我们很多工具，我们就开始清扫车站，还借来了梯子，好多男同学把那高处的玻璃都擦完了，赶天亮的时候，整个车站的卫生是焕然一新,玻璃擦得锃亮。吃完早饭以后,车站工作人员都来送行。大约8点30分,我们就登上了去乌鲁木齐的两辆汽车,是两辆敞篷卡车。司机指导我们在卡车里边把行李摆成一个U字形,U字中间再摆两排行李,然后同学们这样面对面地坐一圈,坐在自己行李上就开始出发了。当天是个大晴天,烈日炎炎,一路上都是一望无际的戈壁,汽车开得特别快,车边车后沙土飞扬,没过一会儿,每个同学都只能看到两个眼珠子在动,头上身上全部都被尘土给铺满了,我取出学校给我们准备的绷带,大家七手八脚地做了些简易口罩,才停止了被呛的咳嗽。这个时候大家都相互鼓励、相互关心,有的同学晕车,就让他们坐到靠驾驶室的地方,即使有各种不适,我们时不时还高唱着一首歌曲,就是我们从北师大出发的时候唱的那首《到祖国需要的地方去》。这首歌的歌词是很激动人心的,"在那春光明媚的早晨,列车奔向远方,车厢里满载着年轻的朋友们,奔向那灿烂的前程,到南方去,到北方去,到祖国需要的地方去,到工厂去,到农庄去,到祖国遥远的边疆去。""昨天走出大学的校门,今天变成了建设的生力军,我们的心儿难免跳动,但我们充满信心……"我们高唱着这首歌曲,一路飞奔在戈壁滩上,直到中午的时候才到吐鲁番见了火焰山,我们又激动兴奋了一阵子,下午到了达坂城,在这两处吃了中餐和晚餐。我们就开始唱王洛宾的歌《达坂城的姑娘》,想看看这里的姑娘有多漂亮,但没有看到。司机师傅告诉我们说,"漂亮的姑娘不在达阪城,在南疆,和田和库车那边的姑娘个个漂亮。"而且这里是个风口,所以树都长得是歪的,我的印象很深。

吃完饭后司机把车开得飞快,赶到乌鲁木齐的时候,已经到第二天的凌晨了。我就按学校给我们的联络电话打电话到自治区,联系人事厅的干部,值班的人说:"你们到了,已经给你们安排好了,你们把车直接开到新疆饭店去,在那住一下,明天咱们再联系。"同学们就高呼:"哎呀,让我们住饭店,一定是很高级的地方。"到了饭店一看,这就像个两层楼的车马店。同学问工作人员:"我们住哪呢?""上楼,二楼那几个大房子,你们随便住,男生女生分开。"我们一看就是几个像大教室一样的房子,全是光板通铺,得用自己的铺盖。我们又问:"吃饭咋办?"他们说:"没饭,明天才有饭。"我们又问:"我们想洗澡怎么办?"他们说:"今天没处洗澡,明天你们下了楼往东北走,那里有个红山浴池,自己买票去洗澡。""那我们现在洗脸怎么办呢?""现在洗脸?忍一忍,明天早上再洗脸。"我们生物系有个姓黄的同学就拿个手电筒到处转,告诉大家,快来呀!楼底下挨着地有一个凉水管子,大家用那刺骨的凉水抹了一把脸,因为太瞌睡了,躺在床上一觉睡到了第二天上午。起来吃完饭以后，我们就到红山浴池去洗澡，出来到和平渠里边把衣裳一洗，没处晾就摊在地上、小树和小草上。新疆气候干燥，一会就干了，晚上大家回去接着睡，到了第三天的早晨，起来一看，天气晴朗，空气清新，乌鲁木齐的街上绿树成荫，建筑也别具一格，那里跟内地的建筑都不太一样，楼房都是铁皮顶子，所有楼房、平房都是粉刷过的，不是淡蓝就是淡灰，还有淡黄色的、奶油色的，各个民族的男男女女操着不同口音，面露友好的微笑，我们的精神状态感觉非常好。到晚上，领导又宣布说："为了欢迎内地来的大学生，今天晚上在天山大厦给你们举行跳舞晚会。"这时我们又一阵欢呼，到那去跳舞。大家一直玩到12点。后来人家说："你们玩得那么晚不合适，晚上回去不安全。"但是我们当时没有这个意识。

在这个准备二次分配的过程中，领导安排我们所有当年到新疆来的大学生都到自治区农场去劳动，有一二百人，让我们干嘛呢？拔草！给谁拔草呢？给葱地拔草，葱在哪呢？自己找去，有的草长得比人还高，葱却是又细又小地贴着地面。我们拔了好几天草，还认识了不同学校来的同学，中间还又参加了一次在人民广场上欢迎贺龙副总理出访归来的一个大会，有几个男同学穿着短裤让人家从队伍里请出来，说："我们新疆是非常文明的地方，你这衣冠不整，不可以进会场。"那是我们第一次知道新疆人生活还是很讲究的。

接着，就是准备分配了，那时候人事厅就通知我们这几个队长，说是按照各地需要来给我们分配，如果我们同学里边有谈恋爱的话，可以把名单报来，他们可以照顾安排在一起，我们给同学一公布，立刻有好几对报名，而且还有一对是在火车上相恋的。不久公布方案了，专业不同的同学，奔赴了新疆的东西南北，西北大队部的使命告一段落，大队部宣布解散，大家相互鼓励，依依惜别。

在这个全过程中，离乡之愁会不时地在大家面对西部荒凉落后的一面时掀起内心的波澜，一些同学焦虑不安，一些同学情绪低落，比如北京站出发的时候有同学哭了，过乌鞘岭的时候有同学就哭了，过嘉峪关的时候有同学哭了，但是在这个过程中，因为我们同学自身良好的素质，加之我们当时组织很严密，从大队到小队、到党团支部、小组，大家相互鼓励相互帮助，很温暖，也都很顺利地就克服了。

这一段时间不长，但却验证了当年高等教育的成功之处，从中第一次检验了我们在校四年的成长是有效的，所以，我讲得稍具体了一点。

对就业政策的看法

下面再说说当时的就业政策。当时的政策是统一分配,这个政策一直延续到上个世纪90年代中期,学生要服从祖国的需要,国家的需要就是自己的志愿。我首先还是肯定这个就业政策的。因为它符合国家建设需要、科技发展的需要、教育发展的需要,还有就是全局的需要。毛主席当年发表了《论十大关系》,其中就有边疆和内地的关系问题,全局和地域的平衡问题。无论什么地方什么行业,总是要有人去。还有就业政策与当时的体制是配套的,当时是计划经济,肯定其他方面都得跟上去。而且我前面说到了,人的适应性极强,人干一行,只要决心去做,在哪里都能够干得出来成绩,还有当时执行政策过程中,对毕业生也有比较配套的细致的思想工作。

统一分配的就业政策的不足在于,有时分配中专业对口不足会导致一些资源的浪费。同学们好不容易学了那么多年,也很喜欢这专业,最后做了别的事情,这不仅对个人的兴趣、能力等可能会考虑不周,也是国家建设的损失。也会把有些家庭困难的同学,比如把独生子女派到边远的地方去,他们的父母生活就会相当困难。

大概在1995年之前,每个学校的学生处都有一个毕业生分配办公室,以后又单设处级建制的大学生就业指导处,最近的叫法好像是大学生就业创业指导服务中心。就业政策为双向选择,自主择业,更加适应时代发展、体制改革特点。

在新疆师范学院工作

前面说了我如何走出大学的校门,下面说一下我如何又进了另一所大学的校门。1960年9月14日,我被分配到新疆师范学院教育学心理学教研室,这个教研室当时在师院是和马列、体育组成的一个大公共课教研室,也是同一个党团组织。当年我们分到新疆师院来的同学,还有来自全国各地的,除了北师大,还有人大、华东师大、东北师大、湖南师院等。我们教研室有两位同事张怡和杨来诚就是湖南师院来的。在欢迎新教师的晚会上,师院党委书记高琳同志讲话非常热情洋溢,中心意思是希望大家立志建设边疆,在新疆师范学院"生根发芽,开花结果"。这句话我记得很清楚,我们新教师代表李参也发表了讲话,表达了我们奉献边疆教育的决心。

我们教研室有十五六个人，都来自祖国各地，有汉族、维吾尔族、哈萨克族，男女都有。教研室主任叫张宝印，兼任我们的党支部书记，他是早我们四年，从北师大调来支援新疆师范学院的，夫妻二人都教心理学。主任跟我们开会谈到了我们教研室建设和发展的基本规划，讲为什么那两年从教育专业进了好几个人，因为正在筹建新疆师范学院教育系。主任主持给我们做了分工，我和一位五九级的师兄李维棠两个人被安排负责儿童心理学专业建设，其他人也都有各自的分工，有教教育学的，有教心理学的，有教教学法理论基础的，人体生理解剖课当时没人能承担，最后还是决定请生物系的人来教。结合当时形势，大家都下基层单位去搞调研。我和李维棠就到小学和幼儿园做调查研究，我们进入了四个单位：师院附小、乌市第一幼儿园、红旗幼儿园（民族幼儿园）、师院托儿所。我们每天都去听课，参加会议，接触工作人员，到第二个学期，我和李老师两个人就提出了两个调研报告。调研报告中对小学建议是针对不同年龄儿童的特点开展课外活动，对师院幼儿园建议是进行规范化建设，因为原来的师院托儿所，基本上是只养不教，工作人员很少，还有一些老奶奶临时工没有多少文化，就是把那些孩子给看住，按时开饭，不出事，不摔着，不病着就行了，所以这基本上谈不到是个幼儿园，我们就在调查的基础上提出了十分细致具体的建议。

下面先说说这段时间我在新疆师范学院的生活情况，我到师院报到，李维棠领着我把各种手续办完了以后，告诉我说，必须买几个大碗，一个是喝茶的，一个是装饭的，一个是装菜的。学校安排我住在卫生楼的二楼，一个木地板有暖气的房子，总共住了四个人，都是北师大毕业的，两位师姐是康宜和林慰慈，一位同届的同学是邹沛英。当月的十六号我就领到了65元6毛5分工资，当时很兴奋啊，刚工作两天就有钱发了，而且一下发这么多，立刻以非常美好的心情给我爸妈寄回去四十块钱，这是我第一次报答父母，然后就给自己订了一份人民日报，因为我从小，尤其在大学已经养成了读报的习惯。

没过多久，自然灾害就明显地显现出来了，每天都处在饥肠辘辘之中。我们上学时，按学生粮食定量是每人每个月37斤。这时困难刚开始冒头，已经开始有点吃不饱了，工作以后立刻降成了每个月28斤，我和师兄两个人发起了一个活动，就是青年教师每人每月节约1至2斤给一位孕妇姚盘云，那我们就剩下26斤了，所以每天从食堂出来以后感觉跟没吃饭差不多。晚上我们四个人躺在床上饿得都睡不着觉，我们当时都浮肿了，就讲革命故事。喝酱油，把固体酱油泡一下去喝。因为当时供应很困难,气候也非常寒冷,市场供应非常困难,肥皂、牙膏什么都买不上,暖瓶也买不到。我去的时候没带暖瓶,我就让家里给我捎两个暖瓶。我有时候跟学生讲这个故事,说我当年心理还是挺脆弱的,不像现在这么坚强。家里给我带来两个暖瓶,通过航空公司带到新疆的"八楼",就是刀郎唱的那首歌里的"八楼"。八楼当年是新疆最高的建筑,叫新疆宾馆,宾馆的老总叫马作贵,因为我的家长认识他,我就到老马那地方去参观了他们宾馆,把我两个暖瓶拿了回来,晚上到学校水房打完开水出来以后,在小树林雪地里摔了一跤,把两个暖瓶打碎了。回到宿舍里,一个人孤苦伶仃,举目无亲,室外冰天雪地,气温在零下三四十度,室内暖气接近冰凉,三个舍友都临时被抽调下乡去了,我一晚上没睡着,哭了好久,因为没有暖瓶了,哈哈。

当时中央对国内形势总的看法是十二个字,叫"形势大好,问题不少,前途光明"。号召全党全国人民同心同德,一起克服暂时的困难。当时听传达报告,说毛主席都不吃肉了,所以师生的精神状态还是非常好的,认为无论多大的困难都是暂时的,大家没有半点二心,都能够主动地不抱怨,不发牢骚,不去抢购东西,尤其党团员。我们那时候每天没有菜,油水也很少,最主要的主食就是高粱面,所以把好多人都吃得便秘,发痔疮便血,我也是其中一个。学校很爱护职工,党委书记、院长采取了很多措施,比如取消了晚自习,体育、教育学、心理学课暂停。派了一些转业干部到戈壁滩上去打黄羊;师生一起去拔野菜,上树捋榆钱;把校内空地给各单位分了一块作自留地,自己种东西吃;给出现浮肿的师生(我那时也浮肿了),每人每周发一把黄豆,大约100克;生病的病号和孕妇可以吃一个月的营养灶,每天早晨能喝到一杯奶茶;还派人到农村去采购了南瓜,但是有一次南瓜没保存好变质了,我们食物中毒了,许多人上吐下泻,大夫叫我们喝了盐水,两顿不吃饭才缓过来。此外,为了保证采暖,锅炉房的人千方百计地保证我们的室温不低于15度。当时师生的精神面貌都非常好,相信跟着共产党就能克服这个困难,而且领导的作风也非常好,并不享受特权。我们院长、党委书记,人家虽然是长征干部,但是他们的那份特供都送到幼儿园给孩子们吃,他们自己不吃,书记的妈妈生病了,也不用公家的车,借个毛驴车,赶着毛驴车把他妈妈送到医院去看病。所以在这种状况之下,大家怎么能不同心同德呢?到了1961年夏天,我们教研室的人已可以喝上自己种的甜菜叶子汤,还拿这种叶子用高粱面包菜团子,1961下半年羊肉定量增加到每人每个月500克,到了1962年,形势迅速地好转,生活物资供应日益丰富,生活安定了,大家的心情也很舒畅。

接下来说说当时的专业发展。由于国家发展处于特殊时期，这个时期各个领域都采取了八字方针来进行调整，叫"调整、巩固、充实、提高"，基于此学校决定不办教育系了，只把现有的专业办好，提高现有各专业的教学质量，尤其当时提出了针对民族地区的特点，在短期内实现民族学生的双语教学，对民族学生不仅可以用民族语言教学，用汉语教学也可以，且让民族学生能听得懂，重点建设这个。这样一来，我们就只需要少数人去承担少数专业的公共课，大部分人都被下放到其他单位，人员开始分散。有到中小学去的，我和师兄俩人到幼儿园去了，其他人有到行政部门的，有到党委部门的，我们的主任到了教务处任副处长。

到了1962年快放暑假时，传来了一个重大消息，就是新疆的院系调整，要把新疆师范学院和新疆大学合并为一所，叫新疆大学，合并以后从两校原有的党政后勤以及教学部门抽出一套人马到喀什去，把喀什师范学校升格为喀什师专。经过各种调整和对调，师院旁边的财经学院被调到原来的新大那边去，就是老新大的地方给了财院，等于新疆师范学院的地盘扩大了一倍还多。我本人等于是原地不动，原来师院的托儿所所长周淑惠同志被调到喀什师专了，于是我就升任为新疆大学附属幼儿园的园长。还有因为新疆大学是综合性大学，师范性被大大削弱，所以原来那几位上公共课教育心理学的老师也被调去其他部门，有到马列去的，有到政教去的，有到其他教育行政部门去的，还有调到外地去的，李维棠去了教务科。

幼儿园工作的五年

我再说说我在幼儿园工作的五年，那是摸着石头过河的五年。1962年经过院校调整以后，我当新疆大学附属幼儿园园长，一直当到1967年的元月，造反派在全国范围夺权，说我是走资派，我就下台了。

这五年被我形容为是从摸着石头过河开始的。因为我在大学没有认真学习过专业技能和教育管理的知识，人又很年轻，面对的是一个十分不规范的工作条件，所以一切都要从头来。幸亏有几个支持条件，一个是我们学校的领导很重视幼儿园的规范化建设，尤其是并校以后，党委书记委托给教务处的处长孙俨专门管这一块儿，还有校办和党办的几位主任、副主任、总务部门都能配合幼儿园的规范化建设。另一个条件就是虽然原来园里的员工文化程度比较低，其中还有一些老太太,但是她们都是很勤劳、很朴实的人,愿意学习,积极上进,特别守规则,工作热情很高,干事非常认真,爱劳动不怕苦,这个有利条件非常重要。还有一个有利条件是不久后从教育部调来了一位专业干部,是一位真正的内行,这位老师叫李红枝。李老师是燕京大学毕业的,曾在教育部幼儿园任保教干事多年,拥有多年的实践经验,又有大学的专门学历,无论是理论还是实操能力都非常强,党委立刻把她调到幼儿园来做保教干事。李老师可称得上是一位真正的专家,她对幼儿园所有的事都门儿清。再就是我学习借鉴了新疆当时办的比较好的幼儿园的经验。一个是自治区党委幼儿园,园长叫薄恒丽,非常热情,教给我怎么去做,还有一个是新疆民族幼儿园,叫红旗幼儿园,园长叫阿伊汗,他们幼儿园基本上收的是民族儿童,人非常热情,也很善良,能力很强,我们后来成为了好朋友。还有乌鲁木齐市第一幼儿园,园长叫安文惠。这三个园长都是新疆顶级的园长。我跟人家交了朋友,人家毫无保留地来帮助我。有这几个条件,再加上我自己胆大自信,也不怕吃苦,用了不到两年的时间,就让新疆大学附属幼儿园基本上走上了正轨。

这中间做的事情,第一件就是健全机构。我们调来了专职管理员赵效温同志,原来的管理员都是大学里兼职的。还有技术水平相当高的炊事员张月耀师傅,是从苏联回来的,当年从山东那边闯关东后,到苏联轮船上给人家做饭,然后绕了一大圈,回国到了新疆。张师傅中餐西餐都做得相当好。此外还进了中师毕业的老师,分别是李平老师、朱惠玲老师和张竹青老师,还有人民大学调来的周嫚娣和中师毕业的万世兰共五位老师,做幼教专业的老师,大中小班三个年级四个班各配了一个,又把一个青年职工许琴芬送到中师去进修。我们还制定了各类相关工作制度,包括备课制度,保育员工作守则,炊事员、夜班工作人员与采购员职责,还有儿童营养的监督,儿童疾病的预防、护理和隔离,以及卫生、消毒、入园、财务收费等等制度。接着就培训保育员。原来保育员都是家庭妇女,我们就在培训中,让她们懂得儿童的生理特点、心理特点、疾病的预防和卫生知识等。这个课主要由李红枝老师上,有时候我们还请医生来上。再一件事就是搞基本建设,我们采购和制作了大量的玩教具。我们把每个班的玩教具的柜子先扩大,然后从北京采购,走货运运来。有一些是我们自己请工人师傅制作,李老师本事大得很,那几套大型的积木,整个能搭得像一个房子一样的大型积木,她把全部图画出来,再由木工按照图纸做出来,大家都很惊奇,家长也都没见过,孩子们特别喜欢。

除了采购和制作大量的玩教具,我们还重修了浴室,保证儿童和教职工每周都能洗澡一次。原来三个院子是坑坑洼洼的沙土地面,请师傅指导我们把土地全部用砖铺上,我学会了怎么铺砖地,先怎么平整地面,然后怎么铺砖,铺完砖怎么撒上沙子,怎么灌缝。之后就开始修下水道,将污水管道与市政下水管连接,原来的污水都是乱泼,又建了儿童疾病隔离观察室、教师备课室,还修建了幼儿园独立的菜窖,以前我们的冬菜要到大学食堂去拿,人家不愿意,还闹矛盾,一到冬天菜冻了以后就吃不了。以上这些工程,除少数环节有工人师傅参与或指导,其余的都是由我们全体员工发扬延安精神,艰苦奋斗,自力更生完成的。

这五年幼儿园工作的经验,我觉得最主要的就是办一个幼儿园,这个园长本身的以身作则,吃苦在先很重要,我那时接受的教育就是:共产党员为人民服务不讲条件,要做到见先进就学,见后进就帮,见困难就上,见荣誉就让。所以,凡是评荣誉都叫员工上,吃苦的事自己抢着干。所以当时我产假刚满就去修菜窖、修下水道,累得我的孩子没有奶吃了,最后就主要由人工喂养。后来学校爆发肝炎,我护理孩子的时候自己肝功能也受到了影响,可一天都没休息,我跟领导汇报了,领导说:"没人接替你怎么办?那只能克服一下,少接触孩子。"1964年初春,乌鲁木齐连续一天一夜大雨,这在新疆是多少年罕见的雨灾,当时乌市绝大多数房子都是泥巴房顶,幼儿园也一样。很快所有房屋都成了危房,我身着棉衣,在无什么雨具的情况下,为了儿童的安全和所有公共财产的安全,在大雨滂沱中奋战28个小时,雨后又全力投入重建工作。1965年11月13日上午,新疆突发地震,乌市测出其破坏性为6.7级,园里的房子大部分被震成危房,我住的房子一堵墙带火墙全部塌在我的床上,幸亏地震发生在白天,若是晚上,我和孩子的命也就没了。震后幼儿园整体临时搬迁到学生教室,房子进行大修,期间各种事务的安排实施繁杂不堪,几个月大修以后,幼儿园再次回迁。有一阵子,我的体重已从毕业时的120多斤降到88斤,伤病不断,全身关节疼痛,吃饭张不开嘴,行走困难,硬是咬着牙坚持。幸亏有全园教工团结一致,克服重重困难,我在大家的支持帮助关怀下不仅完成了难以想象的任务,自己身体也慢慢康复了,进而也体会到自己身体的抗压力和康复力还是有一定潜力的。只是从此,我那健壮的身体再也回不来了。再一个经验就是要学习和熟悉自己所在岗位上的业务,不能当个外行。我在学校没好好学习专业技能和管理技能,我不能强调这个理由,在其位必须谋其职。还有一条经验就是永远相信群众,团结群众，发动群众，依靠群众，我们那些老师和阿姨都很可爱，我们在一起工作、学习、劳动，大家都有使不完的劲儿。我们当时各民族员工在一块劳动，工作非常快乐。

教训是什么呢？就是对职工要求过严，关心不够。所以后来有的老师就说："王老师，你最大的毛病在哪？就是你以为你怎么想的，别人也都是怎么想的。你觉得就得这么干，你有孩子，你愿意牺牲，别人不是那样的，因为他们还有很多的困难呢。"另外就是对某些政策执行中过于死板，导致工作中一些失误。上级出台了某个政策，领导会做一些决策，可能他们了解的情况是不足的，他们只从领导的角度去考虑问题，但是实际生活中不是一定那样子的。但领导决定了，我就去执行了。比如说有一段时间，全国都要精兵简政，所有的单位都要精简。像我们教研室有好几位老师都精简下放到伊犁、塔城去了。那幼儿园也是一样，学校接着又出台了一个政策：把幼儿园改为民办公助，我们的工资发不出来了，出路只有两条，一是扩招增加收入，二是必须精简人员。简谁呢？当然首先是减那些临时工老太太没文化的，但是那些长期体弱多病不能坚持工作的，一段时间有特殊困难不能上班的，也都给精简了，这实际上是有问题的。因为人家当时也是支援边疆来的，还有一位是参军来的，人家有病、有特殊困难，一两年上不了班，你就把人给精简了，精简又彻底，没有缓冲措施，等于是一刀切，一分钱收入都没有了，造成对方生活很大的困难，甚至引起家庭矛盾。还好，后来又纠正过来了。

十年大风波中的"临时工"

还有一段经历就是十年"文革"。"文革"开始，全校停课闹革命，全体师生员工分成了两大派，一派叫新疆红卫兵革命造反第二司令部，简称红二司，那是造反派。我和很多员工、学生属于第一司令部，被称为保守派。两派相互攻击，相互警告，自以为是，都认为自己在保护毛主席的革命路线。中小学、幼儿园也都停课关门。造反派相当凶，开始打砸抢，把我们撵出了学校，我们这一派临时住在新疆军区旁边的八一中学，每天学习开会贴大字报，上街游行不断。两派斗争，逐步升级为武斗。我因患病，经批准回到西安父母家里休息了几个月，这是我到新疆以后第一次回家探亲，上次见到我父母是大三的寒假。我毕业的时候路过西安都没有回家，因为不允许回家。再次见到我的父母的时候，就差不多八年了。再见到父母时，他们都变得苍老了许多。

到了1968年9月，两派大联合成立了自治区革委会，当时我们每人发了个毛主席像章，上面有13朵葵花，意思是新疆13个民族，心心向党，一心向党。此后两派仍不断地产生摩擦，但是基本上联合了，武斗也结束了。随后学校的革委会也产生了，军宣队、工宣队相继进到学校，全体教工各司其职。教工的任务就是不断地参加各种学习、批判、斗争和接受思想改造。但大学停着课，幼儿园里没有几个小孩，因为家长没多少事情，我这个时候就被安排到校革委会的总务处革委会，负责宣传工作，兼党支部秘书，后来担任了校革委会各种临时办公室的秘书之类的工作，一直到了1979年的3月。其中各种临时调动不断，参加各类体力劳动改造思想，包括在校农场劳动，粮食蔬菜从种到收，我都干过。还有到学生食堂和教工食堂做饭，前前后后加起来也有将近一年的时间，学校的各个工种，比如跟着师傅学做铁皮工、泥瓦工、木工、粉刷工和油漆工，也都干下来了。被调去各种临时办公室做秘书和干事，有反贪污反浪费办公室、清仓核资办公室、评职称办公室。1977年底学校成立一个落实政策办公室，办公室规模相当大，办公室由校党委书记张杨兼主任，组织部长卡得尔索非兼副主任，还有人事科长、宣传部长、保卫科长、档案室负责人、团委书记等，我还是秘书，负责写结案材料、工作总结报告及一部分接待工作，还有几个干部管查阅档案、管外调、管文件资料的，我们的办公室还要接待上访，任务很重，经常晚上要加班，我在落实政策办公室里干了一年多，而后直到调来陕西师范大学。

这十年，我常被大家称为临时工，而且后来被称为"戴草帽和戴白手套的临时工"。"文革"期间，我的压力太大了。我王家的所有人，包括我们夫妻二人，除了我母亲是贫农出身，统统都受到严重冲击。这期间还有一件事对我的身体伤害比较大，那时大学教师干部都要通过各种活动改造自己的资产阶级思想和生活习惯。我们单位一个男性工宣队员是个石油工人，他整天板着个脸，对我们吆五喝六的。一天，在农场修猪圈时，他让我挑泥，故意装了很多，我一起身，只听"卡"的一声，扁担断了，我的腰疼得难受，旁边的人说："王老师的腰闪了，让她休息一下吧。"那个师傅就说："你到旁边歇一会去。"没过多久，她就让我接着再干，我说："我腰疼，挑不了泥巴了。"他就说："从现在起，你就挑水吧！"就这样直到猪圈修完，我去医院拍了片子，结果是2、3、4腰椎轻度膨出。经过一段时间贴药按摩好了一些。人都知道腰椎病是很难治疗的，我带着这个病从1973年至今，虽然用尽了各种疗法，时好时坏，问题却越来越严重，如今已是全部腰椎和第一尾椎突出，动不动就行走困难，并波及到双腿痛麻，严重影响了我的生活质量。几年间心情压抑,我有先天性紫外线过敏,再加上生活也很艰苦,咱们学心理学的知道,心理压力下,身体会发生躯体化反应,我开始消化不良,这不舒服那不舒服的。1974年的春节以后就得了重疾,经过几个医院的会诊以后,还做了活检,最后诊断为非典型性红斑狼疮。新任校领导马映泉同志对我还是比较关心的,说:"王老师你到哪去治去呢?"当时校卫生科的科长徐尚忠同志跟我说,咱国内只有两个地方会治这种病,一个是天津南开医院,一个是上海华山医院,说让我挑,你愿意到哪就去哪,学校全力支持你治病。我就挑了天津,因为我爱人家在天津,老人兄弟姐妹都在那,比较方便,住在家里还能为学校节约一大笔开支,家人给我联系好了医院,我就到天津南开去治疗了一段时间,基本上缓解以后,我又回到学校。病虽基本控制住了,但人不能晒太阳,且两只手接触外物会疼痛难忍,无奈经常戴个草帽和手套。经常有人找我办事,别人就说,去找那个戴白手套的老师就行。

如果反思这个十年的话,一个是自己没有好好利用时间学习提升自己,虽然大形势是这样,但是人家有的人可不这样,有的人可有眼光了,一边参加运动,一边不断学习、研究问题。但是从积极心理学的角度看,我一直有一个理念,就是酸甜苦辣都有营养,所以十年"文革"对我带来的成长还是多方面的:一个就是劳动生活技能的大幅度提升。原来不会做饭,学会了做饭,原来很多劳动技能、农业知识等都懂得比较少,现在系统地懂了,因为接触了各种工种。还有一个好处是接触了各类人,使自己年轻时候没有完成的社会化的任务再一次弥补上去了。我们常常说一句俗话叫"人上一百,形形色色",那些年我们一起劳动改造思想的,有校长,有党委书记,还有普通的教师、干部和工人,那些年我接触了各种气质性格相异的人,从全国各地来的人,不同民族的人,这个过程中,就有机会向他们学习,接触各种人群以后,也熟悉了各种人群,他们的思想观念、行为方式、性格风貌,进一步修养了自己的三观和健全了自己的人格,并且使原来的三观和人格在这里也得到一种特殊的强化。这里我必须提一下的是,我在十年风波(包括其他时间)接触到的兄弟民族同志,有领导干部、教师,还有工人,在他们身上我学到了许多好品质、好习惯、好技能,如朴实纯真敢于担当,热情乐观,吃苦耐劳,热爱生活等,而且在工作中我发现他们都喜欢学习,与时俱进,许多领导同志的政策水平,为人处世相当优秀。能记起名字的至少有:努斯热提、阿衣木、胖玛利亚、沙代提、艾则孜、卡德尔索菲、买买提卡德尔、夏木西丁、格音保、那吉米丁、阿瓦汗、阿木拉汉、海力其汗、卜海力其汗、艾斯买提、那赛尔、库尔班、阿斯莫夫、扎克洛夫、护士马利亚、大夫马利亚、吐尔逊汗、马魁武及他母亲马奶奶、斯拉木……我调陕西师大以后,他们中的不少人到西安出差学习都曾到我家来作客,快乐相聚,倾心交谈。所以后来我就讲,如果没有十年"文革"中间当临时工的这个磨练的话,可能也没有我后来的发展。咱们搞心理学、教育学的人知道,你纯粹地从校门出来,再到进校门,从理论到理论,从课堂到课堂,从书本再到书本,你能真正懂得什么,你既缺乏思想,也缺乏能力。所以十年的经历,对我来说是非常宝贵的一笔财富,有了这个经历,我的思想方法,看问题的角度,对各种问题的感悟性等等,跟原来刚走出校园的那个青年学生已经大不一样了,跟在幼儿园小范围里边,做比较单一的业务工作更是不一样了。所以说从个人成长过程中来看,这就跟知青下乡一样,虽然耽误了上大学高考的一个机会,但是下乡本身那种经历,那种财富其他的也替代不了。

工作在陕西师大

下面我讲讲改革开放后来到陕西师大,进入了人生的第三所大学的故事。我因为家中父母无人照顾,自己对新疆高原气候过敏,加之陕西师大教育系刚刚恢复,几经周折,1979年的3月28日,我作为业务归队人员调到陕西师大教育系。当时系里已于1978年招了第一届学生。教育系当时面临着教师缺乏、人才断层的问题,急需专业人才。

教育学、心理学被批判了很多年,1958年第一次批判,1962年开始,好不容易缓过一点劲,1965年姚文元的一篇文章,又把批判的锋芒指向心理学,直到"文革"期间,教育学、心理学再一次被戴上了伪科学的帽子。调到师大,我虽然已经四十一周岁了,可当时还是心理学教研室年龄最小的一个,至今已过去了四十多年。

心理学开始被引进中国是辛亥革命以后,这要归功于蔡元培等人,但在旧中国一直发展很慢。我们行业里曾经流行一句话,就是旧中国的心理学充其量就是个装饰品,那时政治上的腐败,经济上的落后等,不可能顾及到心理学。新中国建立以后,在向科学进军中又全面学习了苏联,否定了西方的心理学。到"文革"期间就把心理学给彻底否定了,我记得给伪科学的前面加了三个形容词,叫唯心主义的、资产阶级的、修正主义的伪科学,直到1978年全国科学大会的召开。到1977年,教育战线开始拨乱反正,恢复高考,科技和教育系统的正常秩序也开始恢复。1978年开始为教师评职称,开始招研究生,制定国家的科学发展规划。第一次规划是1956年,当时我正在上高三,到处都有"向科学进军"的口号标语。1978年实际是第二次向科学进军规划的开始,而且知识分子政策也开始改变。在全国重视科学、尊重科学、尊重人才的同时,全国科学大会的召开对知识分子起到了空前的鼓舞作用,大家都感觉到了科学的春天真的来临了,人人欢欣鼓舞。1977年到1978年,有关院校的教育学、心理学专业开始相继恢复。

来到陕西师大,我立即看到师大校园里一派欣欣向荣,学生、教师一个个充满求知欲,人人精神面貌都非常好,感觉很振奋。我看到教育系专业恢复以后,教育系七八级的三十四名同学,无比热情地投入学习和钻研专业。那一学期我带78级四个学生在附小实习,还到其他小学听课,并完成了毕业论文,这四位同学那个学习的热情、投入精神令我感动,比如其中的强海燕,把她婆婆从外地请来,住在她的娘家给她看娃,她来上大学,经常礼拜六都不回家。一到礼拜六礼拜天师大77、78级教室和阅览室都坐满了人。我们系的老师们虽然年龄都比较大,但是老师们的精神状态,个个像青年一样朝气蓬勃,愉快地工作,迫切地充电、学习,只要有一点新资料大伙就都来学习。我们还请国内外专家给我们上课,给我们讲国外心理学的发展,为此我们把会场布置得可隆重了,还特意向学校申请,剪来校园的鲜花,提升会场的氛围。

79级开学典礼的时候,欧阳老师代表教师讲话,他就讲专业恢复以后他教心理学是多么的幸福,说自己上课根本就不是在上课,是在享受,享受着恢复教学以后的这种喜悦。我们心理学教研室,大家一起团结协作,承担了旁人不敢承担的困难任务。中国心理学会恢复后第一次开会的时候,要大家申请完成许多课题,好多学校不敢申请这个"中国心理学的三十年",说把这个心理学三十年搞出来太不容易,我们学校当时去开会的杨永明老师和其他几位老师就说咱干了,咱不相信咱干不成!把这个课题申请回来以后,我们这些教心理学的教师分了工,总负责人是杨永明老师,欧阳老师是第二负责人,其他的老师都做具体的工作,系主任张安民老师一直参与我们的研究活动,从宏观上把握着研究的过程。由我和于明刚老师负责整理资料,他整理三十年的著作。我整理三十年来全部的心理学杂志,把每篇文章摘要做成十分规范的32开大的卡片。期间,自己病了就趴在床上干。我们的全部工作过程都是通过集体讨论完成。我们没有会议室,每次活动就拥挤在欧阳老师那个十几平方米的小房子里,男老师就坐在凳子上,女老师就坐在床上,多次讨论,几番易稿以后,终于在三个月以后把《中国心理学三十年》的文章完成了,然后给《心理学报》投稿,很快就发表在《心理学报》头条,这是一个重头的文章。文章发表以后,业内人就知道,陕西师大教育系心理学教研室还有几个能干活的人呢。

把这个任务完成以后我们很兴奋,心想既然我们搞了心理学三十年,积累了那么多的资料,那我们能不能在现有的基础上搞个"中国发展教育三十年",就是把发展心理学和教育心理学研究结合起来再研究,大家一致同意。这次是由搞发展心理学的孙昌识老师挑头,孙昌识夫妇都是辅仁大学心理系毕业的。这次研究的方式不变,研究的地点就改在孙老师家。而且非常有趣的是在他家开会休息时能吃到姚老师烤的点心和各种各样的水果羹等,很享受。"第二个三十年"再次在《心理学报》上发表了,打出了第二个重拳。业内有人就说,陕西师大行呀,又放了一炮!接着我们又承担了主持四个院校共同编著《普通心理学》的任务,作为高师院校的心理专业教材和教育专业的基础课教材。这本书就是改革开放以后国内出版的第一本普通心理学,以前只有曹日昌先生的《普通心理学》,我们就在曹日昌《普通心理学》的基础上搞了这么厚一本书,因为是我们学校主要负责,当时大家就分别参与了各章的文字撰写、修改、校对以及资料的提供,还有联系出版社,这本教材后来印刷了好多次。

在那个历史背景下,学科发展长期处于停滞的情况之下,完成了几项大任务,我们觉得自己虽然是地处西北的师范院校的一个小系的教研室,却呈现了大系的气魄和风范。

随着79、80、81级的学生入校,教育系就扩展成为两个专业,学校教育专业和学前教育专业。熊易群老师、王启萃老师原来是在教育学教研室,他们就一起恢复重建了学前教育专业,学前教育专业第一届招的学生后来成了我们陕西省以至国内的学前教育骨干。现任的咱学校校长游旭群、副校长李磊都是我们系学校教育专业毕业的。83级我们又开始筹办教育行政管理专修科(成人班)。先承担了陕西省的,然后又陆续承担了新疆的、宁夏的与青海的培养任务。1989年后,我们又开设了中教专业和初教专业,就是让中学和小学的民办教师,通过在我们这儿学习专科或本科专业以后转成公办教师。这是我们老主任张安民教授通过教育厅给好多年在中小学岗位上干得出色的民办老师做了一件天大的好事,几届学生人生的新起点、拐点就从那时开始了,后来,好多县里的教育局长、县党委行政办公室的主任、部长、中小学校长都是我们这几届出来的学生,都很厉害的,个个能干。

1986年,我们心理学专业就诞生了,面向全国招生。教育系的发展真是欣欣向荣。回首此前几年,我们系第一个专业刚开始招生,在全校默默无闻,人家只知道教育系恢复了,还招了几个人。我记得我刚来师大时,学校召开春季运动会,我们全系的老师都参与了,因为我们学生很少,我们要在全校运动会上展示我们的精神面貌,全系所有师生员工都要在看台上坚持三天,在那晒着。入场式上有一件事特别有趣,外系的运动员都穿上运动服,打上旗帜,走着正步,很威武的样子,我们系呢,只有四个运动员,穿着便衣,也没有运动服,稀稀拉拉、松松垮垮地就走过去了,广播员在喊:"看呀!教育系的运动员队伍过来了,未来的校长代表走过来了!"看台上的人立马哄堂大笑。

不久,我们系在全校各种活动里边都开始名列前茅。我们学生在全校的计算机考试、英语等级考试中都是全校第一,甚至有一次我们小小的一个系,在全校运动会上拿了团体第一。因为我们当时付出了非凡的努力,精神面貌好得不能再好了。

教育系刚恢复时,我们不仅人很少,办学条件也是很差的,图书资料太少了,当年把心理学、教育学一批判,导致好多图书资料都丢失了,重新搞起来的时候没几架子书,仪器也很少。就拿心理学实验仪器来看,我们亲自从学校设备处库房里边的堆积物里,把我们的心理学仪器找出来,好多都已损坏了,甚至只能被拿去卖破烂了。我记得有用的已经不多了,我们找了两个幻灯机出来,就是把那幻灯片插进去,然后用手一按一张地放映,弄个大灯泡在那照明,多放一会就可能把片子烧了。还有一些五官模型,以及几个脑结构的模型,这些很简单,可以拆装的,一个节拍器,还有一个注意力测试仪,几个迷宫,其他还有一些挂图就什么都没有了。什么仪器都没有,实验室建设怎么办呢?我们老教师精神面貌有多好呢,李殿凤老师当时已经50岁了,她主动承担了实验心理学,教材可以跟北大借鉴一份来,但是又不好教,于是就派她到北大进修去。北大上课的老师孟昭兰说,这么大年龄了来当我的学生,还认真得不行,老坐头一排,问题还多得很,这种认真的态度把老师们都感动了,老师又给陕师大的人说,你们别让她学了,多么苦那么大年龄在这边学。而且当时欧阳老师也支持他夫人李老师去学实验心理学,欧阳老师自己一个人,生活能力比较差,都到了十二月份了,他还在凉席上睡觉,整天都在食堂里吃饭,后来系主任一看说:"欧阳过的这叫啥日子,我这回到北京开会,一定把殿凤给他抓回来。"就硬把李老师叫回来了,当时也学得差不多了,就叫回来了。她到北大就是借此机会把一些仪器弄了回来，开始了我们实验室的恢复建设，一直发展到现在，心理学院已经有三个实验室成为国家级和省级实验室，包括一个重点实验室。

2009年，后来的教育科学学院又分出了一个心理学院，所有工作都上到了一个新的台阶，进入了新的历史阶段。当年我们申请一个省部级课题都了不得了，现在你看年轻人申请的国家课题都一串一串的，当年，我们在《心理学报》发篇文章都兴奋得不得了，拿的稿费只能给每人买一支很便宜的钢笔。看到教育心理学科的新发展，年轻人这么能干，我这个老教师真的十分欣慰。

还有几个具体问题，我就说这具体问题吧。第一个就是参加过哪些进修学习。我从来没有参加过任何进修学习。"文革"以前不用说了，"文革"期间也不用说，"文革"以后人才断层，人少任务重，大家全靠自己自学，那咋学呢？就读书呗，只要能找到的书都去念，而且老师们之间相互交换。还有在做课题方面，人家有课题的时候邀请我们参与，我们就参与，自己也可以立项、做调查研究。尤其是同事之间、老师们之间的交流、老师和同学的交流、朋友之间的交流都是一种学习途径。单位对我的教学和科研的第一个要求是希望我多承担任务，谁让我当时是教研室最年轻的呢。我的热情还很高，还不怕吃苦，所以除了带专业课、做项目，我承担的公共课是最多的。全校除了中文系，其他系的公共课我都上过，一直上了好多届。2016年，毕业30年同学返校的时候，我作为时任教师代表在全校大会上一讲话，82级同学在底下就欢呼起来了，他们全认识我，我给他们上过课。我最多的时候，一周二十四节课。苦不苦呢？肯定苦，我既要复习当年学过的东西，又要学新的东西，还要上课开会，家中只有一间小房子，三个孩子两个大人都要学习，晚上孩子们做完作业上床睡觉了，我才有桌子和灯光可用，我就坐在厨房的小板凳上看书，甚至在公交车上也在看书、背外语单词。累不累呢？我没有觉得累，就是像欧阳老师说的，这哪里是上课，真的是享受。再一个要求就是让我尽可能多选一门课程，而且要把教材建设做起来。

单位对我工作和生活的关怀咋样？生活上我尽量不要求组织的照顾，因为从小时候到大学受的教育就是，自己不要跟组织、跟单位去叫苦，身体不好，自己只要能忍能解决就行。但是，单位对我生活的关心也是值得我感谢和铭记的。在新疆工作期间，我们教研室主任通过公共课教研室领导、人事科领导、教务处领导克服了重重阻力，解决了我和爱人的两地分居问题，在我患重病期间为我提供了最好的医疗条件，让我得以有效康复，后来又特批准我调回内地工作。调来师大后，1983年，我突然间心脏不好，这也是由红斑狼疮引起的心脏后遗症,从此以后心动过缓了,最慢时心率每分钟29次。当时非常痛苦,晚上睡觉都躺不下,需要坐着睡。领导知道了以后,就派了系上一个老师带我到西医附院去做了检查。西医专家说我这是病窦综合征,要安起搏器,我不愿意。系里又派一个老师带我到四医大去查,还找的是从美国刚回来的专家,查完以后说,你这还是需要安起搏器,我硬是没有安,但是领导的关怀我确实感受到了。主任知道后到家里来问我,需不需要休息,找人去陪我看病,如果不安起搏器的话需要买什么药等等,我挺感动的。

1984年到1986年,学校支持我和杨永明老师参加教育部的一个项目,就是《大学生心理学》的研究和编写任务。项目组每次开会都是我去,系上都给我报了来回路费,有时候有人替我上课。1984年到1986年,在《青年心理学》的调查研究编著的过程中,系上也非常支持我。而且当时有些系领导认识人多,就给我开介绍信、打电话,让我找熟人去联系调研单位,尤其是让80和81级两个班的几个学生干部和几位学生来帮助我做统计。那时候不像现在,原始数据输入以后有软件。当时啥叫软件听都没听说过,全是手工干的。我和同学们经常晚上一忙就忙到十一二点,我们在教室里边坐一圈,我来念数字,他们往那卡西欧牌巴掌机里边输,输完了算出来看,有时候累得大家都瞌睡得不行了,几个人得出的数字都不一样,只好休息,改天接着再来。包括在起草、编制大学生心理学、青年心理学调查研究问卷的过程中,好多同学都来帮助我。后来我做其他课题的时候,到后期都有系办的张淑菱、高惠贤、王如意老师直接帮我把好多事务都做好了,只要委托给他们,从来不用我操心,所以我一直到现在都非常感激我们系上的领导、老师和同学。我在选择教青年心理学,研究青年心理学以前,我教的是商业心理学,已经开始开专题课了。1983年,我跟系领导讲,我说我不想教商业心理学了,我更适合搞青年心理学,我想转到青年心理学,我充分地陈述了理由以后,领导同意了,我一直非常感激他们对我的理解和支持。

还有一个问题是职务晋升。职务晋升"文革"以前就停了,"文革"期间更不用说,到1977年才恢复,给少数有成就的老助教升讲师,所以来师大的时候,我还是个助教,到1983年升了讲师,1986年升了副教授,1994年升了教授。我对这个职称晋升的看法是什么?一个就是停止多年以后恢复了评定,我和大家一样非常高兴,这也是对教师教学科研劳动价值的肯定。可是,这评定职称每一次都有名额限制,系领导关心教师,每每都力争教师的晋升能如愿,但仍留下了许多的遗憾。我们只好先让年龄大的老师上,又比如俩人都够条件,但是只有一个名额,这不但导致同事之间的竞争,而且对人也是不公平的。熊易群老师和王启萃老师,她俩在学前教育来看应该都是领军人物,40多年陕西省学前教育的发展里边,人家两个人是元老,而且成果也都不少,但是当年上边只给了一个名额,他们两个人谁上,两个人成果、教学、学生评价,都是相当的,分不出上下。在我们评审组里边连续投票三次,两人票数相等,都不过半,不仅成为我们评审组的人,也成为她们两人终生的痛,这事想起来,就叫人心里挺不舒服的。

还有一个小问题,就是从事过哪些工作,有什么待遇。我全部的职业生涯里,主要从事教师工作,也做过一段行政工作。工资待遇方面,我在新疆的第一年是见习工资,到第二年转正,一直到1979年,工资没变,大家都一样。1957年后参加工作的大学生在新疆每月工资79.38元,号称"浩浩荡荡的七九三八部队"。1979年我临调来陕师大以前,开始给教师调工资了,我调了一级,每月工资88.20元。到了陕西师大后,每一次提工资,基本上人人都有份,一直持续到现在。

关于教材建设

实事求是地说,当年许多课程都没有教育部统一颁发要求教师必须使用的教材,教师们自编教材一下子还成熟不了,就都是教师自选教材。我们系上的方针是这样的,一是教师自选、领导批准,领导给你点个头就行,也不需要你打报告。《普通心理学》先用曹日昌的、后用四院校的,《教育心理学》用潘菽的,《儿童心理学》用朱智贤的,《认知心理学》用北大的,《实验心理学》也用北大的,大家就在已经出版这些教材里边,选一本就这么用。还有一部分就是用我们学校自己参编的或者合编的教材。像四院校的教材就是我们和外校合编的。《大学生心理学》是我们参编的,还有系上要求教师自编教学提纲,没有教材的时候,至少必须有一份提纲发到学生手里,张安民主任说:"学生手里必须有一个能够挖抓的东西。"就是看得见摸得着的东西。所以我当时负责的青年心理学、女性心理学,还有咨询心理学教学时,都是我先发一份自己编的提纲给学生。系里特别鼓励教师自编教材。自编教材要逐步地来,首先是自编讲义。李殿凤老师有实验心理学讲义,我教的那几门课程也都有自己编的油印讲义,在编讲义的基础上,最后作为教材正式出版。咱们系老师在自编讲义的基础上先后出版了很多部教材,心理学专业有《人事心理学》《普通心理学》、公共课《心理学》《管理心理学》《青年心理学》等,教育学专业更多一些。

关于教学改革

在我求学和工作的经历中,我们国家的教学改革从来没有停止过,范围涉及极广,大中小幼无所不包,从教学理念、教学内容到教学方法,从政策法规到具体执行规则,有些改革规模相当大,有些则涉及某一时段、某一地区、某一学校、某门课程。说明党和政府及学校的出发点还是正向的,但其中的教训也值得认真反思和总结。这是一个涉及国计民生的问题,涉及一代一代孩子成长的问题,我个人很难评说。我认为任何关于教学的改革,关键是必须有利于学生的成长和发展,既能承前又能启后。改革包含着创新,但创新不是推倒一切,另立一套,重大的改革必须经过严格的实验,更不能脱离国情、地情和学生盲目操作,而是面向未来,锁定目标,在充分调研的基础上,吸取前沿的东西,对教学活动内各种因素的最佳的组合。改革是否适当和有用,要以实践的结果为评价的最高标准。

基于以上看法,我在这里只说说我们教育系当年的改革。我们教育系恢复重建的时候,张安民老师是系主任,很有眼光、智慧和能力的一个人。副系主任是杨永明老师,总支书记是王兴中老师,欧阳仑老师是心理学教研室主任,谢景隆老师是教育学教研室主任,我稍后兼任教师党支部书记。当时的办学理念,我觉得很值得好好总结一下。一开始,我们的朴素想法是决不能让学生高分进来,低能出去,我们的本科专业,尤其是心理学专业的学生,一直是全校学生中录取分数最高的、文理兼优的学生。我们的想法很快凝聚成了一个观念,就是一切为了学生的成长和未来的可持续性发展,具体的教育教学改革做法有:

一是高度注重教学。教学是我们全部工作的重中之重,所有领导、教授、副教授都要担任本科生课程,包括一部分公共课,那些年教育系老师在许多系的教育学、心理学课程的影响不是一般的好。

二是搞好系风学风。我们是恢复重建的系,教师、干部、学生的精神面貌本来就不错,一开始就特别重视把风气搞正,我们特别强调努力奋进、团结互助、艰苦创业、无私奉献。

三是特别重视师生关系。我们的师生关系:上课是师生,下课是朋友,生活中就是亲人。学生经常到老师家里去问问题。你正吃饭,有学生就来了,热情接待,没有吃就加双筷子。向老师吐露心声,求老师为他们排忧解难,许多年,我的业余时间大量用于对学生的心理关怀和咨询辅导,我的家被学生称作"不挂牌的心理咨询室"。这个工作不仅量大,也很难做,不少学生的问题还需要跟踪帮助许久,有的还要与其家人、系科、医院的医生一起才能完成。累是累了一些,但看到学生心理重建,顺利完成学业,健康地走出校门,工作取得成就,恋爱结婚生子幸福生活,我觉得自己的付出是值得的,且幸福感自然提升。我家里有个12英寸黑白电视机,晚上学生常会来观看。我家那个猫,每次学生来家里看电视,班长往那一坐,所有学生都抱不去,猫就只跟班长一块儿看电视。还有王启萃老师,88级一个女生,在回校聚会的时候,一进门就抱着王老师哭起来了:"王老师,没有你,就没有我的今天。"这学生这时已经是高级教师了,在中师教书。王老师说:"啥事呀,我把你咋了?"这学生当年上学时得了肺结核,学校让她休学,但是她家里贫困还等着她工作养家呢,她本身很好强,王老师知道以后给她找了住的地方,还给她做小锅饭,帮助她到医院看病,很快地就康复了,按时毕业。因为王老师帮助的学生太多了,王老师根本都不记得帮助她的事。去年冬天,教育系一个早年毕业的学生到我家里来了,说:"王老师,我最近搬家整理东西的时候,发现我刚工作时你给我写的几封信,已经成为我人生的宝贝存起来了。"那时候学生毕业以后,老师和学生通信,都是很正常的事情。不是和几个学生通信,而是跟很多学生。我们的师生关系在当时许多外系学生都羡慕不已呢!

四是把学生工作放在重要位置。我们当时选辅导员都是特别严格的。靠什么关系都不行,得由我们自己挑选。我们选留辅导员,一要热爱学生的,思想作风端正的。二要有双重能力的,能做学生工作外,也能教课。所以辅导员工作做得可是得力而全面,我们的学生工作在全校始终是领先的,包括我们的学生晚会,可以抵得上全校的晚会。全校开迎新晚会,欢送毕业生晚会,学生不一定爱看,一听教育系开晚会,会场水泄不通,窗户台上趴的都是人。我们进行学生集体的建设,学生宿舍的建设,社团建设及各种学生比赛,都大大地促进了学生的成长。八四级三十年聚会的时候,张可创同学说:"没有我们这个温暖向上的集体,就没有我张可创。"他当年身体不好,家庭贫困,全体同学那时候就给他捐款,帮助他读完了大学,顺利毕业。

五是课程安排上的大胆尝试。一个调整是加大了基础课,如哲学课,我们没让公共教研室给我们上,我们自己上。因为哲学是心理学、教育学的基础,一周四节课,总共上一年,相关联的我们自己又开了逻辑学,全系必修。又开了高等数学、高等物理,它们属于心理学的基础学科。普通心理学一周四节,上一年。人体解剖生理学,一周四节,上一年。生理心理学、认知心理学、社会心理学、发展心理学,这一部分课程都加大了课时。还有就是加宽了专业课,比如心理学专业,按照部里教学计划,好多课是没有的,但是我们有。比如领导心理学、青年心理学、旅游心理学、女性心理学、专业外语、商业心理学、广告心理学、咨询心理学等,高年级又开设了心理学专题研究课。系里号召各位老师根据自己的研究方向和成果自报专题研究。那时我给学生讲过的专题有如何做心理学调研,对观察法的实践和思考,当代职业女性的心理健康问题研究、常见心理障碍的识别等。每个老师在研究过程中都有最精彩的部分,感悟最深的那一部分,在教材里头学生是接触不到的,但又有重要的专业价值,事实证明,好多学生都深受启发。

六是我们特别重视成人专业学生的教学,制定有针对性的教学计划。比如,教育行政管理专业、中教专业、初教专业,都是根据学习者的实践经验和职业需求。还有教育部西北高校干部培训班,负责培训西部地区高校处级干部。在这个班除了一般的教育学科课程,我还开了大学心理学,不是大学生心理学,当时参考的是苏联的教材,还开了领导科学、领导心理学、组织行为学、青年心理学、大学生心理学、教师心理学、教育心理学等等。这个班最后发展成现在的教师干部培训学院。

七是在本科生和研究生中推广了学、研、用相结合的培养方式。要求研究生参加教学、管理和研究。因此特别强调实践环节。教育系当年的学生要到小学和中师两个实习点实习,而且实习的时间都比较长,平时的见习也都是不断的。我带过实习,还经常带学生见习,如我带他们到儿童医院,去见习儿童医院如何诊断治疗儿童多动症,带学生到精神病院,了解严重心理障碍的类型和案例,到四医大,去看心理学前沿研究的仪器,包括体验真空舱等。那时候是系领导亲自带实习,或者抽调优秀教师带实习,必须要把学生带出来,一节一节地听课,一个一个的教案跟着学生改。我们现在的学生好多是假实习,回来以后拿个证明,就算实习了。

八是在教学的过程中经常注意研究教学。教学不能说大家把课上了就行,还要研究。比如说我们经常进行教学交流和研讨,教师相互听课,领导听教师的课,教师做课程的自我分析。去年三八节的时候,我给全省的家长讲和谐家庭建设,里面讲到了家教,家长是孩子的第一任老师,是终生的老师。教师的角色不管说多少,说到天上去,最终还是:传道授业解惑。我就把当年我们讨论的那个,再加工了加工讲了,家长都比较服气。

我们讨论过上好一节课要靠多少条件。当时流行的说法是给学生一桶水,教师必须具备七八桶水。欧阳老师曾经开玩笑说:"我不用七八桶,我用一桶水,我能把一桶水讲成七八桶水。"大家就哈哈大笑。其实欧阳老师很善于讲课,他善于把很抽象的东西具体化,掰开揉碎了讲。我们当时讨论的有些理念我到现在一直非常坚信,比如不要把自己都不相信的不理解的东西教给学生,自己都没有感悟,没有感动,不要教给学生。

回头看,我们当时的教育教学改革既适应了学生在校发展的需求,也适应了学生后来的社会适应、生活适应和职业发展需求,包括许多的应变和选择,能够体现教学改革的继承性和创新的前瞻性,所以经得起实践检验。几十年过去了,我们教育系的那些学生现在都做得不错,无论在哪个岗位上都做得不错,生活质量、个人幸福度相对比较高。

关于科研成果

我这个人特别喜欢教学,对教学的过程和学生的成长特别有兴趣,所以,我的科研也都是围绕我教的那几门课,在课程相关的大方向进行研究和探索。1983年到1986年,我用了将近四年的时间,在调查研究的基础之上,和杨永明老师编著了《青年心理学概论》。这本书共26万字,师大出版社出版的。在这本书出版之前呢,我们看到的是国外的青年心理学,有日本的两本,有美国在四十年代的一本,所以我们这本青年心理学当时恰好满足了现实需要,共发行了四万五千册。1985年到1987年,我和杨老师又参与了教育部《大学心理学》图书的撰写工作,这本书由上海人民出版社出版,应该说是关于中国大学生心理最早的研究成果。1994年,我承担了省总工会的职业妇女心理健康研究工作,和九〇级学生编写了一本《职业女性心理健康顾问》(科技出版社),这本书获得第四次世界妇女大会精品奖。2000年,我承担了中央电视台教育台的"青少年常见心理问题与咨询辅导对策"电视片制作工作。和几位青年老师一起拍成24集电视片,在教育台播放了好多次,在全国反响很好。内容主要针对中学校长和做学生思想工作的教师。后来我又参与研究主编了《大学生心理健康与自我调适》和《中国女大学生发展与教育研究》(陕西人民教育出版社),这是中国和加拿大合作的"妇女与少数民族教育"课题里边的一个子课题,由方俊明老师和强海燕老师申请的,参与的中外学者数人。这两本书角度新,其中对中国女大学生心理与教育的研究方法严密灵活,结果填补了中国大学生性别心理的差异和特点研究的空白,已是业内学者的重要参考资料。此后,又参与了一个关于中国大学生两性课程建设课题国际合作项目,成果就是编了一本包含科学性别教育的《心理学》。为体现专业的社会应用,我和我系几位老师历时数年为省妇联主编出版了陕西省的家庭教育课本,前后有三种版本。

近几年先是主编了《大学生心理健康教育教程》,由世界图书出版公司出版的,用作陕西省大学生心理健康教育通用教材。后由西北五省区党委教育工作委员会的书记会议决定,五省区用的《大学生心理健康教程》,由我主编,五省区推荐数名专家一起来研讨完成,省人教出版社出版。此书2020年又出了修订版。我发表的研究论文主要围绕青年心理、大学生心理、女性心理和心理健康教育,大约有数十篇。

至于在科研中有价值的经历。我认为还是青年心理学的研究、大学生心理学的研究、女性心理学的研究,还有心理健康与咨询辅导的研究。尤其是青年心理学,当时我们基本上没有参考的东西,一切从调查研究做起,对一个时代的青年心理发展规律与特点有了一个真实的了解。而且这些研究常有戏剧性的开头和引人入胜的过程。

研究问题确实给我提供了一个学习和成长的机会,向前人学习,向同行学习,向目标人群学习,向社会学习的机会。首先是向前人学习,人家研究的东西不是没用的,当时我在课题组里老强调一句话:"不要以为什么都是我们发现的,引起我们思考的问题我们的前人早就思考过,只不过他们受思考角度和历史环境的限制。"所以我们必须向前人学习。向同行学习,同行里边首先是向老一辈的专家学习,当时张增杰先生对我帮助是特别大的,张增杰是瑞士心理学家皮亚杰的学生,他从国外留学回来以后,就潜心研究皮亚杰的理论在中国心理学领域中的应用。其实大学生心理学的研究是张增杰最早申请的课题,张先生得了重病,希望我们这帮人很快把大学生心理学搞出来。张先生对大学生自我意识的研究已有一个简单的理论框架,张先生无偿地把他所有的研究资料给了我,而且指导我编问卷、修改问卷,介绍了他的学生,帮助我了解心理统计方法。还有云南师大的张世富先生在研究方法上对我帮助很大,他是在人类学领域有重要贡献的学者,成果已引起国际关注。还有吉林大学研究心理学基本理论的车文博先生,多次从基础理论方面指导启发我。几位先生直接或间接地帮我制定方案,修改调查问卷,传授研究的思路和方法,以及他们的治学作风。

还有就是同龄的许多合作的老师,有天津师大的沈德立,西南大学的黄希庭,中国社会科学院的李庆善、徐凤姝,华东师大的祝培里,天津师大的赵恒泰,江西师大的石起才,甘肃师大的赵鸣九,还有加拿大的熊丙纯,美国的徐浩渊,……这些学者在不同地域,不同文化背景之下成长起来,治学方式风格差异很大,跟他们交流以后对我启发是很大的,我们在西部地区,受环境限制难免有视野相对局限的情况。再就是同龄同事和朋友,比如杨永明老师也是一个很有智慧的人,我们学术观点和对许多问题的看法比较一致,他有很多思想很精辟,常常让我豁然开朗。再就是向学生学习,包括研究生、本科生和成人班的学生,他们年轻,他们看问题的视角和体验对我来说宝贵至极。

在研究问题过程中,还有一个重要的体会是我们过去学的那些专业理论和方法都太抽象,离实际太远,比如研究方法方面,我在大学里心理学期末考试,我抽的口试题是观察法,我滔滔不绝地讲完以后,张厚粲先生给了我一个5分的高分,但是我几十年不会用观察法去观察人,搞了青年心理学、大学生心理学以后,我就觉得对观察法要好好地琢磨一下,发现这个方法既简单又复杂,而且特别有意思。还有以往我们研究问题喜欢用单一的方法,我发现有时综合性方法更有效果。另一个深刻的体会就是向社会学习。心理学研究必须走出校门接触社会,接地气。曾有位外国学者说:"一个真正的心理学家,必须是一位社会活动家。"家不家的先不讲,但这个说法实在精辟,所以我从内心感谢校外的朋友和组织对我的帮助。尤其是共青团、教育厅局、妇联、工会的朋友们,感谢他们为我提供的宝贵的学习机会。

当然中间还走过些弯路,比如说我们在大学生心理调查研究进入总结统计阶段时,有两所院校的问卷全部被作废,返工重新选取样本,因为调查中忽略了即时的重大干扰因素和那一阶段学生心态的重要情况。这次失误为以后的研究提供了一个很有价值的教训。

如果说我们的科研真的值得总结的话,这就是我们自己形成了一个专业活动的工作模式。做一个大学教师,要思考专业怎么样能够有更好发展,既适合你自己,又适合你这个学科,不能孤立地进行教学或研究,其实就是教学、研究和实践应用的结合。这个结合过程就是三个方面互动、相得益彰,教学中发现的问题到研究中解决,研究了以后加强教学过程的建设,提升教学质量,教学研究过程中发现的问题,到实践中去解决,实践过程中发现的问题,再回来进行研究,完了再去充实教学,再去为实践服务,并吸引学生参与,促进学生成长。一些青年教师和我一起做得很起劲,徐建平老师把我们这个模式总结了以后,获得了省级教学成果一等奖。

这里简单说明一下我们的教学实践活动。我们的实践活动是通过校内外(主要是校外)组织,针对我们所教学科的教学、研究的需要,为相关的人群和个人进行心理学服务,包括宣传、培训、倡导及各种形式的心理咨询与辅导,然后收集反馈,进行研究分析,并反复印证。以女性心理学为例,我们通过与各级妇联、工会女职工委员会、妇女研究组织联系,为女性提供服务,不仅了解了女性心理特点、心理健康问题,也探讨了适应为女性做心理服务的途径与方法。其间我们深入到企业、机关、学校、农村,包括女子监狱,以志愿者的身份付出了大量的时间和精力。

对学校管理制度的看法

我刚来师大的那些年,学校每出台一些有关制度,都是走群众路线,先起草一个草案,让大家来讨论,反复几次再正式形成文件执行。比如教师工作量的考核制度以及计算办法和公式,我们就讨论过好几次,最后才形成并执行,大家都是心服口服的。但是在后来的改革中,因种种原因,有些制度常仓促出台,例如对教师考核、晋升中的一些制度过分强调了短期行为效果,难以让教师出高水平的科研成果。我们青年心理学的研究和教材建设历时四年,没有一个领导催着我快点拿出来,否则你今年没有奖金,晋升也有问题,当年没有这一说。但是后来却不这样了。我们系的方俊明老师调到华东师大以后被聘为终身教授,记者访问他有什么感想,他的感想就是从现在开始才敢承担重大课题,因为凡是重大课题,它需要时效,它至少三年五年,甚至十几年才能出成果。再就是办学中过度地把教师引导到科研上去,这就冲击了教学,教师的心都不在教学上。在职称晋升过程中,教师的工作量、教学评优看起来是硬杠子,但为了晋升也容易凑数,评优轮流坐庄。我曾参加省上教师职称晋升评定,关键就看你的著作、教材、文章、课题的级别、经费有多少,发表在哪一级刊物上,哪一级出版社出版的。这样一来,有谁还会在教学上使劲,在学生身上使劲,在实践环节上使劲。同时又不可避免地导致教师压力过大,心理健康问题非常突出。结果是闭门造车,甚至学术论文的造假等就不时发生,有的老师把学生看成打工仔,为啥现在许多学生把导师叫老板,都和一些规章制度本身不合理有关。加之学校机构建设的不合理，许多部门为了"尽职尽责"，就去做许多不必要的事情，形式主义地要求教师干这干那，各种考核、汇报、数字化的统计不断。这我不多说了，大家都是有目共睹，而且内心也感到很纠结。

院系调整和东校西迁

关于院系调整和东校西迁吧，这个问题我们知道，新中国成立以后的大规模院系调整共两次，一次是1952到1953年的院系调整，那时全面学习苏联模式，加大了理工，尤其是工科。开始时，对师范、农林，对文科和综合大学有所冲击，好在及时进行了纠正，这次的院系调整，我自己的看法是非常值得肯定的。因为旧中国多少年贫穷落后，科学技术、工业没有基础，第一次院系调整以后给国家培养了大批的专门人才，对社会经济的发展起了巨大的推动作用，也改变了旧中国工程技术落后的状态，如果没有第一次院系调整，没有那些专业的设置以及发展，后来中国科技发展、工业发展就没有基础。第二次调整是1990年代中期以后了，就是并校扩招，把部委所属的院校下放到省，许多学校合并，与此同时，民办院校蓬勃发展，迅速兴起，后来又有《民办教育促进法》颁布，西安的民办高等院校在全国属于领先的，已有多所名校。我跟西安一些民办院校有不解之缘，几乎在这些学校里都有咱的学生，有师大许多教师、干部到那地方兼职，我经常去跟他们做研讨，给学生做了一些心理健康知识的宣传，帮助有的学校建立心理健康教育中心等。民办教育办学确实很不容易，办学的人挺了不起，民办院校已成为我国高等教育不可缺少的组成部分。

这第二次调整中好多专科学院都升了本科，一些大学并校后，校园大了，专业多了，但是特色也少了，一些院校的特色干脆没有了，吃了大亏。比如说西安公路学院，亚洲也只有这一所，许多国家的人都来留学，但是合并没了，变成了长安大学。统计学院和几个专科学校、成人院校、基础大学合并到了西安财经学院。当然，少数院校也得到了新的发展机遇，如西安理工大学、西安科技大学、西安财经学院、西安医学院火得不得了。

关于东校西迁，我认为这是国家建设中一个战略性布局的历史性举措，成就非常突出，值得充分肯定。东校西迁在西部的教学科研管理方面起了积极的带动作用。交大由上海西迁。四医大是由南大的医学院分来的，培养大批的优秀医学人才，科研成果不断推出，在国内外特有影响力。西北轻工业学院是北京迁来的，还有不少学校，如西工大的许多专业是从东部迁来的，我们当年的陕西师大就吸纳50年代从北京迁来的北京师范大学陕西分校,我们系的好多老师都是这个分校的老师,如欧阳仑、李殿风等。六十多年以来,这些院校做出了很多了不起的业绩,对国家社会的作用也得到了各方面持续的肯定和宣传。东校西迁不仅在国家科技、教育发展中起到了战略性的贡献,其西迁的精神更是值得被大力弘扬,继续传承的一笔财富。

我个人体会最深的还有就是新中国成立以来,中东部地区数以万计的人才,满怀激情,怀着为人民服务的一颗热心,投入到西部教育,尤其是高等教育,也是一个具有历史意义的举措。我在新疆大学住的那座筒子楼,25户教工中22户都是从华北、华东、华南、华中地区支援新疆的大学毕业生。这些人在西部教育、社会经济文化发展中做出了开创性的贡献,但却少见有相关的肯定、总结和宣传。

从我的经历来看,第一,当年中东部选派毕业生到西部、到西北的大中小幼教育战线,绝大多数学生都是经过筛选的德才兼备的学生,这是我所经历的,我们学校当时想到西北去的话,在学校表现不好就没资格去。可是现在却有人问我们:"你们当年犯了什么错误,叫人家给发配到新疆去了?"令人哭笑不得。第二,他们几十年如一日地、执着地、默默地在西部边疆为高等教育从事教学、科研和管理工作,奉献了自己的青春和终生,许多人还奉献着自己的子孙。第三,他们为西部的高等教育发展背井离乡,有的是夫妻分居,好长时间调不到一块,有的生了孩子,在西部上学困难,两口子忙,管不过来,把孩子丢给父母,让孩子成了留守儿童,绝大多数是把赡养父母、孝敬父母的责任推给了兄弟姐妹,没有兄弟姐妹的,父母只好在那苦苦地遥望着远方。我父母就是这样,我姐姐多年患病又下放劳动,我哥哥在外地工作,我去新疆工作,我父亲甚至作诗来表达思念之情,有一次在信里心情沉重地说:"儿子北上赴幽燕,女儿西出玉门关。"我当时还回信鼓励他说:"你思想应当积极点。"其实,那时候大家都毫无怨言,甚至于我们工作以后多少年因为工作需要没法探亲,到边疆工作开始没有探亲制度的,后来到了1963年、1964年才有了边疆工作的探亲制度,没有结婚的话几年给你一次假,结婚以后几年给你一次假,但是我和我周围的好多老师极少享受过,因为一是忙,二是没有钱,一家人回一次老家就得花一两千,我们工资才几十元。我1959年离家,1960年到了新疆,1967年再回家见我的父母,八年没见过我的父母,再见父母的时候,父母都老了一大截。第四,他们在完全人生地不熟的环境中工作、生活。尤其在民族地区,要学习民族政策、民族语言,团结兄弟民族的同志,要帮助民族教师,比如你和一位民族教师一个教研室开同一门课程,就要一起备课保持同样的教学效果。还要耐心地教导民族学生,吸引民族学生。光是把民族学生吸引到学校来学习就很不容易,这是由于地区本身的经济文化发展水平限制。我爱人周学通1962年五一节刚过,就被学校抽调和几个教师到南疆去招生,他去和田,路上坐着敞篷卡车十几天到了和田,到所有的中学进行动员,动员不来的,就深入到学生家里边,用他掌握的维语去跟那些民族学生家长苦口婆心地说:"你们叫娃娃上大学吧,上大学好得很。""我们没有钱。""不要你们的钱,你们娃娃上学的钱国家都给,吃的饭也有,那穿的衣服也有,比你们现在穿的还好,你们的女娃娃还有裙子,有头巾,有靴子……"就这样一直到八月下旬,他才完成了在和田的招生任务,一共招了40多个学生,带回学校,来回路上走了将近一个月。第五,他们在面对很多生活的艰辛、政治上的风云变化、职业生涯的变动时,首先考虑国家利益、学校的发展、学生成长,展现了新中国大学生的优良风范,乐观、坚强、干一行爱一行、干一行干好一行地在西北、在边疆生根发芽、开花结果,为此而常常放弃了个人职业上选择的机会和兴趣。我大学的一位同学叫张瑞兰,"文革"后她业务归队到新疆师大教普通心理学。当年进疆时她被分配到喀什师范学校教教育学和心理学,喀什师范1962年撤了,不办了,就把她派到二中去,说:"张老师,你这课怎么办?""那叫我教什么我就教什么。""你教政治行不行?"她说可以,政治教得很好。后来政治老师又多了,"张老师,你这不是科班出身,人家来了科班出身的人,你教语文行不行?""行!"语文教得很好。后来语文老师又多了,"张老师,你教化学行不行?"她说,"行!"化学一直教到高三,77、78级学生高考出来以后,直喊张老师万岁,因为化学考得成绩特好。第六,他们时不时地被内地名校的有些人看不起,认为是边疆的教师,说不定当年是被发配去的,认为没有什么水平,比不上北京、天津、上海的教师,但事实上不是这样的。我们当年去西北的不少同学,后来回到内地,施展的才华都是让人惊讶的。比如,我的同学刘淑慧,当年分到青海师院,她家在北京,后来调回到北京体育师范学院,她选了运动专业以后,给中国培养了射击奥运冠军许海峰、王义夫、陶璐娜等,培养的奥运以外其他国际比赛冠军有四十多位。我刚到陕西师大来的第一次会上,多次发言,后来欧阳老师跟我说:"你刚来时,我们都对你有看法,新疆来的,还张狂得很,还对学校这个文件有看法,后来跟你熟了,才改变了看法。"第七,当年大批优秀的学生到了边疆地区以后,使边疆的基础教育得到了很好的发展,边疆、西部的基础教育发展好了以后,那些中学生升到大学,等于间接地提升了大学生源质量。我们去新疆时的那一批同学,到中学的都到了二中,二中是当时所有地市县的重点中学,他们教出来的大批学生是很厉害的。

东校西迁是新中国建立不久,国家关于高等教育、科技及基础建设的布局和发展的一项重大决策,我们今天对东校西迁的宣传,更多地是弘扬和传承其中的精神内容,交大等许多院校的教工们宽广的胸怀、高度的社会民族国家责任感及他们坚强、乐观、艰苦奋斗的高贵品质。

同样,几十年来东部人才支援西部教育,以更大的人群在更大更艰苦的范围内体现着的精神,成千上万的具有专业知识的人扎根西部、投身教育、艰苦奋斗、默默奉献、无怨无悔,想起来同样令人肃然起敬。我真心期望这种精神能得到弘扬和传承。

对新中国西部高等教育发展的看法

我个人总的看法就是西部高等教育的发展,永远是受制约于当地的政治、经济、文化发展的,这是一条规律。假如说当时新中国成立的时候,把首都定在西安的话,咱们西安的高等教育发展会怎么样?第二点看法是政府对西部高等教育发展政策在很大程度上决定西部高等教育发展的速度、规模和水平。所以,哪个时期政府的政策的倾斜力度怎么样,西部高等教育发展就会怎么样。"文革"以前,西部高等教育有了第一次快速的发展,我去新疆时,新疆的高等院校已经不少,有新疆大学、新疆师范学院、新疆工学院、新疆医学院、新疆八一农学院、新疆财经学院、昌吉师专等,后又建立了新疆塔里木农大、石河子医学院、喀什师专等,那是因为国家最初的几个五年计划,从国家全面的长远的利益着眼,这都是在国家规划里的。改革开放后西部高等教育又有了一次全新的大发展,我希望西部高等教育今后发展越来越好。

对当前高校改革的意见和建议

对当前高校改革的意见和建议,这个问题好大呀!因为高等教育的改革发展,包括整个教育的改革发展,是一个系统工程,而且是一个难度非常大、最艰难、最复杂、周期性很强的工程。七十多年新中国的高等教育,西部高等教育一直在不断地改革,到了今天是很不容易的,成就是非常了不起的。同时,也有些问题,耐人回味和思考。作为一个在大学里工作了多半生的普通教师,仔细地想想蛮有意思,感觉到我们理想和现实往往反差比较大,期望和行动、理论和实践容易脱节,有时候还有做事一阵风、官僚主义、形式主义,甚至搞政绩,乃至商业化地办教育的情况。一个部长、一个校长上去,热情很高,就要出点新点子,但受个人因素限制,往往会主观地做决定,主观地指挥大家如何去做。

我第一个想法是中国办好高等教育,西部高等教育要发展就必须坚持党的教育方针,任何时期都不能忘了党的教育方针。党的教育方针是经过几十年的不断探索,几代人不断的努力总结出来的。它包括办学方向、人才规格、工作对策等,是在发展过程中形成的。在人才培养上,从最早毛主席提出的"三好",到后来发展为"又红又专",1957年2月27日,毛主席在扩大的最高国务会议上提出了教育方针,全国受教育者应在德育、智育、体育几方面都得到发展,成为有社会主义觉悟有文化的劳动者。再到现在执行中强调的立德树人、教育公平等等。全面发展包括德智体美劳心六个方面。为什么?因为首先它是和我们的文化和社会制度一致的,和中国特色社会主义制度是一致的,它具有持续性的指导意义,有弹性。我的第二个想法是对今后高等教育改革须多一些理性,少一些感性。这七十多年高等教育发展过程中,凡是发展比较良好有效的时候,人都比较理性,思想比较冷静,凡是出现偏差的时候,就是感性占了上风,头脑发热,或退缩不前。包括院系调整、"大跃进""文革"中学生不上课,停课闹革命,后又只招工农兵上大学,再后来的盲目并校,一窝蜂地去升级,乱设专业等,有些专业已经泛滥成灾,误国误民、劳民伤财,把人家老百姓的孩子,还有钱财拿来不当回事。好多专业培养的学生,用人单位不欢迎,学的那点东西最后啥都不会,如市场营销、工商管理,对教育如此严肃的问题缺乏论证、预测和实验。第三个想法是加强对学生的德育,一代一代学生的思想品德,关系到国家民族的命运。德育最主要的是要教育学生有责任心,有事业心,有上进心,有对自己、对家庭、对国家、对民族、对人类的发展的使命感,要有积极向上、面向未来、拼搏创新、实践奋进的精神。但是立德树人,加强思想道德教育,这是个非常困难的复杂的,让人困扰的课题。因为每个人的思想品德发展包括咱们心理学讲人格形成的过程,是个漫长的积累过程,是从一个人出生开始的,不是通过简单的知识学习、抽象说教和考试,而是通过数以千万计无法穷尽的那些事件、经历,然后思考和感悟,有了认识,有了情感,有了意向,有了行为,有了坚持,慢慢地才养成的。这是一个漫长的过程,也是一个多因素影响的过程,社会影响、学校影响、家庭影响、教师的影响、同伴的影响过程。但是我们在德育里边,常常把它做成一阵风式的或者知识灌输式的,不能入心,不怎么起作用,甚至有时候还使学生反感。为什么我们心理学课程一开,学生就欢迎得不得了,因为我们的心理学课程能触动学生心灵世界,触到他们心灵深处最敏感的部位,他有了感受,就会不断地积累升华。学生怎么去认识自己,认识社会,认识环境,适应环境,承担责任,是一点一滴积累的。当年我们当学生下乡的时候觉得自己很了不起,名校生有见识,有知识。有一天,听说村里每天晚上有不少青年农民到一个人家里去,听那人说书,说书的说的全是三侠五义鬼怪神灵,我们老师听到这个消息说:"你们一定要把这个阵地给咱夺回来。"我们几个同学就开始讲故事,讲革命故事,支部书记把人包括老头老太太都给动员过来了,我们自己很得意。我们班有个同学给农民讲抗美援朝的故事,讲志愿军如何把美国鬼子打得狼狈逃窜,一个农民老头问:"啥叫狼狈逃窜?"我们同学说:"狼狈逃窜,就这个样子。"他做了动作表演。"我知道了,那就是王八抱西瓜,滚的滚来爬的爬。"农民们一下子明白了。我们本觉得自己很厉害,其实就像现在说的高手在民间,这就引起了学生的反思,重新认识自我、分析自我。你开多少课的灌输,要学生怎么认识自我,用了什么方法,用了什么测验,不管用,这个过程不是简单灌输可以解决的,这叫"人教人教不会,事儿教人能教会。"

第四个想法就是必须做好真正的专业教育。学生在中学以前接受的是文化基础教育,到大学是来学专业的,将来要成为专业人才,承担职业责任义务的,大学里头必须要有实实在在的专业教育,培养真正的有专业思想、专业态度、专业能力和技巧的有用的人才。目前我们是理论多,实践操作少,课内多,课外少,一般的知识多,具体专业知识少,规范的知识多,弹性的知识少,尤其是专业态度、专业价值教育缺少,所以学生就业的时候往往眼高手低,自我中心,而用人单位还不欢迎。而且大学生职业适应过程非常漫长。我那几年教大学心理学,给一些学校领导干部讲过大学心理学。仔细研读了苏联的《大学心理学》,是季亚钦科和坎德鲍维奇的著作。他们讲的大学生在校完了学习任务以后,如何使他们产生有效的职业适应,这是我们过去考虑比较少的。苏联当时的情况是大学生毕业以后的就业适应期平均是半年。我当时把中国大学生调查了一下,又查了些资料,我国大学生就业适应期短则一年,大多数是两年左右,长则三年、五年,我还有好多个案,少数学生甚至五年、七年都没有完成职业适应过程,这和我们在校的专业教育不足有很大的关系。我接触的有些用人单位，人家对大学生进行考核，这方面意见也比较大，专业教育涉及的因素不少，我想至少包括专业思想、专业态度、专业知识、专业技能、专业适应的教育，每个方面又包含着次一级的内容。我们系当年为什么大胆地调整了教学计划，其中就注重了学生知识结构的几个方面，包括纵向结构、横向结构、动态结构和个性化结构这几个方面，所以我们早期毕业的学生大多数人能很快进入角色，且后劲都比较大。

还有专业基础能力的培养。这些年我们高等教育在学生专业基础能力培养方面，受几个因素的影响很明显。一个是外语，一个是就业。学生一到大学要面对外语等级考试，所以一二年级的学生把大量的时间，有的学生告诉我说，他把一二年级百分之七八十的时间用在外语上。那么，他们专业基础就受影响，能力也上不去，哪来的后劲啊。另外一个是就业。学生把外语考过了，二年级上完了，三年级刚跟专业沾了一点边，四年级就找工作去了，而在这找工作过程中，四年级都有个实习，但实习时间短，大多是做个样子、走个过场，好多学生不去实习，家长找个单位弄个章子一盖就算实习了，甚至还能评个优回来。专业成长的许多时间空间环节都被外语和就业这两个事冲击了。

第五个想法就是对教师素养的提升问题。不是我们从外边引进了一个人才，海归也好，或者博士后也好，我们引进来就光剩下用了。在教师的素养提升过程中，教师的职业道德，教师爱不爱学校，爱不爱学生，爱不爱自己的职业，他对职业的价值是怎么认同的，他是不是很投入地去做自己的职业，太重要了。如果一个教师能够意识到自己做教师的职责是什么，价值是什么，他喜欢当老师，他爱学生，他爱他的专业，他爱学校，他爱这个学院，那他的工作效果绝对不一样的。可是，教师的职业道德、职业专业思想成长，常常是被忽略的，或简单化、表面化、形式化的。另外一个就是对教师的心理健康远远没有受到重视，改革开放以来，从大学到中小学，直到幼儿园，人们越来越关注学生的心理健康，教育部一个一个的文件发布，从1999年教育部第一个《关于加强中小学心理健康教育的若干意见》，到2001年《关于加强普通高等学校大学生心理健康教育工作的意见》，到后来不断的修订方案，要求学校建立中心，开课、辅导等。但教师心理呢，教师的心理健康很少受到应有的关注。教师心理健康的现状，总体来看应该是不错的，但是存在的问题不少，不容乐观，有关调查研究显示，教师心理健康水平，小学不如幼儿园，中学不如小学，大学教师不如中学老师。从心理健康的总体状况来看，是随着幼儿教师到大学教师，教师群体心理不是越来越健康,而是越来越不健康。去年年底公布的中科院心理所研究的《心理健康蓝皮书:中国国民心理健康发展报告(2017—2018)》,其中对各类人群的心理健康状况的公布,心理健康问题最大的是医生和教师。教师心理健康一般问题发生率在一定比例居高不下,严重心理问题比较明显,而且心理疾病的发生在逐年增加,尤其是中年教师。原因可能是比较多,一个是共性原因,就是全中国目前在改革开放过程中竞争激烈,社会发展、科技发展的节奏加快等。同时,大学教师的职业压力是比较大的。除了职业压力,还有教师的个人生活的压力。大学教师基本生活方式是平日和休息日不分,白天和晚上不分,平时和假日不分,做梦都在工作。导致大学教师的心理压力出现了几个特点,一个是强度大,因为社会期望值高,自己对自己期望值高,学生期望值也高。二是持续性强,它是不断的,从你工作的那一天直到你离开这个岗位,一直如此。三是矛盾性,矛盾性压力是最伤人的,社会期望、领导期望、学生期望、自我期望、家人期望,这中间是打架的。现在尤其强调家庭教育,天天讲父母陪伴,我陪伴孩子,那我还工作吗,不陪伴孩子又被埋怨,自己带着愧疚去工作。有一些老师甚至出现无性婚姻,太累了,夫妻生活都受到影响,有的年轻人不敢谈恋爱,不敢结婚,不敢要孩子,结果是,不仅影响了学生的成长,也影响了教师的生活质量,由此导致教师的身体健康问题不少。教师英年早逝的比过去多了,人到中年以后,只有少数教师身体是非常健康的。所以,帮助高校老师掌握一定的心理健康知识技能,为教师减压,给教师提供相应的心理咨询辅导服务,为教师建设心理支持系统已是一个不能再回避的问题。

第六个想法就是大学要办好,必须解决好谁当校长,怎样当校长的问题。我们看到民国时期的几所大学,人家聘的这个校长都是很厉害的。现在有许多学校发展比较好,也是人家校长在那地方起了大作用,包括一个学校里边哪一阶段发展比较好,和校长关系非常密切。所以很多过去和现在的经验及范例都值得借鉴,一是校长他必须代表国家,代表民族的教育科技发展,有这种重大使命感来当校长,不是为当校长而当校长,为享受到校长可以利用的特殊资源来当校长。二是校长要懂教育,是个教育家,不是你是个学者,或者你是一个级别高的干部,你就一定能当好校长,校长是要懂教育,还要懂管理的。你不懂可以理解,你赶紧学,不要自己不懂还安于现状。三是校长必须是个校长,你的角色就是校长,你扮演的角色是校长,不是扮演教授、专家或院士。你的主业是校长,不可主次颠倒。另外,校长必须与时俱进,要求上进,要求创新,跟上时代的步伐,不能观念陈旧、思想僵化。据我所知,有一位大学校长还顽固地持有几千年前封建社会男尊女卑的陈旧观念,在他执政期间,该校女教师、女干部的成长和发展受到了明显影响。还有校长要对学生、对教师有感情,那种和教师、和学生老死不相往来,冷漠无情,没有一个教师和学生是他的朋友的校长应该说是不合格的。还有校长必须身心健康,精神世界健全。一个心理尤其是人格有问题的人,是不可以当校长的。

还有一个想法,我认为挺重要的,有一句古诗叫"问渠那得清如许,为有源头活水来。"高等学校办学质量怎么样,也取决于基础教育,还有社会教育和家庭教育。如果我们基础教育办不好,我们忽视了家庭教育和社会教育,我们的高等教育就难办好,也就是巧妇难为无米之炊。所以目前尤其是我们的基础教育、社会教育和家庭教育,存在着许多需要改革之处,可是我觉得有些改革是越改越乱,越改学生教师的负担越重,家长无所适从,仅仅一个中小学教材,不知道换了多少批次。又比如,中小幼都要用多媒体教学,我去许多中小学听课,老师们费了好大力气做出精彩的PPT,但学生学习效果反而不如"三尺讲台,一根粉笔"的教学方式效果好。我坐在教室后面,根本看不清前面屏幕上演示的内容,问身边学生看清了没,学生只是无奈地笑一笑,感觉他们是在听天书呢。

最后一个感想就是西部教育的发展应该认真地研究总结。这件事情是非常有意义、有价值、有利于国家民族的事,它需要国家的重视,中东部地区的支援,当地资源的开发和利用,尤其要树立西部教育人的自信。我们在西部办高等教育,要有西部教育人的自信,不要总觉得什么都是东部的好,沿海的好,我们的不好,我们好多东西比他们好,有好多事情我们没有做或一开始搞的时候,会觉得我们可能不行吧,其实只要我们鼓起勇气去做,我们就一定行,我们心理学两个三十年的研究就是一个典型例证。我还记得有一个国家的"十五"课题,就是"中小学生人格教育与行为习惯培养",孙云晓主持的,我们师大附小申请了一个子课题,叫"通过语文阅读教学,培养儿童提问的习惯",目的是培养儿童学习的主动性,从语文课开始做,越做越好,最后数学老师也开始做,罗坤老师当时是课题负责人之一,现在是咱们实验小学的校长,他带了我们的研究成果到北京大会上发言,反响十分热烈。主持人孙云晓说,"以前我们要向北京上海东部学习,我们现在要向西部学习,向陕西学习。"所以西部人办西部教育没有西部人的自信,是万万不行的。

附录三　仰不愧于党，俯不怍于人
——薛封和口述历史

考大学

先说上大学的事情。我们上大学时，事先根本不知道考大学这件事，就是说，不是像正规的情况下，按照小学、初中、高中这样的阶段读上来，然后考不考大学。我在初中毕业以后，学校把我们动员上了中等师范学校，按国家当时的政策，毕业以后就被分配到小学当老师。中等师范毕业的时候，我们想的就是毕业后国家把我们分配去当小学老师。但是，当时有一个情况，我们那个年级有四个班，割麦子叫"忙假"，割麦子前，甲班、乙班在教育实习，丙班、丁班收麦子以后搞教育实习。收了"忙假"回到学校，一直不见安排教育实习，但很快就传出来了新消息、新情况。那个时候保密工作做得好，什么信息都没有，不像现在能在网上一查啥都有，那个时候啥也不知道，学校突然召集开会说，今年要从四个班，甲、乙、丙、丁四个班，我是丙班的，四个班里边选择100人参加高考。这对我们来说很突然，当时上的是师范，就没有上大学这个想法和目标，所以平常的学习都只是按工作走，学校安排上什么课，比如说教育学、心理学、普通数学，我们就学这些。为什么突然考大学呢？当时的理由是大学招生生源不足，学生来源不足，陕西省给当年中等师范毕业的学生分配了300个指标。我们大荔师范是省上中等师范的重点学校，我们学校沾光，在那么多师范学校里，给我们分了100个名额。我们那个年级进校时是五个班，经过一两年的淘汰，比如说休学，最后剩下四个班大概是200来人，在学校选100人参加考试。那个时候不完全是按学习成绩，个人的政治表现这些也都考虑进去。学校突然召集大会，校长在那宣布名字，有你就能考大学，没有你就不能参加高考，不是你想考就能考的，所以考大学对于我们来说是在一个突然的、思想毫无准备的情况下宣布的，大概在6月份。陕西每年都是6月份收麦子，正是收麦子时宣布了这个事，离7月份考试，仅仅只有一个月。名字宣布以后，就要进一步了解，它分为理科和文科，考理科还是考文科？就要开始考虑分班复习的事，然后组织老师给我们集中复习，数学老师复习，物理老师复习，化学老师复习，生物老师复习,一天天特别紧张。因为实际上没有准备,功底不行,老师课堂上系统复习,然后自己抽时间复习,到了7月份就由老师带领着去考试。我们那个时候由于生源少,整个渭南地区总共就300人,在渭南市的瑞泉中学考。分析一下当时的情况,整个渭河以北的十来个县几乎没有高中毕业生,我们韩城县有高中,初中毕业生一般招二三十个人,因为老校长动员,我们大部分初中毕业后考大荔师范去了,剩下上高中的人反倒少了。我们考师范有几个原因,一个是觉得老在县里上学,想去外边闯闯,还有就是师范生由国家管吃,给家里省钱。陕西韩城县从1944年就开始有了高中,我们1948年上初中的时候,韩城中学是完全中学,从初一到高三。因为那时解放区大量需要干部,好多人从高三、高二、高一就被调出去参加工作,当时高三调出一个典型人物,就是董继昌,当时是我们的学生会主席,后来在西安市委当第一书记,后来还当了陕西省委副书记。韩城中学一开始叫陕甘宁边区韩城中学,有个演戏的文工团,后来参加那个文工团的好多同志去了戏剧研究院。1949年大荔解放,东府成立一个大荔专区,我们高一的学生全部被送到大荔专区各个县的青年团团县委,团县委为了搞青年团,很快把那一半学生都分出去了。1949年初中毕业的那届学生往西北进军,当时兰州快解放了,两个班全部出发进兰州,我后来在兰州上学的时候,当年那两个班的同学,在兰州都是处长了。最后就剩下我们初一、初二。1949年到1951年,初中毕业了,没有高中生,后来高中就断弦,断了两年弦。所以,到我们1951年毕业时候,那是解放初,国家大量需要小学教师,校长就动员我们上中等师范。上完以后,我就没准备考大学,没这个思想准备,所以是临时抱佛脚。我当时有一种心理状态就是,既然学校把你推荐上参加统一考试,我想我们那100人考20个人,我觉得自己就是能考上。我很有把握,因为学校每年发奖、颁奖都会排名或者公布成绩,1951级谁得奖了,那一次课程全部上80分的得奖,这一次全部上90分的得奖,四个班不到10个人,我一看,我就在其中,我们那个班上90分以上的有5个。那个时候的成绩计分是很严格的,不是说这次考试一百分就算是最后的成绩,平时作业提问占30%,两次中间考试占30%,期末考试卷子满分是40分。我记得第三年的时候,总分是100,因为能背嘛!老师要求背的东西,比如过渡时期的总路线,我都一字不差,标点符号都不差,找不出毛病。所以那个时候我觉得考试有信心,老师说考试平均每门能考30分的估计问题都不大,那个时候教学质量都不是很高,成绩就是那情况。而且有一个问题是我们上大荔师范时刚解放,整个中等师范都不学外语,从1948年解放后没有外语,解放前学外语,解放后把外语停了。所以,考试的那年,师范生不考外语,我记得具体考了六门课程,语文、政治、数学、物理、化学,还考了一个达尔文主义基础。到渭南考试的时候,韩城高中20个人,很多人上着上着就参加工作了,再一个蒲城尧山中学,那是个老学校,咸林中学、瑞泉中学、华清中学加起来,整个渭南地区不到300人参加考试。考完试以后,我感觉语文答得很不错,政治课没有问题,达尔文很好,化学答得挺满意,数学答得比较差,那就听天由命了。

那时候填志愿就有限制了,师范生只能报师范。当时西安有西北大学,西安师范学院(陕西师范大学的前身)刚从西北大学分出来。1954年现在附中那个地方,刚刚成立了陕西师范专科学校。西安地区那个时候还有一个西北工学院,就是现在的西工大,在咸阳,再一个医学院,就是西安医学院,就这么几个学校。我们师范生只能报师范,我报哪儿?我怎么报?咱们这个学校(陕西师范大学)当年的化学系师资力量、设备条件根本不行,我们考学那年它只招专科,不招本科。师专刚成立,只能搞几个文科,它不能招生。除非你报北京师大或者西北师范学院,西北师范学院是抗日战争时期,北平师范大学内迁以后,先在陕南城固,1944年迁到兰州去的,所以那个学校底子好,师资力量各方面都还不错,就那一条路,第一志愿我就报的西北师范学院化学系。过去报志愿成绩还不知道,不像现在还公布成绩,你只能等待人家发榜。当时西北行政委员会有个机关报叫作《群众日报》,每年西北地区考大学的,哪个学校什么专业录的谁,它先在报纸上把名单公布了。所以,我在暑假回去以后,就在家等着。当时报纸不是到处都有,一般在县城的邮局门口,报纸在那儿一公布,好多考试的人都在那儿看,我虽然离县城很近,但不知道哪天报纸来,就没去,我们县一个人跑到那儿挤着看,旁边人问:"你挤着看谁呢?"他一说我的名字,"欸,这不是,就这。"他回来赶紧就跟我说:"报上有你的名字。"那我就知道我肯定被录取了,过几天以后录取通知书就被寄来了,当时不像现在网上买啥东西都很方便,农村没有落信的地方,通信地址一般是城里边有个商店,你经常联系那个地方,邮件就落到那个地方,然后通过那个地方再给你往家转。过了几天以后我还没有进城,我们县一个人就从街上过:"哎,你们村上谁谁,这里有一个通知书。你把这捎回去。"所以,我从地里回家正休息的时候,有人过来说:"这给你的信。"我一看是通知书,就知道被西北师范录取了,怎么报到、什么时候开学等等通知书上都详细地写了。这就进了西北师范学院化学系。在一个毫无准备的情况下,整个上大学也就是这么个过程。那个时候上师范学院由国家管吃,不要自己掏,没有学费这一说,而且当时助学金有个甲等助学金,一开始甲等助学金每月除去吃饭另外再给发六块钱,那个时候叫六万元,现在的一块钱相当于那个时候的一万元,1955年币制改革以后,一万元变成一块钱,一千元变成一毛钱。总之考大学就是这么稀里糊涂的,是一个机遇!我从来没想过上大学。因为我们那时候大部分男孩子念高中以前,基本上初中就都结婚了,高中毕业生就有小孩了,过去的农村都是那样。所以我就想参加工作,起码能减轻家庭负担,父母年龄也大了,还要供你上学,我不想家里边付出太多的心血、经费。

上大学

我给你讲个故事,那个时候才开始互助组,还没有搞初级社、高级社呢,我去上大学,我父亲感觉上大学除了路费,啥都要拿,重点是生活用品的钱从哪来呢?就是卖余粮。过去农民自己耕地,把手里的麦子卖掉,我对卖余粮这件事印象很深。我父亲卖粮的时候,把粮食背到银行去卖,银行的工作人员就是不想给你发钱,我父亲说:"我娃上学啊。"那个工作人员说:"你孩子谁?"我父亲一说我名字,"欸,我们是老同学。"那个工作人员是我的初中同学,都已经参加工作了,所以最后把钱发给我父亲了。所以,录取以后就是考虑怎么上学,那个时候交通极不便利,我们开始去上大荔师范时,走240华里路,都是走两天,备点干粮,早上从家里走,一天走差不多120华里路,中途住店休息,一晚上一毛钱,第二天天黑到学校。两天路上吃饭加住店的钱是四毛五分钱。那个时候我们节俭惯了,走到120华里那个地方,吃一碗面一毛五分钱,而且我们一块有好多同学,你们几个吃面,我们几个喝面汤,自己拿馒头泡上一吃,所以生活是比较艰苦的,不像现在的消费观念。而且我记得有一次,1952年开始通了汽车,从韩城到大荔的车票相当于现在的六块钱,那都贵得很,最后降到现在的四块五,就是过去45000,我们从家走到半路,那天坐汽车的人少,车上有空位,我们在公路边上,离学校还有60华里呢,汽车上的人就问我们上去不,我们一算就是现在的一块四毛六,我们到天黑就走到了,说不定这一个月的零花钱都够了,就舍不得花这个钱。那个时候人的观念不一样,那个时候,我年轻,我有劲,用腿走嘛,不在乎。前几年我到老西门去,刚从出版社拐过去,陕西台有几个记者把镜头对准我,采访现在新生入学的时候都是家长开车、坐飞机、坐火车卧铺啥的送来的,问我们那个时候是怎么去上学的。我说我们那个时候从老家到西安,上兰州，走了4天4晚上。过去那汽车票很少，难买。韩城县有运输公司到西安、渭南拉货，去的时候是空的，他们就偷着卖票，我们通过熟人买了一张票。我们有个初中同学考到兰州大学物理系，我们一块走，结果到大荔以后，下雨了。过去最困难的是从韩城到铁路线上要翻两条大沟，过两道河。每年暑期上学，最害怕买不到车票，再就是一下雨，全是泥路，不像现在满是柏油路，那时候稀泥特别厚，车都开不动，沟也翻不过去，河涨过不去。1954年，第一天我们坐汽车到大荔，走不了，住一晚，第二天渭河涨了，汽车不走了，人家就停到这儿，我们雇的架子车、马车。到现在我都记忆犹新。我们第一次上学就是烂天气，铺盖、被子、衣服，那么两大包袱全背背上，过渭河那个船靠不了岸，要人淌水过去，行李放到那个架子车上，我们四个人抬，水还不深，脚陷泥里半天出不来，四个人要同步动弹，才能把行李送到船上，然后人才再跟上去。所以那时候人很害怕。过渭河船靠不了岸，男的好办，女的一般都是那些船工背，把人从船上背到岸上去，背一个多少钱，男的把裤子腿弄弄就上去了，所以那个时候的交通问题是个大问题。

从渭河上岸才能到火车站，从韩城到大荔，就是现在华阴市的罗敷站，从这坐火车到西安，这就已经两天了，从大荔过河就费了那么长时间。到西安以后，下了火车，那个时候各大学在西安就有接待站，兰州的大学也派了人，在那贴着兰州大学在哪接人，西北师大在哪接人。大晚上我们跑这跑那，你也寻不着人，我们就在火车站，人不敢离远。那年糟糕的就是下大雨，从宝鸡到天水这一带发生事故了，铁路洞子倒塌，火车铁路桥断了，所以从西安到兰州就走不了了。我记得很清楚，当时西北师院在解放路路口的中国旅社（当时叫这个名字），派了一个校长办公室主任，好多老学生都集中在这联系，没有车，没法走，我们也没法住旅馆，学生哪有那么多钱去住旅馆，最后人家给我们新生联系到，就是现在西七路的西安中学，西安中学有个礼堂，我们好多新生临时先到那儿住着，哪天有车，学校再通知我们走。等了好多天，每天就是去街上随便买点吃的，过去西安的大碗面是一毛二，就吃那个，省钱，馒头更便宜。待了十来天都走不了，就是因为铁路问题没解决。最后通知说可以走了，就从西安开始坐那个"闷罐车"，拉牲口、拉煤的车，那个车上没有厕所，没有座位，在地上坐着，车厢里头挂一个马桶，就这样哐当哐当到宝鸡，到宝鸡就更难了。走了一会儿要下去，要过洞、要过桥，那时河上搭的浮桥。我那时候吃不上饭，晚上睡得迷迷瞪瞪，马上下车，把行李扛上过浮桥，黑了也看不清楚，稀里糊涂跟上人快走，过了桥，因为拿的东西多，搞了半天行李递不上去，最后进不了车厢，我那行李卡在两个车中间。那个时候没有风挡，我把行李放在那上面靠着，就这样咣当咣当一直走，走到快到定西的那个地方有个长洞，火车在洞子里面要走六分钟，列车员说："所有的人都必须进到车厢里边去。"因为蒸汽车烧煤，不进车厢里，一氧化碳的烟就把人窒息了。不管进去有没有地方坐，大家都挤着把这洞先过去，东西那些拿不进来。我一想我铺盖、行李拿不进来，就提心吊胆，特别害怕，出了洞，我赶紧朝门那一看，东西还在，才放心，所以一路上人一直提心吊胆。到兰州火车站已经是第四天的晚上，才买到馒头、饼子吃上。西北师院在兰州的西北方向，离火车站还有二三十里路，学校再派小卡车来接人，我在那迷瞪，第一批没有上去，等到后半夜了，第二批才来，拉到学校已经半夜三四点了，接待的人临时把大家安排在大礼堂，大家打开铺盖就睡着了。所以，去学校路上我感觉到那是整个一生中最艰苦的时候，担惊受怕，人生第一次出那么远的门。我有个表哥，他是1944年上的兰州市的西北师院，他那个时候条件更差，去的时候还没有火车，到兰州的火车是1952年才修的，他们从西安坐汽车去。我们那批同学有的到了西安后，看火车不通，到西安后没有犹豫，没有等火车，坐的汽车，三天到兰州，翻华家岭，翻山的时候，他们就很害怕。

西北师范学院我们那届的化学班招了40个同学，陕西共20名，我们大荔师范40个名额中占了8个。我个人分析原因是这样，因为我们师范是没有准备考大学的，我们报志愿选择专业主要是受任课老师的影响，我们上大荔师范时正好二年级开始有化学，化学老师是西北大学化学系毕业的，正儿八经的科班出身，而且那个时候用的是苏联的十年制教材，整个用了三本教材，这两年学的化学很系统，其他的，数学不行，物理也不行，就是化学学得比较完整系统。我感觉当时只能选化学系的几个专业，选数学，我们学的太少，选物理不敢报，因为数学都不好，再往深里学物理就有难度，所以就报了化学。所以我们大荔师范在西北师范化学系的那个班就去了8个，占了五分之一。再一个就是估计西安师范学院化学是专科。这是受老师的影响，受当时条件的限制。我们解放后在大荔师范上学时，中学不开外语，中师更不开外语，我感觉这对我们来说是一生里边很大的损失。能背的时候，就是初中、高中，特别是高中期间，我感觉记忆力特别好，背东西很轻松，课堂上老师讲的东西笔记记一下，考试翻一下，就知道在书上哪一页啥地方，所以那个时候记忆力很好。解放前初中就有外语了，解放以后按照当时的政策，初中是不学外语的。一直到1954年，我到西北师院以后才有了外语课。一二年级开外语，那个时候开的外语是俄语，刚解放俄语老师很缺，我们老师都是直接从西安的外语学院来的，那个时候不叫外语学院，叫西北俄语专科学校，我们俄语老师刚一毕业就分到那里给我们教学，学了两年俄语，用的公共教材。二年级换了教材，不好学，因为基础不行。上大学大体上就是这么个过程。

我回忆我们上小学的那批同学里边，上大学的没有一两个。在我记忆里，从民国时期到解放后，我们村一直到我，算是出来三个，有一个家庭环境好，解放前在西安上高中，他是1948年考到武汉大学，这个人在武汉上完大学以后，接受了进步思想，后来是省公安厅办公室主任，这是我记忆里的一个人。再一个比我高一级的一个人，他是1953年考的西北工学院，学的机械制造，专科，其中休了一年学，到1956年专科毕业以后，被分配到蔡家坡一个国防厂，去搞机械制造。我是第三个。那个时候，孩子上学的本来就很少，我们同龄人考大学的也很少。

招生政策

当时的招生政策。过去都是考试的。调干生是一个概念。调干是在职人员，各单位推荐一个人参加考试的，那里边好多小学教师被推荐上学参加考试，就解决了当时生源不足的问题。像我们大荔师范，当时有一个在学校当会计的，和我们同年考，他当年考到了兰州大学历史系，毕业后在兰州大学工作多年，改革开放以后，调到美术学院当书记，这就是调干生。我们那8个同学里边有一个大荔师范的，比我高一级，调出去工作了一年以后，和我们同时考的，这就是调干生概念。当时招生政策推荐的少，有保送的，但保送的是极个别的。

大学时光

我们那个时候是稀里糊涂度过的。上了四年大学，总体来说，政治运动多，尤其到后边处理"红专关系"，那个时候脑子里边想的是政治上不能犯错误。第一年我觉得是比较平稳的。1954年入校第一年，我们学的东西还是比较实用的。当时是一个有水平的化学老师在上课，所以第一年化学学得比较好。第一年我们专业开了无机化学、普通物理、政治课、外语、体育等等，无机化学一周六节课，我们的老师是从东北师大去的，我们上的课都排到下午。为啥呢？因为我们是一年级，三年级、四年级过去师资力量不行，他们也和我们一块听课，所以那个课老师下午上,一个礼拜上三次,其他时间上实验课,我们的专业课第一年就是这样的。那个时候师范院校学的外语是俄语,一个礼拜四节课,普通物理一个礼拜几节课,普通物理也开实验,我们也上心理学,因为我们是师范生,但是课程不是很多。我上大学时政治叫中国革命史,我去得晚了,去的时候都开学上课了,上了一两周的课。我心想中国革命史,我们中学就学过这个课,咋还开这个课呢?后来我才知道那是政治课。第一年我觉得都学得还不错。

我们那个时候开课、管理制度都是学苏联的一套,包括考试。考试采用苏联的5级分制,后来叫4级分制。没有一分的,不及格的是二分,三分是及格,四分是良好,五分是优秀,成绩是这样评定的。那个时候的考试不像现在的考试,比现在难度大得多。比方说,无机化学期末考试,老师把这个题弄成几十个卡片,每个题卡上三道题,有理论题、实验题和计算题。考试前,这门课不复习十天八天,不敢进考场,不敢抓重点,必须认真把讲义、课程系统地复习两三遍,才敢进考场。我们班当时有上一级留下的学生,总共是44个学生。当时第一天考试上午考8个,下午考7个,第二天上午考7个,下午考7个,我老是排到最后一天的上午。那个时候学生觉悟高,谁也不敢考试完了把题给谁漏了。没人敢说考试拿的啥题,你也不敢问,考完试下来只知道考多少分。我到最后去抽签。进去以后主考老师在那坐着,证交了就在那儿考,化学系是给弄个玻璃罐抽签,其他系都是把卡弄到那儿翻。第一次考试我很满意,抽了个签,我一看心里有数,没有把我难倒。第一次考完,老师都没太提问,老师给我五分,因为我考的那几个问题都答得很完善,答得很顺利。普通物理是物理系一位老教授给我们上课,第一年我几乎全部考试考的都是优秀,所以我对第一年考试的成绩都很满意。

我们当时没有正式使用的教材,都是老师发的讲义。老师根据一些教材编好了讲义就送到教材科印刷,上课前一页一页地发,是陆陆续续发的,不是一下子装订好给你,都是上完这一章后面再发新的。我们的物理老师,上课了,讲义还没有发下来,老教授啥也不看就能讲,对内容熟得很。第一年我们考试分为考查课和考试课,考查课分及格和不及格,考试就是五分制。政治课第一学期老师上的是公共课,有两个班,我们化学系和物理系是各一个班,第一学期是考查课,出的题目综合性很强,给我们上课的老师第一次看了我卷子以后对我印象很深,后来课堂讨论专门点名让我发言,当时发言讨论的是中国革命为什么分两步走,不能一步走这个问题。第一年中国革命这个课结束了,抽签考试,我到现在记得抽的那个签,当时把我弄懵了一下,"中国共产党第六次代表大会在哪开？什么内容？"我一下想不起来,摇摇头,慢慢想起大概在莫斯科召开,我回忆过去上政治课背的笔记,老师没书,像教育学、心理学没教材,不发讲义,老师上课就是念稿子,我们在底下写,一节课就是记两页笔记,所以,一年有两三本笔记,就看这,背了,考完了,答对了就行了,所以第一年考得比较好。过去大学和现在考试不完全一样,陕西师范大学现在都是把考试压在后面集中考,当时西北师院不同院系之间差别大得很,我们还没有开始考试,艺术系都放假回家了,他们在艺术课上考了,就不再集中了,有时候比我们早回二十天或者一个月,我们考试一个学期要是考四门试,没有四十天是考不完的,每一门课中间没有十天八天复习,不敢参加考试。我二年级的课程就比较重,考四门试,每考一门试中间就拉开距离,要有一个复习时间。第一年考完试就开始搞思想改造。让我们交代过去的问题,学生就说过去做了些什么坏事,有哪些历史问题。我们中当然有年龄大的、问题复杂的,我们集中搞了好多天,搞得很激动,实际上这是给肃反运动打基础。考完试就放假了。我记得第一年寒假放假没回家,兰州离家远,路费我们掏不起,西北师院寒假大概是放两个礼拜,暑假稍微长一点,寒假我不敢回家,一年回一趟家就不错了,有的同学两年回一次家。第一年我暑假回家,那个时候还有交通问题,到西安以后,去了陕西师专,和我们几个同学一块回家,到渭南买不上汽车票,坐货车到潼关,从风陵渡过黄河到山西,走到运城,再买汽车票,走到山西河津县、永和县的时候过不了黄河,河上正好碰见有个拉煤的船。人因为交通问题吃了不少苦头。

暑假开学以后,回到兰州,进门就开始搞肃反。肃反的高峰全校都要集中听课。1955年暑假,我们开学上二年级,气氛很紧张,全校肃反,教职工里边也肃反。我们二年级和一年级两个班合起来搞肃反。肃反是国家统一这么搞,大概搞到9月的时候,肃反大运动结束了,就开始上课。那时候肃反专门从学生里边调出一批人,脱产,像我们班就调出去一个,我们上一班调出去一个,作为审查干部,全国到处调查。

当时我没啥问题,我入团比较早,我是1949年4月11号入团,所以,二年级肃反完以后,我们班推荐我为班团支部书记,从那个时候起我开始当学生团支部书记,平时负责学生工作。那个时候学生管理不像现在有专职辅导员,主要是靠学生自己管理,班上的事情团支部起很大的作用。班干部要听团支部的,团支部要经常操心班上的工作,比如老师、同学之间的关系,涉及一些同学的政治问题、历史问题,还要通过各种关系调查,所以这对我的学习影响不小。因为我这人是既然工作由我负责,我老操心,生怕出问题,我们班被选为先进支部。我们那个班特点是师范生比较多,陕西去的20个人里头,只有2个高中生,其他都是师范生,大荔师范8个,西安师范2个,长安师范3个,商洛师范2个,渭南师范1个,富平师范1个,户县师范1个,再一个韩城高中的,再一个从西安女中去了个女同学,总共20个,所以师范生比较多。高中生不愿意上师范,看不起师范,上师范丢人,闹情绪,闹专业思想,高中生都是想考工科院校,考综合性大学。一上师范感觉要么就是我的成绩不行,因为师范生录的成绩可能要求比较低。我上初中时候有个同学跟我关系特别好,冬天我们两个盖一个被子,初中毕业后,我上了大荔师范,他继续上高中,后来考大学,是陕西省理科状元,直接去清华了。韩城中学以前教学质量不是很高,原来不是重点中学,但是,他自学能力强,上初中的时候就自学大学代数,后来考上了清华大学。有些高中生不愿意上师范,不好好上课,旷课,逃学,我们那年,西北师院有一个兰州的哪个中学的学生最后被开除掉了。我们班主要是西北人,陕西20个,新疆只有1个,青海也只有1个,宁夏有2个,另外就是甘肃的,所以班上政治气氛当时还算可以,我当初跟支部书记说,"整个班上工作还不是太难,谨慎小心,不出大问题就行。"到1956年开始,气氛就好一点了,国家提出"向科学进军",在知识分子里头发展党员,提倡学习。我就是1956年快放暑假的时候开始入党的。

1956年毛主席发表《论十大关系》,1957年毛主席在《关于正确处理人民内部矛盾的问题》中提出正确处理人民内部矛盾,从1956年有些开放形势,资本主义国家的电影可以进来了,像印度的电影也都开始开放了,《家春秋》电影开始放了,所以学生里面有些人思想就放开了,多少有点自由化,能够接受一些东西,气氛比较好。但是一进入大三形势开始大变。这时候我已经入党了,不再担任团支部书记,就搞了行政,当班长,事情也还是那么回事,基本上班上的事还是老操心。过了春节以后,到了1957年,形势就开始有变化。1957年,苏共二十大一召开,全面批判斯大林,提出能不能从资本主义向社会主义和平过渡?各种思想慢慢开始萌芽。紧接着到1957年的6、7月,还没有放暑假,共产党政府提出欢迎大家批评,提意见,班上班干部把谁批判了、伤害了,他不高兴,就对你有意见,提意见,就带些情绪了。学校的工作也开始了,甚至社会上一些事情也开始了,"大鸣、大放、大辩论、大字报"开始出头了。那一段时间学校马列主义教研室那群青年教师的大字报在学校影响大得很,有些人都受了影响,跟着弄。6月8号人民日报发表了一篇文章《这是为什么?》。马上全国的风头都变了,就开始反右了。甘肃省委派省委宣传部长、省委秘书长驻扎到学校。我是班长,就主持反右,几天就不行了。为啥不行? 因为我在上级开会了,要讲政策,摆事实,讲道理,不能给人戴帽子。我是按上面的政策弄的,但是班上那个时候,好多党员就开始认为我是右倾,反右不力,对敌斗争不力,就在放暑假以前,我就意识到了,但是矛头还没针对我。那年暑假,我们学的课程工业化学,按教学计划,我们要到外地参观一些工厂,例如天津的永利化工厂、北京的钢厂、青岛的啤酒厂。老师领我们到天津、北京、青岛参观了几个工厂,那个时候叫工业见习,不是实习,参观完就终结了。回来以后,就到四年级了,开学以后继续反右,我就开始受到冲击,班上领导班子也都调整了,我不能主持反右斗争。因为啥? 我是右倾,所以我就靠边站了。我知道我们班上有几个人想把我搞成右派,但是他们可能没有证据。我现在记忆很清晰,有几次斗右派班里开会的时候,他们故意把我支开,实际上就让我回避了,他们没拿到证据,但是最后给我搞了个右倾,我是极端的右倾,就是同情右派。因为我当时提出一个问题,就是说这个打击面不能那么宽,我的意思就说是这个右派,咱们要摆事实讲道理。我们班上的政治空气比较好,都是师范毕业学生,比较守纪律,不像个别高中毕业生闹思想、闹情绪,骂这个骂那个,没有那种现象。我们班最后搞了四个右派,最后是以右倾把我的党籍给开除了,但是还保留我的团籍。没有批判过我,最后就是开大会说我右倾,就是这么回事情。从1957年12月份以后,我就靠边站了。那时候思想压力很大,我当时有个问题始终弄不清楚,我的错误在啥地方,解放后我的思想在年轻人中还算进步的,我没有骂党,没有反对社会主义。现在看来政治斗争就是那么复杂。我们班有一个高一级的同学,之前搞了一年肃反后复学到我们班上。因为我们班已经形成一个班干部团体,他想要树立他的威信,也拉了一帮子人。就是这一帮人,把我给搞倒了。我有一个观念,我一生不亏人,不害人,不整人,就是这样一个做人原则,能帮就帮,不能帮绝不害人,绝不给别人无限上纲上线。我感觉我没有亏人,没做危险的事情,没有对党做什么不好的事情,心里感到是平衡的。所以在一定程度上,我1957年反右斗争中受了一些挫折,受了一些坎坷,但是,坏事里面也有好事,头脑很冷静,很谨慎。打倒四人帮以后,给右派平反,我这个组织问题也解决了,没有右派了,我哪里来的右倾,我和右派不沾边,不存在这个问题。

四年大学就是这么一天天慢慢熬过来的。大学困难不困难? 困难。因为当时家里父母年龄大了,1955年开始有农业社、初级社、高级社,1958年开始就是人民公社了,没有劳力了,你的食物就不行了。没有钱嘛,所以我记得1956年的时候,从家里上学去,搞十块钱路费都很难,要大队主任批,信用社贷款。所以我上大学后期,穿的棉衣,家里做的粗布棉衣,到破烂市场能卖几块钱,家里买的皮鞋穿不了,就把它拿到学校卖了。过去虽然有困难,我作为小组干部,作为党员,从来不给国家增加困难,不申请补助。大学三年级我当班长时,学校领导讲话都是,"我们现在给同学补助,要补助就补助好一点,不要总发一个棉衣,一年就穿烂了。"就是那个蓝卡棉衣,中山服。我有一次春节去看一个亲戚,我把同学的棉衣借上穿了一次。我们开始上大学时,补助是相当高的,兰州大学生伙食费是1个月15块,西安是12块,差3块钱,1956年以后兰州升到17块。所以,那个时候我就有个主意,工作后要努力工作,勤勤恳恳,要有感恩思想,要报答当时上大学公家给的临时补助。大概到1956年还是1957年以后,国家对大学生实行火车票半价政策。那个半价是咋弄的?比方,我从兰州回家,买个车票,你来的时候,继续用这个车票,就是每一趟你都坐个来回,就半价嘛。那个时候我记得我们学校领导有一次讲话说:"国家供一个大学生,一年的花费,相当于36个中农的全年收入。"这个数字当时没有考证,我对这个数字记忆犹新,很感动。上个大学,国家投资那么多,说老实话,把你啥都管了,吃穿用几乎都管完了,还有困难补助。我们回家路费怎么弄呢?变了个名目,叫你申请回家路费,实际上是伙食钱,一个月伙食钱15块钱,你又不在学校吃饭了,就是那样的。所以,可以说,我们上大学是幸运的,我更是幸运的,本来没有大学上,没这个欲望,遇到了好机会,推荐送去参加考试上了大学,国家供你四年,毕业分配,还把你分配到大城市,分配到高等学校。

大学期间几乎没有听过外国专家的讲座。但是我们在临毕业那学期,兰州的化工就开始发达了,例如兰州炼油厂、兰化公司施工的时候,我们班全体去那里,系主任都去了,人家可能内部当时有通知,请的苏联专家做一个报告,讲塑料工程那些东西,我们当时也听不懂,他那有翻译,就是泛泛的报告。再有一次苏联师范教育专家,叫费拉托夫,在学校大礼堂做报告,我们是旁听,在窗子外面听。这个人在西安师范学院也做过报告。过去做学术交流讨论,对我们来说确实不容易,达不到那个水平。

毕业分配

我们一毕业,西北师范学院就改成了甘肃师范大学,"文革"以后,恢复了西北师范学院,最后改成西北师范大学。我上大二就参加了学校业余秦剧团,在那里边也参加一些活动。1958年甘肃搞了一个大工程,叫"引洮工程",引洮河上山,修水利。我们临毕业前,学校把我们秦剧团集训了一段时间,专门到洮河工地上慰问了一个月,把我作为秦剧团的成员调出去,后来班上再搞啥,我一概没参加,回来就分配了。我记得很清楚,在洮河工地上慰问完以后,坐卡车回到兰州,回到学校,一进学校门,车停在大礼堂旁边,我刚下去,我们上一级一个同学,他是留校的,已经参加工作一年,他是户县人,过去当团支部书记,我也当过团支部书记,一见我:"伙计,你回陕西了。"我还没回到学校,那分配方案已经下了。从1957年出现那个问题以后,我已经做好各种思想准备了,到甘肃哪一个县上最艰苦的地方去。从工地慰问回来,在学校待了一两天,我都稀里糊涂,最后我咋离开,怎么到班上去,我都不知道。第二天分配方案公布出来,化学系一开始要十个人,最后卡了一个,就九个,九个人里面我是第一个,回陕西。那个时候,没有个人想法,也没有填毕业分配表,没有印象。服从分配,服从组织分配,就这一句话。我从那工地上回来一两天,还没有适应学校呢,在食堂吃饭洗碗筷子,然后听见:"赶快,车都在那停着呢。"我稀里糊涂赶紧跑那里,刚一上去,车外面那些同学鼓掌一欢送,就走了,就这样回到陕西。

  回来以后,我们直接分配到陕西省教育厅。那天晚上到的时候是半夜,下了火车把东西拉到教育厅的门外。那个时候我们年轻,好多人等着,又不敢叫门,半夜叫人家门干啥。天都亮了,人家传达室听到外边这么多人吵吵,问:"你们是干啥的?"我说:"我们是分配到这儿的。""那你咋不敲门嘛?""半夜咋敢敲门呢。"把门开开后,到教育厅,交介绍信,报到,住招待所,就是原来陕西省二中的教室,我们就在那住着,一下住了好多天,我们也不催人家,人家也不让我们做什么,反正是在灶上吃饭,想玩就去玩,想看戏就晚上去看戏,我们那个时候北大街晚上可以看戏。待了十来天,开始分配了。我们化学系九个人是一块回的,里头有一个党员,是长安县人,那个同志留到教育厅教研室,再一个蓝田的回蓝田,还有个同学分到澄城县,还有一个我们班当时被划定为右派的同学,是大荔人,分到泾干中学,都是好学校,还有一个同学分到陕南城固县城固二中。最后我记得剩下三个人,人家叫我们三个一块去。接受分配的时候,因为年轻,心里没有底,没有什么可以借鉴的,决定自己前途命运的时候,心里噗通噗通,心想:"我们九个人,剩了三个,咋还不叫我呢?""三个一块去干啥?"最后,三个一块去,到那气氛很宽松,人事上说,你们三个分到高教局,那肯定是到大学当助教。这对我来说简直是想象不来的,我反倒思想有负担,"受了处分了,咋还到大学当助教呢,这不行,你叫教中学,我觉得有信心,绝对是呱呱叫的教师,不敢说嘛!""你们明天,介绍信开了,到高教局报到。"就完了,很简单,很和谐,因为你们三个是幸运儿。北大街离高教局很近,我们从教育厅教研室出来以后,走到高教局。陕西省政府中间盖了新大楼,两边还有两栋,东边是公安厅,西边是高教局,到了门口以后,同学上去,然后很快下来,说:"明天早上把行李拉这儿,可以住高教局招待所。"回到教育厅,第二天早上把那铺盖一卷,那个时候学生啥都没有,我跟同学从西北师范的商店里一毛五分钱买了个纸箱子,里面放那些讲义资料,铺盖卷一卷,提个脸盆,过去行李都那么简单,不像现在那么复杂。三轮车帮着拉过来,给我一张介绍信,陕西师范学院,就是陕西师范大学的前身。再一个同学分到汉中师院,再一个同学分到西安师院。三个人把介绍信一拿,各走各的路了。我们两个一开始从新城广场坐三轮车,一前一后,一出南门距离拉开就不见人了,他一直往南走,我到小寨还往东走,到现在附中那个地方,是原来陕西师院的地方。三个人只有我分的条件最好,我分的是专业对口的化学系,这个化学系是从西北大学师范学院化学系先转到西安师院。老陕西师专升成陕西师院的时候,没有本科专业。怎么办呢?省上决定把西安师范学院的化学系、生物系,连人带财产、带学生,原班人马全部给陕西师专。我们系上有个老同志,他是1953年考到咱们这化学系,他上了四年大学,换了三个牌子,开始是西北大学师范学院,然后是西安师范学院,毕业的时候是陕西师范学院。所以说我分到这个地方,确实机遇很好,命运很好。分到西安师院的同学,因为那时西安师院没有化学系,就跨靠到物理系打杂儿的。从最后的结果看,我的命运很好,机遇很好,一直待到现在。1959年底决定将陕西师院和西安师院合并为陕西师大,我们分到西安师院那个同学是物理系的,学化学的,想回化学系,但是化学系不要。当时成立渭南师院,把他调到渭南师院去,渭南师院办了一两年,困难时期下马,又把他调到大荔中学,他是大荔县人,后又调到霍家湾(音)初中,心理落差很大,最后又回到大荔中学。分到汉中师院的同学一进校报到,就被安排到北师大进修两年,进修后回到汉中师院,"文革"期间下马了,最后回渭南去了,以后再没消息。我在这是岿然不动,所以说我应该心满意足。我的道路坎坷,但是这结果应该说很好,所以我就坚持认为:不亏人、不害人、不整人,他的人生不会太难的。

正式工作

到陕西师范学院报到大概是9月20日。陕西师范学院这个地方我熟悉，因为我们同学当时在那上学。我们从兰州放假回来，路过西安，到同学那里待几天。所以我坐三轮车直接从小寨拐到东头历史博物馆，从翠华路过来就到陕西师范学院了。我对报到印象很深，当时人事处有一个人接待我，这个人是我中学高一级的同学，他1953年考上了西安师范学院数学专科，1955年专科毕业，毕业后留校搞人事工作，很快调到陕西师院人事处。晚上把我安排到大学生宿舍住，正好是在一楼，那天晚上下着雨，我一个人住临时房子，晚上起夜想上厕所，结果那大风把门一吹，"啪"门关上进不去了。第一晚上刚到单位，不认识人，咋进？幸亏是一楼，从传达室那里出去，就是现在大雁塔通易坊那条路上，传达室门没锁，我从那迈出去，从外边地里翻过篱笆，一路爬到窗子上，把纱窗捅开才进去了。从那以后有个教训，什么时候出门都要先摸钥匙，所以我到现在不轻易丢钥匙。当时的情况就是说参加工作直接就来了，思想没有任何准备，没想到分到那。我原来准备分到最艰苦的地方教中学，还下决心买了上海当时出的一套中学化学教学的参考书，就是教案形式，一查马上就能直接上课了，所以我当时确实是做好各种准备，我还是有信心的。我一个同学看我买了，他犹豫没有买，结果被分回陕西渭南地区的澄城县中学去了。他当时开始要上课，没有任何参考东西，他知道我买了那套书，又写信专门叫我给他。第二天学校人事上把我交给了化学系。化学系安排我搞农业化学，就把专业定了。但是，1958年大炼钢铁，整个系上学生好像都外出大炼钢铁，教学被打破了，已经很乱了。农业化学当时在化学系没有教研室，前面也没有人搞农业化学。我们在西北师范学院上课的时候，上过几天农业化学，那也就是凑合。这么安排以后，当时系上实际上没有什么具体工作，过了几天，又把我调到分析化学教研室，分析化学教研室当时的主任不在，1958年下到农村劳动去了，他叫高鹏，他后来当过化学系系主任。在这没有事，又安排我到西北农学院学习农业化学。我记得很清楚，学校人事处给我开了证明，到西北农学院进修农业化学，铺盖卷一拿就走了。到那里以后，西北农学院1958年大跃进大炼钢铁，整个教学区没有什么正规教学。当时西北农学院有一个知名教授，搞胶体化学的，那是当时陕西省的第二位院士，叫虞宏正。当时陕西高校只有两个院士，一个是西北大学物理系的岳劼恒，跟居里夫人学习的，再一个就是虞宏正。老先生是中国科学院西北生物土壤研究所的所长,他上土壤学、植物生理学,我们就在那里听了一段时间课,跟着下农村搞土壤调查,搞了几天不搞了。

我觉得那几年的计划经济有很多好处,为啥呢?国家需要哪方面的人才,就有这个计划,招哪方面人才。刚解放初期,为什么师范院校多?一个是中小学缺教师,再一个师范院校投资小。比如像文科,陕西师专刚成立,它有中文专科,没有大学教师,从中学调一些有教学经验的老师来开课,就开始了,但是要搞工科理科,课开不了,没人敢上,所以师范院校比较多。

工作中的个人成长

我刚参加工作,就到西北农学院学农业化学,实际上啥都没学,时间很短,大概有一两个月,很不正规。从那回来以后,学校当时也没有上课,好像那段时间我身体也不好,所以刚工作第一学期啥都没干。这里边有个插曲,我有个印象就是在暑假以后,1958—1959学年度的第一学期,1957年化学系招的学生还不少,本科大概是两个班,100来人,他们第二年正好要学分析化学,这个年级的分析化学本来是一年的课程,结果就上了一天。最后我记得是给每个学生发了一张表,就是我们定性分析、系统分析那个表,让学生做了一天实验,完了,这门课就算结束了。所以这个年级的学生,一直到工作以后有好多问题,个别同志留到分析化学教研室,一面工作一面还要学习分析化学涉及的一些基础知识。

1959年春节以后,我回到学校。系上派我到雁塔路上建筑科技大学对面的西北有色地质勘察院去学习了两个多礼拜,这是专门派我去的。为什么出现这个情况呢?1958年是大炼钢铁,全民炼钢铁,有色研究院接受了好多样品,可能做不完。而且1958年提出的口号是"教育为无产阶级政治服务,教育与生产劳动相结合",化学系搞分析化学的,那里有任务,就是白云石,要搞勤工俭学,也想挣钱,还结合专业性,大概接受几百份的样品。接受了以后,从1958年开始让学生做,因为量大,教师不可能全部做完,就让学生做一批,结果报出去,人家打回来了,做一批,结果报出去,人家打回来了,这个任务执行不下去,完成不了。啥原因呢?操作规程很明确,最后分析教研室老师们、学生们做的啥问题,都说不清,不敢回答。这个沉淀一少,就马上变黑了,这是啥原因?谁都不敢说,年轻学生当然更不敢,没教那个东西,解决不了。这个事情一直拖到1959年春节以后。开学了换一批学生再做,1956级的学生,已经是大三了,学过分析化学的,又做了一批还是不行,出现一些不正常现象,数据报不出去。报出的数据,误差太大,不符合规定,人家都打回来了。又拖了半年,直到1959年。难到什么程度,化学教研室那个教学楼还在,那个楼是从中间进来,从两边上楼,我们教研室当时办公室在二层的中间,下了班回去要从楼梯下去,经过实验室那个门口,我们的高先生1958年劳动锻炼完回来以后,开玩笑说:"不敢从那过了。"过的时候,学生把你挡住:"老师,这咋回事嘛?"回答不了。任务完成不了,钱也挣不回来,下不了台。最后,教研室考虑让我到冶金研究所化验室去学习。现在这个地方挂的是西北有色金属研究院,但是它的实验室搬到西影路了,现在的院长是我们的学生,81级的学生冯玉怀。我过去只能看,不能做,看操作规程、配料、方法等。那个时候距离那比较远,我本人没有自行车,就走到现在的历史博物馆,可以搭五路公交过去。叫我去又不给我报销路费,我刚毕业,才拿几个钱,最后咋弄的呢?我每天早上起床以后步行,从大雁塔先出来走到翠华路上,走到现在西安市第八十五中学那儿,然后走到小寨路和翠华路交接的地方,再向前一直往翠华北路走,走到二环那个地方,过去就是公路学院,从那儿的麦地斜插过去,每天都是那样,下午人家下班后再回来。人家做,我就看,因为那个时候咱不能动手,人家那时候虽然做实验,但是生产性质的,不是咱们这边实验性质的,按流程一直做。那时候看它的流程,人家咋操作,人家咋沉淀,咋过滤,咋洗涤。大概就看了这么两个多礼拜,我已经心里有数了,结束学习回来了。回来以后就开始筹划安排,完成接受的这几百份样品,那个时候学生不上课,就在那儿一块搞。所以当时派我不是其他原因,就是教研室派其他人去,这些同志面子都下不去,那只能派我去。

我要重点说的是这次学习对我的工作,对我融入陕西师大起了一个决定性的作用。回来以后,当时系上办了个化工厂,有些材料从化工厂留,有些材料从系上留,做这个样品的时候,高温烧这个样品必须用白金坩埚,当时听说一克500块钱,很贵了,化学系有七个白金坩埚,多年来都没用过,我第一次开始用它。回来以后我就组织安排完成这个任务,那一套东西我真的把它看懂了,把它看明白了,所以全部由我组织。样品咋安排?咋个熔矿?仪器咋用?怎么编号?怎么处理?我以前有个本本,记录今天做几个样品。那七个坩埚一次只能溶解七个,速度太慢,就得想办法动脑筋,把它周转快一点,就是把第一批用完,赶快再把样品一冲,再弄7个,一天弄14个样品。我做第一道工序,王文奎做第二道工序,张渔夫做最后一道工序,我做二氧化硅含量,他做硅酸氧化物含量,他做钙镁含量。经过大概一天,有时候能做十几个样品,有时候做的少。因为那个时候条件差,在一楼,外边就是地,南边离植物园不远,只要天气变阴或者刮风,不小心这一天做的样品就完了,它影响你,你看不见,称零点零几的重量有变化,这个数据就完全作废,自己都不敢相信。最后就是为了抓紧在放暑假前把那个任务完成,我一个人晚上就在实验室睡,一直做了大概三个来月。所以,经过这个工作对我的锻炼以后,我组织工作、实验操作技术、动手能力有了突飞猛进的提高。大家都服气了,因为啥呢?你做得再好,关键也是看这个报出来结果怎么样,先试着报了一批,合格,最后结果全部合格,符合标准。教研室主任高兴得很,终于把这个任务完成了,没有丢脸。最后他把结果拿去给党总支书记,过去我们重要事情要给党总支书记汇报。给党总支书记汇报的时候,我记得他说一句话,他说:"这几百份样品终于完成了,结果全部符合要求,这次的工作,我没有参与,就是我们老薛同志直接搞的。"我当时在旁边没说话。这项任务、这项工作对化学系来说当时震动比较大。经济问题就是做一个样品多少钱,我没法回答,不直接参与,但是按我现在的估计推算,那几百份样品搁现在起码几十万。为啥呢?我临退休前,化学系办工厂呢,从陕西搞了一个二水氢氧化钡,把人家的拿来以后,自己再经过提纯处理以后,把这个样品准备推销到兰州炼油厂去。我亲自拿企业标准把它做了后,到兰州,想把这个产品打出去,通过各种关系,我把咱们做的这个样品拿去兰州炼油厂中心化验室化验,过了几天,结果他把数字报出来看,完全符合标准。1994年的标准,一个样品200块,我的全分析一份样品做四个项目,按现在估计不低于500块钱,一份样品500块,10份样品5000,100份样品50000,400份样品得很多钱。所以,我特别强调这件事情培养我、提高我、锻炼我,我真的收获很多,而且我可以这么讲,最后我能在师大化学系站住脚,这次很好地完成任务起了决定性作用。教研室老先生真的很信赖我,他知道把这个任务给我以后能完成,给他脸上争了光,给分析教研室争了光。而且,我们分析教研室都把这作为一个资本,到处讲这事情。关键是这一次对我提高很大。例如,练一些分析化学必须用到的基本操作,比如吹洗,这个技术性很强,有经验的操作好的5次、7次就洗净了,没有经验的15次也洗不净。我们实验室平常用的洗瓶,操作有限制,所以人家把洗瓶那个颈烧得软软的细得很。我把那块都学会了,那不难,以后在教学中间都把那用上了,水流很细,力量很大,怎么吹,手上怎么下功夫,过滤怎么做。所以当时沉淀一烧烧黑了,我们那些老同志也解释不了,在那里我就发现了,我也不问他,看他咋弄,他在过滤的时候拿了滤纸,把那个纸角湿水,用纸浆沫儿在漏斗上加一点东西,然后把沉淀网上,沉淀很少,进了炉子以后,氧气不足的时候,通风井就把那个弄少了。后来把那个办法借鉴回来以后,再没有出现过变黑现象。为啥呢?沉淀太集中,氧气不足,碳氧化不了,就黑了,就是那么简单。人家那是经过多年专业实践的经验,学习的时候要观察,要细心,要动脑筋。虽然我不动手,但是毕竟学过化学,搞分析化学,精心看,仔细看,纸上的东西都能讲了,技术可以说是有工匠精神。我们上学的时候,马葫芦里的温度特别高,有七八百度,电镀坩埚钳这么长,架不住,拿不成,人家就不用坩埚钳,用自己制作的铲子,这么一送进去,然后就能拉出来。我把那个办法搬回来以后,化学系弄这些东西都是使用这个技术。现在有一个实验员,虽然他不太用,他把我那个东西还是要藏着,一旦用就拿出来。技术不熟练,坩埚钳弄不好,学生一夹就倒了,花十几个小时弄出来洒了,就没结果了。所以那就是技术,那就是经验。我后来上课的几十个学生没有一个翻过的,在技术上给他们讲,怎么样保证安全地把结果拿出来。另外一个就是称量技术也很重要,搞分析化学不会用天平,不会称量,称量技术不高,不行,而且那个时候操作规程设计都是很严格的。比方称样品,咱们教学一般是0.5克就行了,系统工程要求精确到小数点后的三个0,称这个东西哪能称那么准。我们那个时候系上有一台从捷克进口的产品,能精确到十万分之一,好多人用那个用不了。能够把那个天平用熟,还要会修理,还要会调整,好多人一开始不知道咋弄。两个天平盘上配东西不能直接放上面,底下要垫东西,垫个玻璃片,要花很长时间把两边摆平了,多一点再调平,零点几毫克都要把那识出来,把天平调好,差零点一毫克加,多零点一毫克减,用那个铲剪,一个像鸭嘴形式的圆圆的铜片,套住一点一点调,所以保证每份样品必须是0.0005克。一般教学不这样要求,太费事了,这个是靠练出来的,每个月多搞几次,慢慢熟了以后,一铲子上去就是0.0005克,靠功夫。那是系上唯一一台进口十万分之一的天平,所以整个完成任务的过程,天平我就包了。

第三次就是1963年。1963年暑假以后,学校把我送去兰州大学化学系进修两年。这是正儿八经的进修学习。那个时候保密工作做得很好。我是1958年参加工作,到1963年是五年,1961年开始教学生。分析化学是二年级的课,1961年暑假进校到1962年学无机化学,第二年就开始学分析化学,到1963年课程就全部学完了。为什么1963年去?因为师大化学系1962年没有招学生,到1963年就没有二年级的学生。当时他们想着这个时候教研室没有课程,可以这样安排。课程结束以前,教研室主任说:"下学期咱们没有课,咱们到西北大学听听课。"就是一句话,我们得准备了。到西北大学听课的那个时候,又不像现在有车,自己没有自行车,公交车又不方便,又不给你报销,咋弄嘞?我就动了脑筋,暑假回去到农村黑市上自己买了一辆自行车。我跑了几十公里,没有钱,借了140块钱,就买了一个自行车,做好准备了。我把自行车从老家一直骑到渭南,第一天骑了240华里,骑到大荔,第二天骑到渭南,上火车。到西安以后已经天黑了,从火车站再把自行车骑到学校。那个时候,师大已经合校了,大部分人都到西安师范学院这里,北院只剩了一个化学系、生物系,人很少了,学生已经过来了。我到学校后,一个同事说:"哎呀,老薛,人家让你到兰大进修。""为什么我不知道?"事先跟我透个信,那就不在农村家里做这么多准备了。所以学校、系上保密程度很高,两个教研室主任对我那么信任,也没有跟我透露这个事情。当时我们教研室派了两个人,把我派到兰州大学化学系分析教研室进修分析化学,另外一个同事,他是1961年毕业,被派到四川大学进修。我俩同时分配,各走各的路。这么选派也是工作需要。一个是学校没教学任务,从系上来说要重视年轻教师的培养问题、提高问题,所以把我派兰大进修化学。派进修教师到哪去进修,听说是先报给教育部,教育部根据你需要进修的专业,根据你的位置,给你安排学校。所以到兰大进修是教育部指派的,虽然不是研究生,但是两年时间不算短。我们去的时候要转户口,组织关系、粮食关系都得转,所以这就跟调动工作一样。当时我有个思想准备,到兰大进修这两年都不准备回来,在那两年抓紧机会好好学。我当时有印象,又回了一趟家,把自行车弄回去,把农村家里安排好,老人安排好,孩子安排好,这个时候我老伴本身就有心脏病,风湿性心脏病,那么远我要回趟家也确实不容易,再一个我嫌分散注意力,不能集中安心地学习。1963年的时候,我大女儿已经开始上五年级,她上五年级、六年级这两年我得给她安排好,再到兰大进修。再加上那年因为水灾的问题,铁路不太通畅,所以到那稍微迟了一点。去人事上报到,人事就说:"你为啥来这么迟?""我这火车不通嘛。""那我们都准备取消这个名额了。"我心里想:"你取消啥,虽然国家不是正式录取,但都是国家计划分配,进修国家肯定给他拨经费的。"我就到化学系,化学系办公室办公人员把我送到分析教研室。分析教研室主任是位老先生,都有准备的,今年来几位进修的,进修什么,派哪些指导教师。我一到,教研室主任很开心,就把我领到那儿见指导教师,这就开始了。我们50年代在西北师范学院上学的时候,兰州大学的化学系在全国业务水平和师资力量都算很不错的,在全国是挂上号的。而且兰州大学当时是个重点学校,校长是从北大去的江隆基,解放前是陕甘宁边区教育厅的厅长,解放以后,曾任西北局教育部长,后来又到北京大学当过党委书记,所以兰州大学的校长、党委书记确实有水平。

进修两年主要是进行化学分析学习。第一年主要是听听课。当时兰州大学的化学就是五年制了,从1956年开始是五年制,在那以前是四年。五年制前三年半学一些基础课,最后一年半就从基础里边专门划专业,有一部分学生学化学分析专业,有一部分学生学有机化学专业,有一部分学生学石油合成专业,就这样专门化了。所以到那里一个是听本科生的基础课程,再一个就是听专门化的课程。比起整个兰州大学化学系的学术水平和学术气氛,显然咱们是差一大截,我们那时候就没啥学术活动。仅有1966年西北大学的教授做过一两次报告,陕西的化学会通知到那儿去听虞宏正的报告。兰州大学的学术活动很多,学校里边的学术交流一个学期举行一次,管理上、组织上、制度上专门化,本科生毕业就开始做论文了,老师带着做论文,实际上是老师的课题,学生作为劳力做一学期,一位老师带几个学生,最后毕业做几篇论文就能发表,毕业前把论文集中报告整理。兰州大学分析教研室当时有两位老师,老两口都是40年代从美国回来的,在全国都很有名。男的是当时兰州大学的副校长,女的是化学系主任。我1963年去的时候,老先生招研究生。老先生很友好,很客气,专业很强。我的指导教师是一位姓高的讲师。他们分析教研室当时只有两位教授,一个教授,一个副教授,教授是左宗杞,副教授是教研室主任,戴着高度近视镜。第一年按那个计划是泛泛地听听本科生的教学,本科教材降低深度了,用的教材与我们用的教材几乎是一样的。当时分析化学本科用的教材都是工科院校编的,成都科技大学那几个学校编的分析化学教材,但是人家课程讲得深度足够,深度比咱这深得多。当时讲课的特点是参考书、教材上没有的,咱们不讲的东西,他们讲得比较细。所以一看就不一样,学术风气不一样,教师的讲课水平比较高,第一年基本上就是这样。再一个就是我要补充说明,我们解放以后上初中不学外语,上大荔师范不学外语,上了大学以后才学了两年俄语。虽然一二年级上俄语课程考试,我得了五分,但是就那么一点,并且一年换一种教材。所以到兰大进修的时候我有个想法,借这个机会我把外语好好抓抓。兰州大学的教师业余外语学习班很盛行,陕西师范大学当时还都没有,我就报了俄语班,又学了两年俄语,有一点点基础,认真系统学了两年,他们用的是中央人民广播电台的教材。因为到那里去以后没有教学任务,除了我自己听专业课以外,早上用一段时间可以读读外语。我感觉那两年学得还可以,开始接触一些专业书了。

第一年没有任务,到第二年我那位指导教师就开始让我给他干事了。那里的学风很好,教师过去平常有很多政治运动、政治学习,教师科研的时间不是很集中,支离破碎。一放暑假,教师的科研劲头,一个比一个拼命。放假的第一天不到八点钟,我的指导教师到宿舍门口,窗子一敲:"老薛!"好了,我知道啥意思了,只敲这一次,你就知道从今天起天天要去实验室,而且是起早贪黑,那些题目给你就要开始做实验了。第二年有些课程抽时间可以听,但主要是开始做实验。当时兰州大学先进的、高档的仪器也不是很多,但是,他们的思路就是查文献,用一些不是很复杂的仪器做实验,搞萃取。当时分析教研室在化学系那个楼的一层,老师在实验室门口都贴了"非请闲人免进",就是搞啥东西我不告诉你。系上的科研实验的高档仪器,进口的稀缺试剂,必须得小心,怕一下子给用完了,这么大的一百毫升,有几瓶都在柜子里锁着。那是真下功夫,你追我赶,互相保密。有搞化学分析的,有搞仪器分析的,隔壁是搞光谱的,我都不进人家的实验室,不是很熟悉,其他老师那房子你进不去。对面搞光谱的整天打火花,我从来都不进去。那两年在兰州大学学习,学了不少实验操作技术,我那指导教师外边有些东西,看着它们没用,铁片啊,铁丝啊,想象不来他要做啥,临时用啥他都方便,所以搞科研还要会收破烂,废弃的东西,得想办法能把它用上。他当时搞那冲洗,我去的时候慢慢开始淘汰了,想把那吸收过来,但是咱们没有那条件。为啥?兰大化学系那个玻璃工很厉害,做实验用的一些玻璃仪器,自己设计的,玻璃工就有技术能给你做出来,所以人家用的出气筒、喷壶,咱这都没用过、没见过。所以我两年后走的时候,回来带了两个喷壶。在兰大念到1965年7月份,两年进修就结束了。1965年7月20日,把户口等都转回到西安,到系上报到。1965年下半年开始就有了课,1964年学校就招了生,招的学生到1965年暑假以后就该上二年级了。那时候化学系从陕西师范学院搬迁到西安师范学院以后,学生没有实验室。1965年暑假我刚回来马上就是下学期,让我准备带实验课。实验室在哪?就是现在的校医院二楼,给我腾了几个房子。我先在实验室,把下学期上课的东西稍微准备一下,然后再回的家。那个时候条件比较差,一开始化学系学生在北院的那边上实验课,用车把学生拉到那边,做完实验再拉回来。后来就是在现在校医院的楼上的几间房子里凑合着给学生做实验。化学系没有地方,在教学区二楼还是三楼的几间房子作为过渡的地方。到1965年的冬季,教学六号楼开始分了一层、二层、三层,化学系正式在这里。兰州学习这两年,我感觉到眼界上确实提高了。看到兰州大学那些高水平学校的科研能力、教学水平,咱们差距是相当大的,不是一下子就能赶上的。兰州大学有一个明显的特征,分析教研室教师多,不是每个人每年上课,都是轮流的。你今年上课,明年没课就搞科研了,明年他上,再一年他上,所以这中间时间就很长了,他就有精力搞科研了。所以这从管理上、机制上就不一样,再就是风气不一样。教研室里你能发文章,我也要发文章。我接触了几个人,好像和我的年龄一样,甚至比我年轻,一开始跟上年龄大的能发文章,但是基础不好,作为年轻教师上基础课的功夫不过关。所以我感觉不能成天闷头发文章,那样做都是单纯劳动性的,这是个辩证关系。

过去对年轻教师的培养和现在可能不一样。我们那个年代研究生不多,本科生毕业就跟上教研室老一点的同志,他带你培养你。1959年暑假以后开始慢慢恢复教学秩序,1958年进来的那批学生,第二届,一个本科班,一个专科班,学生人还挺多,我们三位老师,主任上本科,另一位老师上专科,我跟两边听课,带实验辅导,改作业,这对我也是锻炼。那段时间学生实验工作基本上是我准备的,开会研究教材上具体做哪些实验,有哪些需要改的,哪些需要变动的,都是我提前准备的。比方说实验员准备开哪个实验,这个实验需要什么药品,需要什么仪器,给学生咋配比,需要多少量,都是我一个一个准备。我自己提前把那些实验都要做一遍,计算做这个实验需要加什么药品,怎么加,加多少,一份多少,一个学生多少,整个多少。我都算出来,实验室就配货了。那个时候单身,生活简单,在灶上吃饭,在北院,三个助教住一个房子,成天在实验室泡着,有时间。那个时候没像现在玩的这么多,礼拜天没事,就在实验室做准备。我们那个实验不准备或只准备一下,都可能没有把握。实际上不是做一次的,要反复做,这次做出现这个现象,那次做出现那个现象,学生做出现好多怪现象怎么解释,反复做的多了,各种现象都出了,学生一做出现这个现象就知道什么原因,心里知道咋处理,做得多了,自己体会多了,积累的实践经验也就多了。所以这个对我来讲是很大的锻炼,单位也放心你干,有了问题跟他们沟通、商量,具体事务都尊重我的意见。对我们青年教师来讲,带实验、辅导、改作业、听课是一种培养方式。还有一种就是试讲课。上课本身是一种艺术,不是说谁都能上,能看懂书,还得懂得讲台上怎么上课。所以1962年到1963年,开始安排我给

1961级学生试讲课了。第一学期化学分析,你觉得讲哪一段比较有信心,自己挑。挑好了怎么讲呢?选好了两章让你讲,开始准备,先把内容看懂,自己学写讲稿,写完讲稿自己修改,一个人去实验室练习。交给老师改一改,改完再练,黑板板书怎么写?语言怎么表达?就和演员一样,底下练习差不多了,给教研室几位同志讲一下,这个地方不行,那个地方不行,这个地方可以,然后,你就进行修改,改完以后再讲,认为你排练得差不多了,才让你上讲台。所以,上讲台时心里很有底,不会出现错误的情况,起码不是一个人的事情,都是经过教研室排练训练出来的。这样上几次课以后,虽然你是年轻教师,学生不会认为你离谱,表达好点,形象好点,语言组织好点,学生是很欢迎的。这学期讲这两章,下学期再挑两章去讲,慢慢就通过试讲课培养出来了。当时,科研要求在师大只是一种说法,实际上没有叫你搞这些东西,主要是把精力放在教学上。明显的是咱们上课讲的内容和中科院、综合性大学有差距,他们不受教材限制,咱们是尽量不往复杂讲。我印象很清楚,1960年代初,教研室通知,不提倡把化学学报等杂志上的文章教给学生。那个时候不存在学生要考研。所以我们学校基本上70年代、80年代以后才有点搞科研的意识,在那以前都是搞教学的。

那个时候我们有困难都是自己克服。说老实话,家里肯定困难,你希望人家领导怎么给你解决?自己克服!举一个例子,"文革"期间,我在师大的泾阳农场劳动,我老婆病重,我把全家从老家接到西安,单身楼上没地方住,借人家的房子住,我还回农场劳动。老伴户口不在这,她和孩子在这生活,这些事情别人都没有管,自己想办法克服。所以那个时候我们都是有困难自己想办法克服,自己解决,不给组织添麻烦,组织也给你解决不了,你困难,别人比你更困难。

1965年暑假进修回来,开学后刚给1964级学生上了两礼拜课,情况有了变化。那个时候的变化太多了,我们总支书记抽了七个人,他领队到陕南汉中做社会调查,农业中学课咋上?农科所哪些地方用化学?化学怎么样给农业服务?其中就有我。当时无机教研室抽两个人,有机化学教研室抽两个人,分析教研室抽两个人,教学法抽一个,一共七个人,国庆节以前去的,一直待到快放寒假过年回来的。1966年寒假后,开学刚上课就开始停课,化学系的二年级、三年级、四年级学生全部停课,就剩下一年级,全部到农村接受社会主义教育。我们化学系的1961级学生,本来是1965年毕业,结果因为教师搞"社教"延长了一年。教师全部都在泾阳搞"社教",一直搞到"文化大革命"开始。

1980年前后开始恢复职称，我那时是助教，升中级职称要考外语。我这一辈子提起外语就很头疼，没有好好学过。第一次大学学两年，1958年"大跃进"中断了，第二次在兰大进修，好好学两年，能看专业书了，一回来就搞"社教"、搞调查、"文化大革命"。我记得到下面调查还拿的图书看呢，但是到第二年春节以后你就看不成了，形势就不一样了。那个时候考外语有个过渡办法，不像现在过四级，给你本外语书让你选，给你一百多页，你把这个看清楚，然后从这里面给你出题考试。职称就是这么解决的，先评的中级职称。再后来要解决高级职称时，我也注意到了职称问题，但是在思想上没有把这看得太重，我感觉一辈子把工作干好，良心过得去，职称问题就随大流吧。而且我也有一种思想，我绝不争抢，有人为解决职称问题找领导，这个事情我不干，我有一种心态就是自然排队，没到你跟前，插队不行。你想到前面去，报一次批不下来，弄得灰溜溜的，心情也不好。所以我的高级职称问题解决得比较晚，比几位我们一块的同事晚了一年，副高是1988年解决的。我一看有120%的把握才申报的，没有这个把握我不报。1988年报的时候，每个人要把自己发的文章，做的工作，在全系大会上讲，从哪年到哪年工作量多少，工作量够不够，你的文章被哪个杂志录用了，如果还没有公开发表，把录取通知拿来。所以，1988年升副高以后，我就感觉到我不想奋斗了，我只把我的课上好就行了。我是1934年出生，1994年9月1号正式退休。当时退休制度已经开始实行了，那个时候就知道啥时候退休。我这个人有时候也怪，9月1号正式退休，8月31号学校开学前搞实验室的卫生，我还参加了。第二天退休，前一天我还在化学系实验室通风口上高爬低，那个时候还年轻，刚60岁，开玩笑说："我希望从那马上摔下来，要么摔死，要么退休，学校要解决啥问题。"所以这里边就有个感情问题：第一，作为国家政策，到时候退休一定要执行；第二，作为感情，那实验室我确实不想离开，那里面有我的好多情感，到那里边就感觉到心里踏实。虽然最后是搞教学，实验室内有我好多个常用的东西，所以那个时候离开实验室，从心里来说感觉到很留恋。

我感觉副高混一辈子还算可以，退休以后，我就到师大的自考中心打工。1994年的10—11月吧，这个时候学校有个新政策，凡是1994年元月1号到1994年12月31号退休的人，可以申报正高，系上找我，我说："我不弄，都退休了还弄啥。"因为当时知道工资不兑现，啥都不兑现，弄个啥。化学系的张成孝，后来当过院长，说："薛老师，政策说不来，现在不兑现，到时候兑现咋办呢,你管他有用没用,你弄上总比没有弄上强吧。"我说:"哎呀,我都不想弄。""弄弄弄,"我那几个学生一鼓励我,我就报了,报了很快就通过了。但是对于我来说,我很平淡,有条件就弄,没条件不勉强。我们1994年的是师大评退、退评的最后一届,1995年的就不能弄了。所以这也是个机遇。我有些家庭问题、工作和政治上的问题很坎坷,但是我的机遇还都可以,我相信好人一生平安,做人一辈子不亏人、不整人、不害人,你不争的东西往往它自己就来了。所以职称问题解决有当时的历史环境,拿现在的标准说不够格,职称是混混活儿。

但是我心里踏实的一点是我一生在教学上下了功夫。我退休的时候,有老师在我面前说:"薛老师,化学系再想找你这么一个上实验课的老师,没有了,永远没有了!"临退休前,我们自己搞教材,编分析化学教材、实验教材,陕西、甘肃、宁夏三个学校在一块开会,最后非让我搞实验。经过我多年的经验积累,一边编,一边实践,一边做讲义,一直到最后做成书,实验教材确实有我自己的经验在里边。但编完教材后,我的副高问题已经解决了,张成孝还没解决副高,当时我虽然是主编,但是我把主编给了张成孝,因为我要了这个没用,再说这能帮人,在关键时刻要支持帮助年轻人。有一次上实验课,都到上课时间了,学生来到教室,但是教师没来,那个时候不像现在有电话,我当时动下脑筋觉得肯定有啥事,就把他那个实验室的学生叫到我这,说:"老师临时有点事,你们到我那个实验室来,一块儿讲完以后,你们再做实验。"我就把他这个场给救了嘛,我就感觉和演戏一样,演员临出场生了病,我马上敢顶上,确实也顶上去了。总体来说,我不争不抢,自然排队,临到我跟前,付出的劳动,领导能看见,同志们也能看见那是我干的,也没有人说我的坏话。

我从事的另一个工作是课堂教学,按分析化学过去的教学计划,课堂和实验比例是1:3。就是说课堂上课,一个人可以上两个班的课,实验学生多,得七八个人上实验课。教育部在文革前规定一个教师指导实验学生12到15人。不像现在一个实验室进去二三十个学生,一个实验课老师咋能指导过来,那就是"放羊",不符合过去的要求。上实验课,教师指导学生怎么做,不能在黑板上一说就完事了,那不是课堂讲授,实验课有些东西必须手把手给学生教,要起到这么一个作用。我在教学委员会时听了几年的实验课,发现物理系、生物系的授课方式是不合适的,实验课光听人讲,谁不能讲,就看教师的动手能力,看他指导学生的动手能力。我举个例子,我一个1987级学生,后来是有机化学系教研室的主任,在看他媳妇准备实验的时候,问她上实验的时候谁给带的实验,"薛老师。""一看手势动作就是薛老师,马上看出来不一样。"我上实验课时弄错了必须重新弄过来。做完实验走了还没搞清楚,我就叫学生捎话:"我在这等,你从食堂回来重新把这个弄懂,再做。"我们那个时候在教学六楼上实验,尽量让学生充分在实验室练习他的功夫,不受时间限制。有一次我把实验课从下午2点上到晚上11点,我都不让学生走,不赶学生,他想在那干,想反复实验,他要练习他的功夫,我就在那一直陪他。我在给学生发奖(由薛封和老师捐资发起的"滴水"奖学金)的时候谈了这么一个观点,"干我们这行,干化学这行,两手不行,不行。动手能力不行,那就不是学化学的料。"现在提倡工匠精神,搞卫星,搞发射,搞长征7号,里边有好多是工匠精神,不是完全啥都自动,能做实验,会做实验,做出来就是不一样。

科研方面简单说一下。"文革"以后,化学系专门成立了一个科技组,专门抽调了几个人。我1971年从泾阳农场回来以后,系上从陕西省科技局申请了个项目,陕西华县有个金堆城钼矿,他们从钼矿中提取金属铼。当时吉林省吉林市有个铁合金厂,是个苏联援助建设的厂,那里就配销这个,与那里挂上钩,开始在那里生产,但工艺上有好多问题。从这开始,抽调人承担这个课题组研究,最后我们三个人一直搞。从1971的冬天开始搞这个东西,一直搞到1976年,四五年成天搞这个东西。这个东西主要是搞工艺,我主要搞化验,搞工艺到什么程度,到哪一阶段,每个东西都得我给他做,没有这套手段就没法进行,得不出结论,所以我成天很紧张。我们每年到吉林铁合金厂现场去搞,那里的工人师傅也到我们这儿待过一段时间。1982年在那搞技术鉴定会,师大科研处出马,已经投产了。那个时候不像现在把这提得这么响亮,当时已经转化成生产力,没有现在这么提,有时代局限性。当时这个是陕西科技局的项目,有一次给了经费,5000多元,因为我们要出差到北京情报所、化工研究院查资料,到上海有机研究所搞调研,还有一次他们还到湖南株洲一个厂子。再一个就是每年冬季要到吉林铁合金厂,那真冷,我穿的衣服到那都受不了,不过吉林条件好,铁合金厂确实是大厂子。东北室内温度高,冬天外边冰天雪地那么低的温度,房子里28度,热得睡不着。在那搞了几年,一直到最后把这个工艺改了,最后教育部给了个奖,这是学校承认的,人事承认的。

工资收入

退休拿工资的时候,有一个计算办法,30年以上工龄的才能达90%,有省部级奖的加5%，我办退休的时候，这个奖我排名第二，杨子超是我们的组长，给他加5%，我也加5%。我退休时拿的工资大约是500元，5%是加了20块6毛零5分荣誉金，现在的工资单上还有那荣誉金20块6毛零5分。所以我工资条上的20.65，就是那个时候计算的5%，刚退休时总共拿520块钱，就是这个标准。

我还是算幸运儿，怎么算幸运儿？1956年以前大学本科毕业生，一毕业，西安地区的工资是58.5元，转正以后就成了65元。但是到1957年，经过反右以后，当时社会的舆论是大学生刚一毕业就拿这么多钱，我们干这么多年才拿30来块钱，要把大学生这个待遇降一些。1957年毕业的，一毕业开始拿48.5元，转正以后才58.5元。我1958年毕业，刚参加工作，第一个月就是48.5元，到1959年工作一年以后转正，开始拿58.5元。1963年调工资的时候，我离开学校到兰大进修，因为和财务上面的人都比较熟，就告诉我："你到那里去以后，在银行弄个存折，把存折号写信告诉我们，我们直接从银行把你的工资都给转到存折上去。"我到兰大几个月后，发现工资不是58.5元了，好像多了一点，一开始弄不清楚啥原因，后来慢慢了解，是那年给我升了7.5元，西安地区工资已经成了65.5元。比我晚毕业一年，1959年毕业的，58.5元能拿几十年，拿到"文革"以后好多年。那个时候工资调整和现在不一样，不是说谁该调谁不该调，或者什么标准，那个时候是给单位拨钱，化学系有多少人，从上头给化学系多少钱。如果调高一个人的，下面几个人就没了。打个比方，我刚到师大的时候，我们教研室主任是八级讲师，西安是110元，再升一级，升到七级副高，就调到133元，133和110就差了二十几块钱，我们这种58.5元的调到65元是七块钱，这二十几元能调三个人，调那一个人，这三个人没有钱调整了。所以，那个时候如果领导互相你给我一调，我给你一调，一个人提的工资就把下边指标都占了。1958年化学系分来本科生就我一个。我是1958年唯一一个从外单位分来的，1963年我赶上了这个政策。系上比我低一级，1959年留校的那几个，他们没赶上这个政策，一直没升上，58.5元拿到"文革"以后，1977年才开始调级。所以，我碰到了好机会。

后来情况就不一样了。到1988年、1989年的时候，工资制度有个改革，我吃了一次亏。那年政策是升副高必须够多长时间，够什么标准，当时有两个跟我一年参加工作的，副高比我早升半年的，工资调到599元，我只能调到560元，差了近40元。我退休那年正高解决以后，原来说的是待遇不变，但是我退休以后，人事上却最终按正高发放了退休金。这厉害了，我记得两次，一次升800，一次升700。前几年有一次升正高的时候还有个政策，正高是升760，副高是升560，后来查了查，1934年10月以前生的，正高拿800，1934年10月以后生的，少40。几个老同志生得比我迟，到11月生的就比我少拿40块钱。退休以后才知道有这个政策，但是谁都说不清。我自己想了一个解释，为啥是1934年10月呢？因为1934年10月是中国工农红军开始长征的日期，就找了这么个理由。退休人员那么多人都找不出理由。所以我一个人无聊的时候就想，退休前的40元钱从这儿可补回来了。现在我的收入大概算了算，基本工资不多，都是补助、补贴，基本工资是3000多，各种补贴加起来是7746。这几年调工资一般是按一年5%、7%调，去年我算了算是236。

教材建设和教学改革

"文革"前大部分用的是教育部推荐的教材，"文革"后可自编教材。"文革"以后，我们教研室一位老师和华中师大、东北师大的两位老师一起编分析化学的教材，当时还要再加一个人，但是当时我的身体不太好，没有参加，很遗憾。我给1981级上课的时候就用的这个教材，以前它是内部教材，内部交流用，这个教材在我们这儿正式出版以后实际上只用了两级。到我给1983级上课的时候，教研室主任想把教学水平提高，选用了综合性大学武汉大学编的教材。1983级就两个班，本来是两个人上，但最后我一个人扛下来了，那个时候我刚50岁出头。武汉大学的教材档次高，而且里边相当一部分知识体系和师范院校的差异较大，一下子颠倒过来，很别扭。1983级那两个班我给上课就很吃力。新教材没提前拿到手，要把教材吃透，那不是一下两下的事儿，而且里边推荐习题的难度很大，所以这两个班的课，上一年很吃力。我们教研室还给陕西教育学院编过一套教材，弄了半截就夭折了。

生产劳动和社会活动

1958年，全国开始下放干部劳动锻炼，陕西师范学院也开始下放干部劳动，一年一期。1961年，学校第四批干部下去劳动，到4月份又提出了一个口号，要选一批年轻同志，组成"支援农业大队"，我是这批去的，到韩城农村劳动，一直到10月底才调回来。这期间还在黄河滩的农场支援秋收，因为放假期间没有学生，没有劳力，那个农场专门到韩城，把我们那批年轻人抽调过去，进行秋收。

开始是早上出去,下午回来,后来住到黄河滩,把庄稼秋收完了,我们又回韩城。后来全国按照八字方针开始进行调整,才把我们从韩城调回来。1962年5月份,我们又去师大的泾阳农场,那个农场刚开辟,我们在河滩搬石头开农场,在那待了几个月。1966年又到泾阳进行社会主义教育。1968年抽调了一批人编中学化学教材,搞了半年多,地点虽然在我们学校里,但是由省上教育厅负责管理,我们也到外边调查,到陕南调查,到铜川煤矿调查,到商洛调查,花了很长时间,学校的一切活动都不参加。编完教材以后,1969年秋天至1976年初,又下厂下乡,回来以后又让我编教材,我说我是搞分析的,中学教材里面分析不多,工宣队领导接受了我的意见,让我下厂。后来大部分学生和老师回来了,留了三位教师、三个学生在那,一直待到1976年的春天。回来后,学校化学系办了工厂,生产钡餐,生产助燃剂,我就开始在学校化验室搞化验,搞到1976年的秋天,秋收国庆节前。1977年的夏天,又去了泾阳农场,从收秋开始,就是国庆节前开始,收完秋,种麦子,一直到第二年把麦子收了才回来。在这期间,我当过种麦班班长,还当过豆腐班班长。春节前放假,我没回去,在那做豆腐,周围农民要吃豆腐,咱们不图豆腐钱,主要是搞豆腐渣,我们搞农业,物理系他们喂猪,豆腐渣喂猪。豆腐质量相当好,我们开玩笑:"把豆腐撂到房子上面滚下来,可以拿称钩挂。"豆腐做得比较硬。最后从泾阳农场、五七干校回来以后,系上还没有招生,工农兵学员还没到,就开始参加钼矿小组。

那时候,我觉得我年轻,好多外面事情都是我跑的。过去进京、到上海办事必须有省政府一级的介绍信,有介绍信才有资格进京。当时,天平、72型分光光度计都是我亲自跑的,这些设备是我要用的。当时72型分光光度计,进口的,几千块钱,很值钱的东西。

管理工作

再补充两点,一个是退休以后,参加学校的教学委员会。从第二届开始,两年一届,我连续参加了5届,退休前2届,退休后3届,后来政策变了,不要退休同志了,我就不去了。我们的组长是数学系的罗增儒,在教学五楼数学系开会,从下午2点半开到晚上2点半,那很费事。后来还干过一件事,就是到国有资产处、财务处、科研处等联合成立的实验室建设领导小组,负责支出管理。在职人员都很忙,就从退休人员中抽了四个人,化学系一个我,生物系一个薛知文,物理系一个贾玉民,还有资产处一个技术人员、工程师,把我选为组长。我们的任务是：凡是学校10万元以上的设备要造册登记，设备都有啥？在哪个实验室放着？谁用的？哪天用？哪天没用？都登记好。我们随时可以进实验室，不打招呼，可以检测他那仪器用了没用。后来我专门制了个表，用来登记打分。敲门，进去看那仪器用没用，一敲门没有人，就给你画0分，实验室门都没开，还能用？对学校设备仪器的使用起了促进作用。

附录四 忠于党的高等教育事业
——王景堂口述历史

考大学

我是1956年高中毕业时参加全国高等学校考试,当时韩城县没有设立考试场,我们所有高中毕业生背着行李,乘坐大卡车到渭南瑞泉中学参加高考。晚上睡在大教室,是地铺。考试结束后,因下大雨渭河水暴涨,渭河无桥,船无法摆渡汽车,男同学只好乘火车至山西侯马车站,再乘汽车至禹门口,走钢丝搭建的晃动桥返回韩城,我和几个女同学留守看护行李,三天后,我们押运行李返回韩城中学。发榜后,我们班五十多人约有五分之二的同学被北京工学院、兰州大学、西北师范学院、西北大学、西北工业大学、西安政法学院、西安师范学院、陕西师范学院等高校录取。我被陕西师院中国语言文学专修科录取,学制二年。上世纪五六十年代被录取到师范院校的学生,食宿免费,还有助学金,解决了贫困家庭学子的忧虑。理工科大学招生录取时政治审查严格,对地主、富农家庭出身的子弟及父辈和亲属有历史问题的子女,大学机密专业一般不予录取,在当时以阶级斗争为纲的年代,这种政策似乎是正确的,但存在埋没人才的限制,可以说有不公平问题存在。

上大学

九月初入学时,学校教学楼和学生宿舍楼不够用,我们几个班被安排在西安速成中学教室住宿(即现在的西安市八十五中学),上课步行至学院教学楼,四个班合堂上课。当时没有教科书,教材是手刻蜡纸油印讲义,还有的课程无讲义,全靠记录,例如讲授现代文学的老师答应缓后发讲义,直至学期结束我们未看到讲义。时间安排,上午上课,下午和晚上是自习时间。此时,我大部分时间到图书馆阅览室阅读老师布置的书籍或中外名著,并做作业。

当时政治运动和劳动比较多,如1957年的反右派斗争、1958年大炼钢铁和除四害。我们还参加了几次修建兴庆宫公园的劳动。步行十多里路至劳动地点,挖湖堆山,劳动工具是镢头、锨、架子车、土筐。各单位的劳动大军汇集工地,红旗招展,劳动场面你追我赶,热火朝天,休息中间歌声嘹亮,欢声笑语,乐啊!自带餐具,中午是学校把馒头、菜、开水送到工地食用,下午六时左右收工步行返校,虽然身体感到疲倦,因做的是公益劳动,大家心情愉快!

当时的考试,一般主要课程进行闭卷考试。也有个别的课程是开卷考试,我记得这类课程很少,可能是因为师范专业,主要学教育学、心理学,在中学都没有这样课程,像这类课程在我记忆中可能就是开卷。大部分的主课,我们当时学的古典文学、现代文学、文艺概论,包括中国革命史,像这些课程都是闭卷考试。当时的闭卷考试不像现在的考试,一人一桌。当时考试的时候,是老师在黑板上写几个题,然后我们把题抄到试卷上,这样答题。开卷考试的话,既然是开卷,就是允许你带一些资料,但它出题的份量比较大,题比较多。答案在讲义里头、在各种资料里头以及训练册上。

50年代学校很少请专家给学生做报告,当时请过来做报告的人大概就是讲中国革命史的老师,其他的很少。除了上课以外,基本都是自学,是老师给你讲了以后布置好多书叫你看。讲义都是蜡版刻下的,当时就没有什么教科书,在这样的情况下,讲义可以看,另外就是当时老师讲课,大家都在认真记,老师讲课除了讲义以外,还讲些讲义里头没有的内容,你就都必须记下来。当时每个学生都有学习记录本,一学期都记几本子,就那样学习,的确上课很辛苦。老师讲课时,学生低着头不停地在记,下去以后复习就是既看老师的讲义,又看自己的笔记。尤其现代文学,讲鲁迅的,一位赵老师讲的。开始这门课没有讲义,当时我是班长,就把同学们要讲义的意见给老师反映,老师说到时候一定先给我们发到手,但是到最后都没有发到手。我的印象最深刻的是1957年,反右斗争非常激烈,既学习又反右斗争,对一些有右派言论的对象开批斗会,占的时间也很多。到了学期最后,有好多学生说,这学期能不能不要考试,因为运动太多,但是学校坚持必须考试。讲鲁迅现代文学的老师来了之后在黑板上写了一个题:论述鲁迅的思想是什么?大家又没有讲义,只有记录,结果他就出了那样一个题,大家只好按照他的题回答,大家平时记录都很认真,复习得都很好,最后老师评卷结束以后,统计学生考试成绩,竟然全班还都及格了。当时大家最担心这门课,害怕考不过。当时学习主要是讲义、记录,不像现在老师做课件,学生有时候用手机拍下来,或者是把老师的课件复制下来自己复习。当时没有这些东西,当时的老师写板书,然后一起再讲这些题,就是这种学习方法,因此大家都感到学习不是很轻松。

当时培养的专科学生是教初中,本科学生是教高中,毕业以后要胜任教学,所以当时大家学习非常刻苦。一周只休息星期日一天,不像现在旅游景点多,学生周末出去旅游,当时没有这个概念。星期日就是洗洗衣服、洗洗澡,再就是自己到新华书店购买老师推荐的书,你认为需要就到书店去看去买。当时公交车很不方便,我们到城里边都是走路。当时我们在陕西师院,就是现在附中的位置,走到城里头,通过现在的历史博物馆斜上去就是现在体育场对面,当时都是地,底下是壕沟,是公路,沿边走进城里,当时新华书店就是在现在钟楼的东边。小寨也有个书店,在学校校门口也有个小书店,这些书店虽然有,但满足不了我们的需求,有时候我们需要,比如说活页文选,对大家学习很有帮助,我们跟新华书店的工作人员沟通给我们代买一些活页,这在当时内容很丰富。偶尔看一次电影,一般学校星期六晚上都安排露天电影,但是有些好的电影学校弄不来,我们就到电影院里去看。礼拜天就这样一些活动。

毕业分配

我是1958年8月,参加工作。当时,国家号召高校毕业生服从组织分配,到祖国最艰苦的地方去。毕业分配,每个毕业生都要填一份毕业生登记表,填写自己志愿,我们都写着服从分配。50年代社会主义建设各行业都需要人才,高校毕业生除不服从分配者外都有工作可做。服从分配以后,学校主要是按照当时的分配方案,是由教育部下到省上,再由省上的高教局把各个学校的毕业生分配到省外有多少,分配到本地区多少,分配到西安市多少,哪个地区多少。当时分配就是把毕业生第一次分配到市区,西安市、渭南专区或者是咸阳专区,然后学生到那个地方报到,二次分配才把你分配到某某县,到县上把你分配到具体单位,当时分配都是这样子的。因为国家规定就是无条件地服从分配,因此大家报的志愿没有说要回自己县里或者留在西安,我们都是写着服从分配。我们并不知道学校要留人,留多少也并不清楚,学生不知道方案。学校把毕业生分配到什么地方是有个分配方案的,比如西安市是多少人,留校多少人,到某一个地区多少人,有这样一个方案,学校分配的时候,比如家庭有特殊困难的,父母年龄大的或者需要照顾的,上学期间也有恋爱基本上确定的等等一些情况,学校有些了解,有些不了解,所以辅导员就深入到学生中间了解情况。主要是通过班干部,班干部跟同学在一块熟悉,了解比较多,班干部把这情况给辅导员说了以后,辅导员就根据这样的情况,然后转档案,原则上你从什么地方来就分配到什么地方去。咸阳地区基本上分到咸阳地区,渭南地区分到渭南地区,西安市的尽可能照顾到西安市。还有支边任务,到新疆、青海这些地方去,那需要了解家庭,父母身体都比较健康,他本人身体也好,就可以到那个地方去。当时也有同学到新疆、青海报到的,但为数不多。比方到青海或者新疆去的,这两个人情侣关系确定了,就征求他们意见,你们两个愿意不愿意到那个地方支边去,当时叫支边,愿意支边的就去。他们如果觉得家庭条件也都可以,如果不去的话就分到两地,就不会在一块了,征求一下他们意见就可以去。当时上学期间不允许谈恋爱,但是青年人谈婚论嫁的时候,你阻止不了。恋爱关系都是私下的,不公开,但同学之间能看出来。人家两个关系好的话,平时就能看出来。但在当时,都是隐蔽的,不像现在这个手拉手、勾肩搭背之类的那么亲热,那时候都没有那些东西,都是私下的约定。我当时作为班干部,对同学情况很了解,我就向辅导员提供,辅导员根据这些情况搭配。学校要留人,但是留谁会考虑以下几点:政治条件、在校期间表现情况、学习成绩。根据这些情况,当时我们班里留了3个人。分配的工作基本上是专业对口,对有家庭困难的或者情侣毕业生,在不影响分配方案的原则下也尽可能做些照顾。此种就业政策深受毕业生欢迎。我认为当时的毕业分配政策是符合国情的。

我们3个人留下以后都是搞行政工作,我留下来后,就直接分配到当时的人事处学生科,管学生工作;另外一个是学生会主席,分到生物系当学生辅导员;再一个是团支部书记,分到当时的保卫科,搞保卫工作。留校的全是班干部。当辅导员那个同学在中学的时候就入党了,我们在一块学习的时候,他是我的入党介绍人。留保卫科那个同学也是新入党的。

陕西师范学院和西安师范学院合并情况

两校为什么要合并呢?两个师范学院在当时的陕西来说,都是基础比较好的学校,有的专业是两个学校都有,中文、数学两个学校都有。政教系、历史系、地理系是西安师范学院有,生物、化学、学前教育是陕西师范学院有。既要培养本科生,也要培养专科生,因此这两个学校在人才培养上力量有所分散。当时管高等学校的是省委宣传部,省委宣传部在1959年的11月向省委写了个报告,把这两个学校合并起来,合并起来的特点大概就是系科设置比较完整,师资力量和领导力量可以集中,办好本科,把专科交给一些地区的专科学校。省委宣传部11月份写报告后,12月份省委就批了,到1960年元月,两个学校就开了一次关于合校准备工作的会议。在这个会上，学校的名字定为陕西师范大学，校址选在西安师范学院所在地，就是吴家坟这个地方。因为涉及合并，一个地方容纳不下所有学生，所以决定在两年内把两个学校彻底搬过来。1960年5月7日，正式成立陕西师范大学，召开隆重成立大会。当时大会召开就在现在雁塔校区的操场上，当时的操场是土的，两校的教职员工、学生7000人都到这个地方来开大会。省委的候补书记赵守一、副省长时逸之，西安市也来了一些领导，西北大学、交通大学都派了人到学校参会。大会结束以后，照了一个合影照。当时的摄影机是转动的，那么多人，有坐到地上、凳子上的，有站在桌子上的，那个照片很大，长长的，在咱们校史馆展览。原来搞校史展览的时候我参与过，前不久校史展览馆、教育博物馆弄这个展示就有这个照片。所以，1960年5月陕西师范大学正式成立。

工作情况

工作变动，不由自己决定，都是学校根据工作需要来确定。当时我留校以后分配在学生科，合校之后仍然在学生科，西安师院学生科的王老师是科长，学生科归属人事处管，负责学生分配、学生助学金、学生的政治审查这些工作。我毕业那会儿，陕西师院也正在发展中，需要教学和行政管理人员。我后来曾在学校学生科、留学生办公室、地理系、校团委、党委组织部、高校干部进修班、第四党总支（管辖电教系、体育系、体育教学部、声学研究所、夜大学、函授部、电教中心等单位）、党委统战部工作。在工作中，重视党的方针、政策、政治理论、教育方针的学习，避免工作中迷失方向。对自己要求做到三满意：即组织和领导满意；工作对象和群众满意；自己满意。我在工作中尽职尽责完成了党组织交给的工作任务，无任何工作失误。

1960年10月至1961年11月响应党的号召，大办农业，学校和洛南县在永丰镇合办农场，我作为负责人，同干部、农工开荒种粮、养猪，把收获的小麦、黄豆、生猪运回学校，改善师生的伙食。

1964年春带领师生到乾县参加农村社会主义教育和人口普查工作半年，同农民同吃、同住、同劳动，向农民宣传党的各项政策，又向农民学习勤劳节俭的美德。

1965年，美帝国主义正在发动侵略越南战争，越南为了配备战后人才，就请求把当时的高中毕业生派到中国来学习，在这里培养人才。在这样的情况下，教育部就给西北大学分了100名，给咱们学校分了100名。接收留学生工作是个新工作,学校从来没有搞过。学校就成立了一个留学生办公室,就把我由学生科抽调到留学生办公室,因为留学生中间有些女同志,为了工作方便再从系上调了一个女同志。再就是安全问题,请保卫处一个同志来监管,但他不属于留学生办公室,留学生办公室只有我和另外那名女老师。留学生办公室主任是当时校长办公室主任兼着,主要是因为上下联系方便。留学生工作主要就是跟省上的外事办联系。留学生办公室成立以后,因为是第一届接触留学工作,大家都没有经验。7月份放暑假以后,学校安排我、学校汉语教研室主任和西北大学留学生办公室主任一起在北京语言学院学了一个月。8月下旬我们回到学校。留学生坐火车到广西的凭祥市,进入中国境内以后,就有培养留学生的学校来接。当时我跟另外一个老师坐火车到凭祥市把留学生接过来。当时留学生分两批,第1批来了之后,我让另外一名老师带他们先回学校,广西坐火车只能到郑州,没有直达西安的,到郑州以后再转车到西安。第1批50人,第2批是隔两三天才到达,也是50人,我带着这50个人到学校。当时留学生的学生宿舍在雁塔校区公寓楼,小二层楼。因为留学生工作具有涉外属性,既要让他们学习语言,又要涉及安全问题,所以我当时就在留学生一楼住。一楼住的是女生,二楼住的是男生,我给二楼安排了一个年轻的教师住在那里,既可以接触学生了解情况,也可以让学生在遇到临时情况时便于找到老师,我跟一个看门的工人住在一楼。办公室就是个宿舍,白天晚上都在这个办公室,每个星期六晚上组织他们看电影,星期天安排他们到市里参观,搞活动。可以说星期六、星期天,包括星期六的晚上也都全身心地投入到工作上,就是这样工作了一年。到1966年"文化大革命"了,越南那边有一个方案,语言学一年以后,把留学生分配到中国各个大学,就按他们提供的方案,把大部分学生分到其他高校,比如西安交通大学、西北大学、公路学院,还有北京、武汉的一些学校,100个学生大部分都分到高校,最后剩15个学生没有分出去,主要是他们方案没有办法分。"文化大革命"停课闹革命上不成课,分配出去的学生到学校也没办法学习,在师大留下的学生也不能上课,所以我把那15名学生就送到武汉的华中师范学院,他们也有接收留学生的安排。华中师范学院也有剩下没有分配的学生,一块由他们负责把这些学生送到凭祥市,然后送他们回国。其他分到高校的留学生,后来因为也无法上课,陆续都回到越南国内去了。

当时确实是全身心地投入到留学生工作中:一是要让他们语言学完了以后,能够到其他学校听中国老师讲课;二是负责他们的安全工作;再一个这些学生是在国家战争情况下过来留学,学生很怀念家庭、怀念他们的父母,我们每天都要做这些学生的思想工作,使这些学生能够安心学习。在留学生宿舍楼,我们专门安排在每天早晨他们起床的时候播放越南新闻广播,这样他们就可以了解越南国内的情况。每周给他们安排专门的洗澡时间,比方说星期五,这一天中国学生一律不开放,专门给越南学生开放。这也是一个安全问题,毕竟两个国家在生活习惯上不太一样,给他们单独安排。他们的教室就是现在咱们这图书楼的北附楼,17个人一个小教室,在这个教室里给他们上课。为了让他们语言学得更快一点,从中文系选一些同学,利用他们的课余时间和越南留学生交朋友,给他们做语言辅导。在教学上,过一段时间就搞一次汉语学习比赛,演讲或者是讲故事,这样有利于他们学习语言。虽然是教一年,但实际上只有8个月,因为中间还有寒假。假期我们把他们带出去参观,远的到湖南韶山,近的到咱们的延安,给他们进行革命传统教育。寒假学生回不去,老师怕他们孤独,咱的老师把一些学生邀请到家里包饺子吃。这一年我们跟越南留学生相处,语言上确实做到了教育部教学大纲要求,学生写3000字的文章没有问题,口语说话很流利,跟中国学生、中国老师讲话都很流利,完成了这样一个教学任务。因为我们的工作做得细、做得深,所以学生们对中国老师都非常感谢。他们回去之后,跟我们还有联系。一些学生给我们写信说,他们到国内以后,有的是继续学习,有的是上了前线。尤其是有一个越南留学生叫陈文律,他学习好,回国以后提升很快,提升到一个部里边当副部长,后来我记得是2003年,就到北京的越南驻华大使馆当大使。哪一年记不太清了,他们的越南国庆,大使还专门邀请咱学校的房校长、我,还有外事处的处长,我们三个人一块参加他们的国庆纪念会,他们国庆是9月2号。我当时工作确实是按照教育部的要求和学校党委的要求做了应该做的工作。

1972年3月至7月,我到学校办的泾阳农场劳动锻炼,当时被抽调至泾阳县王桥公社工作。主要工作任务是每天到生产队了解春耕情况,宣传党的农业政策,撰写宣传稿件,在公社广播站广播宣传。目睹农民生产、生活情况,体验了农民种粮收获的艰辛,真是粒粒皆辛苦。节约粮食,反对铺张浪费,人人有责,亦是中华民族的传统美德。学校规定,教职工每周安排半天劳动,由生产科具体组织实施,每人发有劳动手册,由组织劳动的负责人填写时间和劳动内容。

60年代初,国家经济困难时期,主副食品缺乏,利用校园空地种粮食和蔬菜;校内有桃园、苹果园、梨园,给果园除草、施肥、浇水;每年夏收和秋收期间,不是到校办农场劳动,就是到农村生产队帮助农民收割庄稼;60年代至70年代初,备战时期挖防空洞;绿化校园,植树、栽培花草,目前校园里的参天大树,就是过去老师们亲自手植的。对此活动我是积极参加,不曾懈怠。因为参加体力劳动可以强健体魄,增强自身灵敏度和毅力。一个没有经历过劳动磨炼的人,是难以懂得生活真谛的。体力劳动使人知道生活是怎么回事。所以,参加劳动是必要的,也是应该的。

虽然在学生科工作,管学生工作,但真正地跟学生接触不是很多,除非是在毕业分配的时候,和学生的接触可能会多一些。因为学生毕业分配要填志愿,合校以后人多,所以来找我的比较多。1979年我被调校团委工作,做团的工作以后,要跟学生接触,要真正和学生打成一片,就需要开展活动来了解学生。比如当时开展了"评三好学生""五讲四美三热爱"这样的活动,这些都在学生中开展得比较好,开展得轰轰烈烈。当时学校有个新食堂,后来我还专门写了一篇文章,讲那既是学生食堂又是礼堂。在这里,每年元旦都要组织演出、文艺活动,这样的活动学生参与比较多。我在团委组织这些活动,既对学生的思想品德方面有所加强,同时也活跃了学生的文艺生活。比如,当时我们在学生里组织乐队,组织了合唱团。当时我们要了解学生思想情况,都是安排辅导员住在学生宿舍楼里头,便于和学生打交道,辅导员也在学生食堂吃饭。我当时经常利用晚上时间到学生宿舍跟辅导员了解学生思想情况,同时也了解辅导员他们的工作、家庭有什么困难,了解他们的情况,也便于我向学校建议如何解决他们的困难。

再就是平时抽出时间,我就专门到学生几个食堂去转,到食堂的操作间转,到外边的打饭窗口看。我主要是看两方面:一是看伙食的质量高不高;二是看卫生状况怎么样,看炊事员上班期间穿不穿工作服、戴不戴帽子、手指甲平时剪不剪,看的就是安全问题、质量问题。食堂打饭的员工、炊事员我们都熟悉,我有时候开玩笑:"某师傅,把手伸出来让我看一看。"主要是看他们指甲长短,因为指甲长的话,就容易有这个污垢,用现在的话说就是检查。这些是当时在团委的工作情况。

1980年暑假我参加了团中央组织的团干部培训班一个月。1981年9月至1982年1月,在陕西省委党校干部轮训班学习《中国社会主义经济问题》和《关于建国以来党的若干历史问题的决议》,从理论上提高对党的历史和我国社会主义经济建设的认识。

最后一站工作是在党委统战部。在党委统战部工作的时候,到党外人士家里跟他们聊天,主要了解他们工作及其他各个方面还有些什么困难。当时这些民主党派人士家里都没有电话,电话并不普及,所以我就跟学校建议给他们安装电话;有些民主党派的老同志,年龄大了,既要搞教学,老伴身体又不好,对他们自由安排工作的问题,我都尽量地向学校反映,帮助他们解决这些问题。不管他是民主党派的干部,还是一般的普通成员,有病我就到医院去看,不幸病故了,我就要到他们家里去慰问,如果搞遗体告别仪式,我一定要出席遗体告别仪式。这样的话,对于党外人士来说精神上是个安慰,也有利于他们更好地工作,更好地做到建言献策,更好地做到民主监督。组织他们到外边去参观,了解外边一些情况。当时咱们西安的黑河水利工程建设不久,我就领他们到周至看这个黑河水利,叫他们亲眼看看咱们这个国家、省上在民生建设方面的情况。1993年3月至6月,参加中央统战部组织的在中央社会主义学院举办的统一战线理论学习活动,提高对统一战线工作认识和工作方法。这些培训学习对我提高政治理论水平和工作能力帮助很大。

在党的十一届三中全会召开后,学校在教育改革中前进,不断开创新局面。一是加强党建和思想政治工作。抓好党的思想建设,开展"做一个合格党员"的教育活动,引导党员坚定共产主义理想信念,践行党的根本宗旨,强化大局意识和纪律观念,牢固树立全心全意为人民服务的观念。重视组织建设,重视在知识分子中发展党员工作,改善党群关系。坚持四项基本原则的宣传教育,清除"左"的错误影响,做好教师、干部思想政治工作是全面贯彻党的教育方针与培养又红又专建设人才的保证。二是加强领导班子建设,按照革命化、年轻化、知识化、专业化的要求,选拔德才兼备、年富力强、有科学文化知识、敢于创新的干部到校系领导班子中,把领导班子建设成适应新形势领导集体。三是抓教学改革,要求认真改革教学内容和教学方法,改进教学管理,保证正常的教学秩序,努力提高教学质量。学校曾到一些市、县对毕业生进行了调查,听取用人单位评价和建议。四是抓科学研究工作,落实方向、项目、人员、设备、制度,统筹安排科研力量。五是加强师资队伍建设,选留优秀研究生留校任教,选送青年教师到国内重点高校进修或出国留学、进修、访问等措施,提高教师教学水平。根据需要有计划地聘请外籍专家来校讲学或任教。六是改革后勤工作,首先是抓伙食管理和服务态度,保证师生身体健康,保证教学科研顺利进行。还有就是抓基建,保证教学和师生住宿用房。这些改革都是必要的,也取得了良好的效果。学校管理政策和制度的出台,是学校党委和行政根据上级规定,结合学校实际,在广泛征求意见的基础上制定的。此办法好,务实,避免了空谈误事。

自我评价及主要学术成果

我在学校党政管理岗上做到敬业爱岗,在平凡的工作中奉献了40个春秋。在工作中牢记干部就是服务,身体力行,以身作则,经常深入教学第一线,参与野外实习,与师生同甘共苦,经常到师生中间了解他们的工作、学习、生活情况,帮助他们解决问题,一起奋斗。以高尚的人格感染学生,以整洁的仪表影响学生,以亲切的态度对待学生,以博大的胸怀爱护学生,受到学生的尊重和爱戴,受到教职工的赞誉。

我平时在工作中,结合工作实际撰写了数十篇文章,发表于报刊。《发挥高校优势把知识贡献给社会》《党的优良作风》《高校领导也要学经济》《切实加强高校教师党支部工作》《统战工作要为经济建设服务》《按照"一国两制"推进祖国的和平统一》《高校系处级干部的教育和管理》《对高校党外中青年知识分子流失的思考》《切实加强党的组织建设》等文章对高校加强党的组织建设和思想建设及经济建设起到促进作用,取得了社会和经济效益。

我参加工作后,每月工资41元,一年后正式转正,每月工资52元,到1963年提升工资为每月58.5元,尔后多年陆续也提过几次工资。1997年3月,退休时月工资约为四五百元,具体数字记不清。

1997年3月退休后,不幸身患癌症,顽强地与病魔作斗争,身体康复后,即协助学校有关部门对青年教师进行岗前培训,参加校庆60周年"校史展览馆"的搜集资料和组版工作,参与编写了部分校史展版讲解词,协助等办陕西师范大学老年大学等力所能及的工作。同他人合作主编《烛光余晖》两部(银河出版社),任副主编编辑《陕西师范大学校史人物传记》三部(陕西师范大学出版总社),填补了陕西师范大学校史中缺少人物传记的空白。还为构建和谐校园做了些有益的工作。

对西部高等教育发展的看法

1952年,我国大规模的院系调整正式启动。主要是从综合性走向专科化,此次院系调整,主要是加强工科院校和单科性专门学院的建设。这一轮调整之所以必要,还有一个原因,就是旧国民政府时期遗留下不少私立高等学校,需要改制为公办大学,有一个撤销、合并过程。1955年高等教育部决定调整部分高校的院、系、专业的设置和分布,逐步改变高等学校过于集中在少数大城市,尤其是沿海大城市的状况。1955年至1957年,将沿海地区一些高校同类专业、系,迁至内地建新校或加强内地原有学校,扩大了内地现有学校规模,增设新专业。1956年上海交通大学迁至西安,对西部发展和社会经济建设起着重要作用。我认为院、系、专业调整方向正确、尤其对西部高等教育发展大有裨益,当前大力弘扬西迁精神,表明沿海高校迁入内地,特别是迁入西部地区是非常正确的。新中国成立后,西部地区高等学校数量少,培养人才有限。二十世纪五六十年代,党号召高校毕业生支援边疆,部分有志者虽到边远艰苦地区参加建设,奉献青春,但去的人不多,无法满足需求。

目前西部地区有高等学校约433所(含独立学院、民办学院、专科学校),培养的毕业生,都是自主双向选择职业,有相当多的毕业生出国留学或到东部及沿海地区就业,造成西部地区人才流失、短缺。西部地区在社会经济方面的发展明显落后于东部地区和沿海地区,劳动者素质比较低,是制约西部经济发展的重要因素,因而尽快提高劳动者素质,是实现西部可持续发展的重要条件。发展西部高等教育,对于提高劳动者的素质、培养西部人才具有重要的意义。因此,要大力发展西部高等教育。目前西部地区高等学校从数量上看不少,应设法提高办学质量,从改善教学设备和加强师资队伍建设方面补救。建议从东部地区及沿海城市重点高校聘请教师讲学或支教。同时对西部地区土生土长培养出的人才,加大热爱家乡的宣传教育,使他们自觉自愿留在西部做奉献;对自愿留在西部地区的人才,在薪金、住房等方面提高待遇,以便留住人才,发挥作用。

附录五　像"孩子"一样
——熊易群口述历史

毕业分配到陕西师范学院

我是1959年8月上旬获批的,和我一起的还有当时北师大的八九个毕业生,我们一起坐晚上11点多、12点的火车,第三天清晨大概4、5点的时候到了西安站。记得当时我们一路高歌,虽然现在我唱不出来,但我记得歌词:"在这什么春光明媚的早晨,列车奔向远方,车厢里满载着年轻的朋友们,奔向那灿烂的前程,到南方去,到北方去,到祖国最需要的地方去……"唱着唱着就到了西安。到了之后,我们住在省第二招待所,住了几天后就到省教育厅报到。

我对报到的印象非常清晰,当时有一个工作人员正在低头伏案工作,一声不吭拿着分配的表格,一个一个念,谁谁分到哪儿。其实当时我已经知道分配到哪了,但有些人不知道。当时的分配工作制度是,祖国需要你到哪儿你就到哪儿。我和另外一个同学就分配到陕西师范学院,当时叫北院。我不知道校史是怎么记的,这个北院,我记得当时是说北师大西安分校,北院它那个图纸和我们在北师大上学时候一样。北师大有好几个饭厅,和北饭厅一样的图纸;还有教学楼,当时北师大有教育楼和文史楼,两个楼跟这边的楼都是一模一样的。现在附中还保留着这个楼,后来北院把它们分给附中和西安统计学院。当时好像是数学系的魏庚人带了一批北师大的教师来支援,挂的是陕西师范学院。这些我不是很确定,我听到的好像是这样。

有一个老师叫姚平子也来了,姚老师在这成立幼教系。姚老师和汪庄祥老师去北师大要毕业生说:"要两个,来了就要开课。"我和另外一个同学就来了。我记得很清楚,那时候雇了一辆三轮车,行李很简单,一个铺盖卷,一个箱子,就来到咱们这个北院。当时幼教系已经成立,接待我们的是一个女老师,她给我们说临时先住这个阴面的房子,等到毕业生走了给调到阳面去。因为当时没有专职辅导员,我们这些年轻教师就兼任班主任。我当时刚毕业也没结婚,什么都不懂。我就记得有一个星期六,那会儿周六还是上课的,有一个陕北的学生叫白慧生(音),她找我请假说她有个什么事,可是是什么事我就听不明白,因为她才从陕北来西安,满口的陕北话,我才从北京来西安,别说陕北话,连西安话我也听不懂。所以当时我连问了三遍什么事还是没听清,我再不好意思问了,人家年龄比我还大,当时的学生年龄就比我还大,我就跑办公室,给办公室老师汇报。我记得老师姓陈,我说:"陈老师,白慧生这个学生向我请假,是有个什么事,但我没听清楚,我不好意思再问。"再后来大概是到第二年了,实习的时候,有一个学生不去,说要回家,无论怎样劝说她都不去。我当时以为她是不喜欢这个专业,她说:"不是不是,我绝对回家之后我还回来,我现在不去实习,我得回家。"我怎么也问不出来是什么原因,后来还是办公室的陈老师帮忙,最后问出来,是这个学生怀孕了,她要回家生孩子。果然,后来这个学生生完孩子又回来了,一直到毕业。"文革"后,还在陕南一个幼儿园当园长!可见,当时我对这个班主任工作上是一无所知,毫无经验。当时允许学生结婚的,学生到学政处开证明,干部到人事处开证明。我当时去人事处给自己开证明,工作人员问我:"结过婚没有?"我就挺奇怪,我心想:"怎么问结过婚没有,如果我结过婚那我还开什么结婚证明?"最后我说:"没有。"他就写了个初婚。原来有初婚和再婚两个概念,我当时这些社会常识一点都不知道。学生当时结婚的也不少。我做班主任的时候好像也没有什么班主任手册,我也不知道该怎么管,反正就是学生向我请假,我再汇报给办公室老师。

在教学方面,我是初生牛犊不怕虎,什么都敢讲。当时学校还是很重视这班学生的,学前专业要上音乐课,从音乐学院请了一个姓李的女老师教声乐和发声,但是咱那些学生的基础很差,后来人家就不来了。她不来,我就在那教陕北民歌。我当时被分配的工作是音乐教学法和语言教学法的专业课,这些都是第二学年的课,第一学年学前教育学是由我的同学讲。但是我那个同学当时已经结婚,要回去生孩子,系里就让我接她的课。我当时就是胆大,拿着她的讲稿就讲这个学前教育学。我那时既不知道用教具,也不知道板书,讲"积木"的时候也没有板书,结果我一看学生的笔记上,写的是"鸡母"。这事现在想起来,一点也不怨学生,就怨我,因为我既不了解学生的实际情况,也不了解当时这个幼儿教育的情况,学生就没见过积木。现在咱们理解很容易,板书一写,再拿个实物积木看一下,知道这个积木可以怎样摆。所以那时候就是一点经验也没有,就这么稀里糊涂地把学前教育学带了一学期,音乐课也就给教了。

当时学校招的是专科班,学生基础相对薄弱。可是学校很重视这个班,我记得德国德累斯顿交响乐团来西安,这是个很有名的交响乐团,票价也很贵,学校就花钱给学生买票。演出在人民大厦,学校专门派轿车去,我跟着学生去了,结果咱们这些学生包括我一点也听不懂,一个个都在那里瞌睡睡着了。尽管如此,学校还是相当重视的,也愿意掏钱培养学生。

进修情况

我工作以后再没有到任何进修班进修,我觉得对我这个专业成长很有益的是在实际工作中的锻炼。幼教系招了两届专科班,再就因为学校合并,幼教系没有了。我们这些人也就纷纷被调离了,基本上都到幼儿园,西大幼儿园,还有的到小学去了,最后就留了我一个在咱们的幼儿园,再后来我就到了小学。在幼儿园,我什么都干过,教养员、保育员、全托、日托,从托儿班小娃娃到大班,白班、夜班我都值过;在小学,除了常识课,其他的我都带过,音乐、体育、语文、数学都带了。所以我觉得实践很有益处,后来再讲课,就是脚踏实地而不是空中飘了。为什么让你值夜班、管图书室呢?因为觉得你们大学生毕业生,工资拿着58块5,多了,别人只有30多块钱。另外,我在工作过程中也比较喜欢动脑子。当时夜班有一个事,就是叫孩子尿尿,孩子尿床多了就不好。我不怕这个,我观察孩子,孩子一动弹,她就有尿意,不用逐个叫他们。再一个事就是点蚊香,房间比较大,一般需要点四盘,我一般先点两盘,蚊子就飞不动了,再换个方位,这样蚊子咬不着孩子,也不至于那么大味。后来再讲课,就比较有底气,心里有数了。在幼儿园工作的时候也得动脑子,不动脑子光跟着一块干也没用。在生活里边啊,也应该多用专业的视角来看周围的一切,我觉得也有好处。比方说有一次在公交车上,在起点站上了一对母女,那个小孩大概四五岁的样子,上车的时候车上比较空,她和她妈妈各坐一个座位,后来上车的人慢慢多了,这女孩很懂事想站起来,意思是自己跟妈妈坐一块,把自己的位置让给别人。但是她妈妈就使劲瞪着她,意思坐那别动,把位置占着。我当时就很有感触,我觉得这个妈妈糊涂,你让孩子占住了那个座位而失去的是最宝贵的对别人的关爱。我觉得生活当中有很多学前教育的实习场所,你带着专业的眼光观察周围的一切,讲课就比较有底气,不是空对空。再比如后来我讲这个音乐教学法,音乐教学法说要培养孩子的音乐感受力。音乐感受力是什么呢?它的解释是你对音乐有了感受,了解它的情感,并产生相应的情感。但如果你只这么解释的话,学生根本也听不明白,自己也越解释越糊涂。后来在生活中观察多了,有了经验。我就先举个例子:两岁的小孩看白毛女,他根本就看不懂,但是听到喜儿哭爹那一段音乐的时候,他就掉眼泪了,那是怎么回事?那就是因为他有了音乐感受力。再比如听解放军进行曲,噔噔噔噔噔(哼唱),那小孩自己也会兴奋起来,这就是有了音乐感受力。先举这么两个例子,再给学生用语言解释一下,理论联系到实际上来。我们在教学中就应该掌握孩子的心理特点,要培养他的音乐感受力。咱现在幼儿园有的老师可不这样,让孩子坐着进行音乐欣赏,强调不要动,不要动就压制了孩子的音乐感受力。

我没有参与系统的进修,但是1987年的时候,有一个机会,到美国和加拿大的机会,去了大概40天,也算是一个学习的机会吧。可惜我不懂英语,所以没有能够直接用英语跟人了解更多的东西。但是,这段时间给我感受最深的有这么几点:

第一点就是我去接触的那些学校的老师、校长比较坦诚。我们到一个小学去参观学习,那个校长就说:"你们来我们这儿干什么,我们这儿没什么好学的,我们这管得太松。"确实他那个学校很有意思,小学黑板上写的数学题,一个班的孩子,算术题,有一位数的加减法、两位数的加减法,后面还有四则运算、小括号、大括号,孩子你能做什么就做什么,就这么教育。他后来就说:"我们这个教育就是松得很,你们的教育管得太死、太紧。"我觉得这说的都是实话,所以他们是比较坦诚,有什么就说什么。

第二点就是他们习惯于只说自己好,不说别人不好。我去的一个地方,它是同一个教室,上午是皮亚杰班,下午是蒙台梭利班,各说各的。你说你皮亚杰好,我说我蒙台梭利好,然后他们的观念就是,我不说你不好,你也不要说我不好,都只管说自己的好。他们的理念是每个孩子和家长会选择适合他自己的教育。

第三点是他们特别注意培养孩子的自信心、独立性和勇敢精神。让一、二年级的小学生写论文,而且还正儿八经地穿上礼服宣读论文。我一听觉得不可思议,但后来一想觉得也可以,论文就是留的作业,要到博物馆去看,讲一种植物是什么名字,属于什么科什么目。这个作业实际上也很容易完成,学生由家长带着,博物馆也都是免费的,用相机拍照之后把植物的说明一念就算是论文。学生穿上礼服拿着文件夹,像模像样地宣读自己的论文,你宣读你的,我宣读我的,主要是培养孩子的自信。再有就是我们到了一个学校,采访我们中国代表团的小记者是三年级的学生。我们站一排,他们站一排,对我们进行提问,提的问题有的还很尖锐。我记得当时我们团长顾明远提的问题好像是"台湾是不是中国的领土?"我们团长回答:"当然了,就像阿拉斯加是美国的领土。"到我的时候,那个小记者问:"你觉得中国孩子和美国孩子有什么不一样?"这个好回答,我说"有,比如说他们都很热爱自己的老师。"那一个个认真的模样就真像记者似的,边问边记。还有我们到一个幼儿园参观,一个小孩就送给我一个礼物,什么礼物呢?就是一张白纸上写了一些英文字母,我不懂英文,我还让翻译专门看了看,他看了半天说:"写的就是个英文字母。"但是,后来写这个 J 拐弯拐错了,拐应该往左,他写错了。另外,在白纸上写得也不整齐,但是他的老师就用橘黄色的纸做了个衬,把这个白纸贴在上头当做礼物送给我了。我心想如果是在咱们中国的话,恐怕老师一看写的这样会嫌丢人,扔到一边去,甚至会撕了。但是,美国这个孩子她肯定会觉得自己给中国客人送了自己的礼物,非常开心和自豪。另外他们也特别重视培养孩子的勇敢精神。我在一个幼儿园参观,看到四五岁的孩子用一根绳索倒着滑下去,他们老师说,这里三岁的孩子都已经是倒着滑的。这样孩子肯定会出事故,我亲眼看见一个女孩额头上摔了个青包,老师过来把她稍微安慰几句就走了。我就通过翻译问:"这种情况,你待会儿怎么跟家长说呀?"因为这要在咱们中国就是不得了的事。他说:"没事,我会在跟家长的联系簿上写个条子。"后来我看家长来了,也没说什么,就把这孩子看了看。我说:"家长不会有意见啊?"老师说:"不会,家长都愿意孩子有各种经历。"这一点当然跟咱们的国情不一样,文化背景不一样,在咱中国的幼儿园这种情况是不允许的。

美国的幼儿园并不是十分考究它的硬件,比如房屋、设备等等。他们的幼儿园并不是像咱们这么讲究。他们的幼儿园一般不分活动室和睡眠室,就是一个大的空间。活动的时候这里就是活动室,吃完饭之后午休也在这里。孩子每人从柜子里抽出一个床单铺在地上,就像单人被褥那样,随便就睡下了,也不排队。稍微休息一会儿,就开始下午的活动。玩具都是自然物,比如在两条绳上拴上自然的东西,三角铁等等,孩子来了以后,自己随便敲击,不同的东西就会有不同的声音,让孩子感受不同的声音。他们并没有像咱们一样花很多钱购置很多玩具。但是美国的国情和中国不一样,也不能照搬!要能够结合中国的实际,给孩子创造出一个更宽松的、自由愉快的成长环境,能够在童年感受更多的快乐,这也是年轻一代的任务了。

毕业分配政策

毕业分配一般询问个人意愿,但大部分人填的都是去边疆。分到陕西的,北师大有八九个人。分配是归北京市人事局管,本科全国分配。当时都是分配,意愿表该填还是要填,有填写志愿的程序,但实际上是组织决定的。那时候,我不是党员,现在,我也不是党员,但都是这样,就觉得分到越艰苦地方越好。

当时我在陕西,我老伴在北京,只有寒暑假的时候见面。那个时候的人的思想,可能现在有些人不能理解。那怎么办呢?说老实话,那分手也都想过,那时候也没电话。一个礼拜一封信,后来有一阵我看信上不对,那么大的字,每一封信都是报平安,没什么写头,结果是他眼睛出问题了,住院了,写不成信,提前按照日子给我写了好几封信,按时发出来,所以那信就写的都是一样的。我那会每天就是备课。其实那会儿还不会备课,备都不会备怎么办呢?就是拿这本语言教学法,坐那一天到晚看书。那会儿我们有琴房,星期六、星期天去弹弹琴。我记得那会儿一到星期六、星期天餐厅就是两顿饭,我不习惯吃两顿饭,就变成四顿饭,中午拿一个馍回来吃,到四点多吃饭,然后晚上吃。

那会儿一心想着是组织能把我调回去。当时普遍思想都是个人的一切依靠组织,个人的事情不提,等着组织关照。没有现在走后门、找熟人、托关系这个想法,就依靠组织。我们一个同学结了婚要求留在北京,大家都觉得那是丢人。你要求留北京,不去艰苦地方,大家都觉得这不好,思想不够进步,都是要到艰苦地方去。我们那批还有一个天津人,当时填志愿后分到贵州,一直到现在一辈子在贵州,娶了个苗族媳妇。在贵州师大后来还当了校长,他一直在那个地方。我们下一届,60级的田国文(音)也是从天津分到了福建,在那一干一辈子。北师大的人还是比较苦干的,到哪儿去都是吭哧吭哧干,所以当领导的不多,但是吭哧干活的多。

附录六　成人高校的历史贡献也值得书写
——李利民口述历史

当年也不搞业务,也没有职称,每天就是劳动、阶级斗争。当年我这个萝卜头还去密云劳动,我这个支部委员还管着这些有名的教授。后来就搞"社教",一天就不搞业务嘛,净是搞阶级斗争。1962年八届十中全会毛泽东主席有名的话:"从中华人民共和国成立到社会主义改造完成,这是一个过渡时期,在这个过渡时期中始终存在着阶级、阶级矛盾、阶级斗争,存在着资本主义复辟的危险性,因此阶级斗争要天天讲、月月讲、年年讲!"当时都得背。后来1963、1964、1965年"社教",干脆到西安来了!

粉碎四人帮以后,当时一个大问题就是广大的中小学教师质量不达标、学历不达标。为了解决这一问题,西北五省在1978—1980年间都设立了省教育学院,各地市也设立了教育学院或教师进修学院,县设教师进修学校,成了一个系统。当时全国就依靠成人教育来解决这个问题。各教育学院不仅办短训班,也办学历教育,有专科班、本科班。除此之外,还办了函授专科、本科教育。经过努力,到20世纪末,基本上完成了中小学教师学历达标的历史任务。在此期间,各省教育学院又成立了校长培训中心,轮训中小学校长,这在中国教育史上也是首次。对提升校长专业化水平有决定性作用,对中小学管理科学化也有很大帮助。

陕西省教院以前叫陕西省教师进修学院,在现在矿院的地方。因此就成立教育学院,教育学院由三拨人组成,一拨是原教师进修学校的;一拨在师大教学十楼这儿,当时有个陕西省教材编写组;还有一拨就是西北大学的。当时三拨人就集合到现在陕西教育学院这个地方,洪波副院长主持工作,洪波就是西北大学来的,马院长是教材编审处的,丁院长就是原来省进修学校的,三拨人就成立了陕西教育学院。至于别的省市是怎么成立,我不知道,陕西是这样的。到1980年,就是两个部,一个干训部,一个师训部。觉得不能光搞短训,要搞学历教育,专科、本科。就撤部设系,干训部变成政教系、教育系,师训部变成中文系、数学系、物理系、化学系、生物系。从1980年以后,就正式按系,按高等教育模式办学历教育了。一直大概就办到前几年。原来成人教育就不能招高中毕业生，只能招在职的教师。转成二本之后，普通院校就可以招了，这就叫转制。大概2012年3月转制成功，现在改名为陕西学前师范学院。最主要的就是从1980年到2000年，二十年里就完成了一个重要的历史任务，就是把学历教育不达标的变成达标的。一方面有专科、本科在校的，另外办了大量的函授，当时函授也起了很大的作用。有专科学历的再上本科，函授是三年。师大之前有成人教育学院，现在已经撤掉了，变为教师干部教育学院。当时那么多中小学的教师学历都不达标，小学毕业教小学，初中毕业教初中，高中毕业教高中，这种状况怎么提高中小学的教学质量？光靠咱们普通高校四年一届毕业那么点学生根本满足不了需求。当时分配一个正规学校毕业的到各县，那就抢了。现有的教师不达标，但也不能把这些教师不要了，这还有个就业问题，所以这个任务还是要靠成人院校解决。西北五省都一样，西部各省都一样，全国都一样。因为我们这个教育学院也有联网，当时全国一块开会、西北一块开会，有一年我还参加在兰州甘肃教育学院做东的一次会，一块协作、研究一些事情。都是一个院级领导带上几个职能部门的，当时我是教育系主任。这个虽然比重不大，但是要写一句，因为确实那个历史任务是靠成人教育完成的。因为它招的是在职的教师，不能不要这些人，他已经是小学教师、中学教师了。培训形式有脱产、有函授，能脱产就脱产，不能脱产就函授，当时函授也起了很大的作用。现在我到各地市区那么多熟人，包括校长、教师，都是我的学生，各地方都有。我到陕西教育学院，校长培训要搞，人口也搞，教育史也搞，教育学也搞，管理也搞，我能教20节课。

所以说，写"西部高校40年"，视野不仅要看普通高校，也应关注成人高校，成人高校有其独特的贡献。

后 记

博士论文出版后,这是我又一次写著作的后记。由于受学术阅读、工作及生活磨砺的影响,我此时的思想认识已经较博士毕业时有了很大的变化。这种变化在本课题的研究过程中或多或少地有所体现。

在课题获批之后,我首先利用半年的时间广泛地阅读了新中国的各种历史著作和学术文章,在此基础上,与研究生共同讨论形成了访谈提纲,于2018年年底开始尝试联系有关人员进行访谈。在联系访谈过程中,有些老师委婉地拒绝了我的访谈请求,这给我当时的访谈热情带来了一些打击。幸好,我联系的大部分老师都热情地接受了我的访谈,使得课题能够在初期顺利开展。2019年的大部分时间我都奔波在联系和访谈各位老师的过程中,非常不幸的是,2019年年底新冠疫情的爆发彻底打乱了我的访谈节奏,在2020—2022年间,疫情反反复复,时不时就封校,并且,新冠对老人非常不友好,正常的访谈已经不可能进行,因此,我改变了原来的研究设计,在整理已经访谈的六位老师资料的基础上,利用已出版的档案资料和研究著作勉强完成了课题的研究。在拙作即将付梓之际,我在此对帮助我的各位老师和同学致以深切的谢意!

首先,感谢陈鹏老师在全国教育科学规划课题申报中帮我把研究领域定为新中国西部高等教育以及在课题开题中的指导和建议。还要感谢田建荣老师、吴合文老师、张斌老师、祁占勇老师等在课题成功获批后对课题开展研究的具体指导和建议。

其次,感谢愿意接受我访谈的六位老师,他们是李钟善老师、王淑兰老师、薛封和老师、王景堂老师、熊易群老师和李利民老师。李钟善老师是我在陕西师范大学上硕士研究生时的老师,待人和善,喜欢与学生在一起交流。虽然我访谈他时,他已是接近九旬的老人,但是他身体健康,精神良好,记忆清楚,滔滔

后记

不绝,为我开展课题研究提供了很大的帮助。在硕士研究生学习期间我曾听过王淑兰老师的讲座,印象深刻,于是在一次学校女性研究中心组织的报告会上初步联系了王老师,她欣然接受了我的访谈。她虽然腿有风湿,行动不便,但是,精神良好,记忆清楚,富有激情,对她上大学及工作时的情形描述得绘声绘色,又不失理性的思考,给我很大启发。薛封和老师捐出自己的退休金成立了陕师大化学化工学院"滴水"奖学金,我因为看到化学化工学院"滴水"奖学金颁奖仪式的新闻而通过漆红兰老师联系到了薛老师。访谈时,王老师身体健康,精神良好,记忆清楚,谦虚、随和,言无不尽,叙述比较详细。他的言谈中透露出对新中国和中国共产党的感恩之心,对此我深受教育。在寻找合适访谈人时,离退休处的张春梅老师向我推荐了王景堂老师。访谈时,王老师身体健康,精神良好,记忆清楚,和蔼可亲,加深了我对学生管理工作的了解。并且还向我推荐了5位可能会接受访谈的老师,遗憾的是,由于疫情原因,没有再继续联系这5位老师。在联系我硕士研究生学位论文答辩主席李利民老师时,他爱人熊易群老师也欣然接受了我们的访谈。访谈时,熊易群老师已略有脑梗,精神尚可,记忆尚可,不太善言谈,因此她的访谈内容较简单,主要集中于学前教育的内容。李利民老师身体健康,精神良好,记忆清楚,善言谈,北师大毕业留校后不长时间就调到陕西师范大学附属中学,以后又借调到教育局等政府部门工作,文革结束后回到附中,但不久就被调到陕西教育学院任教育系主任,负责成人教育工作,因此,他的访谈主要是有关成人教育的内容。两位老师进一步拓展了我的访谈范围,更全面地了解了新中国高等教育发展历史。我把访谈录音整理成文字稿后,需要口述人再进一步确认访谈内容,但是,当我再一次联系这六位老师时,非常不幸的是,熊易群老师已在疫情期间永远地离开了我们,薛封和老师在重症监护室三月有余而最终驾鹤西去,这是高等教育界的损失!也说明进行口述史这项工作是多么地重要和必要!

最后,感谢陕西师范大学优秀著作出版资助和陕西师范大学出版总社给予本书出版的帮助。尤其是感谢出版社的于盼盼老师,她一直关注本书的写作和出版事宜,也为本书的出版付出了艰辛的劳动。感谢我的研究生那薇、苏琼、高桂、刘智琪和王冰在访谈和录音整理中对我的帮助。

本书是我学术转向的一次尝试,《庄子》云:"始生之物,其形必丑",难免会出现不足,甚至错误之处,希望得到各位方家的批评指正!